당 대 총 서 9

한국의 민주주의와 사회운동

비판·실천담론의 복원과 재구성을 위하여

조희연 지음

도서
출판 **당대**
1998

당대총서 9

한국의 민주주의와 사회운동
─비판·실천담론의 복원과 재구성을 위하여

© 조희연, 1998

지은이/조희연
펴낸이/김종삼
펴낸곳/도서출판 당대

첫판펴낸날 1998년 6월 20일

등록/1994년 4월 21일(제10-1149호)
주소/서울시 마포구 연남동 372-4
     연세맨션 라동 101-3호 ⑦ 121-240
전화/323-1316   팩스/323-1317
전자주소/천리안, 유니텔 : dangbi   하이텔, 나우누리 : dangdae

기획주간·문부식/편집·김종석, 문해순/영업관리·정순구, 공남숙
전산편집·짜임새/인쇄·상지인쇄공사/제본·경일제책

ISBN 89-8163-037-2
ISBN 89-8163-000-3(세트)

한국의 민주주의와 사회운동

한국의 민주주의와 사회운동

민주주의와 사회진보를 위해 살다 먼저 간
조남일, 박병태, 이범영, 유구영님께 이 책을 바칩니다

비판·실천담론의 복원과 재구성을 위하여

비판담론, 실천담론, 주류담론

우울한 IMF 구제금융시대에 살면서, 우리는 이 파탄이 과연 어디에서 유래하였는가, 이 위기와 어떻게 대결하여야 하는가, 이 위기에 대한 지적 성찰은 어떻게 이루어져야 하는가를 반문해 보게 된다. 많은 반문 끝에, 필자는 이 경제난국의 시대에 우리에게 요구되는 지적 과제는 '비판·실천담론의 회복'이라는 생각에 이르게 되었다.

우리가 경제파탄의 원인을 외환수급의 위기나 초국적 투기자본의 '음모'에서 찾지 않고 한국경제의 구조적인 문제에서 찾는다면, 경제파탄이야말로 구조적 문제들을 성찰할 계기가 된다고 할 수 있다. IMF 시대를 사는 우리에게 필요한 것은 현실에 분노하거나 대증요법을 찾는 것이 아니라 경제파탄의 근본원인에 대한 근원적 성찰이며, 이를 위해서는 비판담론의 복원이 절실히 요청된다. 비판담론이란 과거와 현재에 대한 성찰적 재인식을 위한 지적 노력에 다름 아니기 때문이다. 어떤 점에서 80년대 후반 이후 현재까지 우리 사회에는 비판담론을 경원시하는 분위기가 있었다. 물론 이러한 분위기는 사회주의 붕괴라고 하는 외적 변수에 영향을 받기는 하였으나, 군부 권위주의정권의 퇴조 및 민간정권의 도래라고 하는 '천박한' 현실 변화에 '탐닉'하였기 때문이 아닌가 생각된다. 우리가 사회의 근원적인 문제에 대한 성찰을 도외시하는 사이에 구조적 위기는 깊어졌고 급기야 경제파탄으로까지 나아가게 된 것이다. 이제 수백만의 노숙자, 실업자의 고통을 눈앞에 보면서 우리가 다시금 짊어져야 하는 과제는 바로 비판적 담론의 활성화를 통해 과거를 근원적으로 재성찰하는 일일 것이다.

그 동안 비판담론 내부에서 구체제의 구조적인 문제에 대한 근원적인 문제제기는 많았다. 그런데 왜 그러한 문제제기가 구체제 개혁의 동력이 되지 못하였는가. 그것은 먼저 주류담론과 비판담론 간의 건강한 긴장관계가 없었기 때문이다. 달리 표현하면 주류담론이 자신의 폐쇄성 때문에 비판담론의 문제제기를 — 비록 자기 식대로라도 — 적극적으로 수용할 수 없었고 그것을 개혁의 동력으로 전화시키는 노력도 기울일 수 없었기 때문이다. 비판담론이 현실에 대한 비판이라면, 주류담론은 현실에 대한 옹호이다. 주류담론이 비판담론의 비판을 일부나마 수용하는 혁신이라도 하였다면 주류적 실천이 경제파탄으로까지 나아가지는 않았을 것이다. 이런 점에서 비판담론의 회복과 동시에, 주류담론의 폐쇄성 극복 및 개방화가 필요하다는 점을 지적하고자 한다. 국가주의·성장주의·반공주의로 강화된 주류담론은 비판담론을 억압하려고만 했지, 비판담론의 문제제기와 대면하려고 하지 않았다. 물론 비판담론 자체의 문제점도 인정하고 이 책에서 그 점을 다루고 있음을 밝혀두고자 한다. 그러나 지적 측면에서 보면, IMF체제는 바로 우리 사회의 주류담론이 비판담론을 적극적으로 수용하여 자기쇄신을 하지 못한 데서 연유한다고 할 수 있다. 비판담론과 주류담론은 언제나 건강한 긴장관계에 있어야 한다. 주류담론은 비판담론과의 긴장 속

8

에서 자기타락과 자기절대화를 피할 수 있다. 현재의 IMF위기는 바로 그러한 건강한 긴장의 부재와 비판담론에 대한 담 쌓기에서 비롯되었다고 해도 과언이 아니다.

필자는 주류담론의 폐쇄성 극복, 더 나아가 주류담론과 비판담론 사이의 건강한 긴장관계 및 상호소통과 함께, 실천담론의 활성화를 강조하고 싶다. 경제파탄의 원인을 '설명'하는 것이 아니라 혁파하고자 할 때 실천적 개입이 필요하고, 그 지점에서 실천담론의 부활이 요구된다.

비판이 개혁적·급진적인 힘으로 물질화될 때에만 왜곡된 구조의 개혁이 가능하다. 비판이 실천으로 '물질화'하지 않는 한, 위기를 극복할 대안적 행위는 창출될 수 없다. 경제파탄을 초래한 왜곡된 구조의 개혁은 단순히 비판에 의해서가 아니라 정치 및 시민사회 내에서 새로운 힘을 창출함으로써 가능하게 된다. 비판담론이 우리 시대에 요구되는 개혁을 추동하기 위해서는 비판을 현실적으로 힘으로 전환하는 실천담론으로 나아가야 한다.

물론 이때 실천은 과거 반독재투쟁으로 '조응'된 실천과는 다른 새로운 실천을 의미한다. 80년대와 비교하여 더욱 성숙되고 개방적인 비판담론이어야 하며 나아가 비판담론과 실천담론 간에도 건강한 긴장이 있어야 한다. 80년대 비판담론은 행동담론의 부속물이었다. 비판담론이 구조적 현실에 대한 성찰을 가능케 하는 비판적 공론의 장을 확장하기보다는 행동을 정당화하는 담론으로서 기능했다는 말이다. 이런 점에서 비판담론은 한편으론 실천담론으로 확장되어야 하지만, 다른 한편으론 실천담론에서 '상대적으로 자율적인 공론'의 영역을 담보해야 한다. 특히 후자와 관련하여, 주류담론과 실천담론, 비판담론이 만나는 공론의 공간이 마련되고 확장되어야 한다는 점을 강조하고 싶다. IMF 구제금융시대에 절박하게 요구되는 지적 과제는 바로 일정한 긴장관계를 갖는 비판담론, 주류담론, 실천담론이 서로 만나는 공론의 공간을 마련하는 것이라고 생각한다.

　국가와 사회운동의 상호작용, 지배와 저항의 상호작용의 변화

　이 책과 자매편인 『한국의 국가·민주주의·정치변동』(가제)을 준비
하면서 필자가 스스로 정한 과제는 '국가(넓은 의미의 지배)의 변화와
그에 상응하는 사회운동(넓은 의미의 저항)의 변화'를 해명하는 것이었
다. 이 두 권의 책은 80년대부터 현재까지의 역사적 시기에 나타난 지
배와 저항의 역동적인 상호관계, 그 변화를 다루고 있는데, 이 책에서
는 (지배의 변화와의 역동적인 상호관계 속에서 전개되는) 저항의 변화와
그 전망을 밝히고자 했으며, 『한국의 국가·민주주의·정치변동』
에서는 (저항과의 역동적인 상호관계 속에서 전개되는) 지배의 변화를 분
석하고자 했다.

　특별히 이 책에서 필자는 현단계 사회운동과 관련하여 쟁점이 되는
영역들에서 사회운동이 직면하고 있는 도전과 그에 대한 나름의 견해
를 피력하였다. 먼저 제1장에서는 현단계 사회운동을 규정하고 있는
네 가지 거시적 변동을 절대빈곤 상태에서 '왜곡된 풍요화'로의 이행,
군부정권에서 민간정권 시대로의 국가의 전형(轉形), 범지구화와 정보
사회적 특성의 강화로 특징지어지는 전세계적인 변화 등으로 요약하
였다. 제2장에서는 네 가지 변동 중에서 민간정권으로의 이행을 다루
었는데, 국가의 위기를 극복하기 위한 국가 혹은 지배의 재조직화를
'저강도 민주주의'로의 이행으로 파악하고, 그러한 이행의 사회운동적
의미와 쟁점영역을 정리하였다. 다음 제3장에서는 사회주의체제의 붕
괴와 80년대 이념논쟁 및 사회운동의 경험을 반성적·개방적으로 성
찰할 때 사회운동의 이념적 혁신의 지점이 어디인가를 보이고자 하였
다. 제4장~제7장에서는 저강도 민주주의로의 변화 혹은 넓은 의미에
서의 지배의 변화 속에서 제기되는 쟁점으로서 진보적 정치세력화의

문제(제4장), 시민사회와 시민운동의 문제(제5장), 노동운동에 제기되는 새로운 도전들(제6장), 통일문제 인식과 통일운동의 새로운 과제(제7장) 등을 다루고 있다. 마지막으로 제8장에서는 외환위기를 계기로 한 IMF 구제금융시대의 개막, 야당연합정권인 김대중정부의 등장 속에서 사회운동이 직면하는 도전과 과제를 분석하고 있다.

국가(지배)의 변화, 그에 대응하는 사회운동의 변화에 대한 필자의 기본 논지는 다음과 같다. 한국전쟁이 분단으로 종결된 이후 한국사회는 '반공규율사회'라고 하는 독특한 사회로 전환되었다. 이 반공규율사회적 조건 위에서 60년대 이후 박정희체제라는 '국가주의적 발전동원체제'가 성립하였다. 이 체제는 압축형 고도성장을 달성하는 데는 성공하였으나 동시에 성장의 모순, 독재의 모순을 동반함으로써 국민적 저항에 직면하게 된다. 국가주의적 발전동원체제의 위기가 전면화되는 70년대 후반부터 80년대 중반에 이르는 시기는 국가주의적 발전동원체제의 변화를 둘러싼 각축의 시기였다. 이러한 각축은 87년 6월 민주항쟁에서 그 정점에 이른다. 그러나 '급진적인 민주주의 이행(아래로부터의 급진적 민주화)' 대신에 '점진적인 타협적 민주주의 이행(위로부터의 보수적 민주화)'이 현실화하는 것으로 귀결된다. 87년 이후부터는 복잡한 정치변동의 과정을 거치면서 기존의 개발독재적 예외국가(지배)의 변형과 재편이 이루어지게 된다(이상의 논점은 이 책의 자매편에서 다룬다).

국가의 변화가 복잡한 형태로 이루어졌듯이 사회운동의 변화 역시 복잡한 경로와 형태로 전개되었다. 80년대 중반 이후 사회운동에는 분화, 확장, 내적 경쟁이 나타났다. 국가의 변화는 준(準)자율적인 정당정치영역과 이른바 '시민사회'의 확장을 동반하는데, 이는 사회운동에 양면적인 효과를 갖는다. 즉 준자율적인 정당정치영역의 확장은 한편으로 제도정치에 의한 사회운동의 '포섭' 가능성을 부여하고, 다른 한편으로 사회운동에 의한 독자적인 제도정치 '진입' 가능성을 부여하게 된다. 다음으로 준자율적인 시민사회의 확장은 한편으로 사회운동의 원심력적 분화 경향을 만들어내고 다른 한편으로 저항운동이 사회 각 영역으로 확장되고 대중운동의 조직적 발전이 나타날 수 있는 운동공간을 만들어낸다. 이런 점에서 사회운동, 특히 반독재운동을 주도하였던 민주화운동 혹은 민중운동은 제도정치에 의한 사회운동의 포섭을 넘어서고, 사회운동의 원심력적 분화에 대응하는 대안적 실천을 통해 사회운동의 새로운 통합을 달성하여야 하는 과제에 직면하게 된다. 필자는 80년대 중반 이후 현재에 이르는 시기를 이처럼 지배와 저항의 변화가 진행되는 — 물론 이러한 과도기가 중단기로 그칠지 장기화될지는 불투명하지만 — '과도기적 시기'라고 본다.

현대사의 새로운 '순환기'에 선 사회운동

민간정권 시대의 개막은 — 비록 불안정성을 내장하고 있으나 — 우리 사회가 초기산업화 단계의 군부파시즘적 국가에서 '한국형 자본주의국가'로 이행하여 가는 초기 궤도에 돌입하였음을 의미하며, 우리는 그러한 과도기적 이행의 도정에 서 있다. 이러한 변화는 군부파시즘 시대라고 할 수 있는 현대사의 한 순환이 종결되고 '보수적 민간정권 시대'라고 하는 새로운 순환이 시작되었음을 말해준다.

이러한 변화에 따라 한국의 사회운동은 새로운 도전에 직면하여 있다. 필자는 보수적 민간정부로의 변화 및 일련의 개혁은 위로부터 국가 및 지배의 합리화, 즉 자본과 권력의 '합리화'가 진전되는 과정으로 파악한다. 우리가 이에 올바로 대응하기 위해서는 지배의 변화가 갖는 양면성을 인식하는 데서 출발하여야 한다. 즉 민간정권 시대로의 이행은 한편으로는 군부 권위주의정권 시대의 종언이라는 점에서 지배의 형태적 변화를 의미하며, 다른 한편으로는 지배의 재조직화라는 점에서 본질적으로 지배의 변형된 재생산을 의미한다는 것이다. 전자의 관점에서 보면 지배는 변화하지만, 후자의 관점에서 보면 지배는 지속된다.

정당정치영역 및 '시민사회' 내의 준자율적 활동공간의 확장

그렇다면 국가 및 지배의 변화는 사회운동(저항)에 어떤 변화를 가져오는가. 지배의 변화에 따른 저항의 변화를 이해하기 위해서는 민주주의 이행이 가져오는 — 비록 점진적인 타협적 이행이지만 — 정당정치영역 및 시민사회의 변화를 이해할 필요가 있다.

민주화가 곧 군인 출신 대통령의 퇴진을 의미하는 것은 아니다. 군부쿠데타가 시민사회 및 정당정치영역에서의 분포와는 무관하게 군부세력이 외부로부터 강제적으로 국가권력을 점유하는 것이라면, 민주화란 국가적 통제로부터 (준)자율화한 정당정치영역 및 '시민사회'의 분화가 나타나는 것을 의미한다(제5장). 군부 권위주의정권이 최고조에 이르렀던 시기에는 정당정치영역, 시민사회적 영역이 극도로 위축되어 있었다. 군부정권이 경직화(stiffening)되면 자율적인 정당정치영역, 시민사회적 영역은 더욱 제한되게 된다. 일종의 군부국가에 의한 정당정치영역 및 시민사회의 '식민화(colonization)' 현상이 나타난다. 이때 야당이나 사회운동조직은 군부정권에 대한 종속과 복종을 전제로 그 존재를 인정받게 되며, 군부정권에 저항하는 정당이나 사회운동조직은 합법적인 영역에 존재하기 어렵게 된다. 박정희정권 후반기나 전두환정권 초기에 경험하였던 합법정치영역의 축소와 사회운동의 관변조직화를 연상하면 될 것이다. 이 시기에 제도정치영역에서는 정부의 통제하에 있는 '어용야당' 만이, 시민사회영역에서는 노총이나 새마을중앙운동협의회 같은 관변단체만이 '자유롭게' 활동하게 된다. 이처럼 경화된 군부정권 시기에 나타나는 사회운동의 변화로는 먼저 일정한 저항성을 갖는 온건야당세력이 제도정치영역에서 배제되어 장외투쟁 대열에 합류함으로써 "제도정치와 '운동정치'(movement politics)의 결합"이 나타나게 된다는 점을 들 수 있다. 다음으로 군부 권위주의정권의 경화는 반대로 전투적인 민중운동의 발전과 확대를 낳게 되고, 그 선도적인 투쟁과정 속에서 급진적인 저항운동세력(radical dissidents)이 출현하게 된다. 이 시기에는 반정부투쟁이 급진적인 저항운동세력의 투쟁에 의존하게 되면서 저항운동 내부에서 자연스럽게 급진적인 세력이 '헤게모니'를 갖게 된다. 제도정치에서 배제된 온건야당세력과 장외운동세력의 결합, 급진적 저항운동세력의 등장, 급진적 저항운동세력의 헤게모니하의 다양한 저항운동의 통합화를 필자는 사회운동의 '구심력적 심화'라고 개념화한다.

정당정치영역 및 시민사회 확장의 양면적 효과

민주주의 이행에 따라 국가 및 지배의 변화가 나타나게 되면서 사회운동은 새로운 조건에 놓이게 된다. '저강도 민주주의'로의 변화, 군부 파시즘 시대에서 보수적 민간정권 시대로의 이행은 자율적인 정당정치영역, 시민사회를 확장함으로써 사회운동의 콘텍스트를 변화시킨다.

사회운동의 변화는 군부 권위주의정권 타도를 중심으로 집중화되고 통합되던 상황에서 자율적인 정당정치영역 및 시민사회의 확장으로 사회운동의 발전이 복합적인 양상을 띠는 것을 의미한다. 자율적인 — 비록 제한적이지만 — 정당정치영역 및 시민사회의 확장은 사회운동에 양면적인 효과를 끼친다. 먼저 정당정치영역의 확장은 한편으로는 제도정치에 의한 사회운동(혹은 그 이슈들)의 포섭(co-optation)의 효과를 가지며 다른 한편으로는 '사회운동의 제도정치 진입'을 위한 공간(예컨대 진보정치세력화를 실험할 수 있는 여지)을 부여하는 효과를 갖는다. 그리고 시민사회의 확장은 한편으로는 온건한 사회운동이 출현할 수 있는 공간을 부여함으로써 사회운동의 다원화(pluralization)를 추동하는 효과를 가지며, 다른 한편으로는 계급적 대중운동 자체의 조직적 발전

14

및 저항운동의 다양한 영역으로의 확산을 가능하게 하는 효과를 갖는다. 그 결과 정당정치영역 내부에서 '제도정치에 의한 사회운동의 포섭' 경향과 '사회운동의 제도정치 진입' 경향이 갈등하며 공존하게 된다. 시민사회 내부에서는 과거의 반독재운동과는 다른 새로운 사회운동의 분화 경향과 그 반대의 경향이 긴장하며 공존하게 된다.

군부 권위주의정권하에서 사회운동이 '구심력적 심화'를 경험하였다면, 80년대 후반 이후 현재까지는 사회운동 내부에 '원심력적 분화'와 민중운동의 심화 및 확장의 경향이 공존해 왔다고 할 수 있다. 전자의 예는 다양한 시민운동, 특히 온건한 시민운동이 출현하여 민중운동과 구별되는 정체성을 갖는 것 등에서 찾아볼 수 있으며, 후자의 예는 노동조합의 조직적 발전으로 민주노총이 만들어진 것이나 진보적 시민운동이 출현하는 것에서 찾아볼 수 있다.

반독재투쟁을 주도하였던 민주화운동이나 민중운동의 입장에서 보면, 이러한 변화는 한편에서는 정당정치영역 및 시민사회 내부에서 원심력적 분화 경향을 보여주며 다른 한편에서는 — 주체적 대응에 따라서는 — 자기 발전 및 확장을 도모할 수 있는 가능성 확대를 내포한다. 군부독재 시기에는 사회운동이 민중운동 및 재야운동의 전투적 투쟁에 절대적으로 의존하고 있었기 때문에 사회운동 내부에서 전투적인 민중운동이 자연스럽게 주도성을 가질 수 있었다. 그러나 민주화의 진전으로 민중운동이 전투성을 견지하면서도 다층적인 대응을 통해 '민주적 헤게모니'를 확립하려는 시도를 하지 않으면 역으로 입지가 좁아지는 상황이 되었다.

이처럼 지배의 변화 속에서 민중운동 등 저항적 사회운동은 정당정치영역의 확장에 의한 '포섭화의 도전'과 시민사회의 확장으로 인한 '경쟁화의 도전'에 직면하게 되고, 이에 어떻게 대응하느냐에 따라 정당정치영역 및 시민사회 속에서의 지위가 결정되게 되었다. 이러한 두 가지 도전을 좀더 살펴보자.

정당정치와 사회운동의 긴장

먼저 정당정치영역의 확장에 따른 '제도정치에 의한 사회운동의 포섭'과 '사회운동의 독자적인 제도정치 진입'의 긴장에 대해 살펴보기로 하자. 제도정치의 기능이 극도로 축소되고 운동정치가 그것을 대신하던 군부 권위주의정권 시기와 달리 민주화가 진전됨에 따라 제도정치공간이 확장되고 그로 인해 일정하게 시민사회가 대의기능을 갖게 됨으로써 제도정치와 사회운동의 상호관계가 달라지게 되었다. 구체적으로는 군부정권 시기 제도정치에서 배제되었던 온건정치세력이 재편입됨으로써 '제도정치와 운동정치의 분리'를 낳게 된다. 정당정치영역의 부분적인 확장 속에서 급진적 저항운동에 참여하였던 개인이나 집단들 중 일부는 제도정치에 참여하기 위하여 온건야당 내부로 포섭되기도 하였다. 사회운동이 제도정치 내로 포섭된 것이다.

이러한 경향에 대응하여 어떻게 진보적인 관점에서 제도정치공간에 진입할 것인가 하는 문제가 사회운동의 과제로 부상하였다. 87년부터 진보정치세력화를 위한 시도는 여러 차례의 대선과 총선을 통해서 이루어졌으나 성공하지 못하였다(제4장 참조). 이것은 노동운동이나 민중운동의 역량부족 때문이기도 하지만, 더 주요하게는 정당정치영역의 불완전성과 보수적 폐쇄성이 지속되어 온 데서 기인한 것이다. 예컨대 노동운동은 조직적·대중적 발전을 거듭하여 여러 제약에도 불구하고 시민사회 내에서 입지를 강화하여 왔다. 그러나 시민사회와 정당정치의 괴리는 시민사회 내에서의 노동운동의 지위에 상응하는 정당정치영역의 재편을 가로막아왔다. 이는 '운동과 정치의 괴리'로 상징되는 한국 정당정치의 한 특징을 말하여준다. 이런 점에서 볼 때, 제도정치의 폐쇄성을 뚫고, 지체된 계급정치로의 이행을 가속화하는 과제가 제기된다. 군부 권위주의정권 시대의 '민주 대 반민주 구도'를 넘어 "어떻게 정당정치를 이른바 '보수 대 진보 구도'로 재편할 수 있을 것인가"가 문제가 되는 것이다.

한국민주주의의 불완전성과 '헤게모니 없는 지배'는, 천민적 자본주의와 '헤게모니 없는 자본독재'와 상호 조응관계에 있다고 할 수 있다. 그런 관계 속에서 배제적 성격의 제도정치가 유지되고 있기는 하나 그만큼 지배 자체의 불안정성이 존재하게 되고 이는 역으로 진보세력이 정치화할 여지를 광범하게 남겨놓고 있다. 물론 진보정치세력화가 단기간에 성취되느냐 아니면 장기적으로 성취되느냐 하는 것은 실천주체들의 판단과 대응에 달려 있다. 또한 장기적으로 보아 노동운동의 정치력은 노동조합운동의 틀 내에서 담보될 수 없으며 진보정당의 틀 내로 이전되어야 한다. 따라서 노동운동은 진보정치세력화가 회피할 수 없는 과제라는 점을 분명하게 인식해야 한다고 생각한다.

사회운동의 원심력적 분화와 구심력적 재통합 간의 긴장

다음으로 자율적인 시민사회의 확장이 갖는 사회운동적 효과를 살펴보기로 하자. 앞서 지적한 대로 시민사회의 확장은 시민사회 내에서 사회운동의 원심력적 분화와 전투적 사회운동의 확장 간에 긴장을 가져오게 된다. 먼저 국가의 변화가 제공하는 정치적·사회적 공간 속에서 과거의 전투적인 저항운동이 다양한 지역적·전문적 사회영역으로 확장되게 되며, 군부 권위주의정권의 극단적인 탄압 속에서 대중적·조직적 확장을 제약당하고 있었던 노동운동 등 대중운동의 발전이 나타나게 된다. 87년 이후 본격화한 민주노조운동과 전문직운동 및 화이트칼라 노조운동이 90년 전노협을 거쳐 95년 민주노총으로 발전해 간 과정(제6장 참조)을 연상하면 될 것이다. 87년 이후 민변, 인의협, 건치, 건약, 민교협, 학단협, 청한 등 다양한 전문직 영역에서 민주적 지향을 갖는 활동조직들이 등장하게 된 것이 그 예가 될 것이다. 이들은 한편으로는 정치적 민주화운동을 추동하는 역할을 함과 동시에, 자기가 속한 전문 영역에서의 민주적 개혁을 추동하는 역할을 수행하였다. 80년대 후반 노동운동, 농민운동, 빈민운동, 교사운동, 학생운동 등 대중운동은 민선 군부정권, 보수적 민간정권의 억압정책에도 불구하고 과거의 전투적 전통을 계승하면서 전국적인 단일조직을 만드는 단계로까지 발전한다.

물론 이러한 대중운동의 조직적 발전이 완성된 것은 아니다. 현시기 대중운동은 지배의 변화가 가져온 민주주의적 공간의 확장 속에서 어떻게 그 조직적·정치적 발전을 전진시킬 것인가 하는 과제를 여전히 떠안고 있다. 앞서 지적한 대로 80년대 후반 이후 진행되어 온 지배의 변화는 지배의 재구성적 연속이자 형태적 변화라는 성격을 지니고 있다. 국가 및 지배의 이러한 양면성은 억압정책과 유화정책의 선택적 배합으로 나타나게 된다. 80년대 후반 이후 지배의 유화과정 속에서도 정부는 노동운동, 학생운동, 민중운동 등이 지배를 위협하게 되면 공안정국 조성 등 억압적 배제전략을 구사하였고 그러한 전략의 부작용이 강화되면 다시 선택적으로 유화전략을 구사하였다. 어떤 점에서 이것이 저강도 민주주의의 본질이다.

시민사회의 확장이라고 하는 지배의 변화는 대중운동 발전의 공간을 확장할 뿐만 아니라 사회운동의 원심력적 분화 경향을 강화하게 된다. 자율적인 시민사회의 확장은 과거의 전투적이고 급진적인 민중운동과 다른 온건한 '신사회운동'의 분화, 출현을 가능하게 하였다(제5장 참조).

한국에서 신사회운동은 80년대 후반 이후 시민운동이라는 형태로 출현·분화·확대되었다. 서구에서 신사회운동은 계급적 대중운동으로 환원되지 않는 다양한 이슈들을 중심으로 하여 출현한 운동이라고 할 수 있는데, 한국의 시민운동도 이슈, 참여자, 가치와 목표, 활동양식, 지향 등에서 민중운동과 다른 특징을 드러내고 있다. 한국의 시민운동은 환경문제와 같은 다(多)계급적, 전(全)계급적 문제, 소비생활상의 새로운 문제 등 반독재투쟁 과정에서 적절하게 다루어지지 못하였던 문제들을 중심으로 분화발전하고 있다. 군부정권의 극단적인 억압기에는 정권타도가 모든 문제 해결의 중심에 놓여 있었기 때문에, 위와 같은 제반의 문제영역이 분화되어 가고 있었음에도 불구하고 그것들이 부차화될 수밖에 없었다. 그러나 군부독재 '타도'의 과제가 일정하게 해결되면서 새로운 문제영역과 이슈들이 더욱 주목받게 되고 시민운동의 부상과 원심력적 분화가 나타나게 된 것이다.

우리 사회에서 신사회운동은 80년대 중반(반독재투쟁 과정에서 민중운동의 헤게모니가 강하게 존재하던 시기)에 민중운동의 일부로서 급진적인 성격을 강하게 띠면서 형성되었다. 그러나 80년대 후반과 90년대 초반의 시민운동은 민중운동의 전투성과 급진성에 반대하면서 온건한 '중산층적 사회운동'으로서의 성격을 강조하였다. 그 당시 시민운동은 '공동선'과 '계급이기주의'를 대립시키면서 암묵적으로 노동운동을 '계급이기주의'적 운동으로 규정하는 보수언론의 관점을 수용하고 있었다. 이처럼 시민운동이 민중운동과 대립되는 위치에서 분화되어 가고 나아가 독자적인 연합조직을 결성하는 단계로까지 발전한 것은 원심력적 분화 현상이라고 할 수 있다.

90년대 이후에야 저항운동을 새로운 운동영역으로 확장하려는 시도들이 나타나게 되었다. 원심력적 분화 경향에 대한 이런 반경향은 보수적 시민운동 내부에서 진보적인 경향이 강화되고 진보적 시민운동 조직이 출현하는 것으로 나타났다. 80년대 후반까지 시민운동이 갖고 있던 친(親)자본적인 성격은 상대적으로 완화되었고, 친노동적인 시민운동이 출현하였는 바, 이러한 변화는 노동운동이나 민중운동과 시민운동의 진보적 연합관계를 형성하는 기반으로 작용하고 있다.

여기서 필자는 한국의 사회운동이 단순히 서구 사회운동의 전철을 밟는 것이 아니라 사회운동의 '새로운 세계사적 전형'을 만들어내야 한다고 생각한다. 서구의 전형을 반복할 것이 아니라 후발 아시아국가로서 새로운 전형을 만들어 보여주어야 한다는 것이다. 한국의 경제적·정치적 발전은 후진 아시아 국가들에 비하여 앞서 있다. 운동의 발전이라는 점에서도 아시아의 여러 후진국들에 비하여 앞서 있다. 필자는 이런 점에서 한국의 사회운동이 아시아에 대하여 새로운 전형을 통해 말할 수 있어야 한다고 생각한다.

한국에는 체제내화된 서구의 노동운동과 달리 역동적인 노동운동과 민중운동이 존재하고 있다. 한국민주주의의 불완전성은 시민운동 역시 보수화하는 것을 제한하고 있다. 이것은 노동운동의 역동성과 신사회운동의 역동성이 적극적으로 결합할 수 있는 가능성이 크다는 것을 의미한다. 이런 점에서 전투적 노동운동과 진보적 시민운동 간의 연대 및 동맹을 현실화하기 위한 적극적인 노력이 요구된다고 생각한다. 이것이 성공적으로 수행된다면, 사회운동은 저항적 사회운동을 중심으로 하는 사회운동의 '구심력적 재통합'도 가능할 것이다. 시민운동 입장에서는 한국사회의 편협한 이데올로기적 한계를 뛰어넘는 급진성과 전투성의 견지가 요구되지만, 노동운동 입장에서는 그러한 한계를 인식하면서도 시민운동 내부에서 진보성이 발현되도록 노력하고 더 나아가 시민운동을 '수단화'하지 않는 적극적인 동맹전략이 요구된다. 한국의 사회운동이야말로 전투적 노동운동과 진보적 신사회운동의 동맹의 세계운동사적 전형을 만들어갈 수 있다고 생각한다.

글로벌 신자유주의의 공세 속에서

이상과 같이 — 지배의 변화에 대응하는 — 사회운동 및 저항의 변화는 '글로벌 신자유주의(global neoliberalism)'에 의해 규정되는 국제적 콘텍스트에 위치하고 있다. 한국의 저항운동은 보수적 민간정권으로 지배의 정치적 형식이 변화함으로써 주어지는 국내적 도전뿐만이 아니라 글로벌 신자유주의라는 국제적 도전에 직면하고 있다는 것이다. 전세계적 수준에서 전개되는 자본의 신자유주의적 공세는 IMF '경제신탁통치' 이전에는 한국의 국가와 자본의 행위양식을 규정하는 외적 변수였으나, 이제는 내적 변수로 작용하고 있다. 한국경제의 파탄은 IMF 구제금융을 계기로 신자유주의적인 정책을 보수적 민간정권의 기본적인 정책으로 강제하고 한국경제를 신자유주의적인 기조로 재편할 계기를 부여하고 있는 셈이다. 긴축을 기조로 하는 거시경제 안정화정책과 자유화를 기조로 하는 구조조정정책, 이를 뒷받침하는 노동시장의 유연화정책이라고 하는 신자유주의적 정책기조가 김대중정부의 기본 정책기조가 되고 있다.

신자유주의는 전지구적 이데올로기가 되어 자본운동의 효율화에 장애가 되는 모든 요소들을 비효율적인 것으로 낙인찍고 극복의 대상으로 만들고 있다. 작은 정부, 탈규제, 자유화, 민영화, 복지 축소는 이제 국민경제가 필연적으로 시행하여야 하는 이 시대의 보편적인 원칙으로 신비화(神秘化)되고 있다. 노동시장의 유연화는 노동에 대한 자본의 공세를 정당화하는 지배적 담론이 된다. 이 전지구적 이데올로기 속에서 자본은 그 동안 노동자계급이 피어린 투쟁으로 쟁취한 획득물들을 하나하나 허물어가고 있다. 서구에서는 국제경쟁력 강화라는 이름 아래 인간의 기본적인 요구로 간주되어 '탈상품화(de-commodification)' 되었던 영역들이 재상품화(re-commodification)되고 있다. 케인스식 복지국가체제하의 노자 타협체제가 후퇴하고 있으며, 국가와 자본은 노자타협의 산물로 획득되었던 여러 가지 노동자 보호규정, 사회복지대책 등을 무화시키고, 자본의 이익을 확대하기 위한 방책들은 확대된다. 한국사회에는 이러한 사회보장체계가 개발독재체제하에서 확보조차 되지 않았기 때문에 '허물어버릴' 대상 자체가 존재하지 않는다. 이런 점에서 한국의 사회운동은 글로벌한 신자유주의의 도전과 자본의 공세를 막아내면서 인간의 최소한의 삶을 사회적·국가적으로 보장하는 체계를 쟁취하여 가야 하는 이중의 과제를 안고 있는 셈이다.

진보적 이념의 몇 가지 새로운 지향들

마지막으로 필자는 새로운 국내적·국제적 도전에 직면하여 사회운동이 전술의 변화뿐 아니라 전략적 인식에서 혁신과 전환을 이루어야 한다고 생각한다. 사회주의 붕괴 이후 우리에게 제기되는 진보이념의 성찰적 혁신은 어느 지점에서 이루어져야 하는가. 현재로서는 새로운 진보적 이념의 내용이 명확한 것은 아니다. 그러나 사회주의 붕괴의 역사적 경험, 서구 및 한국의 진보운동의 경험에 기초하여 볼 때 진보적 이념의 새로운 확장을 구성하는 몇 가지 원칙과 지향점을 제시할 수는 있다고 본다(제3장 참조).

새로운 운동적 담론의 몇 가지 지적 단서로서 필자는 먼저 '억압의 다면성(多面性)과 다차원성', 그에 대응하는 해방의 다면성과 다차원성을 인정하는 것이 필요하다고 생각한다. 개인적으로는 계급적 억압이 자본주의 사회에서 여전히 중심적인 지위를 차지하고 있다고 생각한다. 그러나 계급적 억압의 중심성을 인정하는 것이 '계급억압 환원론'으로 나아가서는 안 된다. 가부장적 억압의 문제도 있을 것이며, 하버마스가 이야기하는 것처럼 '체계'화된 억압뿐만 아니라 체계에 의한 생활세계의 식민지화, 나아가 생활세계 자체에서 나타나는 억압도 있을 것이다. 푸코가 이야기하는 억압과 '권력의 미시물리학(micro-physics)'도 정당하게 고려될 수 있을 것이다.

둘째, 권력 자체가 갖는 '자기절대화'와 '자기은폐화'의 경향을 올바로 인식하고 그것을 통제할 민주주의적 기제의 제도화와 사회적 실천이 필요하다는 것이다. 좌익독재의 타락은 바로 이러한 반(反)권력적 실천의 중요성이 진보적 실천의 일부로 인정되어야 함을 보여주고 있다. 사회주의하에서 "정당은 국가에 흡수되고, 국가기구는 과도하게 팽창하였으며, 정치적 의지의 민주적 형성은 자기프로그램화된 정치체제(self-programming political system)로 대체되었다". 권력의 자기은폐화와 자기절대화를 제어하기 위해서는 새로운 계급적 성격을 갖는 국가권력을 수립하려는 노력도 중요하지만, 권력행사의 전과정을 감시하여 그 내용들이 투명해지도록 강제하는 일상적 실천이 필요하다. 자본주의하에서 진행되는 '권력감시적' 운동이 진보적 의미를 갖는 이유도 여기에 있다.

셋째, 진보를 사고함에 있어, 국가권력이나 정치권력의 급진적 전복이라는 관점뿐 아니라 '사회권력(social power)'의 강화라는 관점이 필요하다는 것이다. 우리가 통상 변혁이라고 할 때 그것은 국가권력을 담지하는 계급적 주체의 전환이라는 점에서 파악된다. 그러나 더욱 중요한 것은 국가권력의 전환을 가능케 하는 강화된 사회적 힘 혹은 사회권력이다. 국가의 전복을 부정하지 않으면서도, '국가주의' '정치주의' 편향을 극복하려는 적극적인 시각이 필요하다. 국가의 '국가주의적' 통제와 자본의 '자본주의적' 억압에 대항하는 궁극적인 힘은 '사회'주의적인 힘의 강화이다. 이러한 힘은 민중권력, 노동자권력, 시민권력의 강화로 나타날 것이다. 여기서 사회권력이라는 표현을 사용하는 것은 계급운동역량으로 환원되지 않는 다양한 사회운동역량을 포괄해야 한다는 의미에서이다.

넷째, 이러한 새로운 성찰은 급진주의적 전망의 포기가 아니라 그것의 확장이자 심화로 인식되어야 한다. 모든 억압으로부터 인간의 해방을 실현하려는 급진주의적 전망이 견지되어야 한다는 것이다. 급진주의적 전망 속에서 계급억압이 극복된 초(超)자본주의, 민주주의, 시민사회의 자율성, 양성평등주의, 인권과 평화, 생태주의적 삶, 생활세계의 미시적 억압과 체제적인 거시적 억압의 극복, 자율화와 분권화, 인종적·민족적 평등과 공존 등 인간해방의 기본 지향을 견지해야 할 것이다. 과거 민주주의, 생태주의, 페미니즘을 혁명의 종속변수로 환원하였던 것에서 이제 그것을 변혁의 구성적 내용으로 설정하는 인식의 혁신이 요구된다.

마지막으로 다양한 진보적 운동과 '개방적 연대'가 필요함을 강조하고자 한다. 헤게모니의 편협한 파악, '헤게모니의 존재론적 강제'를 넘어 노동운동 및 저항운동이 다양한 사회적 실천 내부에서 정치적·지적·도덕적 지도성을 민주적으로 발휘하여 가는 것이 중요하다. 헤게모니 경쟁은 우리 시대가 안고 있는 문제를 누가 더 선두에 서서 헌신적으로 해결하려고 하는가 하는 '헌신경쟁'이 되어야 한다. 변화된 정세 하에서 진보적 저항운동세력에 기본적으로 중요한 인식과 자세는 진보와 민주의 상징성을 민중적 세력만이 갖는 것은 아니라고 하는 점을 겸허하게 인정하는 것이라고 생각한다. 우리 사회의 진보에 기여할 수 있는 '작은 진보성' '부분적인 진보성'을 갖는 많은 운동들을 '수단화'하지 않고 '동반자'로 여기는 자세를 갖는 것이 중요하다. 우리 사회가 안고 있는 산적한 문제들에 대하여 헌신적 투쟁을 통해 도덕적 지도성을 발휘하는 것이 중요하다는 것이다. 그런 점에서 우리의 진보는 '닫힌 진보'가 아니라 '열린 진보'가 되어야 한다. 다양한 진보적 유산에 대하여, 다양한 사회적 실천에 대하여 개방적인 진보가 되어야 한다.

맺으면서 – 세계적 전형을 창출하는 '보편적 독해'를 향하여

우리는 대안체제에 대한 명확한 상(像)이 없어져버린 시대에 살고 있다. 좌익독재가 반자본주의적 대안을 구체화하지 못하고 반민주주의적·반환경주의적 국가로 타락해 버린 현실, 노동운동이 신사회운동과의 효과적인 정치적 연합을 이루지 못한 서구의 현실, 그러한 문제점을 혁신하고자 하였던 서구의 신좌파가 새로운 실천의 전형을 만들지 못하고 '이론적 허무주의'로 경도되었던 현실 등이 한국 및 세계 사회운동의 전도를 흐리게 하고 있다. 이런 속에서 글로벌 신자유주의의 거센 물결이 한국사회를 엄습하고 있다. 이렇듯 우리는 엄혹한 현실 속에 살고 있다. 그러나 이러한 엄혹한 시대야말로 새로운 문명사적 상상력이 약동하는 시대이고 새로운 세계사적 전형이 만들어지는 시대라고 할 수 있다.

한국은 새로운 세계사적 전형을 만들 수 있는 사회운동의 역동성이 존재하는 곳이다. 정통공산주의 체제 내에서 노동조합 등 계급운동이 무력화되었다고 한다면, 그리고 서구 사회민주주의 내에서 노동조합운동이 체제내화되었다고 한다면, 우리는 급진적이고 전투적인 노동운동 및 민중운동의 전통을 가지고 있다. 신사회운동의 진보적 잠재력도 서구사회에 비해서 훨씬 크다. 60년대 이후 한국을 포함한 이른바 '반(牛)주변'에서의 고도성장과 노동운동의 역동성, 최근 글로벌 신자유주의하에서 '반주변'의 새로운 위기와 사회운동의 새로운 역동성은 서구와 동유럽의 실패 경험을 넘어 운동의 세계적 전형을 만들 물적·실천적 근거를 부여하고 있다. 이런 점에서 사회주의 붕괴 이후 변화하는 자본주의에 대한 대안적인 인식과 실천의 단서들을 한국의 사회운동이 선도적으로 열어가야 한다고 생각한다.

이를 위해 우리의 현실과 운동에 대한 '보편적 독해'의 정신이 필요하다는 것을 언급하고자 한다(제3장 4절 참조). 사회운동진영을 포함하여 우리 사회에는 기본적으로 모방적 사고패턴이 지배하고 있다. 우리 인식 속에는 서구의 것은 보편적 전범이고 우리의 현실과 운동은 하잘것없는 경험적 사례에 불과하다는 사고가 존재한다. 어떤 점에서 서구의 역사와 운동이 '과잉보편화'되었다고 한다면, 우리의 역사와 운동은 '과잉특수화'되었다고 할 수 있다. 우리의 것을 탈(脫)식민화적으로 재인식하고 그것을 보편적으로 독해하여 지구촌사회가 공유할 수 있는 세계적인 것을 만들어내지 않는 한, 우리는 언제나 지구촌의 '정신적 변방'에 머무르게 될 것이다. 우리의 사회운동, 민주화투쟁의 경험 속에서 사회운동의 보편적인 진실들을 발견하여 내어야 한다. 고도성장뿐만 아니라 사회운동의 역동적인 전개, 민주화투쟁의 전투적인 전개가 바로 '대한민국'의 자부심이기도 하다. 실제 60년대 이후 제3세계의 다양한 반독재, 반제투쟁 중에서 한국의 사회운동은 중요한 위치를 차지하고 있다. 문제는 어떻게 우리 운동을 세계사적인 것으로 독해할 것인가, 우리의 현실과 운동이 내장하고 있는 놀라운 비밀들을 세계사적인 안목에서 그리고 보편주의적 관점에서 성찰할 것인가 하는 것이다.

우리는 세기말의 전환기에 서 있다. 포스트 '사회주의 붕괴' 시대, 포스트 군부정권 시대라는 새로운 현실에서 위력적인 진보의 시대를 만들기 위하여 우리 모두가 지혜를 모아야 할 때이다. 2000년대의 진보에 대한 완벽한 해답은 우리에게 주어져 있지 않다. 바로 이러한 '해답 부재'의 상황이야말로 세기말의 진보가 직면하고 있는 현실의 일차적인 특징이다. 우리의 현실과 사회운동에서 출발하여 그 해답을 만들어가는 세계사적 작업에서 우리가 버팀목 역할을 하여야 한다는 필자의 신념은 과연 실현가능한 꿈일까.

1998년 6월
조희연

■ 차례

제1장 사회변동의 4차원과 사회운동

1. 한국사회 변동의 네 가지 측면

한국의 사회운동은 국내적·국제적 차원에서 다양한 도전에 직면하고 있다. 필자는 현시기 사회실천적 과제를 논의하기 위한 전제로서 한국사회 변동의 거시적 특징을 다음과 같은 네 가지로 정리하여 보고자 한다. 1) 한국사회가 이른바 '고도성장' 시기를 경과함으로써 경제구조가 자본주의적 방향으로 변화되고 동시에 '절대빈곤' 상태에서 왜곡된 '풍요'의 상태로 이행하였다는 점, 2) 60년대 이후 한국을 통치하여 오던 군부정권 시대가 마감되고 민간정권 시대로 전환함으로써 '지배'의 정치적 형식이 '저강도 민주주의'로 변화하였다는 점, 3) 세계자본주의의 재생산양식의 변화를 반영하는 것으로서 범(汎)지구화가 진전되고 있다는 점, 4) '정보사회'적 특성이 강화되었다는 점을 들 수 있다. 여기서 앞의 두 가지 차원의 변동은 우리 사회의 특수적 변동이라고 할 수 있으며, 뒤의 두 가지 차원의 변동은 세계가 공통적으로 직면하고 있는 동시에 우리 변동을 거시적으로 규정하고 있는 일반적 변동이라고 할 수 있다. 필자는 이 네 가지 측면을 '지배와 저항의 객관적 조건'의 변화로 이해하고자 한다.

먼저 첫번째 측면을 보자. 한국사회는 60년대 이후 개발독재 시대를 경과하면서 취약한 자본주의적 토대를 확립하고 이른바 '근대화'의 과제를 달성하게 되었다. 크게 보아 60년대부터 80년대 중반까지의 시기는 (종속적)독점자본주의의 형성기이자 정착기라고 할 수 있다. 이 시기에 한국자본주의는 몇 차례의 파국적 위기를 거치면서도 60년대에는 경공업, 70년대에는 중화학공업, 80년대에는 중위(中位)의 기술자본 집약적인 산업단계를 거쳐 '후진' 자본주의 단계를 벗어나게 되었다. 한국경제는 70년대 초반 유신 전후의 파국적 위기, 78년 전후의 경제 위기, 70년대 이후 전시기를 관통하던 항상(恒常)적인 외채위기로 시달려왔다. 그러다 한국자본주의는 80년대 중반 이후의 '3저호황'을 국제적 계기로 하고, 80년대 이후 개방화정책 및 지속적인 노동배제정책을 내적 계기로 하여 그 위기를 극복하면서 '상대적 안정화' 단계에 진입하게 된다. 어떤 점에서 보면 '천민자본주의'의 형성기에서 천민자본주의의 정착기를 맞고 있다고 할 수 있다. 이것은 자본주의의 '형성'을 둘러싼 현실지형에서 자본주의 그 자체의 구조와 성격을 둘러싼 현실지형으로 변화하고 있음을 의미한다. 90년대 후반 IMF 금융지원 체제로 상징되는 경제적 위기 역시 이미 정착된 천민자본주의의 고유한 자본주의적 모순 ― 이것은 물론 세계자본주의의 조건에 의해 매개되고 있다 ― 에 기인하는 것으로 파악되어야 할 것이다.

이러한 변화는 한국사회가 이미 절대빈곤 시대에서 '왜곡된 풍요'의 시대로 전환하였음을 의미한다. 지난 30여 년간의 경제성장은 한국사회를 절대빈곤 상태에서 풍요상태로 바꾸어놓았고, 한국사회에 자본주의적 축적구조를 착근(着根)시키게 되었으며, 그 결과 대외적으로도 한국은 '신흥공업국'의 대표적인 '쇼윈도'가 되었다. 이러한 경제적 풍요화의 과정은 '놀랍게도' '신세대'를 중심으로 새로운 풍요형 소비문화와 생활문화를 우리에게 보여주고 있다. 이것은 우리가 마주하고 있는 것이 빈곤의 모순이 아니라 '왜곡된 풍요'의 모순임을 시사한다. 일찍이 80년대 종속이론가들이 이야기하였던 '저발전(underdevelopment)'의 모순이 아니라 '발전'의 모순이 우리 앞에 버티고 있는 것이다.

둘째, 우리는 군부정권 시대에서 '저강도 민주주의(low-intensity democracy)'[1] 시대로의 이행이라는 거시적 변화에 주목하게 된다. 서구열강의 제국주의적 지배하에서 해방된 제3세계 여러 나라들의 경우 독립 후의 핵심적인 민족적·국가적 과제는 산업화와 그에 상응하는 안정적인 정치체제의 확립이었다. 60년대 이후 근대화라는 이름으로 본격화된 산업화의 진전으로, 한국에서는 자본주의적인 물적 기초가 확립되어 갔으나, 그 과정에서 개발독재형 군사정권이 유지되어 왔다. 산업화의 진전과정에서 한국사회는 그러한 근대화 자체의 모순을 둘러싼 대립과, 그러한 근대화가 불가피하게 수반한 개발독재형 군사정권을 둘러싼 대립으로 점철되어 왔다. 시종일관 위기적 요소를 내포하면서 전개된 한국의 경제는 80년대 초반 이후의 세계경제의 호조건에 의해 규정되면서 '상대적으로 안정적인' 축적기반을 확립하기에 이르

---

1) 70년대 중반까지 미국의 제3세계정책의 기본 기조는 우익반공정권(때로는 군부정권)을 파트너로 하여 근대화를 추진하면서 정치적 안정을 도모하는 것이었다. 그러나 이러한 정책은 근대화가 초래하는 모순과 우익반공정권에 대한 민중적 저항으로 거센 도전을 받게 된다. 민중들의 거센 도전은 일국의 내부조건에 따라서는 75년 베트남혁명이나 79년 1월 이란혁명에서 보이는 바와 같이 혁명화하기도 하였다. 한국에서는 지배에 대한 민중의 급진적 저항을 완화하여 저항의 제도정치 내로의 흡수를 위하여 민주주의 정치체제로의 이행을 도모하게 된다. 이것은 과거의 고강도 지배전략과는 구별되는 '저강도 민주주의'라고 할 수 있다. Graf, W., "The State in the Third World", *Socialist Register 1995*, London: The Merlin Press, 1995 참조.

렀으나, 정치체제는 80년대까지 군사정권적 형태가 자아내는 모순과 대립에 여전히 시달리고 있었다. 박정희·전두환 정권이라는 전형적인 군사독재정권을 출발점으로 하여 노태우정권이라는 '민선(民選)군부정권' 혹은 '의사(擬似) 군사정권'을 거쳐 김영삼정권, 김대중정권으로 이어진 '보수적 민간정권' 수립에 이르는 지배권력의 정치적 형식의 변화는, '근대화' 과정을 통하여 확립되어 온 '부르주아적' 토대에 '상응'하는 '정치적 상부구조'가 확립되어 가는 것으로 파악할 수 있다. 이러한 지배의 전형(轉形)은 '고강도 군사독재정권' 시대에서 '저강도 민주주의' 시대로 이행하는 것으로 이해되어야 한다.

　필자는 김영삼정부 및 김대중정부의 성립으로 대표되는 90년대 한국사회의 정치적 변화를 한국형 군부파시즘에서 초보적인 '보수적 자유주의' 정권으로의 변화, 즉 '국가형태'적 차원에서의 변화로 이해한다. 이러한 변화는 군부파시즘 시대라고 할 수 있는 '한국현대사 순환의 한 종결점'에 우리가 서 있음을 시사한다. 달리 말하면 60년대 이후 파시즘적 통치하에서 조성된 한국현대사의 한 '순환'이 종결되고 새로운 순환이 시작되고 있다고 표현할 수도 있다. 종결된 순환의 한 시기는 바로 근대화와 산업화가 그 과제였던 군부파시즘 시대였다. 이 순환의 시기가 지배진영의 승리로 귀결되고 — 비록 왜곡된 형태이기는 하나 — 한국형 '부르주아적' 정치체제가 형성되게 됨으로써, 한국의 사회운동은 이전과는 질적으로 다른 새로운 현실에 직면하게 되었다고 할 수 있다. 물론 이러한 변화는 — 대중들의 눈에도 명확히 드러나고 있지만 — 문제의 해결을 의미하는 것이 아니라, 문제의 성격과 형태가 변화되었다는 것을 의미하고, 새로운 차원의 저항의 전선에 서 있다는 것을 의미한다. 김영삼정부나 김대중정부의 성립은 경제구조 및 정치체제의 민중적 전환의 과정이 아니라, 그것들의 위로부터의 '보수적 합리화' 과정이라는 각도에서 이해되어야 한다는 말이다.

지난 30여 년의 시기는 성장을 위한 시기이자 성장을 위한 억압의 시기였으며, 그러한 성장과 억압에 대항하여 평등과 민주주의를 쟁취하기 위한 투쟁의 시기이기도 했다. 이제 군부정권의 억압을 정당화하던 근대화와 산업화, 경제성장에 힘입어 한국은 이른바 '중진국' 수준에 왔다고 할 정도가 되었으며, 그것을 한 근거로 하여 존재하던 군부정권, 즉 성장을 위한 억압의 정권은 '퇴진' 당하였다. 그리고 군부정권 시대를 마감하기 위해 투쟁하였던 민주화운동과 민중운동은 새로운 현실에 직면하게 되었다. 기존의 순환의 시기가 '성장을 위한' 시기였다고 한다면 이제 새로운 순환의 시기는 '성장 이후의 조건' 위에서 전개되는 시기라고 할 수 있다. 기존의 순환의 시기가 성장을 '위한' 모순의 시기였다고 한다면 이제 새로운 순환의 시기는 성장 '이후의' 모순과 대결하여야 하는 시기라고 할 수 있다. 개발독재 시대에서 포스트 개발독재 시대로 이행하는 거시역사적 과정 속에 우리 사회가 있다는 말이다. 김영삼정부, 김대중정부는 분명히 전두환 강성군부정권이나 노태우 민선군부정권과는 다르지만, 개발독재적 모순의 완화를 지향하는 새로운 지배의 형식으로서의 '저강도 민주주의'로 이해될 필요가 있다. 바로 이것이 한 순환이 종결되고 새로운 순화이 시작되었다는 것의 의미이다.

다음으로 이러한 한국사회의 변화는 다음과 같은 일반적 변동에 의해 규정되면서 나타나고 있다. 변화의 주된 측면으로서 먼저 범지구화의 진전을 지적할 수 있다. 김영삼정부가 중반기에 '세계화'를 새로운 통합 이데올로기로 설정하면서 우리는 세계화, 국제화, 지구화, 지구촌화, 개방화, 국가경쟁력 강화 등의 개념들을 귀가 아프게 들었다. 그러한 이데올로기적 차원의 개념설정과는 다른 차원으로, 필자는 자본주의 자체의 범지구화를 중요한 변화의 차원으로 설정해야 한다고 생각한다. 여기서 범지구화라는 것은 개별국가 및 사회 내의 활동, 초국가

적 통합의 정도가 증대됨으로써, 국가와 국가 간의 상호작용과 상호의
존의 정도가 비약적으로 증대하고 결과적으로 개별국가 혹은 개별사
회가 초국가적 차원의 질서에 의해 더욱 높은 수준에서 영향을 받게
되는 상황을 의미한다.[2] 기든스의 표현대로 "개별국가 및 개별사회의
삶이 국제사회의 점증하는 상호의존성에 의해 더욱 크게 영향을 받게"
되는 상황을 의미한다.[3] 이것이 바로 80년대 이후 전세계적 차원에서
급속하게 진전되고 있는 국제질서의 새로운 변화라고 할 수 있으며,
이것은 세계사회의 상호의존이 질적으로 새로운 단계로 변화하고 있
음을 의미한다. 물론 이러한 변화는 90년대 자본주의의 특수한 특징이
아니라, 세계체제론에서 말하는 바와 같이 자본주의 초기부터 있어온
일반적 특징이라고 볼 수도 있다.[4]

세계무역기구(WTO)체제의 출범 등은 이러한 범지구화의 진전을 표
상하는 현상이라고 할 수 있다. 전후 국가간 무역과 교류의 일반적 규
칙을 규정하고 있던 가트(GATT)체제를 대체하는 WTO체제의 출범
은 — 비록 그것인 선진국가들, 선진국의 독점자본의 이니셔티브에 의
해 진전되고 있다 해도 — 국가간 무역 및 교류의 새로운 차원의 변화
를 의미한다고 할 수 있다.

이러한 범지구화의 경제적 기초는, 자본의 경제활동이 일국적 범위

---

2) 박명규,「국제화, 지역화 속의 한국사회 – 역사적 접근」,『경제와사회』1994년
　여름호: 조명래,「지방화시대 – 지역시민의 삶과 지역사회정책에 대하여」, 생
　활경제연구소 개소기념심포지엄 발표문, 1994. 6. 20: 조명래,「지구화의 의미
　와 본질」, 한국공간환경연구회 편,『공간과사회』4호, 한울, 1994: 김대환,「글
　로벌경제 – '묵은 문제'와 새로운 과제」, 한일민주연대심포지엄 "변화하는 세
　계 속의 진보" 1994. 3.

3) Giddens, A., *Sociology*, 15장, London: Polity, 1989.

4) Shannon, T. R., *An Introduction to the World-System Perspective*,
　Boulder: Westview Press, 1989.

를 넘어서서 세계적·전지구적으로 확산되는 데서 찾을 수 있다. 즉 범지구화는 범지구적 생산라인을 갖는 초국적 산업자본과 초국적 금융자본운동의 국제화에 의해 기본적으로 규정된다는 것이다. 범지구화를 추동하는 또 다른 요인으로는 정보통신혁명으로 인하여 국제적 의사소통을 가능하게 하는 기술적 기초가 예비되고 있다는 점에서 찾을 수 있다. 고도의 정보통신기술의 발달, 컴퓨터산업의 발전은 '지리적 거리가 곧 사회적 거리일 수 없는' 새로운 상황을 창출하고 있다. 이제 지구의 양극에서 이루어지는 생산과 유통, 소비가 세계적 네트워크 속에 묶여져 가고 있다.

　이러한 변화는 자본주의가 초기부터 세계자본주의였던 점에 비추어 본다면[5] 16세기 이후 근대자본주의의 세계성의 확대를 의미하는 것이고 그 연장에 있는 것이기는 하나, 분명 이전과는 질적으로 다른 요소가 존재하고 있다. 이전보다 통합성이 훨씬 증대된 '지구촌사회'의 초보적 형성이라는 질적으로 다른 측면을 담고 있다는 것이다. 물론 이것은 유럽연합(EU), 북미자유무역지대(NAFTA) 등 지역주의적 블록의 결성에서도 볼 수 있듯이 많은 불완전성을 지니고 있고, 개별사회의

---

5) 이에 대해서는 이른바 범지구화가 언제부터 태동하였는가를 둘러싸고 여러 입장이 있다. 역사시대 이래의 전역사적 과정으로 해석하는 견해를 제외한다면, 범지구화를 자본주의와 동시대적인 현상으로 간주하는 입장이 있을 수 있다(월러스틴 등의 세계체제론적 입장이 그것이다. 범지구화를 성숙한 근대성의 발현으로 보는 기든스의 입장도 여기에 넣을 수 있겠다. Giddens, A., *The Consequences of Modernity*, Stanford: Stanford University Press, 1990). 다음으로는 범세계화를 탈근대적 현상이자 탈근대화를 추동하는 힘으로 보는 입장이 있다(Harvey, D., *The Condition of Postmodernity: An Enquiry into the Origins of Cultural Change*, Oxford: Basil Blackwell, 1989). 이런 입장에서 '탈조직자본주의화'(Lash and Urry, *The Disorganized Capitalism*, Cambridge: Polity Press, 1989)와 탈산업화(Toeffler, E., 이규행 감역, 『제3의 물결』, 한국경제신문사, 1992) 등은 동전의 양면이 된다.

민족적·문화적 경계가 여전히 강하게 존재하고 있기는 하나, 개별국가, 개별국가 내 기업들의 활동, 개별사회 내 대중들의 삶이 이제 개별영토를 넘는 요인들에 의해 훨씬 더 폭넓게 규정되고 있다는 점만은 확실하다.

이러한 범지구화는 국가적 수준에서, 사회적 수준에서, 가족생활의 수준에서, 여가생활 등 다양한 차원에서 변화를 촉발하고 있다. 범지구화의 흐름은 사람, 돈, 정보, 상품의 흐름이 국경을 넘어 폭넓게 유동하게 만들고 있으며, 이를 기반으로 경제적·비경제적 통합의 정도도 이전에 비해 비약적으로 높아지게 만들고 있다.

이미 우리 주위에는 이러한 범지구화의 양상들이 가깝게 다가와 있다. 미국의 첨단음악이 한국 청소년들의 유행음악으로 변화되는 속도가 점점 짧아지고 있다. 이전에는 민족적 배타성으로 인하여 경원의 대상이 되었던 외래문화가 이제 정보통신혁명으로 인하여 우리들의 생활과 의식, 문화 속에 빠른 속도로 진입하고 있다. 혹자는 "정보통신 기술의 도움을 받는 지구적 문화의 등장으로 말미암아 지구촌 시민사회의 형성까지 불러올 날도 멀지 않다"[6]고 말하기도 한다. 국가간에 일어나는 사람들의 이동도 급증하여 해외여행의 비율이 급증하고 있다. 이웃나라 중국의 공업화는 전(全)한반도를 공해오염 지대로 변화시키고 있으며, 아마존과 동남아시아의 밀림개발이 더욱 확대된다면 지구 안에서 숨쉬는 것이 더욱 어려워질 수도 있을 것이다. 94년 우르과이라운드(UR)의 타결은 이미 한국농업의 존폐가 단순히 정부의 정책적 선택에 의해서만 결정되는 것이 아니라, 선진국 국가의 요구에 의해서도 규정되게 되었음을 의미한다.

---

6) McGrow, A., "A Global Society", in Hall, S., D. Hel, and A. McGrew (eds.), *Modernity and Its Future*, Cambridge: Polity Press, 1992.

현대의 대중소비사회에서는 문화가 갖는 중요성이 점증하고 있는데, 대중들은 문화상품의 소비과정에서 초국적 문화산업의 문화상품을 이전보다 폭넓게 수용하는 양상을 보여주고 있다. 이는 초국적 문화산업 자본이 생산하는 문화상품의 전세계적인 일반화를 촉진하기 때문이다. 소비시장이 세계화되면서 국지적인 일상생활 영역에서 이루어지던 소비양식과 소비규범 등도 급격히 변화하고 있다.[7] 현재 세계자본주의에서 미국 자본주의는 자신의 우월성을 과시하며 미국 문화자본이 생산한 미국적 대중문화를 전세계로 확산시키고 있고, 한국처럼 이데올로기적 종속성이 강한 나라에서는 더 빠르게 미국적 대중문화가 확산되는 실정이다. 특히 이러한 현상은 신세대를 중심으로 나타나고 있고 — 비판의 대상이 되어야겠지만 — 이러한 현상의 이면에서 일어나고 있는 범지구화 현상을 쉽게 확인할 수 있다.

다음으로 범지구화의 측면 외에 자본주의의 재생산양식 변화의 20세기 말적인 측면으로서 '정보화' 사회적 특성의 강화와 그로 인한 생활세계의 변화를 들 수 있다. 이는 정보통신기술과 극소전자기술의 혁신이 사회구조적 변동의 유력한 동력이 되고, 산업 및 생활에서 지식정보의 생산 및 유통이 대단히 중요한 지위를 점하게 되는 상황을 의미한다. 컴퓨터로 상징되는 정보사회는 국가나 기업 수준뿐만 아니라 이미 일상생활 전반에서 커다란 변화를 야기하고 있다. 40년대 후반에 탄도(彈道)계산을 위해 '에니악'이 탄생하면서 시작된 컴퓨터 발전의 역사는 이제 갓 40여 년이 지났음에도 불구하고 그 이전 시기 수백 년에 걸쳐 진행된 변화보다 훨씬 많은 변화를 단기간에 몰고 왔다. 정보산업의 연간 매출액은 약 4조 원으로 이미 GNP의 10%를 넘어서고

---

7) 김왕배, 「세계자본주의 속의 소비와 일상생활」, 한국공간환경연구회 편, 『공간과사회』 44호, 1994.

있으며, 3차산업은 이제 전통적 서비스산업 중심에서 현대적 서비스산업 중심으로 급속하게 변화하여 가고 있다. 이전의 철도나 자동차 고속도로의 건설이 산업발전을 위한 국가적 과제였듯이 지금은 정보고속도로의 건설이 국가적 과제가 되고 있다. 소리와 그림과 정보가 한 선을 따라 자유롭게 이동할 수 있게 될 — 컴퓨터와 통신이 결합된 — 정보고속도로는 정부, 기업, 연구소, 학교, 가정 등 전지역을 연결하는 방대한 사업으로, 산업 전반에 미칠 파급효과가 상상을 초월하는 것으로 추정된다.

이러한 변화를 주로 강조하였던 사람들은 멀리는 다니엘 벨에서 시작하여 앨빈 토플러(『제3의 물결』, 『권력이동』 등), 피터 드러커(『자본주의 이후의 사회』), 레스터 서로우(『21세기의 준비』) 등 '21세기론자'들이라고 할 수 있다. 이들의 주장의 요체는 현대사회는 산업사회, 산업주의 문화, 산업주의 윤리에서 후기 산업사회, 후기 산업주의적 문화와 윤리로 이동할 것이라는 점이다. 실제 산업 자체로도 정보산업의 비중이 급속하게 증대되고 있음은 물론이고 산업생산에서 지식, 정보의 매개적 기능이 더욱 확대되고 있다. 일반 서비스노동자 및 산업노동자의 노동에서도 지식노동적 성격이 더욱 강화되고 있다. 미래사회에서 정보와 지식의 중요성이 증대될 것이고, 물질적 재화의 생산에 기반을 두고 있고, 권력기구와 공장에 집중된 우리의 생활방식은 정보가 생산체계의 핵심적 토대가 되는 생활방식에 의해 일정하게 대체되고 있으며, 또 대체될 것이다. 우리의 주변에서도 이미 정보의 송·수신량이 급증하고 있으며 일상생활에서도 홈쇼핑, 홈뱅킹 등의 상용화 현상이 나타나고 있다. 컴퓨터 문화란 단순히 컴퓨터라는 새로운 도구를 사용한다는 차원뿐만 아니라, 문화·사회·경제 생활 전반에 걸쳐 전산시스템이 작동하고 있음을 의미한다. 영상 및 인쇄 매체도 급증하여 정보의 양이 엄청나게 늘어나고 있으며, 이제 그러한 정보를 전문가들이 취합, 분류, 재정리해 주지 않는다면 즉자적인 정보의 수용만으로는 판단을 내릴 수 없는 상태로 나아가고 있다.

지식정보사회의 또 다른 특징의 하나는 산업 및 생활에서, 나아가 지배와 저항에서 문화가 갖는 중요성이 커졌다는 것이다. 이제 문화는 특별한 향유대상으로서의 고급예술이 아니라 대중의 생활문화가 주된 것이 되고 있다. 현대사회의 중요한 특징 가운데 하나는 문화가 하나의 새로운 상품이 되고, 유망한 산업영역이 되었다는 것뿐만 아니라, 상품의 유통소비에서 광고문화를 포함한 수많은 문화산업의 볼거리가 이전의 예술작품을 통한 문화적 향유를 대체하게 되었으며, 자본에 의해 만들어진 문화상품을 매스미디어를 통해 소비하는 것이 현시기 문화생활의 중요한 부분이 되었다는 것이다.[8] 이제 소비를 촉발하고자 하는 광고 그 자체가 하나의 문화창출 공간이 되었으며, 나아가 대중의 의식과 감성까지 통제하는 과정이 되어가고 있다. 점차 대중들은 자본에 의해 상품화된 대중문화의 소비자가 되어가고 있으며, 이러한 대중문화의 생산과정이 거대자본, 나아가 초국적 문화산업자본에 의해 장악되어 가고 있다. 문화산업, 광고산업의 거대한 발전이 이러한 변화를 잘 말하여주고 있다. 이제 민중들은 '자본을 일상생활 속에서 소비'하면서 살아가고 있다. '포스트모던'한 도시공간은 그 현란함으로 자본주의의 모순이 이제 다 해결된 것 같은 착각을 대중들에게 불러일으킨다.

이러한 변화를 강조하는 '21세기론자'들은 대체로 '신자유주의적 이념' '신보수주의적 이념'의 경향을 띠는 경우가 많다. 그리고 이러한 변화가 사회구성체적 수준의 변화냐 아니냐 하는 평가에는 차이가 있지만,[9] 나아가 변화의 현상적 특징이 비록 부분적이더라도 우리 생활

---

8) 이성욱, 「90년대 문화운동의 방향모색」, 『문화과학』 1호, 1992년 여름호: 이동연, 「문화산업의 새로운 이해를 위하여」, 『문화과학』 3호, 1993년 봄호.

의 많은 부분에서 나타나고 있음을 부인하기는 어렵다.

2. 네 가지 변동의 사회운동적 의미

그렇다면 인간다운 사회, 진보적 사회를 지향하는 실천의 관점에서 이러한 변동을 파악할 때 우리가 주목하고 강조하여야 할 점은 무엇인가.

먼저 우리 사회가 자본주의적 성장을 달성하고 나아가 빈곤의 시대에서 풍요의 시대로 변화하였음에도 그 풍요가 여전히 크나큰 계급적 불평등을 내포하면서 유지된다는 점을 지적하여야 한다. 현재의 풍요는 우리 사회의 성원 모두가 이 풍요를 향유하지 못하고 있다는 점, 한편에서는 많은 사회성원의 (절대적, 상대적) 빈곤이라는 반대급부를 수반하면서 이루어지고 있다는 점에서 그것은 여전히 '왜곡된 풍요'라고 할 수 있다. 일부 독점재벌을 집중육성하는 집중형 개발방식은 개발을 달성하는 대가로 크나큰 불평등을 구조화하였고, 경제위기의 구조적 원인이기도 한 이른바 '정실자본주의(crony capitalism)'라고 표현되는 국가-산업자본-은행자본-정치가-관료의 왜곡된 유착관계를 고착화하게 했다. 생활문화 차원에서는 이른바 졸부, 중상층 자녀를 중심으로 한 일부 유복한 청소년들이 '첨단' 자본주의적 향락문화와 소비문화에 몰입하고 있다. 이러한 소비문화는 기본적으로 중산층의 규범과 양식으로 표현되고 주도되지만, 그 내면적 과정은 근본적으로 계급적인 차별과 분화를 전제하고 있다.[10] '오렌지족' '낑깡족' 등 일부 신세대 문화

---

9) 여기서 필자는 '정보사회'라는 규정보다도 '정보사회적 특성'이라는 표현을 사용하고 있다. 필자는 이러한 변화가 새로운 사회구성체의 등장이라기보다는 자본주의 재생산양식의 변화라고 생각한다.

10) 조명래, 앞의 글, 1994, 한울, 46쪽.

의 퇴폐성은 병든 한국자본주의의 모습을 적나라하게 보여주고 있다. 이것은 윤리적 규범, 청교도적인 자본주의 윤리마저 없는 천민적 한국자본주의의 왜곡된 일면이라고 할 수 있다. 풍요의 시대에 이러한 왜곡된 풍요를 교정하고 이 풍요를 공유하려는 노력은 보이지 않고 있다. 지금까지 우리 사회는 어떻게 하면 절대빈곤에서 탈출할 것인가 혹은 어떻게 하면 조금이라도 남보다 잘살까 하는 고민에 집중하여 왔다. 이 풍요를 어떻게 올바로 향유할 것인가, 어떻게 자신의 풍요를 남과 함께 할 것인가, 어떻게 모든 사람을 풍요해지게 할 수 있을 것인가, 그리고 그것에 대한 제도적 방안이 무엇인가 하는 쪽으로 우리의 고민이 이행되어야 하는데 그러한 이행의 징후는 보이지 않고 있다.

이러한 문제점을 극복할 제도적 방안으로 필자는, 첫째, 불평등을 극대화하는 방향에서 이루어지는 부의 축적과정에 대한 민주적 규제, 둘째, 국가를 매개로 하여 '축적된 부'를 재분배하는 기제의 확립, 셋째, 이를 토대로 하는 폭넓은 사회복지, 민중복지의 실현이 요구된다고 생각한다. 여기서 첫째 방안은 불평등이 극대화되지 않도록 '사전에' 예방하는 예방적 메커니즘이라고 한다면, 둘째 방안은 결과로서의 불평등한 부를 국가정책을 매개로 재분배하는 '사후적' 메커니즘이라고 할 수 있다. 이러한 메커니즘을 확립하려는 노력과 함께, 사회복지와 민중들의 삶의 복지를 실질화하고, 확충하여 가는 과제가 대단히 중요하다고 할 수 있다.

기본적인 사회복지에 대한 요구의 충족이 인간답게 사는 사회에서 유지되어야 할 최소한의 필수조건이라고 할 때, 사회보장제도의 확충, 사회복지의 실질적 강화는 이 시대 사회운동이 실현하여야 할 중요한 과제라고 할 수 있다. 사회성원들에 대한 일반적인 복지정책의 보편적 확립, 지체장애자를 포함한 노동 무능력자들에 대한 폭넓은 사회보장제도의 확립, '요람에서 무덤까지' 개인들의 생활 자체에 대한 국가적·집단적 책임의 확립 등은 새로운 순환의 시기에 확립하여야 할 핵심적인 과제라고 아니할 수 없다. 전체 사회구성원에 대한 폭넓은 복지의 실현, 여러 결손자에 대한 특수한 복지의 확립 등은 사회운동이 항시적으로 주목하여야 할 점이라는 것이다.

한편 한국사회의 경제적 변동은 70~80년대 사회운동이 주목하지 못하였던 많은 문제를 분화시키고 대중의 삶을 규정하는 새로운 다양한 문제를 창출하게 되었다. 경제성장에 따른 생활세계의 변화와 재구조화 현상에 직면하게 된 것이다. 군부정권의 극단적인 억압기에는 군부정권의 타도가 모든 문제 해결의 중심적인 과제였기 때문에, 또한 군부정권의 극단적인 탄압을 극복하는 것이 절박한 과제였기 때문에, 생활세계에서 새로운 문제들이 분화되어 가고 있었음에도 그것들은 부차적인 것으로 인식될 수밖에 없었다.

70~80년대 민중운동이 주로 관심을 두었던 계급적 영역에서의 제반 문제들 — 저임금·장시간 노동, 노조탄압 등 — 뿐만 아니라, 여러 계급이 동시에 직면한 다(多)계급적 문제영역(예컨대 환경문제 등), 대중들의 소비생활의 문제영역 들이 다양하게 분화되어 표출되고 있다. 자본에 의한 도시공간의 새로운 재편과정은 이전의 저(低)축적단계의 불평등과는 달리 새로운 불평등을 심화·구조화시키고 있다. 자본의 재생산조건의 변화에 따라 토지이용의 패턴과 토지에 담기는 건조물의 형태와 기능들도 새롭게 변화하게 되고, 이는 주거조건과 토지를 둘러싼 사회적·물질적 관계를 근본적으로 변화시켰다.[11] 또한 이전과 달리 민중들의 삶이 생산영역에서의 저임금이나 장시간노동에 의해 규정되는 측면 외에도 소비, 무주택자, 납세자, 환경공해의 피해자 등

---

11) 조명래, 「서울의 정치경제학」, 한국공간환경연구회 편, 『서울연구』, 한울아카데미, 1993, 42-45쪽.

다양한 측면에 의해 규정되게 되었다. 이런 점에서 '시민사회' 영역에서의 새로운 문제의 — 토지, 주택, 세금, 교육, 교통, 사회복지 등 — 출현은 사회운동의 관심영역을 대폭 확장하고 있다고 할 수 있다.

한편 한국자본주의의 성장은 이제 자본운동 면에서도 '아(亞)제국주의(sub-imperialism)'적 양상을 출현시키게 되었으며, 3D산업에서의 노동력 및 생산인력의 부족은 동남아시아의 많은 민중들을 저급노동력으로 수입하는 단계에 이르게 했다. '천민적 신제국주의' [12] 속성을 지닌 우리의 자본가들은 아르헨티나나 태국에서 가혹한 수탈자로서 악명을 날리고 있다. 우리가 당하였던 강한 노동통제의 경험을, 저급한 노동력 수탈의 경험을 그대로 제3세계 민중을 상대로 반복하고 있는 것이다. '코리안 드림'을 품고 한국 땅에 온 외국인 노동자들에게 가해진 저임금, 열악한 주거환경, 장시간노동, 불법체류자라는 신분상의 약점을 이용한 '초과착취', 비인도적 대우 등은 한국민의 민족적 폐쇄성과 함께 한국자본주의의 천민성을 여실히 드러내는 것이라고 할 수 있다. 이처럼 피수탈자에서 준(準)수탈자적 지위로 전환된 모습이 바로 풍요의 한 외면이다. 우리는 바로 이러한 풍요의 이면에 우리의 시선을 머물게 해야 한다.

다음으로 고강도 군부정권에서 '저강도 민주주의'로의 이행은 이제 독재에 대항하여 민주주의를 어떻게 쟁취할 것인가 하는 고민에서 어떻게 하면 진정한 민주주의를 실현할 수 있을 것인가, 어떻게 하면 민주주의의 사회경제적 심화를 실현할 수 있을 것인가, 또 어떻게 해야 저강도정책으로 포장되는 지배에 대항하는 새로운 저항구조를 창출할 것인가 하는 고민으로 나아가게 하고 있다.

61년 5·16 쿠데타 이후 30여 년간 한국사회를 지배하여 왔던 군부

---

12) 신윤환, 「한국인의 제3세계 투자」, 『창작과비평』 1993년 가을호.

정권 시대를 마감하고 보수적 민간정부 시대를 열었던 김영삼정부는 초기 개혁과정에서 상당한 성과를 거둔 것이 사실이다. 그러나 명백한 한계를 보인 게 사실이다. 민주화의 과제를 단순히 군인대통령을 물리치고 군인출신 기득권 일부를 핵심 권력집단에서 배제하는 것으로 이해한다면 분명 김영삼정부의 개혁은 큰 성과를 거둔 셈이다. 그러나 민주화를 군부가 정점이 되었던 하나의 독특한 질서로 이해하고 그것을 극복하고자 한 운동으로 이해한다면 1차 보수적 민간정권의 개혁은 큰 성과를 거두지 못한 셈이 된다. 성장의 모순으로 얼룩졌던 지난 30여 년간의 민주화투쟁은 군부출신들이 정치권력을 독점하고 있는 상황에 대한 저항일 뿐만 아니라, 그렇게 정치권력을 독점하고 있던 군부출신들을 정점으로 하고 있던 독특한 하나의 질서·체제를 극복하고자 하는 운동이었다. 이런 점에서 군부정권 시대를 극복하고, 성장의 모순을 지양한다는 것은 그러한 독특한 질서·체제의 새로운 변화를 의미하는 것이라고 할 수 있다.

한국의 독특한 질서·체제를 구성하는 것으로서는 사회의 막대한 부를 독점하고 있는 재벌기업 중심적 경제구조, 노동자, 농민 등 사회기층들의 생존권이 적절히 보장되지 않는 불평등한 분배구조, 지역주민의 자치와 자율을 보장하지 않는 중앙집중적인 구조, 국민의 대표기구인 국회가 국가권력의 자의적 집행이나 남용을 바로잡는 진정한 국민의 국회가 되지 못하고 있는 현실, 사법부가 인권과 헌법정신의 적극적 실현자가 되지 못하고 권력의 의향에 종속된 판결에 얽매여 있는 현실, 국가권력의 폭압으로부터 국민의 기본 인권이 보호되지 않을 뿐만 아니라 인간의 기본적인 권리의 박탈이 문제조차 되지 않는 현실, 지역차별적인 정책, 강제철거로 민중의 삶터를 대책없이 빼앗는 철거정책, 사회성원들에게 광범한 사회복지의 혜택이 주어지지 않는 현실, 생활능력이 없으면서도 국가적 사회보장의 혜택을 적절히 받지 못하는 현실 등등이라고 할 수 있다. 새로운 순환의 시기를 만들어가는 것은 바로 이러한 지난 시기의 문제들을 건설적으로 해결하여 가는 것을 의미한다.

　군부정권이 남긴 유산의 청산이란 군부출신 몇몇을 구속한다거나 비리를 발굴하여 몇몇을 구속시키는 것을 넘어서는, 좀더 폭넓은 ‘사회개혁’의 과정이어야 할 것이다. 이것은 형식적 민주화를 넘는 실질적 민주화로의 진전이자 사회경제적 민주화로의 진전이라고 할 수 있으며, 민주주의의 심화이자 실질화의 시도라고 할 수 있다. 그러나 1차 보수적 민간정부는 형식적 민주화에서 일정한 진전을 이루었으나 실질화의 측면에서 보면 중도하차한 셈이 된다. 2차 보수적 민간정부라고 할 수 있는 김대중정부는 자신의 ‘계급적’ 한계, 야당연합정권이라는 한계, 수구보수적 세력의 제도정치 내의 강력한 존재, 재벌 등 기득권세력의 저항 등 여러 변수로 인하여 험난한 개혁의 도정에 있다. 보수적 민간정부는 ‘선진’적 자본주의 토대와 불일치하는 상부구조적 제도들을 개혁하는 데는 일정하게 전향성을 지닐 수 있으나, 자본/권력과 민중들의 사회적·경제적 관계를 변화시키는 구조적 개혁에서는 불가피하게 그 한계를 가지게 된다.

　1차 보수적 민간정부하의 경험은 우리 사회의 민주주주의 진전과 개혁의 심화가 민간정부의 (제한된) 내부개혁성에 의존하기보다는 그것을 강제할 수 있는 민중적 개혁성에 궁극적으로 의존할 수밖에 없음을 잘 보여준다. 국가 및 정권에 대해 개혁을 강제하는 정치권 내의 새로운 힘 그리고 시민사회의 새로운 조직적 힘(세력)을 만들어내지 않는다면, 구조적 한계를 갖는 보수적 민간정부의 개혁은 중단되거나 무력화될 수밖에 없다.

　보수적 민간정권의 개혁은 군사정권하에서 관행화된 억압적 통치, 비합리적이고 비정상적인 유착을 통한 축적을 ‘합리화’시키는 방향으로 추진될 것이며, 지금까지 그렇게 추진되어 왔다. 이 과정에서 우리 사회의 보수세력은 '군사정권'이라는 비정상적인 형태를 '보수(補修)'하는 것이 아니라 '합리적인' 외양과 형태를 띤 통치와 자본의 지배를 '보수(保守)'하는 방향으로 변신해 가고 있다. 이렇게 본다면 보수적 민간정권하의 전선은 '군부파시즘'의 '유지보수'를 지향하는 세력과 그것의 민주적 변혁을 지향하였던 세력 간의 대립에서, '합리적'인 보수세력 대 민중적·진보적 세력 간의 대립으로 이행할 것이며, 그 주제는 민주적 개혁의 철저화와 심화, 형식적 민주화를 넘는 사회경제적 민주화 혹은 전환이 될 것이다. 이제 민주냐 반민주냐의 대립구도에서 민주주의의 질과 내용을 둘러싼 대립구도로 이행하여 갈 것이라는 점을 강조할 필요가 있다. 민주주의의 실질화냐 아니냐, 민중적 민주주의냐 아니면 중산층적 민주주의냐, 형식적 민주주의냐 실질적 민주주의냐의 대립구도로 전화되어 가고 있다는 것이다. 크게 보면 이것은 '보수 대 진보'의 대립구도라고 할 수 있을 것이다.

그 다음으로 범지구화 현상과 관련하여 우리는 이것이 초국적 자본의 지배를 확장하는 결과를 동반하는 것임과 동시에 다른 한편에서는 사회운동의 국제적 연대의 기초와 사회운동이 추구하는 보편적 가치 ─ 예를 들어 인권 ─ 의 확산가능성을 제고한다는 점에 주목하여야 한다. 현재 한국에서는 범지구화의 효과를 주로 전자에 두고 있다. 즉 범지구화는 자본간의 국제적 경쟁을 격화시켜 최근 한국에서 보이듯이, '국가경쟁력' 강화라는 이름으로 자본의 입지를 강화하고 자본의 경쟁력을 강화하기 위한 일방적인 이데올로기로 활용되고 있다. 이미 서구에서는 범지구화적 상황에서 자본간의 무한경쟁이 강화되면서 케인스적 복지국가체제하의 노·자 타협체제가 후퇴하고 있으며, 국가와 자본은 그 동안 노·자 타협의 산물로 획득되었던 여러 가지 노동자 보호 규정, 사회복지대책 등을 무력화시키고 자본의 수익률을 확대하기 위한 방책을 취하고 있다. 우리의 경우 민간정부하의 일정한 자유화와 민주화에도 불구하고 종래의 독점재벌이 주도해 온 경제구조는 개혁되지 않고, 경제적 과실의 배분과정에서 민중들이 여전히 소외되고 있다. 국가경쟁력 강화라는 이름하의 '고통분담'은 이미 60년대 이후 산업화 과정에서 고통을 전담해 온 노동자·농민·서민의 지속적인 고통전담 이데올로기로 작용하고 있다. 1차 보수적 민간정권하에서 초기에는 일정한 경제개혁정책 등을 구상하였으나, 결국에는 각종 기업규제의 완화, 공기업 민영화 등 독점재벌의 이익을 증진시키는 정책이 실시되고, 이동통신 같은 경우 이익단체인 전경련에 맡겨 '서로 나눠먹기' 식의 배분방식까지 시행된 바 있다. 기업에 대한 각종 규제는 국가경쟁력 강화라는 이름으로 해제되고 있으나, 노동법 독소조항 등 민중에 대한 규제는 해제되지 않고 있다. 새로운 지배 이데올로기라고까지 할 수 있는 '국제화' '세계화' 등의 구호는 여기서 이야기하는 범지구화의 현실과 연관된 것인데, 문제는 이러한 범지구화의 객관적 현실을 어떻게 '친노동적' 입장, '친민중적' 입장에서 대응할 것인가이다. 김영삼정부의 '세계화'는 '친자본'적 정책기조였다고 이야기할 수 있고, 김대중정부의 각종 정책 역시 외환위기 극복이라는 목표 아래 실제적으로 친자본적인 기조로 전화되어 갈 가능성이 크다. 바로 범지구화를 '친자본'적으로 활용하는 이러한 '국가경쟁력 강화' 이데올로기 공세에 대항하여, 사회운동은 범지구화의 효과가 친(親)자본적으로 변질되는 것을 저지할 수 있는 다양한 방안을 강구하여야 할 과제 앞에 서 있다고 할 수 있다. IMF 자체가 금융지원을 매개로 각종 신자유주의적인 정책패키지를 발전도상국들에게 강제하고 있는데, IMF식 정책방향에 대한 국제적 비판 및 대응구조를 만들어가야 하는 것도 이러한 과제에 속한다.

한편, 범지구화와 관련하여 사회운동의 측면에서 적극적으로 파악하여야 할 점은, 범지구화 현상이 인권과 같은 인류의 보편적 가치를 국내에 확산시키고 그것을 국가에 강제할 수 있는 가능성을 높이고 있다는 사실이다. 실제 범지구화는 개별 민족국가의 힘을 일정하게 침식하게 되고 개별국가의 정책적 선택 혹은 탄압의 자율성을 제약하게 될 것이다. UR 협상과정에서 국제노동기구의 일반규약이 국내노동법 개정을 강제한 것도 이러한 상황의 작은 예가 될 것이다.[13] 범지구화는 자본운동의 범지구화가 아니라, 민주주의, 인권 등 보편적 가치의 전지구적 확산의 한 계기가 되며, 또 그렇게 되도록 목적의식적으로 노력하여야 한다.

더구나 이러한 보편적 가치의 확산은, 보편적 가치를 옹호하기 위하여 활동하는 사회단체들간의 국제적 연대가 증대되고 국제적 네트워크가 강화되면 될수록 더욱 폭넓게 이루어지게 될 것이다. 근대 자본주의가 세계적인 수준에서 출범한 이후, 자본의 이동이 점차 자유롭게 이루어진 반면, 그 동안 노동의 이동과 민간기구들 간의 연대는 지체되어 왔던 것이 사실이다. 범지구화의 효과를 민중적인 것으로 만들기 위해서도 초국적 자본에 대응하는 사회운동단체간의 지구촌적 연대구조가 더욱 강화되어야 한다.

마지막으로 정보사회적 특성의 강화가 가져오는 양면적 효과에 주목하여야 한다고 생각한다. 일반적으로 지식정보사회로의 이행을 주장하는 21세기론자들은 그러한 이행이 가져올 낙관적 전망만을 일면적으로 강조하는 경향이 있다. 그러나 정보사회의 도래가 무조건적으로 민중에게 인간다운 삶을 보장하는 것은 아니다. 정보사회로의 변화는 '변화' 그 자체일 뿐, 그것이 곧 인간다운 사회, 해방된 사회를 수반하

---

13) "범세계적인 경쟁의 격화는 한국 노동조합의 입지를 크게 약화시키겠지만, 다른 한편으로 우루과이라운드 질서에 의한 국제적인 노동표준 적용의 압력은 국내의 불합리한 노동관계법의 개정을 요구하여 노동조합의 입지를 확대시킬 수도 있"기 때문이다(김동춘, 「글로벌화(globalization)와 노사관계의 구조변화」, 현대사회연구소, 『현대사회』 1995년 가을/겨울호).

는 것은 아니라고 할 수 있다. 그러한 변화를 인간적 관점, 사회적 관점에서 성찰하고 반성하여 그것을 인간해방의 잠재력으로 전환하려는 인간의 행위와 실천이 없다면 그것이 기득권집단 혹은 수혜집단의 극대화된 이해실현으로 귀착될 가능성은 충분하다.

아울러 우리는 '지식정보사회적 특성'의 강화가 가져올 문제에 대해 주목하여야 한다. 지식정보사회로의 이행에 지식정보 자체의 공개화·공유화가 수반되지 않을 때, 새로운 권력집중과 새로운 엘리트주의를 낳을 수 있는 가능성이 있다. 또한 대중매체, 특히 영상매체가 대중의 감성과 의식에 대해 압도적인 영향력을 갖게 됨에 따라 소비와 생활, 의식 자체가 매체권력과 문화자본에 의해 휘둘려질 가능성, 즉 대중소비사회가 갖는 '욕망의 전체주의적 길들이기'의 가능성이 있다고 할 수 있다. 이러한 부정적 우려가 현실화될 경우, 민중들은 물질적 생산관계에서의 소외뿐만 아니라 지식정보의 소외를 이중적으로 경험하게 될 것이다. 이러한 상황은 사실 지배의 기술적 기초가 취약하였던 이전의 권력과 자본에 비한다면 그 위험성이 더욱 크다고 할 수 있다. 인간이 인간답게 살 수 있는 사회를 지향하는 사회운동은 인간다운 삶을 제약하는 조건이 물질적 조건, 정치적 조건에서뿐만 아니라 지식정보의 조건에 의해 조성될 수 있음을 인식하고, 바로 새로운 변화된 조건 자체를 해방의 조건으로 만드는 데 관심을 기울여야 한다. 이런 점에서 '제3의 물결'에 경탄하지 않고, '제3의 물결'을 성찰하고 그것의 결과를 인간화하고 공유화하려는 인간의 노력은 여전히 21세기에서도 중요한 것이 될 것이다.

3. 맺음말

사회운동의 최종적인 관건은 결국 자본과 권력이 민(民)에 의해 얼마나 통제될 수 있느냐 하는 것이다. 이것은 결국 자본과 권력에 대한 아래로부터의 힘의 광범위한 조직화와 그로 인한 효과적인 공적 압력 메커니즘의 확보로 집약된다고 할 수 있다. 과잉성장된 국가 그리고 그와 유착되어 거대한 지배력을 소유한 자본, 그리하여 권력과 자본에 의한 '생활세계의 식민화', 정보화에 의해 기술적으로 매개되면서 범지구화되어 가는 자본과 권력에 대항하는 민의 힘은 이제 기본 대중운동의 축을 따라서, 더 나아가 새로운 사회운동의 축을 따라서, 새로운 진보정치의 축을 따라서도 더욱 풍부하게 더욱 다층적으로 조직화되어야 한다고 믿는다.

사회운동은 "우리 시대의 소수자가 누구인가" 하는 물음에서 시작된다. 70~80년대 소수자는 바로 노동자, 농민 등 민중이었다. 90년대인 지금도 여전히 소수자는 민중일 것이다. 그러나 그 민중의 내포와 외연, 민중이 서 있는 사회경제적 정황은 변하였다. 그리고 그 민중들의 삶을 질곡하고 있는 문제들은 다변화되고 중층화되었으며, 민중들이 생활세계에서 직면하는 문제들의 질적 성격 또한 변하였다. 이것은 사회운동이 자신을 구체화할 정황이 변하였음을 의미한다. 그러한 정황으로서 필자는 크게 절대빈곤 시대에서 왜곡된 풍요의 시대로 이행하였다는 점, 보수적 민간정권 시대로 이행함으로써 민주주의의 진보적 실질화의 문제가 제기되게 되었다는 점, 범지구화와 정보사회적 특성이 강화되고 있다는 점을 지적하였다. 이러한 새로운 정황 속에서, 그리고 그 정황 속에서 제기되는 다양한 문제들을 싸안고, 가장 '작은 자'가 인간답게 살 수 있는 사회를 만들어가는 것이 바로 사회운동의 과제일 것이다.

제2장 '보수적 민간정권' 시대의 사회운동
— '저강도 민주주의'와 사회운동

1. 머리말

앞장에서 필자는 사회운동이 직면하고 있는 사회변동의 네 가지 차원을 살펴보았다. 이 장에서는 두번째 차원을 중심으로 논의를 심화시켜 보고자 한다.

92년 김영삼정부, 97년 김대중정부의 성립으로 우리 앞에 주어진 보수적 민간정부 시대의 사회운동적 의미는 무엇인가. 92년을 분기점으로 한국사회는 군부 권위주의정권 시대에서 민간정권 시대로 이행하였다. 비록 김영삼정부는 군부집권당에 포섭되는 형태였고, 김대중정부는 구(舊)권위주의세력과의 연대에 의한 집권이기는 하지만, 이것은 1961년 이후 30여 년간에 이르는 군부 권위주의정권 시대와는 다른 정치적 조건을 우리에게 부여하였다. 이러한 정치현실의 변화는 기층민중운동을 비롯한 진보운동 및 진보적 연구자, 활동가들의 존재조건을 새롭게 규정하고 있다. 이러한 현실변화를 올바로 이해하고 향후 진보운동의 진로와 전망을 모색하는 것은 전환기를 사는 우리 모두의 과제라고 하겠다.

이 글에서는 이런 관점에서 한국 민간정권의 성격을 분석하면서 그것이 향후 한국사회의 변화 및 진보운동의 진로에 대해서 어떤 의미를 가질 것인지를 분석하여 보고자 한다. 이 글의 전반부에서 필자는 보수적 민간정권의 구조적 성격과 그것에 내재하는 모순, 그리고 전후(戰後) 현대사 속에서 그것이 갖는 의미를 분석하고, 후반부에서는 민간정권의 성립으로 초래될 그리고 초래되고 있는 한국사회 변화의 전망과 그러한 변화 속에서 진보진영의 실천적 전개의 전망은 어떤 것이어야 하는지에 대하여 검토하고자 한다.

2. 보수적 민간정권의 구조적 성격과 그 사회변동사적 의미

1) 보수적 민간정권의 구조적 성격

60년대 이후 한국사회를 통치하여 오던 군부정권 시대가 민간정권 시대로 이행하였다. 민간정권[1]이 어떤 성격을 가지고 있느냐에 대해서

---

1) 김영삼정부와 김대중정부는 분명히 다른 성격을 지니고 있다. 그러나 여기서 필자는 양 정부간의 차이보다는 그 '국가유형적' 동일성을 중심으로 분석하고자 한다. 물론 김영삼정부는 온건야당세력이 군부집권당에 포섭되어 하나의 새로운 집권당으로 재구성된 위에서 집권당의 재집권 형태로 성립한 것인 반면에, 김대중정부는 집권당에 대한 야당연합의 승리의 형태로 실현되었다는 점에서 분명한 차이를 가지고 있다. 그러나 필자는 우리가 경과하고 있는 거시역사적 흐름 속에서 군부 권위주의정권에 뒤따르는 민간정권 시대의 하위 형태들이라는 관점에서 '국가유형'적 동일성을 가지고 있다는 점에서 접근하고자 한다. 양자의 차이는 김영삼정부가 온건보수적 자유주의적 성격이었다면 김대중정부는 '중도보수적 자유주의'적 성격을 지니고 있다는 것이다.

는 다양한 견해들이 제시되고 있다. 90년대에 새롭게 등장한 한국 민간정권의 성격을 필자는 다음과 같은 측면들로 나누어 정리하고자 한다.

첫째, 한국의 민간정권은 군사파시즘과 구별되는 자유민주주의 혹은 '부르주아 민주주의'의 한국적인 초보형태로 규정할 수 있다. 이것은 민간정권의 '국가유형'적 성격이 무엇인가, 민간정권의 역사구조적 성격이 무엇인가 하는 문제이다. 한국의 민간정권은 — 비록 여러 왜곡성과 불완전성을 지니고 있지만 — 제3세계 종속적 자본주의화의 진전을 통하여 변화되어 온 토대의 변화에 상응하는 '부르주아적' 상부구조의 실현형태, 즉 한국형 부르주아 민주주의의 초보적인[2] 형태가 관철된 것으로 파악될 수 있겠다.

김영삼정부 초기에, 김영삼정권의 국가유형적 성격을 둘러싸고 학자들간에 몇 가지 견해가 제시되었다. 그런데 당시 이러한 견해들은 김영삼정권의 특수한 성격에 대해서는 강조점을 달리했으나 김영삼정권의 일반적 성격에 대해서는 대체로 의견이 근접하였다. "제한적 민주주의를 통한 지역분할지배체제의 제도화",[3] "파시즘적 자유민주주의",[4] "2개 국민 헤게모니 프로젝트(two nations hegemony project)' 위에 기초하는 제한된 자유민주주의",[5] "부르주아적 정권으로서의 성격을 갖는 '국가코포라티즘'",[6] "강압적인 파시즘 통치에서 부르주아

---

2) 여기서 필자는 한국의 부르주아 민주주의가 대단히 초보적이라는 점을 강조하고자 한다. 실제 한국의 지배는 여전히 권력지배의 두 가지 계기라고 할 수 있는 강압과 동의 중 강압의 측면이 강하고, 또한 천민적 자본지배에 상응하는 천민적 비합리성과 불완전성을 지니고 있다.

3) 최장집, 「92대선과 신정부의 성격」, 학술단체협의회 대선평가토론회(1992. 12. 28) 발표논문, 『사회평론』 1993년 2월호에 재수록.

4) 김세균, 『노동자신문』 1993. 1. 15.

5) 손호철, 「14대 대통령 선거의 의미와 민중민주운동의 대응에 대한 비판적 평가」, 민주화를 위한 전국교수협의회 대선평가토론회(1993. 1. 12) 발표논문.

민주주의 통치로 나아가는 전형적인 현상",[7] "타협적 야당의 지배계급
에의 투항을 통해 성립한 제3세계 부르주아 민주주의의 한국적인 왜
곡형태"[8] 등의 규정들은 비록 김영삼정권의 제한적·모순적 성격을
주요한 측면으로 지적하고 있음에도 불구하고, 김영삼정권이 '포스트
군사정권(post-military regime)'으로서의 성격을 지니고 있으며, 제3세
계의 자본주의적 발전의 상부구조로서 성립하는 제3세계 유형의 자유
민주주의 체제 혹은 부르주아 민주주의 체제로 파악하고 있다는 점에
서 대체로 의견이 근접하고 있다고 판단된다. 김대중정부는 바로 이러
한 성격을 갖는 김영삼정부가 정치적으로 파탄에 직면하게 되면서 그
것을 대체하는 야당연합정부로 성립하였다. 이는 한국에서 부르주아
민주주의 체제로의 이행을 가속화하고 그럼으로써 한국의 '지배'가 한
단계 도약을 이룩하는 계기로 볼 수 있다.

　서구열강의 제국주의 지배에서 해방된 제3세계 여러 나라들의 경우
독립 후의 핵심적인 민족적·국가적 과제는 산업화와 그에 상응하는
안정적인 정치체제의 확립이었다. 한국에서는 60년대 이후 근대화라는
이름으로 본격화된 산업화의 진전으로 자본주의적인 물적 기초가 확
립되어 갔으나 그러한 확립과정에서 불가피하게 개발독재형 군사정권
이 유지되어 왔다. 산업화의 진전과정에서 한국사회는 근대화 자체의
진전을 둘러싼 대립과, 그러한 근대화가 불가피하게 수반한 개발독재
형 군사정권을 둘러싼 대립으로 점철되어 왔다. 미국의 제3세계 지배

---

6) 임영일, 「대선 이후 민주화운동의 과제와 전망」, 민주화를 위한 전국교수협의
　　회 대선평가토론회(1993. 1. 12) 발표논문.
7) 송병희, 「김영삼정권의 등장과 부르주아민주주의 통치의 개막」, 『진보저널』
　　1993. 1. 6.
8) 졸고, 「92년 대선과 그 구조적, 현실적 의미」, 학술단체협의회 대선평가토론회
　　(92. 12. 28) 발표논문.

전략은 우익 군사독재정권을 파트너로 하여 시행되었다. 그러나 이러한 우익 군사독재정권은 민중적 투쟁의 고양을 불러오고 지배 자체의 위기를 가져왔다. 그로 인해 지배전략이 전환되어 민중적 투쟁의 완화와 체제내화, 제도정치 내로의 포섭을 꾀하게 된다. 여기서 대의민주주의의 복원 혹은 도입을 주요 내용으로 하는 민간정권으로의 전환이 나타난다. 이런 점에서 민간정권을 '저강도 민주주의(low-intensity democracy)'로 규정할 수 있다. 이것은 우익 군사독재정권에 의해서 — 경우에 따라서는 미국의 직접적인 정치·군사적 개입을 통해서 — 유지되는 극우보수적 지배질서를 유지하는 방식에서 의회민주주의적 제도를 갖춘 민간정권을 통한 '신보수적' 지배질서로 이행하는 것을 의미한다. 물론 이러한 전환은 단순히 미국이나 지배세력의 '음모'로만 실현되는 것은 아니다. 오히려 사회적 투쟁 혹은 계급적 투쟁에 의해 강제되면서 지배의 정치적 형식이 불가피하게 나타나게 되는 것이다. 이러한 지배의 정치적 형식의 변화는 경제적 안정 속에서 진행되는 경우도 있고 경제적 위기상황 속에서 진행되는 경우도 있다. 한국의 경우는 후자라고 하겠다.[9] 시종일관 위기적 요소를 내포하면서 전개된 한국의 경제는 80년대 초반 이후 세계경제의 호조건에 의해 규정받으면서 '상대적으로 안정된' 축적기반을 확립하기에 이르렀는데, 민중적 투쟁의 고양으로(80년대 초반 민주화운동의 고양을 상기하자) 정치적 갈등이 오히려 경제적 성장을 위협하는 방향으로 작용하게 되며, 여기서 정치적 이행은 더욱 불가피한 것이 된다. 토대의 변화가 정치적 지배형식의 변화를 요구한다는 말이다. 이런 점에서 박정희·전두환 정권이라는 전형적인 군사독재정권을 출발점으로 하여 노태우정

---

9) Haggard, Stephan and Robert Kaufman, *The Political Economy of Democratic Transitions*, Princeton: Princeton University Press, 1995.

권이라는 '민선(民選)군부정권' 혹은 '의사(擬似) 군부정권'을 거쳐 이제 김영삼정부와 김대중정부의 '민선민간정권'의 수립에 이른 지배권력의 정치적 형식의 변화는, '자본주의적 산업화' 과정을 통하여 확립되어 온 '부르주아적' 토대에 '상응'하는 '정치적 상부구조'의 재편과정으로 파악될 수 있다.

보수적 민간정권의 성립 자체가 지배 및 축적의 민중적 전환을 의미하는 것은 아니지만, 군부정권하에서 정착된 파시즘적 억압통치, 비생산적·비합리적·비정상적인 방식을 통한 축적관행의 수정을 통하여, 축적과 지배의 '합리화'를 가져오리라는 것은 예상할 수 있다. 즉 지배 및 축적의 '군부정권 형태'에서 '민간정권 형태'로의 변화를 가져옴으로써, 비록 이것이 지배 및 축적의 사회적 관계에서의 '질적' 변화를 가져오는 것은 아니더라도, 한국사회에 '부르주아적인' 지배질서가 성립하는 데 일정한 진전을 가져올 가능성이 있다. 김영삼정부 초기 '업종전문화정책'의 수립, 김대중정부 초기의 재벌개혁정책은 — 비록 그것이 기득권층의 반격에 의해 굴절되더라도 — 이러한 축적과 지배의 '합리화'를 가져오는 계기들이라고 할 수 있다.

그러나 여기서 필자는 민간정권의 성격을 구조적으로 '부르주아적인 상부구조'의 한 형태로 파악한다고 하더라도 그것 자체를 민간정권의 성립에 의하여 '완성'되는 단절적 현상으로 보아서는 안 된다고 생각한다. 그것은 계급투쟁적 매개를 거쳐 실현되는 하나의 역사적 '과정'으로 보아야 한다. 또한 87년과 92년의 선거공간에서 겪은 변혁진영의 '패배'를 매개로 하여 지배권력이 '이니셔티브'를 가진 초보적인 단계에 돌입하였고, 97년 야당연합정권의 성립으로 '진일보한' 단계로 돌입하였다는 것을 전제할 필요가 있다고 판단된다. 부르주아적인 정치체제의 완성 과정은 향후 다양한 사회적·계급적 투쟁의 매개와 복잡한('반전'의 국면도 있을 것이며, 지배질서의 '본질적인 위기' 상황에서는 '군부통

치' 형식을 갖는 지배질서의 재회귀도 있을 수 있는) 경로를 거쳐 완성되어
갈 것이기 때문에, 필자의 '부르주아적 상부구조'에 관한 규정은 이러
한 과정론적 전제 위에서의 규정이라고 할 수 있다.

둘째, 김영삼정부와 김대중정부 모두 87년을 분기점으로 야당세력과
급진운동세력이 연합하여 급진적으로 쟁취한 '아래로부터의 민주화'
의 도정에 있지 않고, 양자의 분리 위에서 야당세력과 구(舊)권위주의
세력과의 제도정치적 경쟁을 통하여 구권위주의세력과 '타협'하여 성
립한 한계를 지니고 있다는 것이다. 김영삼정부는 구(舊)지배권력의 변
형을 통하여 '위로부터' 성립한 모순을 갖고 있었으며, 김대중정부는
구권위주의세력과 연합하여 성립한 모순을 안고 있다. 이런 점에서 처
음에 지적한 일반적 성격에도 불구하고 한국의 민간정권은 '특수한'
부르주아적 통치체제로서의 성격을 갖는다고 할 수 있다. 민간정권이
내재적으로 갖는 모순성은 민간정권이 '아래로부터의' 민주화운동에
기초한 급진적인 권력적 변화로 출현하지 않고 타협적 야당지도자가
지배진영에 투항함으로써 또한 구권위주의세력과의 '타협'적 연합으
로 '위로부터' 이루어졌다는 점과, 그러한 결과 지배진영과 민중진영
의 계급적 역관계에서 후자가 열악한 조건을 배경으로 하여 이루어졌
다는 점에 기인한다고 할 수 있다. 이런 점에서 김영삼정부는 '1차 민
간정권', 김대중정부를 '2차 민간정권'이라고 한다면 양자 모두 '보수
적 민간정권'이라고 규정할 수 있다.

제3세계의 정치변동이 '위로부터의 경로'냐, 아니면 '아래로부터의
경로'냐를 준별하는 기준은 기본적으로 기존의 지배권력 및 세력과 단
절되느냐 아니냐에 따라 결정된다고 할 수 있다. 그런 점에서 김영삼
정부는 기존의 지배권력과 세력에 '양자(養子)' [10]로 편입됨으로써 성

---

10) 필자는 이것을 한 집안에서 적절한 손(孫)이 없어 양자를 들임으로써 가계

립한 정권이라고 규정할 수 있고, 김대중정부는 구지배권력의 주변세력과 연합하여 성립한 정권이라고 규정할 수 있다. 민간정권 시대로 이행함에 따라 기존의 지배세력의 내적 구성이 상당히 변화할 것은 틀림없다. 92년 대선 시기를 통하여 드러난 지배세력 내의 핵분열(일부 독점자본의 분립, 집권당 내 반김영삼진영의 성립 등)을 계기로 하여, 군부를 정점으로 하는 기존 지배세력의 위계 및 구성은 민간정치인을 정점으로 하는 새로운 지배연합의 위계 및 구성으로 변화하게 되었다. 이제 지배블록은 온건야당세력을 중심으로 하여 구권위주의세력의 주변파, 지역주의 성격의 구지배연합에서 소외된 분파들, 온건야당과 연합한 군부분파, 대자본분파 등 다양한 구성원을 갖게 되리라 예측할 수 있다. 그러나 그것이 기존 지배세력 내부의 일정한 변화를 초래하게 된다고 하더라도 그것은 새로운 정점을 중심으로 하는 지배세력의 내적인 교체 및 대류(對流)의 성격을 기본적으로 띨 수밖에 없다.

여기서 양 민간정권은 나름의 내적인 모순을 지니고 있다는 점을 지적할 필요가 있다. 즉 김영삼정부에서는 구(舊)야당세력의 일부와 기존의 지배집단이 모순적으로 결합하는 형태로 새로운 지배권력이 구성됨으로써, 그리고 김대중정부는 구지배정권에 연루되었던 구지배세력의 주변파와 상대적으로 '진보적'이었던 야당으로 이루어진 모순적 '야당연합'에 의해 성립함으로써 내적인 모순성을 지니게 되었다는 것이다.

셋째, 민간정권이 한국사회의 민주화에서 갖는 '개혁'의 성격은, 민

를 이어가는 경우와 비슷하다고 본다. 대통령제하에서 막강한 중앙집중적 권력을 갖는 자리에 기존 야당지도자 출신이 오르게 되었다는 점에서 일정한 단절성을 가짐(양자가 그 집안의 실질적인 주역이 된다는 점)에도 불구하고, 신정권은 크게는 군사정권을 통하여 유지될 수밖에 없었던 '부르주아적' 지배기구의 새로운 유지자(양자로 들어간 집안의 법적인 계승자가 되어야 한다는 점)가 될 수밖에 없다고 생각한다.

간정권 속에서 모순적으로 결합되어 있는 구(舊)통치세력과 새로운 세력의 대립 속에서 그 한계가 결정될 것이다. 민간정권이 갖는 구성의 복합성과 모순성은 모순적 결합을 한 대립되는 두 세력간의 갈등과 대립에 의해 규정될 수밖에 없음을 말해준다. 보수적 민간정권이 구지배정권과 전형적인 방식으로 연속된 것은 아니지만, 동시에 그것을 단절적으로 극복한 민중적 정부도 아니라는 점에서 모순적이고 이중적인 성격을 지니고 있다고 할 수 있다.

민간정권하에서 구집권세력 내의 강경보수파는 명백히 주변화될 것으로 예상되나, 김영삼정부나 김대중정부의 수립에 적극적으로 기여함으로써 자기 기반을 확보한 구보수세력과 새로운 집권 중심세력(김영삼정부 때는 민주계, 김대중정부 때는 국민회의) 간에는 대립과 갈등이 조성될 것으로 보인다. 이러한 모순과 갈등의 측면은 개혁이 유발하는 위기적 상황 속에서 구체적인 권력투쟁으로 격화될 가능성도 있다.

여기서 한 가지 지적하고 넘어가야 할 사항은 민간정권의 개혁이 기본적으로 제한적이라는 평가에도 불구하고 93년 김영삼정부 초기의 개혁에서 우리의 예상을 '뛰어넘었던' 점이 있었다는 것인데, 그 요인은 다음과 같이 설명할 수 있다. 즉 3당합당 이후 김영삼이 민자당의 대통령후보로 결정되고 이어 대통령이 되기까지의 과정에서 나타난 지배진영 내부의 권력투쟁을 통하여 설명할 수 있다. 3당합당은 군부정권의 변형된 유지가 어려운 조건에서 나타난 보수세력간의 '재집권연합'의 성격을 띠고 있었다.[11] 그러나 지배진영의 최정점에서 '밀실타협'을 통

---

11) 이런 점에서 오도넬이나 슈미트가 탈권위주의화 과정에서 나타나는 '타협(pacts)'의 중요성을 지적한 바 있는데, 3당합당은 전형적인 타협의 형태라고 할 수 있다. 일반적으로 타협은 군부정권 내의 온건파와 저항세력 내의 온건파의 타협으로서, 군부정권 내의 강경파와 저항세력 내의 급진파를 배제한 타협의 성격을 띤다. 그러나 3당합당이라는 한국적 타협이 가진 특수성은 그것

60

하여 이루어진 재집권연합이 현실화되는 과정에서 지배진영 내부의 다양한 분파들의 대립과 투쟁이 격화되었다. 일차적으로 민자당 경선까지의 과정에서는 민자당 내부에서의 일부 민정계, 공화계의 소극적 비토와 거부, 경선과정에서의 반김영삼계의 이탈, 일부 상층관료세력의 거부가 나타나는데, 김영삼은 이 모든 것을 극복하면서 집권당의 대통령후보로 선출된다. 그리고 경선 이후 당선까지의 과정에서도 합당을 주도한 노태우세력과의 부분적인 갈등, 반김영삼계의 사보타주, 정주영이라는 일부 독점자본 분파의 이반 등 지배진영 내부의 소극적·적극적 거부를 극복하면서 대통령 당선에 이르게 된다. 바로 이러한 재집권연합의 결성 후 대통령 당선까지의 권력투쟁에서 나타난 수구세력의 소극적·적극적 거부와 사보타주 등이 초기 개혁과정에서의 일정한 전향성을 가능케 한 기초가 되었다고 판단된다. 김대중정부의 개혁의 경우, 김대중세력 자체가 김영삼세력에 비해 갖는 상대적인 '비타협성'과 '진보성'이 개혁을 일정하게 추동하게 될 것이나, 야당연합정권 자체에서 모순적으로 결합하고 있는 구보수세력과 야당 및 국가기구 속에 존재하는 광범한 기득권세력과의 관계가 어떻게 전개되느냐에 따라 상이한 결과가 나타날 수 있다.

넷째, 민간정권의 지역주의적 한계 문제이다. 김영삼정부는 전국적, 전(全)계급·계층적 지지가 아닌 '지역적 분할' 지배체제 위에 성립한 정권이라는 성격을 갖는다.[12] 또한 김대중정부 역시 1차 민간정부가

을 반대하는 지배진영 내부의 다양한 세력과의 권력투쟁을 통하여 실현되었다는 것이다. O'Donnell, G., Schmidt, "Political Life after Authoritarian Rule: Tentative Conclusions about Uncertain Transitions", 한완상, 김기환 역, 『독재의 극복과 민주화—권위주의정권 이후의 정치생활』, 다리, 1987, 74-93쪽 참조.

12) 최장집, 앞의 글 참조.

기반하고 있었던 '반호남 지배연합'에 대항하는 '역(逆)지역주의적 연합'으로서의 성격을 지니고 있다. 92년 대선에서 김영삼 당선의 주요한 양 축은 지역감정과 중산층의 보수화였다. 김영삼의 당선이 지역적 몰표에 기초하고 있다는 것은, 김영삼후보의 득표가 976만 표, 김대중후보가 785만 표로서 양자의 표 차이가 190만 표에 이르고 있으나, 이 중 3/4에 해당하는 표가 영남지방의 몰표라는 점에서 단적으로 드러난다(김영삼후보의 영남 득표가 475만 표이고 김대중의 호남 득표가 281만 표로서, 양자의 표차가 영·호남 지역에서만 140만 표에 이른다).[13] 더구나 92년 선거 직전 폭로된 '부산 기관장모임 사건'은 관권의 개입과 지역감정을 '원시적'으로 부추기는 '범법적인' 모임이었는데도 영남민중의 표가 그것을 응징하는 형태로 이루어지지 않고 역으로 철저히 지역감정에 조응하는 형태로 나타났다는 점에서 김영삼 당선의 지역감정적 기초를 확인할 수 있다.

김대중정부의 경우도 마찬가지 한계를 지니고 있다. 97년 대선에서 "서울과 경기 등 수도권에서 충청도와 호남을 거쳐 제주도에 이르는 서부지역이 김대중후보를 압도적으로 지지한 반면 영남과 강원도는 이회창후보를 상대적으로 높은 비율로 지지했다."[14] 특히 김대중의 득표율은 광주 89.9%, 전남 94.6%, 전북 92.3%, 대전 45.0%, 충남 48.3%로 나타났고, 이회창후보의 경우 대구 72.7%, 경북 61.9%, 부산 53.3%, 경남 55.1%로 나타났다.[15] 따라서 이인제후보의 출마로 영남표가 분

---

13) 정영태, 「14대 대선 결과분석」, 학술단체협의회 대선평가토론회 발표논문: 「제14대 대선 결과분석—계급별 대선투표행태에 대해서」, 민주화를 위한 전국교수협의회 대선평가토론회 발표논문 참조.

14) 정대화, 「제15대 대통령선거 결과에 대한 실증적 연구」, 『동향과 전망』 37호, 1998년 봄호, 61쪽.

15) 정대화, 같은 글.

산되었다는 점을 전제한다면, 김대중정부를 제약하는 지역주의적 구도를 선명하게 읽을 수 있다.

60, 70년대 반공냉전 이데올로기, 성장이데올로기가 지배이데올로기의 주요한 내용을 구성하고 있었다면, 그러한 지배이데올로기의 유효성이 약화되면서 새롭게 지역감정이 지배권력의 안정적 재생산에 필요한 주요한 이데올로기적 내용을 구성하게 되었다고 볼 수 있다. 이것은 호남 대 비호남의 대립을 '실재화'시켜 전자를 고립시키고 그것을 통하여 지배권력의 헤게모니적 지배를 가능하게 하는 방법이라고 할 수 있다.[16] 지역감정이 지배권력의 분할통치 메커니즘으로 정착한 것은 복잡한 과정을 거치면서 이루어졌으나, 이 과정에서 고착된 지역주의적 구도는 이제 민간정권의 지역적 한계성과 부르주아 지배로서의 불완전성을 부여하고 있다고 할 수 있다. 남한의 초보적인 부르주아적 상부구조로서 민간정권은 다른 측면에서도 한계를 갖지만, 이처럼 '전국적' 정권으로서 성격을 획득하지 못함으로써 불완전성을 지니고 있다고 할 수 있다.

다섯째, 민간정권은 군사정권과 달리 언술적(言術的) 차원에서 자기정당화 기제를 발전시킴으로써 '의사(擬似) 헤게모니적 지배'를 관철하려 시도할 것이다. 이미 지배권력은 노태우정권의 성립을 통하여 집권과정의 '정치적 정당성(legitimacy)' 문제를 해결한 바 있다. 이미 한국은 김영삼정부의 성립으로 노태우정권의 한계였던 군부출신이라는 멍에를 벗어던짐으로써, '형식적으로 전혀 하자가 없는' 민간정부로서의 성격을 지니게 되었다. 게다가 김대중정부는 야당정권으로서 성립

---

16) 이를 B. Jessop의 '2국민 프로젝트' 개념(*The State Theory*, Cambridge: Polity, 1990 참조)을 이용하여 설명한 글로서 다음을 들 수 있다. 손호철, 「14대 대선과 민중민주운동: 평가와 전망」, 『이론』 제4호, 1993년 봄호, 262-264쪽 참조.

하였기 때문에 기존에 지배권력에 대해서 가해졌던 '절차적 민주주의상의 불공정성' 문제를 전면적으로 해소시켰다. 따라서 정치적 정당성의 '절차적' 측면은 문제로 되지 않는 단계로 가게 된다고 할 수 있다.

이런 지배권력의 변화는 지배권력에의 참여 및 지원에 대한 도덕적 정당성이 부족하였던 과거의 상황을 변화시키게 되고, 이것은 민간정권이 이전의 냉전이데올로기 혹은 성장이데올로기를 넘어, 국민적 담화(談話)와 자기정당화 메커니즘을 발전시키게 될 것을 의미한다. 예컨대 전두환정권이 '전면적인 억압'의 방식으로 노동운동 및 민중운동을 통치하고자 하였다면, 노태우정권은 '선택적 억압'[17)의 방식을 사용하였다고 할 수 있다. 이런 점에서 민간정권은 '선택적 억압'의 기조를 유지하면서도 선택적 억압을 이데올로기적으로 정당화하는 '의사 헤게모니'적 통치방식을 취하게 될 것으로 판단된다.

여섯째, 민간정권은 군부정권하에서 누적되어 온 독재적 유산을 청산하는 정치개혁 차원에서는 일정한 전향성을 보여주겠지만, 군부정권하에서 무제한적으로 강화되어 온 독점적 축적구조, 불평등한 분배구조를 혁신하는 경제개혁 차원에서는 제한성을 갖게 될 것이며, 이런 점에서 일정한 내적 불안정성을 지닌 채로 유지될 가능성이 크다. 김대중정부는 특히 재벌 지배구조의 합리화를 촉진시킬 것이다. 그러나 김대중정부의 이른바 '민주적 시장경제' 역시 이전에 비해 '합리화된 시장경제'라는 점을 지적하여야겠다.

---

17) 노태우정권은 중간 제 계층 및 온건한 민중세력에 대한 포섭전략과, 전투적 민중세력에 대한 배제와 탄압전략이라는 이중전략을 구사하였다고 할 수 있다.

2) 보수적 민간정권의 사회변동사적 의미

민간정권 시대는 비록 불안정성을 내장하고 있으나 우리 사회가 '한국형 군부파시즘'에서 '한국형 부르주아 정치제제'로 이행하여 가는 초기 궤도에 돌입하였다는 점을 의미한다. 지배의 전형(轉形)이 일어나게 된 것이다. 이러한 변화는 군부파시즘 시대라고 할 수 있는 '한국현대사 순환의 한 종결점'에 우리가 서 있음을 시사한다. 즉 '제3세계 민주화의 왜곡된 한국형 경로'라고 평가할 수 있는 한국의 민주주의 이행과정에서 현대사의 한 '순환'이 종결되고 새로운 순환이 시작되고 있음을 의미한다. 종결된 순환의 한 시기는 바로 근대화와 산업화가 그 과제였던 군부파시즘 시대였다. 이 순환의 시기가 '위로부터의 보수적 민주화'로 귀결되고 비록 왜곡된 형태이기는 하나 한국형 '부르주아적' 정치체제로 이행하는 도정에 돌입함으로써, 한국의 변혁운동은 이전과 질적으로 다른 새로운 현실로 들어서게 되었다고 할 수 있다.

이제 종결을 보게 된 60년대 이후의 한 순환의 시기는 자신의 (독점)자본주의적 토대를 확립하고 그에 상응하는 안정적인 부르주아 정치체제를 확립하려는 지배진영과, 그 과정에서 제기되는 모순을 매개로 하여 대중적 변혁운동으로 비상하고자 하는 민중진영의 각축의 시기였다. 이 순환의 시기를 통하여 민중진영은 한국전쟁 이후 조성된 운동의 '초토화' 상황을 넘어서서 자신을 민족·민주·민중적인 변혁운동으로 정립하고, 그 대중적·조직적·이념적 기초를 확충하여 왔다. 그러나 이러한 운동의 발전은 우리 사회의 급진적인 변혁을 성취하는 단계로 발전하지 못하였다. 반대로 우리 사회의 지배진영이 안정적인 부르주아적 축적메커니즘을 확충하고 그러한 토대 변화에 상응하여 군부파시즘이라는 권위주의정권 시대를 마감하고 '민선군부정권' 시대를 거쳐 '보수적 민간정권' 시대를 열어나가 개발독재형 군부독재체제를 부르주아적 정치체제로 이행시키는 과정에 돌입함으로써 새로운 순환의 시기로 변화하게 되었다고 할 수 있다.[18]

필자는 이것을 앞에서 저강도 민주주의로 표현하였다. 한국 사회운동은 저강도 민주주의로 대표되는 새로운 순환의 시기에서 진보적 운동을 전진시켜야 하는 과제에 직면하고 있다. 새로운 순환의 시기는 사회의 여러 층위간의 부정합과 불일치, 모순이 그 특징인 시기이고, 이것은 진보적 운동의 새로운 대중적 기반을 만들어내는 계기이기도 하다.

주지하다시피 사회는 여러 차원으로 구성되어 있고, 사회의 기저(基底)라고 할 수 있는 토대 수준에서의 변화에 상응하여 여타의 사회적 제 수준이 상응할 때 안정적인 체제를 이룰 수 있다. 이런 점에서 본다면 60년대 이후 한국사회는 토대 수준에서 급속한 산업화와 자본주의적 경제구조로의 이행을 경험하여 왔다. 그러나 이처럼 변화되는 토대적 수준과 (정치적 수준을 포함한) 여타의 사회적 제 수준 간의 불일치와 괴리가 군부파시즘의 전시기에 존재하여 왔다. 특히 이러한 불일치와 괴리는 한국의 자본주의적 경제구조가 위기를 일정하게 극복하면

---

18) 순수 야당정권으로서 수립된 남미의 일부 민간정권에 비하여, 한국의 민간정권은 일부 야당세력이 군부세력이 주도하는 집권당 및 국가기구의 지원 위에서 집권하였다는 점에서 군부정권과의 단절성이 더욱 제한적이라고 할 수 있다. 그러나 한국의 민간정권이나 그보다 진전된 남미의 야당정권은 "국민의 대다수를 이루는 노동자, 농민 등 기층민중들이 유의미한 정치적 및 경제적 권력을 성취하는" 민중민주주의가 아니라는 점에서, 즉 그 사회경제적 프로젝트가 동일하다는 점에서, 그리고 '선거정치로 통제된 이행'을 통하여 "대중운동과 민중조직들의 힘의 성장에 대항하여 부르주아적 지배를 지키기 위한" 전략적 목표에 기초하고 있는 점에서, 제3세계 지배체제의 재안정화 프로젝트의 일부라고 규정할 수 있다. Harding, Timothy and James Petras, "Democratization and Class Struggle", *Latin American Perspective* *58(15-3)*, Summer 1988(박은홍 편, 『제3세계 민주변혁과 선거의 정치경제학』, 백의, 1992에 번역수록) 참조.

서 '3저호황'이라는 세계경제의 호조건을 배경으로 하여 '무역수지 흑자'와 같은 좀더 높은 수준의 축적의 안정을 구현하게 되면서 더욱 확대되어 나타나게 된다. 그러한 불일치와 괴리의 가장 집중적인 결절점은 물론 정치체제적인 것이었다고 할 수 있다. 즉 최대의 불일치는 '경제와 정치의 불일치', '선진적' 자본주의와 '후진적' 정치 간의 괴리에서 나타났다고 생각한다. 민간정권의 성립은 바로 이러한 결정적인 불일치와 괴리를 극복하는 계기였다고 할 수 있다. 사실 이러한 정치체제상의 모순을 극복하기 위한 시도는 미국의 제3세계 전략이 변화하는 70년대 후반부터 이미 촉발되었다고 할 수 있다. 그러한 최초의 시도는 군부세력 내의 온건파를 동원한 '궁정쿠데타' 식의 정치변동(10·26 사건)으로 표출된 바 있다. 그러나 이러한 초기의 시도는 강경군부세력을 대표하는 전두환 신군부세력의 등장으로 오히려 퇴보하였고, 80년대의 기나긴 민주화투쟁의 역정을 거쳐 오늘에 이르게 되었다고 할 수 있다.[19]

---

19) 한국사회는 60~70년대에 토대적 수준에서 축적기반을 안정화하지 못한 지배질서가 80년대에 들어서면서 그 축적기반을 일정하게 안정화하게 됨으로써 토대적 수준에서의 불안정이 일정하게 극복되었다고 할 수 있다. 그러나 — 그러한 축적기반의 안정화를 위하여 불가피하였기는 하나 — 군부정권적 정치질서가 유지됨으로써 정치적 불안정이 60, 70년대를 이어 80년대 내내 지속되었는데, 60, 70년대에는 그러한 군부통치체제가 존재하지 않는 지배질서의 유지를 상정할 수 없었으나 토대적 안정화에 상응하여 군부통치가 아닌 새로운 안정적인 정치적 통치질서의 확립을 시도하게 되고 그것이 노태우정권의 성립에 이어 김영삼정권의 성립으로 일정한 '성공'을 거두게 되었다고 평가할 수 있다. 그런 점에서 김영삼정권의 성립은 지배진영의 입장에서 보면 일정한 진전이라고 평가할 수 있다. 또한 김대중정부의 수립 역시 기존 지배블록의 입장에서 보면 일정한 타격일 수 있겠으나 지배블록의 재편을 통한 지배 자체의 쇄신이라는 점에서 지배질서의 안정화에 장기적으로 기여하게 될 것이다. 이것이 바로 보수적 민간정권 성립의 거시역사적 의미이다. 그

그러나 민간정권이 성립하였다고 하더라도 한국사회 제 수준의 불일치와 괴리에서 촉발되는 모순적 상황이 완전하게 해소된 것은 아니다. 여전히 '선진적' — 다시 위기에 처한 — 경제와 일정하게 변화된 '정치' 간의 괴리와 불일치가 존재하고 있으며, 토대와 기타 사회적·문화적·의식적 수준 간의 괴리가 존재하고 있는 것이 한국사회의 현실이다. 이러한 불일치와 괴리에서 파생되는 모순, 그리고 그것을 객관적 기초로 하여 나타나는 대중들의 진보의 요구가 바로 진보운동 전진의 동력이다. 사실 한 사회의 '부르주아적' 안정화는 생산력의 발전과 함께 사회 제 수준에서 '합리화'가 진전될 때 비로소 상·하부구조 수준간의 모순이 해결되면서 안정성을 확보하게 된다. 이런 점에서 정치체제상의 모순을 일정하게 해결한 지배권력은 여러 차원에서 '변화'를 가속화함으로써 한국사회의 '부르주아적' 안정화를 좀더 높은 수준으로 끌어올리려는 시도를 하게 될 것이다.

이러한 거시적 상황변화를 전제할 때, 우리는 전선에 변화가 나타나고 있다는 점을 간파해야 한다. 현시기는 기존의 '민주 대 반민주 구도'가 해체되고 약화되면서 새로운 전선(넓은 의미의 보수 대 진보의 구도)으로 이행하여 가는 과도기에 있다고 평가할 수 있다. 그간 군부파시즘과의 투쟁 속에서 형성된 대중들의 사회변혁 요구는 민간정권의 '위로부터의 개혁'에 의하여 부분적으로 해소될 것이다. 민간정권은 기존의 변혁운동이 슬로건으로 내걸었던 많은 이슈들을 미봉적인 형태로나마 용해시켜 갈 것이다. 특히 야당정부의 성립으로 이제 반민주

러나 이러한 지배의 합리화가 지배 자체가 내장한 모순을 해소하지는 못한다. 민간정권으로의 이행은 지배 안정화의 최소한의 기본 조건을 확립하였다는 의미이지 결코 그 자체를 지배의 근본적인 안정화로 평가할 수는 없다. 실제 김영삼정부 말기에 맞은 경제적 파탄과 IMF 지원체제로의 전락은 정치변동의 새로운 조건을 부여하고 있다고 할 수 있다.

적인 지배에 대해 제기하였던 이슈들의 많은 부분이 비(非)이슈화될 것이다. 물론 이것은 결코 '이슈의 소멸'이 아니다. 향후 상당히 오랫동안 우리는 우리 사회의 고착화된 반민주질서와 관련된 이슈로 여전히 씨름하여야 할 것이다. 민간정권하에서, 개혁의 불철저성과 제한성을 비판하면서 '개혁의 철저화와 심화'를 요구하는 세력이 재결집하게 되면, 전선은 '부르주아적인 온건개혁세력'과 '민중적이고 진보적인 개혁세력'의 대립으로 이행하여 가게 될 것이다. 물론 이러한 이행은 진보개혁세력의 발전적 대응을 전제로 할 때에만 현실화될 것이다. 물론 여기서 민중적·진보적 세력 내부에서 변혁적인 좌파세력이 이니셔티브를 갖느냐 그렇지 않느냐의 문제는 생길 수 있다. 이렇게 본다면, 90년대 후반, 21세기로의 이행국면에 서 있는 진보세력의 과제는, 한편으로는 민간정권의 '위로부터의 개혁'이 포괄하지 못하는 다양한 사회적 진보의 요구가 새로운 전선에서의 민중적 동력으로 전이될 수 있도록 — 시시비비(是是非非)의 자세로 — 민간정권의 개혁의 철저화를 요구하여야 할 것이며, 다른 한편에서는 향후 새롭게 형성될 전선을 가시화하기 위한 대안적인 정치세력, 대안적인 사회세력이 되도록 진보운동의 풍부화를 실현해 내야 할 것이다.

3. 저강도 민주주의 시대의 한국 사회와 사회운동

1) 민간정권 시대, 변하는 것과 변하지 않는 것

앞서 필자는 민간정권 시대는 60년대 이후 군부 권위주의정권 시대와는 다른 현대사의 새로운 순환의 시작이라고 서술하였다. 이제 막 종결된 순환의 한 시기는 근대화와 산업화, 경제성장, 절대빈곤으로부터의 탈출을 시대적 과제로 하는 군부정권 시대였다. 이 시대에는 한 편에 온갖 민중적 저항을 무릅쓰면서 산업화와 성장을 자기정당화의 계기로 하여 존재하던 군부정권이 있었다. 또한 다른 한편에는 성장을 구실로 한 억압에 대항하여 사회의 민주화와 평등을 위하여 투쟁해 온 민주화운동이 있었다. 지난 30여 년의 시기는 성장이라는 과제를 명분 으로 하던 억압적 군부정권과, 그러한 성장과정에서 파생되는 모순을 저항의 쟁점으로 삼는 사회운동이 대립하던 시기였다. 기존의 순환의 시기가 '성장을 위한' 시기였다고 한다면, 이제 새로운 순환의 시기는 '성장 이후의 조건' 위에서 전개되는 시기라고 할 수 있다. 기존의 순 환의 시기가 '성장을 위한' 모순의 시기였다고 한다면, 이제 새로운 순 환의 시기는 성장의 모순을 지양하고 그간 군부정권하의 투쟁과정에 서 추구하였던 바람직한 사회질서를 구현해 내야 하는 시기라고 할 수 있다. 바로 이런 점에서 우리는 진정한 민주사회, 인간답게 사는 사회 를 향한 행진의 종결점에 서 있는 것이 아니라, 새로운 출발점에 서 있 다고 할 수 있다. "장도(長途)를 끝내고 동여맨 신발끈을 풀어야 할 시 기가 아니라, 장도(壯途)를 위하여 이제 새롭게 신발끈을 동여매야" 할 시기라고 할 수 있다. 이런 각도에서 본다면, 향후 우리의 과제는 일정 하게 성장이 달성된 시점에서, 또한 성장의 모순에 대항하는 투쟁이 민간정권의 성립이라는 형태로 종결된 시점에서, 어떻게 지난 30여 년 시기의 모순을 발전적으로 지양하면서 새로운 순환의 시기를 좀더 건 설적인 시기로 만들어갈 것인가 하는 점이 된다.

　민주화의 과제를 단순히 군인 대통령을 물리치고 군인출신 기득권 일부를 핵심 권력집단에서 배제하는 것으로 이해한다면 분명 1차와 2 차 민간정권의 개혁은 상당한 성공을 거둘 것이다. 그러나 민주화를 군 부를 정점으로 하고 있던 하나의 독특한 질서를 극복하고자 한 운동으 로 이해한다면 민간정권의 개혁은 구지배체제의 근본적인 전환이라고 할 수는 없다. 새로운 순환의 시기를 만들어가는 것은 바로 이러한 지난 시기의 문제들을 건설적으로 해결하여 가는 것을 의미한다. 이런 점에서 민간정권하에서 변화를 이야기하기 전에 이러한 구지배질서가 근본적으로는 존속하고 있음을 인식해야 하고, 이것을 해결하기 위한 과제가 여전히 지속되고 있음이 지적되어야 할 것이다.

반면에 민간정권 시대는 사회운동적 실천의 조건을 변화시킬 것이라는 점도 동시에 지적되어야 한다. 민간정권의 성립은 단순히 정치적 변화에 그치는 것이 아니라 그간 잠재되어 있던 많은 사회적 현상들을 출현시키게 될 것으로 보인다. 정치적 측면에서 본다면 그간 군부파시즘 체제하에서 제도정치의 협소함 때문에 자연스럽게 '장외(場外)정치'의 영역이 확대되어 있었으나, 민간정권 시대에 절차적 민주주의가 확장됨에 따라 제도정치의 비중이 강화되면서 장외정치의 비중이 축소될 가능성이 크다. 그리고 민주화의 — 제한된 것이기는 하나 — 진전으로 합법적인 정치활동 공간이 확장되어 갈 것이며, 한국사회의 부르주아적 안정화에 상응하여 시민사회의 분화와 그 자율성의 폭이 더욱 커질 것으로 판단된다. 자율적인 정당정치영역의 확장은 지배의 재생산에서 정당정치영역이 더욱 중요해짐을 의미한다. 민주주의적 틀 내에서 제도정치적 경쟁이 지배의 핵심장치로 복원되고 확대될 것이다.

민간정권하에서는 그간 잠재되어 있던 국민들의 전반적인 의식의 변화도 나타날 것으로 추정된다. 이전까지는 사회의 제반 문제들의 근원에 파시즘적 체제의 경직성이 자리잡고 있다는 인식이 일반화되어 있었기 때문에 반(反)군부파시즘 전선으로 모든 쟁점이 수렴되었으나 이제는 그러한 상황이 상당히 변화할 것이다.

한편 민간정권하에서는 한국경제의 침체상황을 극복하기 위한 여러 경제적 방책이 추구될 것이며, 경제의 '합리화'를 진작하기 위한 제도적 방책이 시행될 것이다. 부르주아적 지배로의 이행을 가속화하게 될 민간정권하에서는, 비합리적인 대자본의 축적양식에 대한 일정한 개혁이 진행되겠지만, 그러한 개혁이 진전되면 자본 자체의 소유에 대한 '도덕성' 문제가 이면화(裏面化)되면서 자본의 사회적 지배력을 강화하기 위한 자본 자체의 시도가 더욱 진전될 가능성이 있다. 따라서 민간정권이 개별자본의 비합리성과 경제외적 파행성에 대한 규제를 강화한다 해도 총자본의 일반적인 이해가 '국민'의 이름으로 더 강화된 형태로 관철되는 방식에는 커다란 변화가 없을 것이다.

민간정권하에서는 그간 잠재되어 있던 생활문화상의 변화가 더욱 가시적인 형태로 표출될 가능성이 있다. 이미 한국사회는 부의 양극적인 소유, 일정한 경제력을 갖는 중산층 및 중상층(中上層)의 형성으로 인하여 부의 계급적 차별화에 상응하는 생활 및 소비상의 계급적 분화가 가속화될 물질적 기초가 주어져 있었는 바, 이러한 분화는 더욱 진전될 것으로 예측된다. 80년대 초·중반 '계급담론'이 저항담론을 대표하던 시기, 즉 계급적 이슈가 운동의 핵심이슈로 부각되던 시기보다 90년대 후반의 시기는 '계급사회'로 더욱 진전되었다고 할 수 있다. 또한 '신세대'라고 할 수 있는 청소년층을 중심으로 새로운 생활문화, 소비문화가 확대된 형태로 나타날 수 있다. 하이테크(high-technology)가 추동하는 생활문화의 급격한 변화 역시 상층문화를 중심으로 급격하게 나타날 수 있다. 물론 이러한 문화적 패턴은 현단계 전세계적 수준에서 문화적 헤게모니를 갖고 있는 미국적 생활양식과 소비패턴의 일반화라는 형태로 나타날 가능성이 크다.

사회문제의 성격도 이전까지의 '빈곤형' 사회문제에서 왜곡된 '풍요형' 사회문제로 변화할 가능성이 있다. 예컨대 범죄유형이 기존의 '빈곤형 범죄'보다는 '풍요형 범죄'가 확대될 가능성이 크다. IMF 지원체제하에서는 이러한 두 범죄유형이 착종되어 나타날 수 있다. 비록 최근의 경제위기가 상황을 일정하게 변화시키고 있지만, 성장 자체로 인하여 이미 60, 70년대의 성장시기에는 문제가 되지 않았던 여러 문제들이 간과할 수 없는 문제로 나타날 것이다. 사실 이러한 문제들은 이전 시기부터 경제적으로 예비되고 그 토대가 마련된 것이다. 하지만 파시즘적 통치구조 자체가 이러한 문제의 현재화(顯在化)를 봉쇄한 측면이 존재하였다. 파시즘적 통치의 종언으로 나타난 민간정권하에서는 이러한 문제들이 더욱 가시화할 것이다. 즉 이행의 과도기에는 불가피하게 다양한 이슈들이 착종되어 나타나게 된다.

이상과 같은 구조상의 변화와 함께 지배진영과 운동진영 간에 설정되어 있던 전선의 성격에도 많은 변화가 나타날 것으로 예상된다. 민간정권으로의 이행은 우리에게 60년대 이후 반독재 민주화운동을 통하여 형성된 반독재민주전선이 질적으로 변화하고 있음을 시사한다. 그러한 변화는 다음의 세 가지로 요약될 수 있다. 첫째, 민주전선의 지역적 분할 및 그것의 왜곡화된 고착화, 둘째는 민주전선의 희석화와 약화, 셋째, 민주전선의 계급적 분화 등이다. 1차 민간정권의 성립뿐만 아니라 2차 민간정권으로의 이행은 이러한 측면들을 가속화할 가능성을 갖고 있다.

60년대 이후 지속되어 온 반독재민주화운동을 매개로 하여 축적된 적극적인 정치의식과 그에 기초한 반정부전선은 한편으로는 1) 지배권력의 지역분할통치 전략과 민주진보진영의 효과적인 대응의 부재로 인하여 '지역감정'이 민주진보전선을 균열시키고 단일한 전선으로 수렴되지 못하도록 하는 기제로 작동하고 있으며, 2) 이전에는 군부정권 타도라는 가시적인 목표가 존재함으로써 '민주 대 반민주 구도'가 대중적인 호소력을 가질 수 있었으나 민간정권 시대로 이행함에 따라 반정부적 의식과 행동의 대중적 추동력이 변해 가고 있으며(포스트 군부정권 시대의 정치의식 및 정치적 쟁점의 변화), 동시에 3) 그러한 정치의식 자체가 계급적으로 분화되어, 군부정권의 퇴진에는 단일하게 동의하였던 세력들 내부에서 '온건한 체제내적 개혁'을 주장하는 층이 분화되는 등 정치변혁에 대한 상이한 정치적 입장들이 나타나고 있다고 보인다.

따라서 현단계 남한 민주진보진영의 과제는 바로 1)의 왜곡화 구조에 대항하여 그것을 넘어서는 전향적인 구도를 재창출하고, 2)와 3)의 상황에 대응하여 한편으로는 독재정권하에서 투쟁을 통하여 제기하였던 쟁점들의 실질적 해결을 추동하며, 다른 한편으로는 다양한 실천형태의 개발을 통하여 분화되어 가는 대중들의 개혁의지를 수렴하는 것이라고 평가할 수 있다. 즉 기존의 '민주 대 반민주 구도'의 희석화, 계급적 분화과정 속에서 어떻게 새롭게 전선을 형성, 가시화할 수 있느냐 하는 것이라고 할 수 있다. 향후의 정치변동은 민간정권의 개혁 이니셔티브에 의하여 민주사회를 향한 민중들의 열망이 미봉적으로 해소되느냐, 아니면 위와 같은 여러 차원에서의 난제들을 극복하면서 분할되고 희석화되고 분화되는 국민들의 민주진보적 열망을 재결집하여 새로운 전진의 대열을 마련하느냐에 따라 달라진다고 할 수 있다. 단기적인 대중적 전선의 가능한 형태는 제한된 '부르주아적' 개혁(민중적 복지의 실질적 증진을 수반하는 개혁이기보다는 구체제하의 부패나 비(非)투명성의 척결 등 축적의 형식적·'과정'적 측면의 개혁에 머무르면서 자본의 지배를 합리화하는 개혁) 대 진보적·민중적 개혁라고 할 수 있을 것이다. '민주 대 반민주 구도'가 민간정권에 의해 해체되면서 본격적인 보수 대 진보 구도로 이행하여 가는 초보적인 과도기 국면에서 제기되는 핵심적 과제는, 구체제의 유산을 개혁한다는 점에서 — 물론 그것도 철저하고 근본적인 것은 아니다 — 전향성을 가지고 있으나 부르주아적 지배 자체를 실질적으로 침식하지 않는 정권을 어떻게 진보적인 방향으로 추동하며 그에 대응하는 민주진보적 전선을 가시화·풍부화할 수 있느냐는 것이다.

2) 저강도 민주주의 시대 사회운동의 대응과제

80년대 내내 우리가 '투쟁'해야 할 대상은 '군부정권'이라고 하는 단일한, 그렇기 때문에 '지속적 투쟁'이라는 단일한 무기로 상대할 수 있는 대상이었다. 이제 그러한 대상이 변화하고 있다. 사실 이러한 변화는 지배권력의 입장에서 보면, 멀리는 김재규의 10·26 총성에서, 가까이는 87년 6·29 선언, 더 가까이는 90년 1월에 단행된 3당합당, 더 가까이는 김영삼정부의 성립에서 시작되었다. 이제 바로 이러한 현실에 올바로 대응하는 것이 현시기를 사는 우리 모두의 과제라고 할 수 있겠다.

'지배의 변화에 대응하는 저항의 변화'를 이해하려면 다음과 같은 인식이 전제되어야 한다고 생각된다. 1) 기존의 기동전 중심의 운동구조에 ― 민주주의적 진지를 다양하게 확보하는 바탕 위에서 이루어지는 ― '진지전'적 성격이 더욱 강화되어야 한다는 것이다.[20] 80년대의

---

20) 그람시는 1917년 러시아혁명을 "정치영역에서 이루어진 '기동전'의 마지막 형태로 보고, 서구에서는 유일하게 가능한 형태인 진지전으로 전면적으로 전환되어야 한다"는 점을 지적한 바 있다(*Selections from Prison Notebooks*, London: Lawrence and Wishart, 1971, p. 237 ; Sassoon, A. S., *Approaches to Gramsci*, 최우길 역, 『그람시와 혁명전략』, 녹두, 1984, 4, 6장 참조). 필자는 "단기적인 기동전적 정세의 퇴조 속에서 새로운 기동전적 정세를 예비하는 진지전적 기초의 확충"이라는 의미로 강조하고자 한다. 우리에게서 진지전적 성격의 강화는 80년대 이후 강화되어 온 민중조직을 방기하고 여타의 '합법적인' 진지만을 대안으로 강화하는 것이 아니라, 민중조직이라는 기본 진지의 강화와 합법화라는 과제, 제도적 영역에서 기타의 다양한 진지들을 중층적으로 강화하는 과제로 나타난다고 할 수 있다. 그람시도 다음과 같이 이야기하고 있다. "진지전은 정치영역에서 헤게모니 개념으로 나타난다. 그것은 몇몇 전제조건이 이루어진 다음에야 존재할 수 있다. 그리고 그 전제조건이란 현대적 의미의 광범위한 민중조직의 존재인데, 그것은 진지전을 위한 '도랑'과 영원한 진지 구축을 상징한다."(Sassoon, A. S., 최우길 역, 앞의 책, 89쪽)

정치현실에서 진보운동역량은 주로 장외재야역량, 가투(街鬪)역량으로 존재하였다. 지금은 다양한 수준과 영역에서 80년대에 축적된 역량을 가능한 한 제도적·합법적 역량으로 전환하고 그 바탕 위에서 새로운 전선을 재정비하여야 한다고 생각한다. 물론 이것은 모든 역량을 합법화해야 한다는 것도 아니며, 또 그렇게 될 수 있다는 것도 아니다. 현재 우리 사회에는 국가보안법의 존치 등 기본적인 반민주적 구조가 엄존하고 있다. 필자는 단지 기본 진지의 보존과 다양한 후방진지의 구축이라는 관점에서 접근하여야 한다는 주장을 한 것이다. 2) 민주 대 반민주 구도가 해체되고, 보수세력 및 자본세력과 반대세력 간의 대립으로 — 우리 자신의 의사와 무관하게 — 변화되어 가고 있으므로, 기존 민주화운동의 동력을 보존하면서 동시에 새로운 민주진보운동의 동력으로 최대한 전화하는 노력이 요구된다는 것이다. 3)80년대 정파적 대립을 넘어서는 인식의 구조, 새로운 문제 중심의 결집구도를 창출할 수 있어야 할 것이다. 90년대라는 변화된 상황 앞에서 '극단화된 정파적 대립구도'를 넘어서는 적극적인 노력이 요구되며, 이를 위해서는 당면 쟁점을 파악할 때 '이념적 재단' '정파적 재단'이 아니라 좀더 '현실적인' 문제 인식방식이 요구된다고 할 수 있다. 그리고 진보진영 내부의 차이가 현실적으로 존재한다는 점을 인정하면서도, 동시에 변화하는 현실 속에서 진보진영 내부의 '대동소이(大同小異)'적 연대가 필요하다는 점도 인정하는 자세가 필요하다고 생각된다. 4) 이와 함께 혁신과 계승의 변증법적 통일의 관점을 가질 필요가 있다고 생각된다. 한편으로는 현실변화에 눈을 감는 경직된 경향, 다른 한편으로는 현실변화에 대한 감응력(sensitivity)을 가지면서도 80년대 우리가 획득하였던 민중적·계급적·변혁적 시각을 포기하는 경향에 대한 비판이 요구된다고 할 수 있다. 이러한 양 편향을 극복하면서 변화하는 현실에 창조적이고 개방적으로 대응하려는 노력이 필요하다. 5)80년대에는 '변혁과 개량'이라는 자기정체성을 강조하는 배제의 논리 속에서 운동을 전개하였다고 할 수 있는데, 90년대에는 변혁적·진보적 관점을 견지하면서도, 편협한 헤게모니관에 사로잡히지 않으면서 다양한 진보적 잠재력을 갖는 집단들과 겸허하게 연대할 수 있는 자세를 갖추는 것이 요구된다는 점이다. 군사독재정권이 지배하던 시기에는 그러한 독재정권에 투쟁하는 세력이 없었으므로 그러한 투쟁에 헌신하던 진보세력이 거의 유일하게 도덕성을 확보한 것이 사실이다. 그러나 변화된 정세 속에서는 집권세력에 반대하면서도 우리 사회의 민주적·진보적 발전을 추구하는 지향이 다양한 세력들에 분산되어 있다. 바로 이러한 세력들과 국면에 따라 합종연횡하면서 진보세력의 대중적 입지를 강화하는 방식이 요구된다.

80년대 운동이 복합적 성격의 운동이었다고 한다면, 이제 계급적 대중운동, 정당정치운동, 새로운 사회운동(시민운동)의 전영역에 걸쳐 균형 있게 배치하고 그것을 적절히 통일하는 방식이 요구된다. '복합적 상황에 대한 복합적 대응'이 요구된다는 것이다. 이것은 그 동안 재야 민중운동으로 혼합되어 있던 여러 측면들이 한국사회의 객관적 조건 변화와 분화에 대응하여 분화되어 가야 한다는 것을 의미한다. 민간정권 시대의 도래와 1차 민간정권에서 2차 민간정권으로의 이행은 여러 측면에서 분화를 가속화할 것을 강제하고 있다. 크게 나누어, 변화하는 정세 속에서 사회적 진보를 지향하는 운동세력의 활동영역은 다음과 같이 나누어질 수 있다. 1) 합법정치영역에서의 제도정치 활동(정당정치운동), 2) 기본적인 대중조직운동(계급적 대중운동), 3) 시민영역에서의 사회운동(이른바 시민운동 혹은 시민적 대중운동)이 바로 그것이다.

합법정치영역에서의 제도정치활동과 관련하여서는 노태우정권하에서도 합법정치영역의 확장에 대응하여 어떻게 대응할 것인가에 대한 논쟁은 있었다.[21] 그 당시 논쟁을 하던 상황보다 현실이 더욱더 진전되었다고 할 때, 민간정권하에서는 '운동'의 영역이 제도정치영역으로까지 확대될 수밖에 없는 조건에 놓이게 된다고 할 수 있다. 즉 정치적 주제가 제기되고 이슈화되는 영역으로서 제도정치영역이 갖는 비중이 증대될 것으로 판단된다. 이것은 제도정치영역 및 절차적 민주주의의 확장에 따른 불가피한 결과라고 할 수 있다. 진보운동진영은 이처럼 변화하는 현실에 능동적으로 대응할 필요가 있다. 정치지향적인 운동에서는 80년대 운동이 견지하였던 제도정치를 뛰어넘는 '변혁성'과 제도정치가 강요하는 체제내적 '개혁성'이 충돌하고 긴장관계를 가질 수밖에 없을 것이다. 그러나 이러한 긴장과 충돌은 제도정치영역을 방기하기 위한 근거라기보다는, 그러한 긴장을 현실로 인정하고 그것을 지혜로운 실천을 통하여 현실적으로 극복해야 한다는 당위성의 근거로 보아야 할 것이다.

합법정치적 실천과 관련하여 제시될 수 있는 쟁점은, 어떻게 하면 운동과 정치의 올바른 결합을 통하여 민주진보적 정치세력이 독자적인 실체로서 제도정치에 개입하여 갈 것인가 하는 점이다. 더구나 가능하면 어떻게 진보세력이 제도정치영역에 위력적으로 진입할 것인가가 그 핵심이라고 할 수 있다.

80년대 중반 이후 운동역량의 성장에 대응하여 제도정치영역에 개입하려는 시도는 제도정치영역에 독자적인 집단적 세력으로 참여, 개입하는 형태로 나타나지 않고 야당에 몇몇 명망가가 참여하는 것으로 나타났고, 독자적인 정치세력화 시도는 번번이 실패하였다.[22] 필자는

---

21) 장기표, 「현재의 정치정세와 합법정당 결성의 필요성」, 『사회와 사상』 1989년 11월호: 김근태, 「전민련과 합법정치전술」, 『전민련 중앙위 자료집』, 백산서당, 1989; 박노해, 「장기표 씨의 '전략수정 주장'에 대한 노동자계급의 분노」, 『노동해방문학』 1989년 11월호: 한국사회연구소 편, 『대중정당』, 백산서당, 1989 참조.

22) 자세한 내용은 이 책의 제6장을 참조.

민간정권의 개혁 속에서 진보세력의 국민적 입지가 축소되기보다는 오히려 확대되는 일면이 있다고 생각한다. 즉 민간정권의 개혁의 진전으로 진보세력에 대한 국민적·사회적 요구가 확대된다고 생각한다. 그것은 주로 야당의 비개혁성에서 말미암은 것이다. 즉 야당은 최소한 집권당을 넘는 개혁성, 비판성과 체질을 가질 때 비로소 자신의 입지를 구축할 수 있다. 예컨대 수구보수적인 야당은 집권당을 전향적인 방향으로 추동할 수 없다. 결국 민간정권의 개혁을 뛰어넘어 한국사회의 진보와 혁신을 진전시킬 수 있는 세력에 대한 관심이 역설적으로 진보세력의 합법적 정치활동을 확장할 수 있는 반사공간을 제공한다. 물론 이것은 단기적인 관점에서의 논의는 아니다. 진보정치의 공간이 확장되더라도 그 성패는 기득권을 가진 기존 정치세력의 저항 여부와 그것을 지혜롭게 뛰어넘는 진보정치세력의 정치적 실천에 달려 있다.

그 동안 진보정치세력화와 관련하여 언제나 '민주대연합'이라는 또 다른 과제가 함께 제기되었다. 민주 대 반민주 구도의 해체는 민주대연합을 '전략적' 관점에서가 아니라 '전술적' 관점에서 바라보게 하고 있다. 예컨대 87년에 우리 사회에 진보적 정부가 수립되었다면 온건야당과 진보정치운동세력의 전략적 동맹에 의한 '민주대연합' 정권이 출현하였을 것이다. 그러나 이것은 이미 실현되지 않은 역사적 코스일 뿐이다. 그 이후 정치변동의 과정은 온건야당세력이 진보정치운동세력과의 동맹보다는 권위주의적인 구지배세력과의 동맹을 통하여 지배에 참여하는 방식으로 전개되었다. 그런 점에서 진보운동의 독자적인 정치세력화는 단기적이건 장기적이건 불가피한 과제가 되고 있다. 이제 민주대연합은 독자적인 정치세력화의 추진을 고민하는 과정에서 지극히 '전술적'으로 사고되어야 할 점으로 되어가고 있다. 실제 포스트 김대중 시대에 독자적으로 분립한 진보정치세력이 기존의 야당 속에 존재하는 개혁세력과 연대하는 문제는 추후에 제기될 수 있다. 그러나

현재는 어떻게 제도정치의 높은 장벽을 뛰어넘어 제도정치 내에 비타
협적인 진보정치적 진지를 확보할 것인가가 핵심적인 과제이다.

　군부정권이 현존하던 '민주 대 반민주 구도' 상황에서는 야당강화론
이 그나마 설득력을 가질 수 있었으나, 이제 대립의 구도가 '보수적인
온건개혁' 대 '진보적이고 철저한 개혁'으로 이행하여 가고 있다고 할
때, 그러한 방향에서 연합이 모색될 수는 없다. 기존에는 야당과의 관
계가 주로 '전략적' 의미가 있었지만, 이제는 전술적 의미만 있을 뿐이
다. 사실 가장 이상적인 형태는 야당의 '분해'와 야당이 가진 '상징성'
을 새롭게 부상한 '진보적 야당'이 전면적으로 흡수하고 기존 야당의
중도 및 개혁적 세력이 새로운 진보적 야당에 전면적으로 참여하는 형
태일 것이다. 물론 그러한 형태는 진보세력의 역량, 특히 제도정치영역
에 반영되어 있는 진보세력의 역량으로 볼 때 불가능하다고 할 수 있
다. 그러나 진보진영이 독자성을 유지하면서 제도정치권에 진입하는
것은 목적의식적으로 추구되어야 한다. '보수(개혁)여당 – 퇴행적 야
당 – 왜소한 진보정당'까지도 못 가고 '보수(개혁)야당 – 퇴행적 야당 –
진보정당 부재'의 구도가 고착될 수 있기 때문이다.

　다음으로 어떻게 하면 진보정치세력의 제도정치권 진입이 위력적으
로 전개될 것인가 하는 점이 또 하나의 과제이다. 여기에서는 두 가지
문제가 중시되어야 하는데, 먼저 제도정치영역의 역동적인 흐름을 '타
야' 한다. 여기에서는 이른바 '정치력'이 요구된다고 할 수 있다. 현재
의 제도정치가 사회의 분화와 발전을 적절히 반영하는 구조가 아니기
때문에, 그리고 민간정권하의 정치가 여전히 불안정하기 때문에, 2차
민간정권 중・후반에 가면 정치권의 다양한 재편 가능성이 있으리라
생각한다. 이러한 변화를 예견하면서 준비하는 것도 중요한 과제일 것
이다. 향후 정치현실의 역동적 변화과정에서 진보세력에 대한 사회적
요구와 반사공간이 극대화되는 시점이 있을 것이다. 바로 그때를 위한

자체 내의 준비가 요구된다. 필자는 제도정치영역에의 진입은 '정치하듯이' 이루어져야 하지만 동시에 '운동하듯이' 이루어져야 한다고 생각한다. 우리 사회에는 진보정치세력화를 제약하는 구조적·의식적·문화적 구조가 엄존하고 있다. 그런 조건에서 어떻게 '화려한 선전'을 할 것인가 하는 점이 중요한 것이 아니라, 그러한 조건과 투쟁하는 과정에서 구조 자체를 전환해 내는 것이 중요하다. 그러한 전환이 진보정치의 공간을 만들기 때문이다.

다음으로는 현재 진보세력의 입지가 축소되어 있으므로, 내부의 대동단결을 통하여 국민적 신망 및 자체 내의 역동적 자발성을 회복하여야 한다는 점이다. 이미 여러 번의 진보정치 실험으로 진보세력의 공신력이 상당히 훼손되어 있는 것이 사실이다. 어떤 점에서는 '철새 진보정치세력', 즉 "총선이나 대선이면 어김없이 나타나고 총선이나 대선에서 패배하면 어김없이 없어지는 세력"이라는 이미지가 생긴 것이다.[23] 이런 점에서 필자는 내부의 이념적 차이를 인정하면서도 '최소강령'에 의하여 서로 개방적으로 결합하는 '대동소이(大同小異)'의 자세가 요구된다고 생각한다. 어차피 현존하는 보수적 정당이 국민들에게 장기적인 희망을 줄 수 없으므로 다양한 스펙트럼을 갖는 진보정치세력이 단일대오를 형성하여 지구전적으로 독자정치세력화를 고민하는 것이 중요하다는 것이다.

여기서 진보적 정당이라고 하였을 때 정당의 성격이 문제가 될 수 있다. 필자는 현재의 진보적 개혁정당은 — 그것이 현실화될 수 있다면 — 단일계급정당이기보다는 계급연합정당의 성격을 갖게 되리라

---

23) 민간정권의 두 대통령은 사실 어떤 점에서는 독재정권과 '생명의 위험'을 무릅쓴 오랜 투쟁을 통해서 자신들의 정치적 지지를 획득하고 '창조'하여 왔다. 필자는 진보정치세력 역시 전투적이고 장기적인 관점에서 국민들의 지지를 획득하여 가야 한다고 생각한다.

생각한다. 즉 범진보세력대연합에 기초한 '범진보연합정당'이 추구되어야 한다. 물론 이것은 2차 민간정권하에서 시도될 수도 있고 그렇지 않을 수도 있다. 필자는 '21세기를 선도할 깨끗하고 개혁적인 정치세력'에 대한 요구가 국민들 사이에 분명히 존재한다고 생각한다. 이것은 진보세력이 획득해 낼 수 있는 중요한 국민적 자산이다. 문제는 어떻게 진보적 세력이 '부르주아'적 정치판에 효과적으로 개입하여 '대세'에 지장을 주지 않는 세력에서 '부르주아'적 정치판에 효과적으로 개입하는 세력으로 부상할 수 있느냐 하는 점이다. 그러기 위해서는 '우리의 쟁점'이 아니라 '국민의 쟁점'에 개입하여야 할 것이다.[24]

다음으로 기본 대중조직운동(계급적 대중운동)과 관련하여, 그간 전국연합 등으로 표상된 재야연합전선조직 내부에 혼재되어 있는 대중운동과 재야정치운동으로서의 성격이 분화될 필요성이 있다는 점을 지적해야겠다. 민간정권하에서 진보운동의 근간인 민중운동 강화라는 과제를 좀더 효율적으로 수행하기 위해서라도, 혼재되어 있는 재야정치운동과 기본 대중운동으로서의 성격을 분화시킬 필요가 있다고 생각된다. 어느 시기에서건 노동조합 등 기본 대중조직의 강화는 일차적인 과제이므로, 그간 정치운동의 당위성 속에서 충돌하고 있던 대중조직운동을 더욱 유연성 있게 강화하면서 기본 조직을 확대강화할 필요가 있다. 예컨대 노동운동 같은 경우 정치운동으로 돌출하기보다는 산

---

24) 여기서 한 가지 첨가하여 두고 싶은 것은 노동자계급의 정치활동의 자유가 중요하다는 점이다. 98년 4월 선거법 개정에서 한나라당과 국민회의, 자민련은 노동조합의 정치활동을 허용하는 방향으로 법을 개정하였다. 그러나 노동자계급 및 진보세력의 정치화를 제약하는 지적·문화적·구조적 조건은 여전히 존재하고 있다. 일부 우익적이고 보수적인 노동조합세력이 제도정치에 참여하는 정도로 노동조합의 정치활동이 왜소화될 가능성도 있다. 이런 한계를 어떻게 극복하느냐도 향후의 쟁점이 될 수 있다.

별노조 건설 등 자체 내의 기본 과제를 중심으로 기본 대중조직운동을 강화하여 가는 방법이 가능하리라고 생각한다. 물론 이러한 변화는 당위적인 방향이라고 할 수 있으며, 그것의 현실화는 주체역량의 발전에 따른 선택의 문제라고 하겠다. 민중운동 강화라는 과제의 선차성과 중심성을 지적하는 것과 함께, 민중운동 강화의 현실적 조건의 복합성과 중층성을 올바로 인식하면서 대응하는 것이 현시기에는 올바른 자세가 아닌가 한다. 현단계에서 정치운동 발전과 대중운동 발전의 괴리를 인정하는 바탕 위에서, 대중운동 발전이라는 과제의 선차성을 인정하면서도 그것과 괴리된 채로 전개되고 있고 또 그럴 수밖에 없는 정치운동을 동시에 추진하는 것이 불가피하다고 생각한다.[25] 현재 한국사회는 '민주 대 반민주 구도'에서 '보수 대 진보의 구도'로 이행하는 과도기에 있다. 따라서 재야연합전선조직과 정치조직, 계급적 대중조직 간의 중첩이 불가피할 것이다. 그러나 80년대 중반 이후 사회운동 발전의 역사는 재야연합전선조직을 구성하는 다양한 계급적 대중조직이 독자적으로 발전하는 과정이었다. 재야연합전선조직은 그것을 반영하는 형태로 변화되어 왔다. 이제 정치조직의 분화, 계급적 대중조직의 더 높은 수준으로의 발전이라는 조건 속에서 기존의 중첩성이 어떤 형

---

25) 로차브룬 같은 경우 페루에서는 좌익정당들이 선거정치에 몰두함으로써 정작 혁명적 실천이 방기되고 좌익의 '혁명적 계획'이 상실되었다는 점, 결과적으로 군부정권하의 개량이 좌익의 강령을 훔쳐갔다는 점을 지적한 바 있다(Silba, Rochabrun Guillermo, "Crisis, Democracy and The Left in Left", *Latin American Perspective* 58(15-3), Summer 1988). 그러나 좌익과 대중운동 내부의 다수는 "어떻게 하면 혁명적 조직화를 저해하지 않으면서 선거에 의해 주어지는 기회를 활용할 것인가", "어떻게 흡수당하지 않고 대중운동의 성장을 탈선시키지 않으면서 민주적 과정의 심화를 위한 압력을 계속할 수 있을 것인가" 하는 문제에 대한 고민과 논쟁을 진행하고 있는 것으로 보인다. Harding, Timothy and James Petras, 앞의 글.

태의 조직적 분화로 나타나야 하느냐 하는 문제가 실천적 논의의 주제가 되고 있다.

다음으로 시민영역에서의 새로운 사회운동 혹은 시민운동과 관련하여, 계급적 대중운동과 일정하게 차별화되는 시민적 대중운동의 개척과 활성화가 요구된다는 점을 지적할 수 있다.[26] 이른바 시민사회 영역에서 새롭게 제기되는 다양한 이슈들에 대해 진보적 관점에서 어떻게 대응할 것인가 하는 점이다. 80년대의 관점에서는 그것은 개량의 영역이었다. 그러나 지금은 '개량에 대한 변혁적 개입'이 문제라고 생각된다. 기존의 민중운동은 주로 계급적 이슈영역들을 중심으로, 그것도 변혁적인 관점과 전투적 방법론으로 대응하여 왔다. 앞서 지적한 대로 반민주전선의 계급적 분화는 계급적 이슈로 환원되지 않는 이슈영역, 비(非)변혁적인 관점에서도 접근할 수 있는 이슈영역, 비(非)전투적인 방법론으로도 접근할 수 있는 이슈영역을 확장시켜 왔다. 기존의 진보진영은 이 영역을 거의 방치하여 온 것이 사실이다. 어떤 점에서 진보진영은 '혁명'이 성공하면 이러한 모든 문제가 해결될 것이라는 관점을 가지고 있었다고 해도 과언이 아니다. 이제 진보적인 관점에 서면서도 이러한 이슈영역들을 운동화하는 과제에 직면하여 있다고 하겠다.

필자는 여기서 중심적인 민중운동의 인자들이 이전해야 한다거나, 시민적 대중운동으로 민중운동을 대체하자고 주장하는 것이 아니다. 노동운동을 포함하는 계급적 대중운동의 성장으로 개별계급적 대중운동의 자체적인 인적 재생산이 가능해짐으로써 많은 잠재 운동역량이 존재하고 있다. 이러한 운동역량이 직업현장으로 복귀하지만 말고 새로운 운동영역으로 진출하여 민중운동의 기반을 더욱 풍부화하여야 한다. 이러한 혁신이 새로운 고양국면이 도래할 때 좀더 대중적인 기

---

26) 이 점에 대해서는 이 책의 제5장을 참조할 것.

84

초 위에서 고양기를 맞을 수 있는 가능성을 부여하기 때문이다.

현재 한국사회의 정치와 국민들의 의식은 변화하고 있다. 현재의 문제는 단순히 우리가 진보적 입장을 개인적으로 견지한다거나 지조를 지킨다거나 하는 것이 중요한 것이 아니라 ― 물론 그것은 불변하는 중요성을 갖는 것이다 ― 지금까지 일정하게 가져왔던 대중적 영향력을 보존하면서 대중적인 정치세력으로 '확대재생산' 할 수 있을 것인가 하는 점이다. 이런 현실에 대하여 민주진보진영이 지혜롭게 대처해야만 국민적 영향력을 유지하면서 한국사회의 변화에 대하여 일정한 규정력을 행사할 수 있다. 이런 점에서 기존의 '기본적인 계급적 대중운동'을 강화한다는 기본 과제와 대립되지 않으면서도 90년대의 한국사회 변화에 상응하는 다양한 실천이 요구된다고 할 수 있다. 진보운동진영은 이제 80년대 민주진보운동의 형식을 90년대라는 새로운 상황 속에서 다양화하고 다변화하고 혁신하는 과제에 직면하여 있다고 할 수 있다.

4. 맺음말

이상에서 필자는 우리 앞에 새로운 모습으로 등장한 보수적 민간정권의 구조적·정치적 성격을 검토하였고, 그러한 민간정권이 해방 후 한국현대사에서 갖는 운동사적 의미를 분석하였다. 그 다음 민간정권 하에서 가시화되는 사회변화 가능성을 검토하고 그러한 전제 위에서 향후 진보진영의 실천방향이 어떠해야 하는가를 살펴보았다. 민간정권의 성격을 고찰하는 전반부는 분석적 서술방식을 취하고 있으나, 민주진보진영의 진로를 고찰하는 후반부는 '가설적 주장'과 향후의 '예측적' 서술이 많이 등장하고 있다는 점을 밝혀두어야 할 것 같다. 사물은 변화발전한다. 그 결과 현실은 언제나 동태적이다. 민간정권하에서는 사회의 여러 수준에서 변화가 급속하게 가시화되리라 생각된다. 이러한 변화를 올바로 인식하면서 지혜롭게 대응하는 것이 현시기 민주진보세력의 과제라고 할 것이다. 이러한 대응의 과정에서 진보적 원칙과 정신을 견지하면서도 현실변화에 열린 감응력을 가지고 대하는 것이 필수적이라고 생각한다.

제3장 사회운동의 이념

　제1장과 2장에서는 현단계 사회운동이 직면한 객관적 도전을 살펴보았다. 이 장에서는 주체적 측면인 사회운동의 이념 문제를 검토하고자 한다.

　90년대, 아니 2000년대 한국의 진보운동, 더 나아가 세계의 진보운동은 80년대 후반 현존사회주의의 붕괴 이후 새로운 이념적 조건에 처하여 있다. 진보운동이 처한 이러한 새로운 조건을 어떻게 파악하며 실천적으로 어떻게 대응하여 갈 것인가 하느냐는 사활이 걸린 중차대한 문제라고 할 수 있다. 2000년대의 새로운 진보의 구체화를 위하여 우리에게 요구되는 것은 무엇이며, 새로운 진보의 내용은 무엇인가. 현재의 진보운동에 요구되는 새로운 정신적 기조가 무엇이며, 진보를 재구성하는 원칙은 무엇인가. 이것은 우리 모두가 함께 풀어야 할 긴박한 숙제이다.

　이 장의 1절에서는 먼저 80년대 말~90년대 초에 발생한 페레스트로이카와 소련 및 동유럽 공산당체제의 붕괴를 둘러싼 논쟁을 출발점으로 하여 우리가 현존사회주의의 붕괴를 진보적 관점에서 어떻게 파악하여야 하는가 하는 문제를 검토하려고 한다. 다음 2절에서는 80년대 사회구성체논쟁 혹은 변혁론논쟁을 성찰적으로 검토하면서 80년대 진보적 인식의 문제점들이 무엇인가를 검토하고자 한다. 다음 3절에서는 서구, 소련 및 동유럽 그리고 한국의 진보적 운동의 경험 속에서 우리가 새롭게 획득하여야 할 진보적 인식의 내용이 무엇인가를 검토하고, 이 과정을 통하여 원칙적인 수준에서 우리 시대 진보가 내포화하여야 할 내용들이 무엇인가를 밝혀보고자 한다. 다음 4절에서는 우리가 우리 사회의 현실과 운동을 경험하면서 갖게 된 식민지적 혹은 종속적 시각을 지적하면서 우리 현실과 운동을 좀더 보편적 관점에서 이론화하는 과제가 중요하다는 것을 제기하고자 한다.

1. 성찰적 관점에서 본 소련 및 동유럽 사회주의 붕괴

1) 사회주의개혁을 둘러싼 한국사회 논쟁의 전개과정

89년 이후 우리에게 가시화된 소련 및 동유럽 사회주의의 붕괴는 남한 변혁론논쟁 및 사회구성체논쟁에 일대 전환을 가져왔다. 80년대 한국사회의 변혁론논쟁은 자유주의적인 인식 및 비(非)변혁적 인식이 극복되고 변혁적 인식, 마르크스-레닌주의적인 인식이 주류화되는 과정이었다. 그러나 현존사회주의의 붕괴로 인하여 70여 년 동안 이루어진 사회주의의 역사적·현실적 실험의 문제점을 직시하게 되면서, 논쟁은 질적으로 다른 지평으로 이행하였다.

85년 소련에서 페레스트로이카가 시작된 이후 최근까지의 사태발전은 '사회주의에 대한 우리의 이론적 인식'의 지평을 훨씬 뛰어넘는 현존사회주의의 '놀랄 만한 타락상'을 우리에게 보여주었다. 이러한 타락상은 놀라움 그 자체로 끝나지 않고 남한 민중운동의 이념적 혼란과 분화를 촉발하는 결정적 계기로 작용하였다. 즉 남한 변혁운동의 사상이론적 기초로서 마르크스-레닌주의(여기서는 주체사상도 마르크스-레닌주의의 특수형태로 포괄한다)에 대해 근본적으로 의문을 제기하면서, 그간의 변혁운동의 이론과 실천을 전면적으로 비판하는 입장도 나타났고, 변혁운동의 새로운 이념적 지향을 찾으려는 시도도 나타나기 시작하였으며, 어떤 경우에는 좀더 근원적으로 '이념 및 운동 일반에 대한 불신'을 말하는 경향도 나타난 것으로 보인다.

이 절에서는 바로 이러한 상황을 염두에 두고, 80년대 후반 사회주의의 초기개혁을 둘러싼 민중운동진영 내에서의 논쟁을 검토하면서, 사회주의 개혁과정을 어떻게 보아야 할 것이며, 그것의 변혁론적 함의(含意)를 어떻게 수용하여야 하는가에 대한 필자 나름의 의견을 제시하여 보고자 한다.

먼저 소련 및 동유럽에서 사회주의진영의 분해와 공산당 통치체제의 해체에 대하여 필자 나름의 총괄적인 평가를 내린다면, 자본주의의 극복으로부터 공산주의사회에 이르는 다양한 경로 중 동유럽형 경로의 '붕괴'라고 규정할 수 있다. 그리고 붕괴되는 소련 및 동유럽의 그간의 사회주의는 크게 보면 국가사회주의 혹은 사회주의의 관료적 왜곡태로서 관료적 국가사회주의의 붕괴로 규정될 수 있다고 생각된다. 스탈린 시대 이후 소련의 국가사회주의의 역사는 사회주의사상의 교조주의적 왜곡, 현실사회주의의 관료주의적 왜곡으로 규정할 수 있다.

여기서 필자는 80년대 말~90년대 초의 사태를 소련 및 동유럽에서 '실험'된 사회주의의 붕괴로 한정하고자 하며, 이것은 사회주의사상 일반의 유효성 상실, 사회주의적 실험 일반의 붕괴로 규정하는 입장과 다르다는 것을 전제하고자 한다. 일부에서는 동구에서의 사회주의 '몰락'을 자본주의적 모순을 극복하고 해방된 사회를 지향하는 인류의 목적의식적 시도로서 사회주의사상, 더 나아가 인류의 다양한 해방사상 일반의 '소멸', 사회주의적 실천 일반의 붕괴, 나아가 남한 민중운동의 '총체적 파산'으로까지 확대해석하려는 '이데올로기'적 지향을 보여준 바 있다. 물론 동유럽형의 붕괴는 자본주의에서 해방된 사회를 지향하는 다른 경로의 모든 실천시도에 대해서도 재검토와 재성찰을 요구하는 것이기는 하나, 여기서는 주로 소련 및 동유럽 사회주의의 '파탄'을 중심으로 서술하고자 한다.

그간 우리에게는 마르크스주의의 이론과 실천에 대한 학문적·지적 탐구가 일천하였고 그에 대한 정보도 제한되어 있었기 때문에, 동구사태에 대한 우리의 판단은 다분히 이론적 인식 혹은 교과서적 인식에 기초한 것이었다고 할 수 있다. 따라서 89년 이후 우리에게 많은 새로운 정보를 제공하며 다가온 동유럽의 사태는 충격 그 자체였다고 해도 과언이 아니다. 우리가 그러한 개혁에 대해 긍정적인 찬사를 보냈건 우경적이라고 비판했건 간에, 동유럽사태는 사회주의에 대한 우리의 기존 인식의 획기적인 전환을 요구하였던 것이었음에 틀림없다.

이처럼 이론적인 사회주의상(像)의 붕괴, 현실사회주의와의 '실제적인' 만남 속에서[1] 80년대 후반~90년대 초반 우리의 사회주의개혁에 대한 그간의 논쟁은 주로 그것의 남한 변혁론적 함의에 대한 연구와 연관되어 전개되었다고 할 수 있다. 필자는 우선 사회주의개혁은 80년대 후반 페레스트로이카로 상징되는 공산당 주도의 개혁을 둘러싸고 우리 사회의 진보진영 내부에서 전개되었던 논쟁을 먼저 검토하고자 한다.

당시 논쟁[2]을 크게 나누어 보면, 초기의 논쟁은 개혁의 당위성을 둘

---

1) 사회주의사회의 개혁과 그것을 둘러싼 소련 내부 및 국제마르크스주의 진영 내부에서의 다양한 논의에 대해서 국내에 소개된 문헌으로는 다음을 참조. 에게르트 외, 송주명 역, 『페레스트로이카 논쟁(서독편)』, 새길, 1990; 모르겐 슈테른 외, 신현준 편역, 『페레스트로이카 논쟁(동독편)』, 새길, 1990; 야코블레프 외, 신현준 편역, 『페레스트로이카의 전개와 수용(소련)』, 새길, 1990; 프랑시스 코엥 외, 신현준 편역, 『페레스트로이카의 전개와 수용(프랑스)』, 새길, 1990; 한겨레사회연구소 사회주의 연구분과 편, 『사회주의 대논쟁(1)』, 백산, 1990; 서울사회과학연구소 편, 『논쟁―페레스트로이카의 정치경제학(1)』, 민맥, 1990; Mandel, E. 차혁 역, 『페레스트로이카를 넘어』, 태백, 1990; 서울사회과학연구소 편, 『페레스트로이카의 정치경제학(2-1)(2-2)』, 민맥, 1991; 신평론 편집부 편, 『페레스트로이카란 무엇인가』, 신평론, 1989; '코뮤니스트' 편집부 편, 한국철학사상연구회 논쟁사 분과 편역, 『페레스트로이카 정론』, 새날, 1990; 코솔라포프 외, 송주명 편역, 『페레스트로이카(1)』, 새날, 1991; 프리마코프 외, 솔밭 편집부 편역, 『현대소련의 변혁이론』, 솔밭, 1989; 사상문예운동 편집위원 일동, 『사회주의 대개혁의 논리』, 풀빛, 1990; 학술단체협의회, 『사회주의개혁과 한반도』, 한울, 1990.

2) 우리나라에 소개된 사회주의개혁 및 그것을 둘러싼 논쟁에 관한 책은 다음과 같다. 민주화운동청년연합 편, 『사회주의 배신인가 새로운 혁명인가(1)(2)』, 1990; 서울대학교 사회대대학원 자치회 편, 『페레스트로이카의 이론과 현실』, 녹두, 1990; 서울대학교 사회주의연구팀 편, 『사회주의개혁논쟁』, 형상사,

러싼 논쟁의 성격이 강하였다고 할 수 있다. 이 시기에 제시되었던 입장들로서는, 첫째, 개혁으로 인한 사회주의의 '무조건적' 강화론,[3] 둘째, 개혁의 당위성을 인정하는 입장,[4] 셋째, 개혁의 존재론적 부정과 그 우경성을 비판하는 입장 등이 있었다.

1990; 유영구, 「사회주의 변화를 어떻게 볼 것인가」, 『한겨레회보』 1989년 12월호, 한겨레사회연구소. 많은 잡지에서 페레스트로이카에 대한 특집을 다루었는데, 이에 대해서는 다음을 참조. 『사상문예운동』 1990년 여름호, 쟁점 「페레스트로이카와 한국의 변혁운동」; 『사상문예운동』 1990년 봄호, 특집 「페레스트로이카 시대의 마르크스-레닌주의」; 『현실과 과학』 제6집, 특집 「변혁운동과 페레스트로이카」; 『사회와 사상』 1990년 1월호, 특별기획 「사회주의권 개혁의 총체적 해명」 등.

3) 이 입장은 주로 황태연 씨에 의해 개진되었다. 이 입장은 처음 『창작과비평』 1988년 가을호 지상에 「더 많은 사회주의로서의 페레스트로이카」라는 논문으로 제출되었다. 그리고 그것의 연장선상에서 「소, 동구권의 혁명적 체제개혁과 사회주의이념의 전면적 자기구현과정」이라는 글이 제출되었다. 그리고 황태연 씨는 사회주의개혁의 변혁론적 함의를 계급론적 차원, 변혁론적 차원에서 구체화한 글도 발표하였다. W. W. 자글라딘 외, 황태연 편역, 『반제운동론 (1)』, 밝은글, 1989; 『한국사회와 자본론 강의』, 중원문화, 1989 등이다. 황태연 씨의 제반 글은 나중에 한 권의 책으로 편집되었다. 황태연, 허상수 편, 『과학기술혁명시대의 자본주의와 사회주의』, 중원문화, 1991. 황태연 씨의 입장은 논지와 그 정치적 입장이 명확하였기 때문에, 그에 대한 비판도 다양하게 제출되었다. 계급론적 차원에서 지식프롤레타리아트론을 비판한 글로는 다음이 있다. 서관모, 「계급론의 혁신과 '신사고'」, 『현실과 과학』 제6집.

4) 당시의 일반적인 입장은 사회주의사회에 많은 '모순'이 존재하며 따라서 개혁이 불가피하고 그것은 긍정적 결과를 가져올 것이라는 점에서 개혁을 긍정하는 입장이었다고 할 수 있다. 사회주의개혁을 둘러싼 『한겨레신문』 논쟁에서는 박형준 씨가 이러한 입장을 취하고 있었다(박형준, 「시장경제 광범한 도입 불가피」, 『한겨레신문』 1990. 2. 21). 관련논문으로는 다음과 같은 글이 있다. 「스탈린주의의 폐기, 인간적 사회주의로」, 『신동아』 1990년 4월호; 박형준, 이미숙, 「'새로운 사고'의 세계인식과 변혁론」, 『동향과 전망』 1989년 겨울호. 『한겨레신문』 논쟁에서 김호균 씨(「헝가리·폴란드 자본주의 복귀 아니다」, 1990. 1. 26) 등도 비슷한 입장에 서 있었다고 판단된다.

첫번째 입장에서는 페레스트로이카가 "더 많은 사회주의" 또는 "사회주의의 강화"로 귀결될 것이라고 주장하였다. 이 입장에는 기실 개혁의 당위성을 인정하는 차원을 넘어서서 개혁의 궁극적인 귀결에 대한 나름대로의 예측까지도 담겨 있었다. 두번째 입장은 스탈린주의적 통치하에서 왜곡된 사회주의를 극복하고 '인간적이고 민주적인 사회주의'를 건설하는 데 개혁이 적극적으로 기여할 수 있다고 판단하였던 입장이라고 할 수 있었다. 세번째 입장은 시장의 도입, 프롤레타리아 독재의 포기는 고르바초프의 개혁의 이념적 기초가 정통 마르크스-레닌주의의 입장을 벗어났음을 단적으로 보여주는 것이며, 따라서 개혁의 당위성을 부정하는 것이었다고 보는 입장이었다. 이 입장에는 당시 김성구,[5] 『노동해방문학』,[6] 김홍명 교수,[7] 학계 피디그룹[8] 등의 입장을 들 수 있다. 초기에 민중운동권의 일반적 입장은 '정통' 입장이 강하였기 때문에 페레스트로이카의 이념적 우경성, 고르비의 현실개혁의 우경성을 지적하는 경향이 많았다고 할 수 있다.

돌이켜보면 사회주의 붕괴 이전 사회주의개혁을 둘러싼 논쟁과정에

---

5) 「동유럽 소용돌이를 보는 또 하나의 시각」, 『한겨레신문』 1990. 1. 7: 「'영업자유허용' 자본가 부활예고」, 『한겨레신문』 1990. 2. 8.

6) 김창희, 「동구권의 개혁바람－자본주의로의 역풍인가 공산주의로의 순풍인가」, 『노동해방문학』 1989년 11월호: 이정로, 「사회주의진영의 위기의 근원, 고르바초프 개혁노선의 우편향비판」, 『노동해방문학』 1990년 6월호.

7) 「레닌주의의 이탈, 사회주의의 배신」, 『신동아』 1990년 4월호: 「레닌주의와 페레스트로이카의 음영」, 『정치학의 전통과 한국정치』, 박영사, 1990: 「자유민주주의의 포교자, 고르바초프」, 『사회평론』 1991년 6월호.

8) 윤소영, 「한국사회 성격논쟁에서도 '페레스트로이카'가 임박하였는가」, 『현실과 과학』 제3집: 백승욱, 「페레스트로이카는 사상이론적으로 무엇을 혁신하였는가」, 『현실과 과학』 제6집 그리고 페레스트로이카의 사상이론적 함의가 쟁점화된 이후 『현실과 과학』에 실린 일련의 글들은 일관되게 이러한 관점을 견지하고 있었던 것으로 보인다.

서는 1)스탈린주의하에서 누적되어 온 사회주의 건설과정에서의 정치경제적 모순의 심각성, 2)개혁의 진행이 탈(脫)사회주의화 혹은 자본주의로의 회귀까지를 포함한 위기적 요소를 내장하고 있다는 점, 3)개혁의 이념과 현실정치적 과정의 상관관계에 대한 충분한 고려가 없었다고 판단된다.

사회주의사회가 가진 모순의 심각성을 인식하지 못하였다는 것은, 우리의 이론적 인식 속에서는 생산관계의 혁명적 변화만 달성되면 다른 여타의 모순은 부차화되고 자연스럽게 해결될 것이라는 주관적 인식이 존재하고 있었다는 것을 의미한다. 그리고 사회주의사회 내부의 문제와 갈등이 존재한다고 하더라도 그것은 부르주아적 사회의 잔재에서 기인한다고 보는 인식이 지배적이었음을 보여준다. 개혁의 위기적 측면에 대한 인식이 부재하였다는 것은, 우리의 사회주의사회에 대한 이론적 인식이 다분히 '환상'적이었던 데서 기인하는 것이기도 하고 1)에서 지적한 내적 모순의 심각성에 대한 인식의 부재에서 기인하는 것인 바, 개혁과 개방 이후에도 사회주의사회 내의 정치적 입장을 달리하는 제 세력의 존재, 그리고 제 세력간의 투쟁의 결과에 의해 개혁의 향방이 규정된다고 하는 점을 충분히 고려하지 못하였다는 것이다. 3)과 관련하여서는 사회주의사회의 정치변동에 대한 우리의 인식이 다분히 '이념환원론'적이었기 때문에 개혁 이후의 사태전개를 이념이 어떠하냐는 점에 국한하여 논의하였을 뿐, 현실정치변동 및 제 세력간의 갈등관계의 역동성을 주목하지 못하였다는 것이다.

그런데 페레스트로이카의 진전과정이 많은 우여곡절을 겪으며 전개되었고 또한 현실사회주의의 '붕괴'가 우리의 이론적 사회주의 인식에 많은 변화를 요구하였기 때문에, 이러한 초기의 논쟁은 곧 사회주의 개혁의 평가와 남한 민중운동의 이념을 둘러싼 논쟁으로 변화하였다. 즉 개혁의 당위성에 대한 논쟁에서 개혁의 변혁론적 함의에 대한 논쟁으로 전화되었다고 할 수 있다. 이러한 논쟁의 변화과정에서 1)의 입장은 앞서 지적한 대로 그 자체가 현실변화의 방향에 대한 주관적인 예측까지 수반하는 것이었기 때문에, 그 현실예측이 잘못으로 판명됨에 따라 입론의 타당성이 설득력을 잃게 되었다. 즉 개혁 자체가 기계적으로 사회주의의 강화발전으로 귀결되지 않는다는 것이 현실로 드러났으며, 이후 동구의 정치경제적 현실은 사회주의의 강화발전이 아니라 자본주의로의 회귀를 포함하는 우경적 방향으로 전개되었기 때문에, 호소력을 상실하게 되었다는 것이다. 최근 동구에서의 사회주의 붕괴는 당초 개혁에 대한 낙관적 전망을 그 근저에서부터 부정하였음은 주지의 사실이다.

논쟁의 전개과정에서 두 번째 입장은 다음과 같은 두 가지 입장으로 분화되었다고 할 수 있다. 첫째는 "개혁의 변혁론적 함의를 정통사회주의가 붕괴되고 남한 변혁운동의 이념을 사회민주주의로 설정하여야 한다"는 논리로 수용하는 입장(명시적인 사회민주주의 입장)이며, 둘째는 사회민주주의적 경향을 비판하면서 혁명적 입장을 견지하는 바탕 위에서 기존의 '정통'적 입장에 대한 폭넓은 재성찰의 필요성을 긍정하는 입장이다. 후자의 입장은 비록 사회주의 붕괴라는 최악의 사태를 맞고 있으나 이것이 서구의 사회민주주의적 입장의 정당성을 반사적으로 확인해 주는 것은 아니며 기존의 혁명적 입장의 정치적 실천을 폭넓게 반성하는 기초 위에서 새로운 혁명적 실천을 모색하여야 한다는 주장을 담고 있는 것으로 보인다.

그리고 초기 논쟁과정에서의 세번째 입장은 초기에 개혁 자체를 부정하던 입장에서 개혁의 당위성을 인정하면서 동시에 정통노선을 견지하는 입장과, 개혁 자체의 존재를 부정하면서 정통노선을 견지하는 입장으로 나눌 수 있다고 생각된다. 전자는 개혁의 당위성을 인정하면서도 개혁 자체가 사회주의를 고수하려는 세력과 자본주의를 지향하는 부르주아세력과의 투쟁임에도 불구하고 이러한 계급투쟁의 과정을 소련 프롤레타리아 대중의 변혁의 동력과 적절히 결합하여 내지 못함으로써 개혁의 우경화, 나아가 공산당 및 사회주의체제의 해체에 이르게 되었다는 견해이며, 후자는 개혁 이후의 일련의 사회주의의 붕괴과정을 페레스트로이카의 '이념 자체의 내재적 우경성'에서 기인하는 것으로 보고 처음부터 개혁의 방향을 잘못 설정한 데서 현재와 같은 체제붕괴가 초래되었다는 견해이다.

초기 논쟁 이후 논쟁의 영역이 더욱 확대되어, 마르크스주의 체계 자체의 과학적 타당성 여부를 둘러싼 논쟁으로까지 확대되었다. 즉 개혁의 당위성을 둘러싼 쟁점으로 출발한 논쟁은 개혁 및 개혁 이후의 변화의 변혁론적 함의에 대한 논쟁으로 발전되었고, 그후 혁명적 이론체계로서 마르크스주의 자체의 내재적 타당성을 둘러싼 논쟁으로까지 발전되어 갔다.[9] 91년 8월 소련에서 일어난 보수파의 쿠데타 이후 소련 공산당의 해체 및 불법화, 소련의 해체라는 상황전개는 남한에서의 논쟁을 '혁명적 실천의 이론적 무기'로서의 마르크스주의 체계 자체에 대한 논쟁으로까지 '혁명'적으로 변화시켜 갔다. 이러한 측면에서 중요한 쟁점은, 마르크스주의적 입장을 견지하느냐 마르크스주의적 입장을 폐기하느냐, 그리고 만일 견지한다고 하였을 때 현존사회주의의 실패의 이론적 함의를 어떻게 수용할 것인가 하는 점이었다.

---

9) 이러한 논쟁의 계기가 된 것은 이병천 교수의 일련의 논문이라고 보인다. 「맑스 역사관의 재검토」, 『사회경제평론』 제4호(한울, 1991). 이 글에서 이 교수는 마르크스의 역사관을 초월론적, 본질주의적 역사관, 합리주의적·목적론적·결정론적 역사철학으로 이해하면서 마르크스의 유물변증법 자체의 내재적 문제점, 그것에 기초한 자본주의·공산주의관, 피티독재론, 토대-상부구조론 등 마르크스주의의 유기적 구성요소로 인식되어 온 사항에 대한 재검토를 행하고 있다. 이 교수의 변혁론적 논의는 다음에 제시되어 있다. 「현존사회주의와 맑스주의의 종언」, 『전망』 1991년 10월호, 민중당.

2) 사회주의개혁 및 현존사회주의의 '붕괴'에 대한 성찰적 분석

(1) 초기 사회주의 온건개혁에 대한 평가의 기본 시각

먼저 80년대 후반 사회주의개혁을 둘러싼 논의과정에서는, '혁명 이후 사회'로서 동유럽사회가 사회주의 건설과정에서 누적된 모순을 어떻게 극복할 것인가 하는 문제와, '혁명 이전 사회'로서 남한에서 동유럽사태의 변혁론적 함의를 올바로 수용하면서 변혁의 이념적 방향을 어떻게 설정할 것인가 하는 문제가 뒤섞인 채로 논의가 진전되었다고 판단된다. 물론 '혁명 이후 사회'와 '혁명 이전 사회'가 일반적 이념의 수준에서는 동일하게 논의될 수 있지만 극복의 대상이 되는 모순의 본질이 근본적으로 다르다는 점이 고려되어야 한다. 전자는 개혁과정의 진전과 그 결과에 대한 평가의 차원이고 후자는 그러한 개혁의 남한 변혁운동론상의 함의에 대한 평가의 차원이다. 전자의 차원에서 문제가 되는 대상은 변혁 이전의 사회가 아니라 변혁을 성취한 이후 일련의 사회주의 건설의 역사적 오류가 누적된 사회이며, 후자의 차원에서 문제되는 대상은 기본적으로 변혁이 성취되지 않은 사회이다. 전자의 차원에서는 사회주의 건설의 역사적 오류를 정정하면서 현존사회주의가 '해방된 사회'를 향한 올바른 궤도에 진입하도록 하기 위해 어떻게 좌우편향을 극복하면서 '올바른 개혁'을 진전시켜 위기를 극복하느냐가 과제이며, 그때의 현실주체는 소련 및 동유럽의 진보세력들과 인민대중이 된다. 이것은 91년 8월 옐친체제 이후 시장경제로의 이행 속에서도 여전히 관철되는 고민이었다고 할 수 있다. 후자의 차원에서는 기본적으로 혁명 이전 사회인 남한사회에서 어떻게 진보적 변혁을 가능케 하며 그것을 위해 현존사회주의에서 드러난 전후 사회주의 건설의 '실패'의 경험을 올바로 분석하면서 어떻게 마르크스주의의 합리적 핵심을 '오늘에 창조적으로 되살리면서' 민중민주주의적 변혁을 위한 이념을 새롭게 할 것인지가 문제로 된다. 이 경우 고민의 대상은 남한 사회라는 변혁 이전의 사회이며 그 주체는 남한의 민중세력과 민중 자신이다.

이러한 구분을 새삼 강조하는 이유는 동유럽개혁의 현실과제와 남한 민중운동의 현실과제를 모두 '이념적 차원'으로만 환원해, 양자의 과제를 동일한 이념선택의 문제로 바라봄으로써 올바른 판단이 저해되었기 때문이다. 특히 후자 차원에서의 '마르크스주의적 원칙의 견지'라는 입장을 그대로 전자에 대입함으로써 동유럽 차원에서 이루어지는 개혁 시도 및 개혁 일반에 대한 부정, 현존사회주의의 실패경험에 대한 '개방'적 반성에 대한 일방적 매도가 나타났다고 보인다. 실제 소련사회에서는 어떻게 하면 개혁을 통해 어떻게 사회주의사회를 재활성화, 안정화할 것인가를 둘러싼 현실적인 쟁점들이 문제가 되었는데, 우리의 논쟁에서는 개혁의 당위성 혹은 개혁이념 자체의 정통이념과의 편차 등에만 논의가 한정되어 진행되었다.

다음으로 동유럽사태의 올바른 평가를 위해서는, 소련사회주의 70여 년의 역사가 많은 역사적 오류의 누적 위에 존재하고 있다는 점을 인정하는 것에서 출발해야 한다고 생각된다. 경제 차원에서 국가의 소유가 '전인민적' 혹은 사회적 소유라는 본래 의미를 상실하고 형해화되었으며, 인민대중의 정치사상적 전위로서의 당이 관료주의적인 상급지령자로 전락해 프롤레타리아 독재가 당독재로, 다시 관료독재, 나아가 1인독재로 전락했고, 이러한 정치·경제적 오류는 대중의 창발성과 창조성을 억압하고 대중을 피동적인 존재로 전락시켰으며, 그 결과 크나큰 생산력적 정체로 귀결되어 사회의 전진을 가로막기에 이르렀다는 것이다.[10]

---

10) 소련 정치체제의 이러한 불구화에 대한 예견을 레닌이 이미 하고 있었다는

이론적으로는 "교조주의, 이데올로기적 잔혹함, 폐쇄성"을 초래하여 사상이론적 발전을 현저히 축소시켰고 사회주의체제에 대한 대중의 자발적 동의가 극소화되었다. 단적으로 스탈린시대로 대표되는 사회주의 건설과정에서 마르크스-레닌주의적 실천이 많은 오류와 모순을 내장하면서 전개됨으로써 '혁명적 개혁'이 없이는 대중의 자발적 동의에 기초하는 체제로서 존립하기 어렵게 되었다는 점을 인정해야 한다고 생각된다. 마르크스-레닌주의 강의가 우리의 '국민윤리' 교과강의 혹은 국책과목 정도로 인식되며 권력이 '독재정권'과 유사한 정권으로 일반에게 비쳐지는 현실은 어떤 이유로도 정당화될 수 없다고 할 때, 바로 그러한 현실이 엄존하고 있었다는 것이다. 그 동안 우리의 이론적 인식 속에 존재하는 사회주의사회는 대단히 아름답고 환상적인 사회였다. 그러나 어느 날 우리 앞에 모습을 드러낸 현실사회주의는 '일그러진 얼굴과 부끄러운 몰골'을 하고 있었다. 바로 이러한 상황에서 개혁은 출발하였고 또 그렇게 될 수밖에 없었다는 점이 인정되어야 한다. 사회주의의 역사적 오류와 모순을 극복하는 일련의 개혁의 필요성 그리고 대중, 특히 프롤레타리아트의 자발성과 창의성을 제고하는 기초 위에서 이러한 문제를 극복하는 것은 당시 동구 진보진영의 공통된 과제였다고 할 수 있다.

그런데 우리의 초기 논쟁과정에서는 이러한 모순의 심각성에 대한

것은 흥미로운 일이다. 13차 당대회에서 낭독된 「당대회에 보내는 편지」에는 다음과 같은 구절이 있다. "서기장이 된 스딸린 동지는 자신의 손에 무제한적인 권력을 집중시켜 놓고 있습니다. 저는 그가 언제나 충분한 주의력을 가지고 그러한 권한을 잘 사용할 수 있을지에 대해서 확신하지 못하고 있습니다." 레닌은 포지예바가 기록한 편지의 추신에서 "저는 동지들이 스딸린을 그 직위(서기장직—인용자)에서 해임하는 방법을 생각해 볼 것을 제안하는 바입니다"라고 쓰고 있다. 레닌 외, 『레닌의 反스탈린투쟁』, 신평론, 1989.

인식이 부족했다고 생각된다. 사회주의에 대한 다분히 이론적인 인식이 현실사회주의에 대한 사실적 인식을 제약했다. 필자 역시 그러했다. 우리는 이러한 오류와 한계를 겸허히 인정하는 위에서 전진할 필요가 있다고 생각된다. 초기 논쟁과정에서는 심각한 모순의 누적 위에서 이루어진 개혁을 원론적인 명제의 파기(예컨대 시장의 도입, 당내 분파의 인정 등)라는 측면에서 그 우경성을 지적했다. 우리가 개혁을 불가피하게 만드는 모순의 심각성을 인정한다면, 초기 논쟁과정에서 페레스트로이카 이념 자체의 내재적 우경성, 그것도 원론적인 몇 가지 사항을 개혁과정이 파기하고 있다는 점에 집착해서 소련의 개혁을 우경적이라고 — 시장메커니즘이란 자본주의적인 것이고 따라서 시장메커니즘을 도입하려는 것은 사회주의 이념으로부터의 일탈이라는 식으로 — 비판한 것은 올바른 분석이 아니었다고 생각된다. 물론 공산당의 해체를 포함해 사회주의체제가 붕괴하는 등 결국 우경적 결과가 초래되었다는 점이 현실적으로 인정된다. 그러나 그것 역시 뒤에 말하는 현실정치적 전개과정상의 요인이 주된 것이며, 이념 자체의 우경성만으로 현재의 결과를 해석하는 것은 지극히 비현실적인 설명논리라고 할 수 있다.

필자는 오히려 '개혁이 너무 늦게 시작되었기 때문'에, 즉 장기간 엄청난 모순이 누적되고 그 모순이 폭발적으로 표출되는 시점에서 개혁이 시작되었다는 사실이 체제 붕괴를 가져온 중요한 요인이 아닌가 생각한다. 물론 개혁이 시작된 이후에도 정책적 수준의 여러 오류가 있었으나 문제는 그것이 가장 큰 원인이 아니라(혹은 개혁 자체의 이념적 기조의 우경성이 가장 큰 원인이 아니라), '곪을 대로 곪은 상태에서' 개혁이 시작되었기 때문에 수습하기가 더욱 어렵게 전개되었다는 것이 사실에 근접한다고 생각한다.[11] 우리 사회에서는 마르크스주의적 전통

---

11) 개별사회에서 모순이 역사적으로 누적된 정도는 다음과 같은 여러 측면의

이 일천하고 또한 그 전통이 단절되었다가 80년대에 새롭게 복원되었기 때문에, 사회주의사회의 현실을 이념의 측면에서만 바라보게 된 한계가 있었다고 생각된다. 소련사회 혹은 동유럽사회 역시 단순히 사회주의사회라는 원론적 규정만으로 해명될 수 없는 복잡한 역사적·구조적 실체인 것이다. 우리는 바로 이 사실을 간과하고 교과서적 사회주의상을 그대로 현실 사회주의사회로 동일시하는 인식상의 오류에 젖어 있었다고 생각된다. 필자는 동유럽사회를 '이념적 실체'로도 접근해야 하지만 '역사적 실체' 혹은 다양한 여러 현실적 요인들의 복합체로서 성립하는 '구조적 실체'로서 접근할 수 있어야 한다고 생각된다. 현존사회주의의 해체 현상을 단순히 총체적인 이념으로 환원해 재단하기보다는, 현실정치적인 여러 요인을 폭넓게 고려하는 바탕 위에서 접근해야 한다는 것이다.

(2) 온건사회주의 개혁이 실패한 이유

이제 필자는 현존사회주의 해체과정의 원인을 현실적으로 분석하면서 지금까지의 진단이 이념 자체의 내재적 특성에 국한되어 있었다는 점을 밝히고자 한다. 고르바초프의 초기 개혁은 온건사회주의 개혁이라고 할 수 있는데, 소련의 현실 속에서 보면, 고르바초프식의 대안조차도 — 급진개혁파의 입장에서는 너무 사회주의적인 것인데 — 현실에서 좌초하게 된 이유는 이념 자체의 우경성이라는 측면도 있겠지만, 역사적 모순구조와 개혁 이후에 저지른 일련의 정책적 오류에 원인이

차이 때문에 상이하게 현실화되어 있다고 판단된다. 혁명이념의 내재화 정도, 통치세력의 관료제화 정도, 저항운동의 반(反)사회주의적 이념의 체현 정도, 비계급적 모순의 심각성 정도(종교, 민족문제 등), '기득권'세력(특히 공산당정권)의 개혁에 대한 적극성 정도('관료적' 세력에 대한 민중적 통제의 정도) 등이 그것이다.

있다는 것이다.

소련 현대사는 사회주의 건설의 과정에서 많은 성과를 냈음에도 다른 한편에서는 많은 문제를 노정해 왔다. 그러나 이러한 문제를 해결하기 위한 시도는 '제국주의의 사주'에 의한 것이라든가 '사회주의적 의식의 불철저성' 때문이라는 식으로 치부되면서 내적 개혁이 지연되어 모순이 심각한 폭발에 이를 정도로 누적되었다는 것이다. 모순의 역사적 누적의 정도가 심각했던만큼 개혁 이후 사태를 수습하기가 어려워질 수밖에 없었다. 우리가 구조적·역사적 분석이라는 시각에서 적용하는 방법론을 소련의 역사에 적용해 본다면 — 우리는 소련이 사회주의사회였기 때문에 이러한 적용을 배제하고 있었다 — 분명 고르바초프 개혁 자체의 우경성으로만 환원할 수 없는 모순의 역사가 존재한다고 할 수 있다.[12]

또 개혁이 시작된 후 고르바초프정권의 권력적 기초가 변화했고 이러한 변화로 인해 당초의 개혁이념에도 불구하고 사회주의의 확대강화를 낳지 못하게 되었다고 할 수 있다. 그리고 그러한 권력적 기초의 변화는 공산당 및 권력담당층의 기득권 고수와 개혁의 — 적극적이건 소극적이건 — 저지에서 비롯되었다는 것이다.[13] 초기의 페레스트로이

---

12) 필자의 논지는 모순의 역사적 심도를 고려할 때, "개혁이 오히려 뒤늦게 시작되었다"는 것이라고 할 수 있다. 필자는 실제 사회주의사회 속에서 저항운동이 반사회주의적 지향을 띠기 전에 개혁을 시작했어야 한다고 생각한다. 이러한 점에서 개혁 자체의 이념적인 문제나 개혁 이후의 정책적 오류는 오히려 부차적인 것으로 인식될 수도 있다.

13) 여기서 단적인 예를 들어보기로 하자. 고르바초프의 개혁의 실패와 관련하여 우리는 YS의 개혁실패의 경험을 연상하면 될 것이다. YS 개혁의 실패는 보수언론이 주장하는 것처럼 YS 자신의 개혁플랜의 부재 등 과정상의 실수, 개혁과정에서 방법론적 오류에서 기인하는 바가 크다. 그러나 근본적으로는 우리 사회에 이미 강고하게 존재하고 있는 기득권구조와 기득권세력 때문에

카의 이념은 분명 '레닌주의의 계승이며 그것의 발전'이라는 기치를 표방하고 있었다. 그러다 결국 '레닌 수난시대'를 맞게 된 것은 페레스트로이카의 이념이 변화했기 때문이라기보다는 그러한 이념의 고수에도 불구하고 공산당 및 집권층의 대중적·정치적 기반이 내적으로 붕괴되어 간 데서 원인을 찾을 수 있다. 혹자의 분석처럼 시장메커니즘을 도입하여 자본주의 방향으로 회귀하게 되었다는 것은 동어반복에 지나지 않는다. 문제는 고르바초프정권이 인민대중, 특히 프롤레타리아 대중 내부에서 좌익적 요소의 성장을 추동하면서 강경보수파와 급진개혁파의 저항을 저지함과 동시에 개혁의 부르주아적 일탈을 저지하고 사회주의를 새로운 민주주의적 기초 위에서 다시금 안정시키는 과제를 수행해야 했다. 그러나 이러한 결과가 나타나지 않은 것은 공산당 관료 및 이른바 '노멘클라투라'라는 보수세력의 기득권 고수, 그리고 사회주의의 신뢰회복을 위한 '살신성인(殺身成仁)'하는 자세의 목적의식적인 노력이 적절히 수행되지 않은 데에 문제가 있었다고 할 수 있다. 물론 이러한 결과에 대한 책임은 많은 부분 고르바초프와 정권담당층 자신들에게 있다.

　논지를 좀더 분명히 하기 위해 초기개혁에서 80년대 후반까지 고르바초프정권의 권력적 기초의 변동을 살펴보면 다음과 같다.[14] 초기개

　　YS의 개혁이 좌절하였다고 보는 것이 구조적인 분석이 될 것이다. 마찬가지로 고르바초프 개혁의 좌절은 공산당체제하에서 누적된 역사적 모순들과 기득권세력들 때문이라고 보아야 할 것이다.

14) 개혁 시발 이후의 정치개혁의 전개과정과 그를 둘러싼 정치적 역학관계에 대한 변화에 대해서는 다음을 참조. 한국산업사회연구회, 「소련의 정치개혁과 사회주의적 민주주의」, 학술단체협의회, 『사회주의개혁과 한반도』. 쿠데타 전후의 소련 내부의 사태전개에 대해서는 다음을 참조. 최성, 「'3일천하'로 끝난 소련 쿠데타의 진상」, 『길』 1991년 9월호 ; 최성, 『소련공산당의 해체와 북한사회주의의 진로』, 한울, 1991.

혁의 과정에서 고르바초프정권은 강경보수파와 급진개혁파를 견제하는 중도 권력연합의 성격이 강했다고 생각된다. 인적으로는 강경보수파와 급진개혁파적 성향의 인사들도 권력 내부에 존재하고 있었으나 전체적인 성격은 대체로 중도연합의 성격을 띠고 있었다고 보인다. 물론 현실 국가권력 내부에는 기존의 보수적인 관료 및 강경보수파 세력들도 있었으나, 큰 흐름에서는 사회주의이념을 고수하는 보수파 역시 공산당 주도하의 개혁의 가능성을 인정하고 있었으며, 거기에 합류하고 있었다.

이러한 정권기반은 개혁 진행과정에서 변화하게 된다. 앞서 지적했듯이 그간 모순들은 물리적 억압 때문에 그 심각성에도 불구하고 잠재된 채로 있었다. 그러나 개혁으로 대중들의 자유로운 정치적 발언 및 합법적 활동공간이 부여되면서 개혁파세력의 반(反)공산당적인 선전선동이 대중기반을 어느 정도 확보하게 되고(우익적 대중의 확대) 조직기반을 강화함으로써 고르바초프정권의 기반 자체를 약화시켰다고 할 수 있다. 뿐만 아니라 개혁 진행과정의 혼란과 경제 면에서의 가시적 성과의 부재(서구의 지원에 의존하지 않으면 안 되었던 측면이 있었고 서구는 그것을 소련사회의 해체를 가속화하는 지렛대로 활용함)상황 속에서 고르바초프정권은 보수파와 급진파 모두에게서 협공을 받는 위치에 놓이게 되었다고 할 수 있다.[15] 보수파는 개혁이 야기하는 혼란과 우

---

15) 이해를 쉽게 하기 위하여 소련의 개혁과 YS정부의 개혁의 좌절과정을 비교하여 보자. 앞서 지적한 바와 같이 YS정권이 초기에는 구지배세력이나 급진민중운동세력으로부터 도전을 크게 받지 않으면서 일정한 개혁을 전개할 수 있었다. 그러나 YS정권은 중·후반기에 양측에서 도전을 받게 된다. 한편에서는 개혁이 가져오는 기득권 위협 및 문제점의 현재화로 인하여 보수세력의 도전을 받게 되고, 다른 한편에서는 개혁의 불철저성을 비판하는 급진민중운동세력의 도전을 받게 되었으며, 그 결과 정치기반을 상실하면서 난파하게 된다.

익세력의 성장을 근거로 비판을 전개하고, 급진개혁파는 개혁이 성공하기 위해서는 개혁의 수행을 좀더 가속화해야 한다고 주장하게 된다. 여기서 고르바초프는 권력기반의 취약성을 보완하기 위해 현실 제도권력(군 및 경찰력 등)을 장악하고 있는 보수파와 좀더 폭넓은 '타협적' 연합을 시도하게 된다. 그러나 이러한 연합은 고르바초프정권에서 온건개혁파가 이반하고 그들이 급진개혁파에 '견인' 당하는 조건을 부여하게 된다.

쿠데타는 고르바초프와 연대한 온건보수파 및 일부 강경보수파의 비합법적 권력장악 시도라고 할 수 있는데, 급진개혁파에 의한 쿠데타가 실패로 종결되면서, '사회주의적 기조를 유지하는 점진적 개혁'의 대중적 기초가 박탈됨으로써 고르바초프정권의 파탄을 결정적으로 가속화하게 된다. 쿠데타 발발 당시에는, 개혁의 진전이 가져온 생존권적 불안 및 정치의 무정부상황 등으로 대중들의 '안정희구 심리'가 일정하게 성장하여 쿠데타를 '감행'할 수 있는 정치환경도 어느 정도 존재했다. 그러나 쿠데타는 그러한 대중 속에서의 '좌익적' 요소의 일정한 성장을 무화(無化)시키고 대중 속에서 '개혁저지세력 및 기득권 유지세력'으로서 공산당에 대한 지지를 결정적으로 박탈하는 계기를 마련하게 된다. 쿠데타는 페레스트로이카 이후 보수 사회주의세력의 정책적 실수 중 최대의 오류로 규정될 수 있다. 쿠데타가 실패로 종결되면서 개혁파 내부에서 급진개혁파가 주도권을 장악하고, 다수인 온건보수파 및 강경보수파가 권력에서 배제됨으로써 고르바초프의 개혁, 나아가 공산당 주도하의 개혁이 파산하게 되는 결과를 가져오게 된다.

이상에서 개혁 이후 고르바초프정권의 정치기반의 변화를 살펴봄으로써 개혁의 파탄이 개혁이념 자체의 우경성보다는 개혁의 현실정치적 과정에서 기인한다는 것을 살펴보았다. 그리고 이러한 현실정치적 과정 자체의 문제 역시 사회주의 건설과정의 역사적 모순의 누적에서 그 구조적·역사적 기초가 주어진다는 점을 말했다. 필자는 현재 상황에서도 소련 내부에 사회주의적 지향을 갖는 세력의 노력의 여지가 존재한다고 생각한다. 아무리 열악한 현실에서도 주체적 노력의 의무와 여지는 소멸하지 않는다는 점이 새삼 강조될 필요가 있을 것이다.[16] 소련의 사회주의자들과 진보세력에게 중요한 것은 이념의 우경성보다도, 자신의 기득권을 버리고 개혁과제들을 전진적으로 수행하면서 사회주의가 다시금 민주주의적인 기초 위에서 재정립될 수 있도록 최선을 다하는 것이라고 할 수 있다. 문제는 사회주의적 이념을 견지하지 못하는 데서 비롯된 것이 아니라, 사회주의이념이 '독재'의 이념, '기득권 수호의 은폐이데올로기'로 인식된 상황 속에 존재한다. 이러한 구조를 극복하는 것이 중요한 것이지 이념적 수호 차원에 쟁점이 있지 않다는 것이다.

　한국에서의 논쟁은 사회주의 붕괴의 원인을 페레스트로이카의 이념적 우경성에서 비롯된 것으로 판단하고 정통사회주의의 입장에서 ―

---

16) 91년 8월 기득권세력 및 보수세력의 쿠데타는 공산당 주도하의 온건사회주의 개혁의 가능성을 말살하게 되었고, 쿠데타 저지 과정에서 옐친이 정권을 장악하면서 소련사회는 급속한 시장경제로 이행하게 된다. 이미 역사적 가정이 되어버리긴 했지만, 필자는 당시에 민주적인 사회주의세력들이 민주적 사회주의정당으로 거듭나고 공산당 하부의 많은 조직기반을 흡수하면서 동시에 급진개혁파가 완전히 부르주아적인 정치입장을 갖는 것이 아니라 사회민주주의적 지향의 틀 내에 머물게 함으로써 민주사회주의당과 사회민주주의당의 경쟁구조를 창출하는 것이 최선이었다고 생각한다. 이것은 향후 중국의 사회주의개혁에서도 마찬가지라고 생각한다. 그러나 소련의 개혁은 최악의 길로 전개되었다. 대중의 우익성향이 극단화되면서 자신들의 경제적 궁핍의 원인을 오로지 시장경제로의 불철저한 이행에서 찾고 정치적인 문제의 원인을 오로지 서구적 의회민주주의의 부재에서 찾게 ― 그리고 여기에 더하여 공화국간의 경제적 '이기주의'가 극단적으로 표출되었다 ― 되면서, 사회주의체제의 완전한 붕괴와 소련사회의 부르주아적 재편으로 나아가게 되었다.

그것은 대부분 스탈린적 정식화에 근거하는데 — 사회주의개혁의 과제를 일면적으로 재단하는 데 국한되었다는 점에서 문제의 본질에서 한참 벗어나 있었다고 할 수 있다. 그것은 필자가 앞서 지적한 바와 같이 논쟁의 두 차원이 뒤섞이는 데서 나온 것으로 판단된다. 우리가 유념해야 할 점은 소련에서의 계급투쟁 및 정치투쟁의 내용과 우리의 계급투쟁 및 정치투쟁의 내용이 질적으로 다르다는 점이다.

분명 우리 앞에 드러난 일그러진 얼굴의 현존사회주의는 극복되어야 한다. 이것은 "사회주의의 기본원칙이 견지되는 개혁과 자본주의로의 후퇴로 귀결되는 개혁을 올바로 구분해 내고 그것이 두 개의 길간의 투쟁"에 의해 규정되는 것으로 파악하는 기초에서 출발해야 할 것이다. 그러나 스탈린주의하에서 누적되어 온 위기의 심도가 깊은 만큼 '민주적이고 인간적인 사회주의'를 건설하려는 개혁과정은 많은 부작용과 우여곡절을 겪으면서 전개될 수밖에 없다는 점을 인정해야 한다. 대중 속에서 성장하는 사회주의적 지향을 일거에 수구적인 방향에서 이용하는 쿠데타 같은 방식은 진보세력이 대중의 신뢰를 다시 획득하는 데 암초가 될 뿐이다.

3) 현존사회주의 붕괴의 변혁론적 의미

(1) 마르크스주의 위기 극복을 위한 새로운 인식지평의 필요성

그 동안 변혁적 입장을 견지하면서 전개된 남한 민중운동은 자신의 이념과 관련해 동유럽 사회주의의 붕괴를 어떻게 받아들여야 할 것인가. 우리의 상상력을 초월해 전개된 동구사태, 소련에서의 70여 년간의 마르크스주의적인 정치적 실천의 파탄은 많은 파장을 던지면서 우리에게 다가왔음은 앞서 지적했다. 마르크스주의적인 실천의 위기는 그것 자체로 끝나지 않고 현단계 세계진보진영에 이론적 위기를 조성하고 있다. 남한의 민중운동진영에서도 사회주의체제의 붕괴를 바라보면서 크나큰 이념적 동요가 나타나고 있음이 사실이다. 이에 대해 일각에서는 그러한 이론적 파장을 기존의 사회주의적 전망 자체의 완전한 붕괴로 해석하거나, 기존의 '혁명적 사회주의'의 타당성에 의문을 제기하면서 다양한 지향들이 나타나고 있다. 현존사회주의 붕괴의 반사적 측면인 이러한 여러 경향의 대두 속에서 형성되고 있는 새로운 논쟁지평에서, 우리는 이 위기에 대한 '마르크스주의적인 극복'의 전망은 있는 것인가라는 문제에 직면하고 있다. 다시 말해 변혁적 민중진영 내부의 사상이론적 동요에 대응해 현단계 사회주의진영의 실천적 위기, 그 반영으로서 이론적 위기에 대한 비(非)청산주의적인 진보적 극복의 전망은 없는 것인가라는 물음을 갖게 된다는 것이다.

필자가 볼 때, 이러한 전망에 대해 현단계에서 '의지'적 차원 이상에서 단정할 수 있는 사람은 아무도 없다. 그러나 '지성적 차원에서 비관주의적 전망'이 강박적으로 다가오는 현실 속에서도, '변혁적 낙관주의'를 가지고 패배의 경험까지도 냉철하게 성찰하면서 전진하는 것은 가능하며, 그럴 경우 현단계의 '주관적 낙관주의'가 '객관적 낙관주의'로 전화되는 것은 가능하다고 생각한다.

마르크스주의의 실천적·이론적 위기를 마르크스주의적으로 극복할 수 있는가의 여부는, 단적으로 사상이론적 좌우편향을 극복하면서 — 소련 및 동유럽의 실패 경험에 대한 개방적 성찰을 계기로 — 마르크스주의에 대한 새로운 인식지평을 획득할 수 있느냐에 달려 있다고 할 수 있다. 지금까지의 논의과정에서 흔히 드러나는 것처럼 과거의 인식지평에 긴박된 — 총괄적으로 그것은 스탈린주의적 사회주의라고 할 수 있겠다 — 상태에서 그것을 거부한다거나 고집한다거나 하는 것은 현시기 '창조적' 진보진영의 올바른 태도가 아니라고 생각된다. 동일한 인식지평 위에서 스탈린주의의 교조적 고수에서 변형된 고수로 나아가거나 그 반사적 대립으로서 전면적 포기로 나아가는 것은 한 편향의 변형이거나 하나의 편향에서 또 다른 역편향으로 변화하는 것에 다름 아니다. 이러한 인식으로는 '실패'의 참담한 현실 속에서 올바로 전진할 수 없다. 과거에서 교훈을 얻지 않는 사람이 미래를 전취할 수 없다는 것은 역사의 자명한 진리이다. 한편으로는 진보이론과 진보운동에 대한 '청산주의적' 경향을 극복하면서, 동시에 다른 한편으로는 '교조주의적' 편향에 빠지지 않고 개방적 자세로 사회주의 70년의 오류의 역사를 재검토함으로써 마르크스주의의 인식지평을 확장하는 것이 무엇보다도 중요하다고 본다.

사회주의가 부르주아 민주주의의 형식성을 초월하는 민주주의적 체제로 정립가능한가, 계획경제와 사회적 소유의 우위 위에서 시장메커니즘을 계획메커니즘의 합리화를 위한 하위메커니즘으로 활용하는 것이 가능한가, 민중민주주의적 변혁과정에 동참한 여러 세력의 정치참여와 프롤레타리아 독재는 어떤 관계여야 하는가, 혁명적 열정의 퇴조기에 생산력 정체와 생산대중의 피동성을 극복하는 방법은 무엇인가, 사회경제적 토대에서 계급차별의 조건이 극복되지 않은 상황에서 프롤레타리아 독재의 정당구조적 형태는 다양할 수 있는가, 프롤레타리아 헤게모니와 다양한 사회운동의 실천형태들은 이전과는 달리 어떠한 관계를 설정할 수 있는가, 공산주의에 대한 속류화된 인식은 어떻게 정정되어야 하는가, 노동운동 내부의 '혁명적 공산주의의 흐름'과 사회민주주의적 흐름의 관계는 어떠해야 하는가, 사회민주주의의 역사적 공과는 우리의 민중민주주의적 변혁의 전망 속에 어떻게 용해될 수 있는가 등의 문제에 대해 이전과는 다른 전망에서 성찰할 수 있느냐 하는 것이 관건이라고 할 수 있다.

(2) 마르크스주의에 대한 '좌편향'적 폐쇄성

변혁적 원칙을 견지하면서도 마르크스주의의 명제들을 새롭게 조망할 수 있기 위해서는, 마르크스주의에 대한 새로운 성찰과 검토를 백안시하는 폐쇄적 태도를 극복하는 데서부터 출발해야 한다고 생각된다. 폐쇄적 태도와 관련해 나타나는 단적인 하나의 태도는, 현존사회주의의 위기를 단순히 마르크스-레닌주의의 왜곡된 '적용'의 문제로만 보는 태도를 들 수 있다. 마르크스-레닌주의의 합리적 핵심이 선험적인 것으로 고정화되어 있고 오로지 문제는 적용과정에서의 오류에 있다고 보는 태도는 사회주의의 붕괴에서 아무런 교훈을 얻지 않으려는 태도와 다를 바 없다. 스탈린식으로 왜곡된 사회주의사상의 합리적 핵심을 새로운 인식지평에서 바라보려는 '지적 혁신'의 노력 없이, 적용의 문제나 결합 부재의 문제로만 바라보는 것은 사회주의 대격변의 시대를 사는 변혁적 진영의 올바른 태도가 아니라고 생각한다. 문제는 '적용'의 오류라는 차원을 넘어서, 적용되어야 할 마르크스주의를 더욱 새롭게 하는 것, 우리 사회에서 프롤레타리아 대중과 여전히 결합되지 못하고 있는 마르크스주의를 이전보다 더욱 넓은 시야에서 바라보는 것이 중요하다고 생각된다. 이런 점에서 본다면, 적용되어야 할 마르크스주의를 새롭게 하고 동시에 그것의 적용을 위한 실천적 혁신이 필요하다고 할 수 있다.

현존사회주의의 위기를 바라보면서, 우리는 다음과 같은 여러 측면에서의 성찰이 우리 민중민주주의의 내용을 풍부화하는 계기가 될 수 있을 것으로 본다. 먼저 우리의 기존 이론적 인식 속에는 사회주의 경제구조와 관련해서 일종의 '계획에 대한 물신화(物神化)된 인식'이 있었던 것은 아닌가 하는 점이다. 즉 생산력적 기초가 부재한 상황에서 국유화의 진전 자체를 경제구조의 사회주의적 개조의 전부로 생각한 것은 아니었는가, 국유화의 확대를 공산주의에 근접해 가는 척도로 생각하는 고정된 사회주의상을 가진 것은 아니었는가 하는 점이다. '자본주의에서 공산주의로 이행하는 과도기'의 정치·경제적 정책은 각 시기의 객관적 한계를 전제로 하면서 계획화의 수준과 국유화의 수준을 설정하는 것이 바람직하지 않은지, 그리고 '좌편향적 계획화'의 부정적 결과가 오히려 전면화한 것이 오늘 동유럽 사회주의의 현실은 아닌가 하는 물음에 대한 성찰이 요구되고 있다고 생각된다.[17] 필자로서도 이러한 점들에 대한 완결된 해답을 갖고 있는 것은 아니다. 그러나 이러한 물음들과 그것을 해명하려는 진지한 노력이 우리의 사회주의에 대한 인식지평을 확장하는 단서가 될 수 있다고는 생각한다.

프롤레타리아 독재라는 정식화에 대해서도 프롤레타리아 독재 개념을 포기하느냐 마느냐 하는 문제로 현단계 논의의 범위를 협애화해서는 안 된다고 생각된다. 사회주의의 실패 경험 및 그에 대한 반성까지를 담아내는 새로운 프롤레타리아 독재의 상(象)이 우리에게 제시되지 않

---

17) 시장경제의 도입 자체를 우편향으로, 사회주의로부터의 이탈로 단정하고 비판하는 것은 분명히 비현실적이다. 그런데 시장의 도입이 부르주아계급의 형성, 부르주아적 지향의 확대로 이어지지 않도록 통제하면서 사회주의경제의 재조정을 꾀하기 위해서는 사회주의적인 국가권력의 통제가 요구된다. 권력에 대한 대중의 신뢰가 얕을수록 시장의 부르주아적 기능과 효과를 통제할 수 있는 개입가능성, 그 개입역량은 더욱 축소된다. 시장이 사회주의의 생산력 활성화 및 경제구조적 재조정을 가능케 하는 메커니즘으로 기능하느냐, 아니면 사회의 전반적인 부르주아적 선회를 가속화하는 메커니즘으로 기능하느냐에서 결정적인 관건은 역시 권력의 민주주의의 문제, 민주주의에 기초한 권력의 정당성 확보라고 할 수 있다. 즉 현존사회주의 권력이 민주주의적 개혁의 가속화를 통하여 대중적 정당성을 확보하면 전자의 기능이 우위를 점하게 될 것이고 그렇지 않고 대중적 정당성을 잃어버리고 급진개혁파 — 특히 완전한 '부르주아적' 정치세력 — 가 권력을 장악하게 되면 후자의 기능이 지배적인 것이 될 것이다. 필자는 중국의 공산당체제가 앞으로 직면할 위기 속에서 권력의 민주주의 문제를 어떻게 해결할 수 있느냐가 사회주의 시장경제의 앞날을 결정하는 중요변수가 된다고 본다.

112

는 한 프롤레타리아 독재라는 말의 고수 여부만으로 사회주의 고수 여부를 판정하는 것은 올바른 일이 아니라고 할 수 있다. 특히 이른바 '자본주의를 극복하고 공산주의로 이행하는 정치적 과도기'의 정치체제로서 프롤레타리아 독재가 왜 러시아에서는 왜곡된 형태로 귀결되었는가, 그것은 프롤레타리아 독재의 합리적 핵심에 대한 어떠한 이론적 인식 위에 서 있었는가 하는 점 등이 문제로 되어야 한다. 정치적 과도기의 좌편향적 계급·계층 정책이 사회의 모든 언로의 차단과 모순의 잠재화를 초래했고 그 결과 모순이 폭발적으로 전면화된 것은 아니었던가, 과도기의 프롤레타리아 독재의 상은 무조건적으로 공산당의 단일한 '일당통치형태'를 확립하는 것으로 완결되는 것은 아니지 않는가 등에 대한 검토가 요구된다고 생각된다. 분명히 현존사회주의의 대중적인 저항을 '부르주아세력의 사주'로 혹은 '허위의식의 발로'로만 해석할 수는 없다. 만에 하나 그렇다고 하더라도 부르주아세력의 사주, 혹은 준동이 왜 다수대중의 — 혹은 급진개혁적 대중의 — 지지를 받게 되었는가에 대한 검토가 필요하다.[18]

 소련 및 동유럽 사회주의의 파탄은 마르크스주의적인 정치적 실천에 대해 민주주의 문제를 전면화했다. 기존의 사회주의가 민주주의적이지 않았다는 것, 새로운 사회주의는 민주주의적인 사회주의일 수밖

---

18) 당파성의 문제와 관련해서도 이전보다 폭넓고 개방적인 자세에서 접근할 필요가 있다고 생각된다. 국가권력의 계급성이 현존하고, 계급적 대립이 존재하는 상황에서 이론적·실천적 행동의 당파성에 대한 고려는 무엇보다도 중요하다. 그러나 문제는 그 당파성의 내포적 의미가 더욱 풍부해질 가능성은 존재한다. 기존의 당파성 명제에 대한 속류화된 인식이 존재한 것은 아니었는가, 당파성 — 필자는 당파성의 문제가 자본주의사회에서 이론적·정치적 실천의 핵심이라는 점에는 동의한다 — 이라는 개념이 자신의 정파적 입장을 정당화하는 외피로 사용된 것은 아닌가 등에 대하여 좀더 폭넓게 성찰해야 한다고 생각한다.

에 없다는 것, 그를 위해 '내적 혁신'이 요구된다는 것, 그것은 현실적인 실천의 재검토뿐만이 아니라 이론적 틀 자체의 재검토를 요구하고 있다는 것을 인정할 필요가 있고 그것을 새로운 인식 속에 담아내야 한다. 프롤레타리아 독재는 본래 프롤레타리아 민주주의에 다름 아니라는 지적만으로는 문제의 실마리를 풀 수 없다. 왜 프롤레타리아 독재가 프롤레타리아 민주주의가 되지 못하고 프롤레타리아에 대한 당의 독재, 전위의 독재가 되었는가, 그리고 그것은 어떠한 인식적 편향에서 연유하는가에 대한 폭넓은 성찰이 요구된다고 할 수 있다.

필자는 이상에서 현시기 변혁적 민중진영의 전진을 위해, 변혁적 원칙을 견지하면서도 '스탈린주의적인 교조적 편향'에 빠지지 말고 마르크스주의를 좀더 폭넓게 바라보아야 하지 않는가 하고 지적했다. 그리고 그러한 개방적 검토의 단서가 될 수 있는 소재도 제시했다. 손자들이 '망나니같이' 행동해 마을 주민들에게 지탄을 받는 바람에 할아버지의 송덕비마저 마을 주민들에 의해 부서지는 현실 속에서,[19] 자손들이 새로운 자세로 마을 주민들의 신뢰를 얻으려고 노력하며 자신들의

---

19) 기독교 교리에서는 「요한계시록」에 나오는 종말론적 전망이 중요한 부분을 차지한다고 한다. 그런데 이러한 종말론을 어떻게 해석하느냐에는 대단히 상이한 견해가 존재한다. 일부의 종말론자들은 그것을 왜곡되게 해석하여 특정 시점에 예수의 '재림'을 이야기하기도 한다. 이러한 종말론의 '광신'적 해석은 종말을 향한 일체의 현실생활의 희생, 그것을 인정하지 않는 다른 기독교 종파에 대한 '적대적' 태도 등을 낳게 된다. 적절한 예인지는 모르겠지만, 필자는 기존의 소비에트 마르크스주의에서 공산주의의 전망을 속류화된 종말론으로 해석하여, 정치·경제·사회적 차원에서 여러 오류를 촉발하게 된 것은 아닌가 하는 생각이 든다. 그런데 여기서 속류화된 종말론의 폐해 때문에 기독교의 종말론을 폐기하자고 주장하는 것은 적절한 대응이 되지 못하리라고 생각된다. 실제 그러한 종말론적 전망이야말로 현실세계 속에서의 기독교적 활동의 '가치'론적 근거가 되기 때문이다. 마찬가지로 공산주의적 전망의 속류적 해석도 문제이나, 그것의 단순한 폐기라는 대응도 문제라고 생각된다.

114

생각과 행동에 문제점이 없는가 하고 고민하는 것은 당연한 일이다.

(3) '(교조적) 마르크스 없이 마르크스 앞에서'

현시기 우리의 이론적 작업의 혁신과 관련해, 필자는 다음과 같은 예를 들어보겠다. 일찍이 히틀러 암살음모에 가담했다가 죽음을 당했던 디트리히 본회퍼는 '하나님 없이 하나님 앞에서'라는 신학적 정식화를 한 바 있다. 20세기 초 세속화된 사회 속에서, 자신의 궁극적 실존의 문제와 삶의 문제를 종교적으로 사고하지 않는 반(反)기독교적 사회 속에서 기독교가 줄 수 있는 메시지는 무엇인가, 세속화된 사회 속에서 성서의 의미는 무엇인가, 세속사회의 변화에 적극적 진보성은 없는가라는 물음들이 현대신학이 직면한 문제들이었다. 대화의 신학, 세속신학, 정치신학 등 현대신학의 다양한 형태들은 바로 이러한 물음들에 근거하고 있다고 할 수 있다. 이러한 신학들은 당시로서는 근대신학의 틀을 벗어나는 것이었고 그러한 시도들에 대한 반발로 신(新)정통주의 신학이 제기되기도 했으며, 복음주의적 입장에서 많은 비판이 제기되기도 했다. '근본주의적' 입장에 선 사람들은 현대신학의 여러 가지 시도들은 기독교의 핵심에서 일탈하는 것이며 본질적으로는 비기독교적이라고 비판했다. 그러나 돌이켜보면, 이러한 신학적 '혁신' 이야말로 기독교가 — 그것이 다른 차원에서 '민중의 아편'으로 기능한다는 비판은 차치하고 — 현대사회 속에서 현대인들에게 의미를 가지면서 존립할 수 있는 여러 근거들 중의 하나로 작용했다고 말할 수 있다. 현대신학을 접해 본 사람들이라면 일견 비기독교적인 것 같은 논의 속을 파들어가다 보면 '너무도 기독교적인 내용'이 근저에 존재하고 있음을 알 수 있다.

굳이 현대신학까지 거론하지 않더라도 우리나라에는 지금도 술 담배를 안 하는 것이 기독교인의 중요한 징표라고 생각하는 사람들이 있다. 그리고 그것을 증명하기 위해 들이대는 성서 구절도 얼마든지 있다. 그러나 담배 피우는 기독교인, 그것도 '신앙심 깊은' 기독교인도 얼마든지 있다. 술 담배를 중요하게 생각하는 기독교인의 입장에서는 술 담배를 가까이하는 기독교인을 '세속'과 타협한 기독교인이거나 '하나님의 그릇'을 더럽히는 자로 규정할 것이다. 그러나 두 종류의 기독교인이 공존하고 있는 것이 엄연한 현실이다. 술 담배 차원으로 기독교의 본질을 협애화하는 사고를 극복한 것도 기독교의 신학적 인식에서 작으나마 혁신이라면 혁신이라고 할 수 있다. 이런 예를 통해서 필자가 지적하고자 하는 것은, 마르크스주의의 혁신을 위해서는 마르크스주의적 인식의 다양화와 확장이 요구된다는 것이다. 특히 한국에서 마르크스주의적 인식의 협소함이 문제로 되어야 한다.

더 나아가 앞서의 본회퍼 신학과 관련해 더욱 주목하게 되는 것은, 본회퍼 신학을 비롯한 세속화 신학의 근저에는 현실사회가 변화했으니까 기독교의 포장을 달리해 제시해야 한다는 일종의 '전술적' 고려만이 존재하는 것이 아니라, 세속사회의 성과와 적극적 측면을 인정하는 '전략적' 인식의 변화도 존재한다는 점이다. 즉 해방된 사회(혹은 기독교적 의미에서는 하나님의 나라)로 전진해 갈 때, 근대 이후 계몽주의를 비롯한 사상의 혁신, 근대시민혁명 등 실천적 혁신이 더 큰 기여를 했다는 것, 그리고 이러한 혁신은 기독교의 영향 없이 혹은 그것을 배제하는 기조 위에서 이루어졌다는 점, 그럼에도 불구하고 그것은 기독교 자체의 내재적 기여보다도 '하나님 나라'에 접근해 갈 때 중대한 의의를 가지고 있다는 점 등에 대한 '뼈아픈 인정'을 담고 있다는 점이다. 마찬가지로 소련사회주의의 붕괴에까지 이르게 한 민중의 적극적인 정치행위를 그것이 '정통' 사회주의 이념을 표방하면서 전개되지 않았다는 이유만으로 '퇴행적인' 것이라고 매도하는 폐쇄적 인식 속에서는 결코 사회주의의 혁신이 이루어질 수 없다. 그러한 '세속적' 현실을 적극적으로 인정하고, 해방된 사회를 지향하는 인류의 행진이 '정통' 사회주의의 기조 위에서만 이룩되는 것은 아니라는 점을 인정하고 출발해야 한다.[20] 그렇지 않을 경우 91년 8월 19일의 '쿠데타'와 같은 대응밖에 나올 수 없다고 생각된다.

적절한 예가 될지 모르겠으나, 이러한 인식상의 '혁신' 위에서 마르크스주의를 조망해 내는 것이야말로 현존사회주의의 위기 시대를 사는 진보진영의 과제이며, 마르크스주의의 합리적 핵심을 오늘에 되살리는 중요한 축이 된다고 생각된다. 기존의 스탈린적 인식지평 위에서는 비마르크스주의라고 보일 수도 있는 그러한 인식상의 혁신, 그리고 본질에 들어가면 마르크스주의의 변혁적 전망이 공고히 자리잡고 있는 전망이 요구된다는 것이다. 그것이야말로 현시기 우리의 민중민주주의를 풍부화하는 것이 아니겠는가. 기독교를 '근본주의적으로' 사고하는 것만이 — 그것도 물론 기독교의 일부이기는 하다 — 기독교의 전부는 아니다. 이런 인식상의 혁신을 앞서 본회퍼의 말을 빌린다면, "교조적 마르크스 없이 마르크스 앞에서", "교조적 레닌 없이 레닌 앞에서"라고도 표현해 볼 수 있겠다.

---

20) 이 점에서 필자는 이론적인 차원에서는, 비(非)마르크스주의적인 진보사상의 유산들에 대하여 개방적인 자세를 갖는 것, 그러한 유산의 적극적 내용들을 수용하고 그리하여 마르크스주의를 풍부화하는 것이 요구된다고 생각한다. 또한 실천 차원에서는 마르크스주의적인 기조 위에서 전개되고 있지 않으나 해방된 사회, 인간답게 사는 사회를 향하여 '연대'할 수 있는 많은 현실운동들에 대하여서도 개방적인 자세를 갖는 것이 중요하다고 생각된다. 개방적 자세와 마르크스주의적 인식 및 현실운동을 부정한다는 것은 다른 차원의 문제이다.

(4) 개방적인 진보적 상상력의 중요성

지금까지 필자는 마르크스주의의 새로운 인식지평을 위한 개방성을 강조했다고 할 수 있다. 이러한 새로운 인식의 혁신 속에서는 프롤레타리아트와 여타 계급·계층의 관계, 프롤레타리아 정치세력과 여타 정치세력의 관계, 혁명적 공산주의와 사회민주주의의 관계, 프롤레타리아 운동과 '새로운 사회운동'의 관계 등에 대해 폭넓은 재검토가 요구된다고 할 수 있다. 이러한 재검토의 핵심내용은 기존의 변혁적 진영이 '순수한 의미에서의 프롤레타리아적이고 혁명적인 운동'만의 '존재론적 특권'을 고집하고 다른 운동들의 '복합적이고 부분적인 진보성'을 개량주의, 수정주의로 파악하는 태도를 넘어서서, 다른 운동들 속에 존재하는 혁명적·진보적 요소를 긍정하여 그것들과 적극적으로 연대함으로써, 변혁적 진영이 다양한 혁명성과 진보성의 총화로서 존재하는 것을 의미한다. 그러나 필자는 이 점에 대해서는 여기서 본격적으로 다루지 못했고, 인식 차원의 혁신의 당위성만을 논했다. 그러나 다른 한편에서 이러한 개방적 태도가 민중적인 권력수립의 당위성 — 이 민중적 권력의 성격 및 정책에 대해서는 더욱 개방적 성찰이 요구된다는 점은 이미 지적한 바이다 — 을 포기하는 여러 '개량주의'적 조류를 추수하는 형태로 전개되어서는 안 된다고 생각한다.

혁명적 공산주의의 붕괴 속에서 자연스럽게 — 고르바초프 개혁에서 스웨덴 사회민주주의가 대안적인 체제로 부상되었던 것처럼 — 사회민주주의가 중요한 지향으로 나타날 수 있고, 이론적으로는 포스트마르크스주의적인 경향들이 나타날 수 있다고 생각한다. 우리 사회에서는 사회민주주의 자체도 억압되고 있지만, 필자는 서구 사회민주주의의 위기, 서구 사회민주주의의 신자유주의적 변화를 고려할 때, 진보운동의 대안체제적 고민이 단순히 현존사회민주주의 수준으로 왜소화되어서는 안 된다고 생각한다. 또한 마르크스주의의 '시민권' 조차 확보되지 않은 상황에서 진보이념의 새로운 고민이 포스트 마르크스주의로만 왜소화되어서는 안 된다고 생각한다.

특히 사회민주주의적 경향과 관련해 필자는 다음과 같은 견해를 갖고 있다. 코민테른 6차대회에서 정식화된 바와 같은 좌편향적 사회민주주의 인식은 극복되어야 하고 사회민주주의의 주장에 대해 이전과는 다른 태도로 경청해야 한다.[21] 그러나 민중권력의 창출 전망을 포기하고 그것을 유일하게 의회주의적인 경로를 통해서만 달성하려고 하는 '개량적' 사회민주주의는 결코 우리의 대안이 될 수 없다고 생각한다.[22] 사회민주주의의 주장을 경청한다는 것은 사회민주주의에 대한 검토가 일정하게는 우리의 민중민주주의의 풍부화를 위한 하나의 계기로 작용할 수 있다는 것을 의미한다. 또한 현실운동의 과정에서 변혁적 민중진영은 사회민주주의와도 연대해야 한다고 생각한다. 그러나 우리는 한국사회의 진보적 상상력을 더욱 폭넓게 열어놓아야 한다고 생각한다. 사실 코민테른 6차대회에서 사회민주주의 타격전술 — 비록 7차대회에서 반파쇼인민전선 전술로 좌경성이 수정되었다지만 — 이 전후 혁명진영의 일반적인 전술로 유지되면서, 서구의 혁명적 좌파진영의 입지를 오히려 좁히고 새롭게 분출하는 대중의 다양한 욕구를 수렴하는 데 많은 실패를 노정했다. 그런 점에서 혁명적 좌파와 사회민주주의의 관계의 재검토가 필요하다고 할 수 있다. 그러나 그러한 관계의 재검토와 혁명적 진영 전체의 사회민주주의화는 엄밀히 구분되어야 한다. 우리가

---

21) 사회민주주의에 대한 소개로는 다음을 참조. 박호성 편역, 『사회민주주의 - 이론과 현실』, 청람문화사, 1991; 까갈리츠키 외, 이성형 편, 『사회민주주의 연구(1)』, 새물결, 1991; 『경제와사회』 1991년 가을호, 특집 「사회민주주의 연구」.

22) 이런 점에서 의회적 투쟁과 대중민주주의적 투쟁을 결합하려고 하는 풀란차스의 논의는 시사하는 바가 크다. Poulantzas, N., *State, Power and Socialism*, London: Verso, 1978.

추구해야 할 것은 사회민주주의적 비판마저 '지양'한 새로운 민주주의적 사회주의이지 기존의 '정통'적 사회주의에서 사회민주주의로의 '수평적 이동'이 아니라고 할 수 있다.[23] 현재 남한의 진보주의자들뿐만 아니라 전세계의 진보주의자들의 과제는 기존의 혁명이념을 사회민주주의적 이념으로 전환하는 데 있지 않다. 현단계 진보주의자들의 진정한 반성과 성찰의 내용은 오히려 극복의 대상으로 삼은 자본주의의 강점과 약점을 새로운 시각에서 분석하고 새출발하는 각오로 진보적 실천을 재검토하고 다양화하면서 전진하는 것이라고 생각한다.

지배의 관점에서 보면, 어떤 시기에서건 급진적인 진영에 대해서는 타격 일변도의 전략을 구사하고, 변혁적 진영과 대중의 결합, 특히 무산자 대중과 변혁적 진영의 결합을 일체의 합법적·비합법적 방법을 동원해 저지하는 정책을 구사하는데, 한국도 예외는 아니다.[24] 우리 사회에서 사회민주주의 혹은 포스트 마르크스주의적 지향을 갖는다고 하더라도 현존하는 억압적 질서 자체에 대한 전투적 자세를 견지하지 않는 한 그것은 쉽게 보수주의적 노선으로 전락할 수 있다.[25] 우리 사회에서처럼 변혁적 민중진영이 합법성을 부인당하고 있는 상황에서,

---

23) 유팔무, 「20세기 말 진보의 의미 변천과 새로운 진보」, 한국사회과학연구소 주관 사회과학포럼, 1998. 4. 11, 대우재단 3층 세미나실.

24) 우리는 한국사회의 유형적 특수성에 대하여 주목해야 한다고 생각된다. 즉 1) 혁명적인 프롤레타리아 세력이 국가권력을 장악하고 그에 기초하여 다년간의 사회주의 건설경험을 공유한 사회, 2) 혁명적 프롤레타리아 세력이 합법적 정당의 형태로 활동가능한 사회, 3) 혁명적 프롤레타리아 세력이 정형화되지 않았거나 합법적인 활동공간이 보장되지 않고 있는 사회의 차이를 전제해야 한다. 이에 대해서는 졸고, 「페레스트로이카의 변혁론적 함의에 대한 검토」, 『햇귀』, 성공회신학대학 신학과 학생회, 1990, 14쪽 참조.

25) 이에 대해서는 『사회평론』 1991년 5월호(창간호)의 특집 「한국에서 사회민주주의는 대안일 수 있는가」를 참조.

그러한 정치적 지형을 용인하는 기조 위에서 이루어지는 조류는 결코 현재의 지형을 변혁적으로 전환할 수 없고, 우리 사회의 진보적 민주주의 실현의 계기가 될 수 없다고 생각된다.

서구사회의 역사를 보면, 본질적인 측면에서 사회민주주의는 프롤레타리아 진영의 혁명적 강화에 대응하는 프롤레타리아 진영의 개량적 조류와 부르주아 진영의 타협이 낳은 산물이라고 할 수 있다. 즉 서구의 사회민주주의라는 것은 혁명적 프롤레타리아 운동의 고양에 대응해 프롤레타리아 진영의 개량주의적 조류를 합법화시켜 줌으로써 자본주의체제의 혁명적 재편을 포기하게 하는 대신 그 요구를 체제내적으로 수용하는 기조 위에 서 있다고 판단할 수 있다. 우리 사회의 현실을 본다면 기본적으로 사회민주주의를 사회민주주의이게 하는 정치조건이 성립되어 있지 않다. 역설적으로 사회민주주의는 혁명운동의 존재를 전제로 성립할 수 있는 것인 바, 혁명운동의 합법적 존재가 불가능한 현실 자체를 바꾸려는 노력이 여전히 중요하다는 점을 전제하여야 한다고 생각한다.

또한 이론적으로 포스트 마르크스주의는 이미 합법성을 쟁취한 마르크스주의의 혁신에서 출발하고 있다고 생각한다. 우리의 경우 여전히 마르크스주의는 시민권을 가지고 있지 못하며 금단의 영역에 있다. 학계에서는 일정한 논의의 공간이 제한적으로나마 존재하지만 대중적 담화 속에서는 여전히 억압되고 있다. 바로 이러한 현실 자체를 역전시키려는 노력과 마르크스주의의 혁신의 과제가 병행되어야 한다고 생각한다.

그러나 필자는 사회민주주의 경향 혹은 포스트 마르크스주의 경향은 — 일부의 예외를 제외하고는 — 동유럽에서의 마르크스-레닌주의의 스탈린식 실천형태에 대한 반성의 측면을 담고 있으며, 변혁적 조류에 대항하는 새로운 '대안적' 입장으로 정립된 상태는 아니라고 생각된다. 따라서 변혁적 민중진영은 바로 이러한 사회민주주의 혹은 포스트 마르크스주의의 문제제기를 개방적으로 수용, 고민하는 노력이 요구된다고 생각된다. 사회민주주의 혹은 포스트 마르크스주의가 제기하고자 하는 이론적·실천적 혁신의 지점들이 진보진영 모두의 고민 지점이라는 것이다. 우리 사회에서는 이러한 문제제기가 진보진영의 이론적·실천적 상상력을 풍부화하는 계기로 작용하고 있는 것 같지는 않다. 이는 동유럽 사회주의진영의 붕괴로 우리에게 주어진 '고통스러운' 반성의 기회가 '교조적인 방어'로만 나타나는 것일 수 있다. 앞서 필자는 동유럽 사회주의의 '붕괴'에 대한 개방적 성찰의 필요성을 강조했다. 정작 민중운동의 실천과 이론에 대한 폐쇄적이고 교조적인 태도야말로 우경적인 조류의 비옥한 토양이라고 믿기 때문이다.

필자는 이상의 서술에서 변혁적 입장을 견지하는 바탕 위에서, 또한 마르크스주의적인 인식틀을 견지하는 바탕 위에서 개방적 성찰의 필요성을 강조한 바 있다. 그러나 현실적으로 기존의 진보진영 내부에서는 다양한 인식의 경향들이 나타났고, 또 그럴 수밖에 없다고 생각된다. 하지만 필자는 기존의 변혁적 진영이 마르크스주의 진영의 내포와 외연을 이전보다는 폭넓게 설정할 필요가 있다고 생각한다. 과거와 같이 '폐쇄적인 원칙'을 설정하고 그것을 벗어나는 입장에 대해 배타적이고 '타격 일변도'식의 자세를 취한다면 마르크스주의 진영은 더욱 사분오열되고 위축될 수밖에 없다고 생각된다. 앞서 예를 들었지만 '술 담배 하는 신자'들을 '악마의 자식'들로 생각하는 기독교인들과 '구원이 기독교 밖에도 존재한다'고 하는 '첨단적인' 인식을 갖는 기독교인들도 공존하고 있고 부활절에는 공동의 예배를 드리고 있으며, 현실적인 문제를 둘러싸고는 상호연대해 싸우기도 한다. 현단계에서 변혁적 입장을 견지하는 진보진영은 변혁적 입장을 견지하면서도, 위와 같은 일종의 '다원적' 인식을 가질 필요가 있고, '마르크스주의와 마르크스주의 운동에 대한 폭넓은 내포와 외연'을 설정할 필요가 있다고 생각된다. 변혁성과 이러한 개방성은 공존할 수 있으며 또한 그럴 수 있어야 한다고 믿는다.

4) 맺음말

이상에서 필자는 민중운동진영이 변혁적 원칙을 견지하면서도, 현존 사회주의의 위기를 재성찰의 계기로 삼지 않고 모든 개방적 반성에 문을 닫는 편향적 태도를 경계하면서 동시에 위기에서 마르크스주의 일반 혹은 진보이념 일반의 폐기로 나아가는 역편향을 경계하면서, 기존에 상정되어 온 민중민주주의의 변혁적 전망을 더욱 풍부화하고 심화시켜야 할 과제에 직면하고 있다는 점을 서술했다.

현존사회주의의 붕괴는 자본주의의 우월성 자체에서 초래된 것이 아니라, 관료화된 국가사회주의의 내부모순이 심화된 결과이며, 자체의 수정·정정의 기회를 박탈한 스탈린주의적인 이론적 교조성과 실천적 경직성이 이러한 모순을 심화시켰다고 할 수 있다. 사회주의의 붕괴가 혁명 이후 사회의 건설과정에 대하여 우리에게 많은 고민과 성찰을 요구하고 있으나, 그것 자체가 진보의 당위성에 대한 반증의 근거는 아니다. 그것을 변혁적 입장의 부정으로까지 확장하려는 것은 사실적 분석이라기보다는 일종의 이데올로기적 공세라고 할 수 있다. 사회주의의 붕괴를 자본주의의 우월성에 대한 확증으로 규정하고, '자본주의 만만세'를 외치며, 진보진영이 오로지 교조주의적인 사회주의이념에 기초해 온 것으로 매도하면서, 자본주의 국가권력을 반사적으로 강화하려는 시도들도 역시 이데올로기적인 공세라고 아니할 수 없다.

자본주의 변혁의 전망과 운동은 자본주의의 내재적 모순 자체에서 주어지는 것이다. 우리의 자본주의가 식민지 종속형의 구조로 이루어졌고 여러 단계의 모순이 중첩적·응축적으로 표출되고 있는 상황에서는 더욱 그러하다. 그것이 사회주의라는 전망에 의해 추동되거나 이끌려온 측면이 있기도 하지만, 우리의 민중운동이 그러하듯이 자본주의 자체의 모순에 의해서도 추동되는 것이다. 이런 점에서 "노동자계급이 사회적 실체로 존재하는 한, 그들의 더 나은 삶을 위한 계급적 이데올로기로서 사회주의, 그리고 사회주의적 실천과 이상은 많은 시행착오의 과정과 좌절에도 불구하고 끈덕지게 존속하면서 추구될 것이며 자기를 관철할 것이다"[26]라는 언명은 다시 한 번 되씹어볼 대목이라고 할 수 있다.

자본주의의 모순이 존재하는 한 계급적 수탈과 적대의 체제로서 자본주의에 대한 과학적 분석은 여전히 유효하다. 자본주의적 모순의 한복판에 서 있는, 제국주의적 수탈구조의 한복판에 있는 남한사회에서는 더욱 그러하다. 이런 점에서 "자본주의의 모순을 극복하고 해방된 사회에 대한 과학적 시도를 행했던 마르크스의 분석방법론과 정신을 잃지 않는 것은 우리 시대의 과제이다. 사회주의라는 인류의 오랜 이상은 — 비록 사회주의를 실현하려는 러시아적 실천형태는 실패로 귀결되었으나 — 우리의 가슴 속에 살아 있을 것이다"[27]라는 글은 시사하는 바가 크다고 하겠다.

20세기는 자본주의와 사회주의가 경쟁하는 시기라고 할 수 있다. 이 경쟁의 시기에 자본주의는 자신의 내적 모순에 기인하는 민중의 저항이 혁명의 위기로 전화되지 못하도록 하면서 자신의 내적 모순을 완화시키기 위해 생산과정 및 체제적 수준에서 '조절' 및 '개량'의 메커니즘을 고도화해 갔다. 그러나 사회주의는 정반대로 자신의 내적 모순의

---

26) 박현채, 「오늘의 역사적 변화를 어떻게 파악할 것인가」, 『길』 1991년 9월호, 47쪽.
27) 바닌, 『한겨레신문』 1991. 9. 2.

현실성을 인정하지 않고 내적 모순에 기인하는 민중의 저항을 이념의 불철저성으로 매도하는 '안이한 방어논리' 속에 매몰되어 있었던 것이다. 바로 한 세기 동안의 '게으름'이 20세기 말의 '참담한 패배'로 귀결된 것이다.

이제 세계의 진보주의자들은 새출발의 각오로 전열을 가다듬어야 한다. '대(大)시련기'는 동시에 '대(大)성숙기'의 가능성을 내포하고 있다. 그러나 그것은 대시련기를 '성숙'하게 대응하는 것을 통해서이다. '성숙한 자세를 갖는 전진과 연대' — 이것이 우리 시대 진보주의자들의 과제이다.

2. 80년대 진보논쟁의 반성적 검토

1) 80년대 논쟁의 의미

80년대는 논쟁의 시대였다. 80년대는 민주화운동이 변혁운동으로 자기정립하고, 대중적·조직적·이념적 기초가 확충되어 가던 과정이었다. 이 과정에서 많은 이론적·실천적 쟁점이 제기되었고 이 쟁점들을 둘러싸고 '격렬한' 논쟁이 전개되었다. 이러한 논쟁은 변혁운동이 학생운동 등 인텔리운동의 한계를 넘어, 민중운동으로 또한 각계 각층의 진보적 운동으로 확산되어 가면서 더욱 '확대재생산' 되었다.

운동의 시대이자 혁명적 고양의 시대로 투영되었던 80년대. 단선적인 상승곡선을 그리며 혁명운동이 고양되어 가리라고 여겨졌던 80년대. 한국현대사라는 독특한 시·공간 속의 '혁명적' 분위기가 반영되어 우리의 논쟁은 사투(思鬪)이자 사투(死鬪)로서 전개되었다. 80년대와 상이한 주·객관적 조건에 처하여 있는 새로운 천년(밀레니엄)을 바라보고 있는 우리에게 과연 80년대와 80년대 논쟁의 의미는 무엇인가, 그것이 우리에게 남겨준 것은 무엇인가. 우리가 계승하여야 할 점은 무엇이고 지양하여야 할 점은 과연 무엇인가. 새로운 출발을 준비하여야 하는 현시점에서, 80년대에 대한 정리가 우리에게 요구되고 있다.

80년대 논쟁이 우리에게 남긴 최대의 성과는, 우리 사회에 변혁적 시각과 변혁적 이론이 재정립, 확산시켰다는 점을 들 수 있다. 즉 전후 40여 년 동안 이 땅의 진보적 언어의 대열에서 강제적으로 배제되었던 '혁명적 언술(言述)'들이 복원되고 합법화되었다는 것이다. 학계의 경우 이러한 변화의 반영으로 마르크스주의, 레닌주의적 패러다임이 복원되고 정치경제학적 방법론에 입각한 연구가 확산되었다.[1] 사실 계급이라는 단어가 사회과학적 시민권을 얻은 것도 바로 이 시기였으며 계급론적 프리즘으로 현상을 분석하는 접근방법이 뿌리내리게 된 것도 바로 이 시기였다. 이러한 변화는 그간 우리 사회의 극우이데올로기적 지형을 고려할 때 획기적인 변화였고 패러다임의 질적 변화였다고 할 수 있다. 완벽하게 자유로운 것은 아니나, 혁명적 주제를 혁명적 언어로 토론할 수 있었던 것은 80년대 논쟁이라는 형식을 통해서였다.[2]

이러한 변화는 물론 80년대 운동의 변화발전을 반영하는 것이었다. 한국의 사회운동은 해방공간에서 전개된 전면적인 계급투쟁이 '패배'한 결과 변혁운동의 역사적 전통이 단절되고 신식민지적 정권이 창출된 이후, 70년대까지 자유주의적인 운동, 소시민적 운동으로서의 성격이 지배적이었다.[3] 80년대는 이러한 주체적 조건이 극복되고 운동이 변혁운동으로서 자기정체성을 명확히 해가는 과정을 밟았고, 사회구성체 논쟁을 포함한 다양한 논쟁은 운동이 변혁운동으로 변화발전하는 것에 상응하여 변혁이념을 과학적으로 정립하기 위한 논쟁이었다고 할 수 있다. 혁명운동으로서 자기정체성을 확보한 80년대 운동은, 혁명적 시각에서 혁명운동의 전략전술적 방침을 둘러싼 다기한 논쟁을 벌이게 되고, 그것은 언어적 형식으로 외화되고 반영되었다. 바로 논쟁이 이러한 운동적 맥락에서 전개되었기 때문에, 80년대 논쟁의 주요한 특징은 자유주의적인 이념 및 이른바 '소부르주아'적인 입장들이 비판되고 '과학적 사회주의'에 기초한 혁명적 입장이 주류화되어 가는 성격을 띠게 되었다.[4]

---

1) 조희연, 김동춘, 「80년대 비판적 사회이론의 전개와 '민족, 민중사회학'」, 한국사회학회 편, 『한국사회의 비판적 인식』, 나남, 1990.
2) 이러한 80년대의 논쟁에 대해서는 다음을 참조. 박현채, 조희연 편, 1989~1992, 『한국사회구성체논쟁』1-4권, 죽산.
3) 졸고, 「한국사회운동의 발전과정에 대한 연구-1950년대로부터 1970년대까지를 중심으로」, 『한국사회운동사』, 한울, 1992.

80년대를 진지하게 사는 사람들에게 가장 '정상적'인 것은 혁명주의자가 되는 것이었고, 혁명주의자의 주요한 사상적 과제의 하나는 모든 일탈적 사상에 대하여 '개량'의 낙인을 부여하고 그것의 확산을 저지하는 것이었다. '임박한' 지배체제의 파국을 전제로 하면서 모든 '부르주아적' 사상을 비판하고 혁명적 사상으로 무장하여 혁명적 정세를 예비하여야 하는 것, 이것이 우리를 감싸고 있었던 80년대 논쟁의 정서였던 것이다. 이러한 정서는 비록 문제점을 내포하고 있기는 했지만, 80년대 운동의 이념적·주체적 조건을 확고하게 변혁적인 것으로 정립하는 중요한 계기를 부여하였다. NL과 CA, NL과 PD의 대립은 비록 전자가 민족해방운동의 역사적 전통을 계승하면서 한국사회의 민족모순을 주된 것으로 파악하고, 후자가 전후 남한사회의 사회구성의 질적 변화와 그에 대응하는 계급모순의 변화를 주된 것으로 파악하는 차별성을 드러내고 있었음에도 불구하고,[5] 혁명적 사회주의를 지향하고 혁명적 시각과 입장에 서서 한국사회를 진단하고 분석하고자 하였다는 점에서는 동일성을 지니고 있었던 것이다. 탈(脫)마르크스주의를 선언한 이병천 교수가 NL과 PD를 사상이론의 차이에도 불구하고 '동일한 이념적 기초 위에 서는 구(舊)정통과 신정통'으로 규정한 것은[6] 80년대 논쟁의 정서가 혁명적 '정통'의 획득을 이상적인 것으로 간주하는 기조 위에 서 있었음을 시사하는 것이라고 할 수 있다. 부정하든 그렇지 않든 80년대 논쟁은 이전과는 다른 혁명적 인식지평 위에 우리를 서게 만들었다.

---

4) 졸고, 「80년대 민주화운동과 체제논쟁」, 『현대 한국체제논쟁사 연구』, 한국정신문화연구원, 1992.

5) 졸고, 「현단계 사회구성체논쟁의 구도와 쟁점에 관한 연구」, 1989, 박현채, 조희연 편, 『한국사회구성체논쟁(2)』, 죽산, 1989; 조희연, 앞의 글, 1992 참조.

6) 이병천, 「포스트 맑스주의와 한국사회」, 『월간 사회평론』 1992년 8월호.

2) 80년대 논쟁의 반성적 검토

이처럼 혁명적이고자 하였던 80년대 논쟁은 우리에게 금단(禁斷)의 열매들을 '향유'할 수 있게 해주었지만, 그 자체로 많은 문제점을 내포한 채로 전개되어 왔다.

먼저 80년대 논쟁의 반성적 요소, 80년대 논쟁의 한계성을 규정하는 요소로서 가장 중요한 점은 '당(黨) 없는 논쟁' 혹은 통일적인 변혁운동의 중심조직이 없는 논쟁으로 전개되었다는 점을 지적할 수 있다. 이것은 이론과 실천이 매개되는, 또한 이론과 실천의 성과가 수렴되고 상호침투하는 조직적 기초가 부재하였다는 것을 의미한다. 그 결과 변혁운동이 각계로 확산되는 과정에서 변혁론적 논쟁을 확산시켰음에도 그것이 체계적으로 수렴될 구조가 부재하였다. 예컨대 학계논쟁의 경우 이론적 심화의 결과가 조직의 경로를 통하여 수렴되어 실천적 자산으로 전화될 수 있어야 한다. 그러나 그러한 구조 자체가 부재하였으며 학계의 논쟁 자체가 실천적 연관성 속에서 '지도'될 수 있는 조직구조가 없었다. 이것이 논쟁의 원심력적 확산의 결과만을 낳고 구심력적 통일을 불가능하게 하였던 것이다. 90년대에 실천현장을 떠나 대학원으로 가서 이론공부를 하려는 풍조가 나타났는데, 이는 이론과 실천의 성과가 '개인'에서 통일의 계기를 찾아야 하는 운동적 구조가 만들어내는 기현상이다. 이러한 현상은 운동의 '침체'와 이념의 혼란으로 말미암은 것이기는 하나, 이론적 작업을 하는 사람의 실천적 한계, 실천적 작업을 하는 사람의 이론적 한계가 개인에게서 비롯되었다기보다는 조직적으로 통일되는 구조가 부재한 상태에서 논쟁이 전개된 데서 연유한다.

다음으로 첫번째 원인의 결과이기도 한데, 학계의 이론논쟁이 실천운동으로부터 독자화하여 '이론주의적'으로 전개되었다는 문제점을 들 수 있다. 80년대 초반 학계의 논쟁, 예컨대 사회구성체논쟁 등은 운동권의 실천논쟁의 성과를 '아카데미즘의 자기반성'이라는 각도에서 수용하여 보수적인 학계의 연구지형을 확대하는 의미를 담고 진행되었다. 그러나 이 과정에서 변혁적 시각과 마르크스주의적 패러다임이 정착되면서 학계는 변혁적 논쟁영역의 주요한 장이 되었다. 지배 이데올로기가 강고하게 지배하고 있던 학술적 논의영역에서 변혁적 주제가 제기되고 토론된다는 것 자체가 '저항적' 의미를 담고 있었기 때문에, 당시에 학술논쟁 자체는 대단한 주목을 받으면서 전개되었다. 그러나 학계의 이론논쟁 — 일면에서는 실천논쟁의 쟁점이 반영되는 성격을 띠고 있기는 하였으나 — 자체가 관성적으로 전개되면서 이론주의 경향을 띠게 된 것으로 보인다. 즉 모든 쟁점을 이론적 쟁점으로 환원하고 실천적 쟁점의 해결을 이론 속에서 해결하려는 편향들이 나타나게 되었다고 할 수 있다. 특히 변혁론의 '한' 영역이 사회구성체론임에도 불구하고 변혁론의 제반 쟁점들을 사회구성체론상의 쟁점으로 환치하여 평가·분석하는 경향 같은 것을 예로 지적할 수 있다. 사회구성체론논쟁 등 학계논쟁이 변혁론의 중심이 되는 기현상이 80년대 논쟁의 한 특징이자 문제점으로 지적될 수 있다.

'운동의 과학화'라는 이름으로, '혁명이론 없는 혁명은 없다'는 명제로 정당화된 이론논쟁의 중요성은 더욱 확대되어 한편으로는 '이론적 실천' 자체를 혁명적 실천으로 동일시하는 편향도 나타나게 되었다. 이론적 실천 자체에 대한 과잉평가, 혁명적 실천 자체를 대체하는 정도로의 과잉인식은 혁명적 실천 자체의 일의적 중요성이 간과되는 문제점을 노정하게 된다. 80년대 변혁운동이 인텔리운동이라는 한계를 넘어서는 것을 중요한 과제로 설정하고 있었음에도 역설적으로 논쟁과정에서는 인텔리논쟁이 더 중심적인 위치를 차지하게 되었던 것이다. 이론논쟁의 과잉 위치규정은 현장에서 헌신적으로 투쟁하는 것보다 대학원에 가서 이론공부를 하고 변혁이론적 글을 쓰는 것이 더욱 '명성'을 얻고 우대받는 풍토에서 극단적으로 표현되게 된다. 혁명운동의 발전과정에서 극복하여 가야 할 '인텔리 중심성'이 80년대 논쟁에서는 변형된 형태로 확대재생산되고 있었던 것이다. 혹자가 80년대는 이론논쟁이 '과잉' 상태였다고 평가하는 것도 이런 의미에서라고 할 수 있겠다.

학계논쟁의 독자화와 중심적인 변혁론논쟁으로의 위치변화는 다음과 같은 문제점을 수반하게 된다. 먼저 운동의 현실적 쟁점에 대한 정당한 고려를 방기하게 하고 모든 논쟁을 '전략적 논쟁' 수준으로 환원하는 오류를 수반하게 되었다는 점을 지적할 수 있다. 사실 실천현장에서 당면 정세와 맞닥뜨리면서 논쟁하는 주제와, 구조적인 수준에서 진행되는 논쟁의 주제는 본질적인 수준에서는 상호연관된 것이지만 현실적으로는 차별적인 것이다. 그러나 그러한 차별성이 정당하게 고려되지 못하였다. 현실의 다양한 요소들, 현실 실천투쟁의 다양한 요소들이 사상된 채 논쟁이 전개되고 그 결과 총론적이고 구조적인 수준에서 전개된 논쟁이 곧바로 현실적이고 구체적인 쟁점을 둘러싼 논쟁으로 동일시되는 문제점이 나타나게 된다. 예컨대 한국사회의 사회구성체적 규정(신식민지국가독점자본주의냐 식민지반자본주의냐의 대립 같은 것)을 둘러싼 논쟁과 당면 정세의 규정을 둘러싼 논쟁은 그 자체로서 동일시될 수 없고 양자 사이에는 많은 매개적 요인이 고려되어야 했는데, 80년대에는 당면 정세 규정을 곧바로 사회구성체적 규정에서 도출하는 폐해가 나타났던 것이다.

또한 학계논쟁의 독자화와 변혁논쟁에서의 중심화는 현실운동세력들간의 정당한 연대의 기초를 축소하는 부작용을 낳았다. 이 점은 물론 학계 이론논쟁이 중시됨으로써만 나타난 결과는 아니라고 할 수 있으나, 논쟁 자체의 비타협성을 증대시킨 중요한 한 요인으로 작용하였다는 것이다. 전술적 쟁점을 그 자체로 정당하게 전술적 쟁점으로 위치짓지 않고 그것을 전략적 쟁점으로 환원함으로써 정당한 타협 및 연대를 불가능하게 하였다. 사실 우리의 운동진영은 서로 정치사상의 차이를 인정하고 그 차이를 전제하는 바탕에서 실천영역에서의 정당한 경쟁 및 연대를 요구받고 있음에도, 서로간의 차이를 상호 존중가능한 차이가 아니라 '끝장내야 할' 쟁점으로 자리매김한 결과 정당한 타협과 공존, 그에 기초한 진보진영 전체의 정당한 정치력의 발휘를 불가능하게 만들었다고 할 수 있다. 학계가 이론논쟁에 개입함으로써 한편에서는 논쟁의 이론적 깊이를 심화시킨 일면이 존재하나, 다른 한편에서는 이처럼 논쟁 자체를 절대화하여 실천적 자폐성을 강화하였다고 할 수 있다. 변혁운동진영 내부의 논쟁을 '소부르주아진영' 대 '변혁운동진영'의 대립으로 환치하는 인식구도는 반대 입장에 대한 정당한 인정을 할 수 없게 만든 일면이 존재하는데, 학계의 논쟁개입은 이러한 점을 강화하였다고 할 수 있다. 현재 변혁운동 내부에서는 운동의 전략전술적 방침을 둘러싸고 적당히 얼버무리고 절충할 수 없는 차이점이 존재한다. 그러나 그것이 대적전선에서의 정당한 연대를 가로막는 형태가 되어서는 안 된다는 것이 필자의 생각이다. 실제 현국면은 정파적 독자성을 인정하면서 공통의 합의와 실천에 대한 적극적 노력이 요구되고 있다고 할 수 있는 바, 그러한 노력의 약화는 80년대 논쟁이 낳은 폐해의 일면이라고 필자는 판단한다.

　위와 같은 점은 학계논쟁이 중심적으로 개입함으로써 나타나는 정치효과라고 할 수 있는데, 학계논쟁 자체의 내재적인 문제점으로는 '본질환원론적 분석'에 경도(傾倒)되었다는 점을 지적할 수 있다. 마르크스주의 시각을 가지고 분석에 임하는 경우에도, 그것을 한국사회의 다양한 현실분석으로 풍부화해 내지 못하고 현상의 계급적 '본질'을 지적하고 종결하는 '본질평가'적인 연구가 많았으며, 80년대 중·후반의 다양한 이념논쟁도, 우리의 이론적·실천적 인식의 지평을 확장하였음에도, 변화하는 현실에 대한 더욱 풍부한 분석으로 이어지지 못하였던 것이 사실이다. 예컨대 정치체제에 대한 분석에서도, 우리 지배구조의 계급적 본질을 파시즘적 프리즘으로 접근하는 데는 성공하였으나 변화하는 파시즘의 동학(動學) — 그 변화가 지금은 우리의 경험적 현실로 다가와 있다 — 을 분석하는 데는 성공하지 못하였다고 할 수 있다. 보수야당을 분석하는 경우에도 그러하다. 집권여당과 보수야당의 관계를 독점자본과 중소자본의 대립관계로 등치시켜 보는 시각이 80년대 논쟁과정에서 일반적으로 제시되었던 것인데, 그러한 분석 역시 각 정당의 계급적 '본질'을 규명한다는 차원에서는 의미가 있을 수 있으나, 그것을 출발점으로 하여 집권여당과 보수야당의 행태를 규정하는 다양한 현실요인들을 풍부하게 고려하여야 했음에도, 그러한 본질론적 규정 위에서 '뒷짐지고' 서 있는 양상이 나타나게 되었던 것이다. 그만큼 80년대 진보진영의 많은 연구들은 개념논쟁의 깊이는 있었지만, '본질론적 분석'에 머무르고 변화하는 현실의 풍부한 분석에는 이르지 못하였다. 진보진영의 연구과제의 문제의식 자체가 '권력과 체제'의 혁명적 변화의 당위성을 이론적으로 확증하는 데 상당 부분 경도되고 있었기 때문에 자연스럽게 진보적 분석이 포괄하는 현실분석의 영역 자체가 대단히 협소하게 되는 결과를 드러냈다고 할 수 있다. "현상은 본질을 은폐한다"는 전제 위에서 본질규명에 집중하는 과정에서 정작 다양한 현상 자체에 대한 분석이 방기되어 버리는 문제점이 드러났다는 것이다. 논쟁의 불모성은 검증이 없는 논증에의 집중으로 나타났다. 각론의 축적 없는 총론적 논쟁만으로 끝나버리고 '뼈만 있고 살은 없는 논쟁'이 되어버리는 논쟁의 불모성도 그러한 본질론적 분석의 결과라고 할 수 있겠다.

　다음으로 우리의 논쟁이 '교과서적 마르크스주의'에 기초하고 있었다는 한계를 지적할 수 있다. 80년대 우리의 마르크스주의적 인식은 소련의 교과서적 마르크스주의, 더 나아가 소련의 '국정교과서적 마르크스주의'에 기초하고 있었고 우리의 사회주의에 대한 인식도 다분히 원론적인 성격을 띠고 있었다. 이러한 문제점은 구체적으로는 다음과 같은 두 가지 현상으로 나타났다. 그 하나는 마르크스주의의 다양한 조류가 '개량'적 조류로 규정되면서 다양한 마르크스주의적 유산으로부터 우리의 변혁이론을 풍부화할 수 없었다는 것이다. 특정 사상가의 사상내용을 검토하고 한국의 현실에 대한 적용가능성을 구체적으로 검토하기 이전에 '개량주의' '수정주의' 등의 낙인을 찍음으로써 다양한 사상에 대한 접근 자체를 금기시한 경우도 많았다. 한때는 그람시가, 한때는 알튀세르가 이러한 낙인으로 인하여 접근 자체가 방기되었던 해프닝도 80년대 논쟁사의 우울한 일면이라고 할 수 있다.

다른 하나는 교과서 속의 사회주의 혹은 이론 속의 사회주의와 현실사회주의를 동일시하는 문제틀 속에서 논쟁이 전개되었다는 것이다. 78년 알튀세르가 쓴 유명한 논문의 제목은 「마침내 '맑스주의의 위기'가!」[7]이다. 여기서 '마침내'라는 말의 뉘앙스가 중요한데, 80년대 후반 이후 폭발적으로 가시화된 사회주의의 붕괴 현실은 그간 '봉쇄'되어 왔던 마르크스주의의 위기요소를 전면화하였을 뿐이고 이미 이전부터 마르크스주의의 위기상황은 존재하여 왔던 것이다. 그러나 우리에게는 현실사회주의가 여전히 이국적 존재이기 때문이기도 하나, 이론적 사회주의와 현실사회주의의 괴리에 대한 인식이 80년대 논쟁 속에서는 전혀 존재하지 않았다는 것이다. 얼마 전에야 비로소 세계적인 수준에서 진보운동의 고민과 남한 민중운동의 고민이 근접하게 되었다는 것

---

7) 루이 알튀세르, 「마침내 맑스주의의 위기가!」, 『당내에 더 이상 지속되어선 안될 것』, 새길, 1992.

134

은 80년대 논쟁의 제한성을 웅변하여 준다고 할 수 있다. 우리는 반공주의적 억압에 대한 저항 속에서 사회주의와 마르크스주의를 획득해 오는 과정에서 정작 사회주의나 마르크스주의를 객관화하여 볼 수 있는 시야가 부재하였다는 것이다. 현재 우리에게 가시화된 사회주의의 현실은 역설적으로 반공주의적 비판 자체에 일정한 사실적 진실성이 있었다고 평가하여야 할 정도로 '일그러진 얼굴과 부끄러운 몰골'을 하고 있다. 바로 이처럼 환상적 사회주의를 암묵적 전제로 한 논쟁이었다는 점에서 80년대 논쟁의 한계성을 확인할 수 있다. 사회주의국가 현실에 대한 놀랄 만한 무지, 서구사회에서 마르크스주의적 실천의 문제점에 대한 일관된 외면, 현대에 대한 분석틀로서 마르크스주의적 분석의 제한성에 대한 심각한 불감증 등이 80년대 논쟁과정에서 드러난 부끄러운 자화상의 일단이라고 할 수 있다.

다음으로 80년대 논쟁은 주체의 변화발전에만 집중한 논쟁이었다는 점에서도 한계성을 지니고 있었다고 판단된다. 즉 논쟁의 지형 내에 타방(他方)에 대한 분석이 사상(捨象)되어 있었다는 것이다. 타방은 비판을 위한 대상으로서 파악하였지 그 자체의 내적 동학에 대한 정당한 관심이 결여되어 있었다는 것이다. 80년대는 분명 남한 변혁운동의 도약과 약진기임에는 틀림없으나, 그러한 도약의 이면에는 파시즘적 지배체제의 더 빠른 도약과 약진도 있었다.

그러나 우리는 바로 그러한 점을 우리의 시야에 넣지 못하였다. 80년대 지배체제의 도약은 남한 자본주의가 종속적 축적메커니즘을 확충하였고 상부구조로서 군부파시즘을 합헌적으로 재생산하여 내고 그것의 저강도 민주주의로까지 변형시켜 냈다. 돌이켜보면 변혁운동진영은 87년 6월 민주화대투쟁과 노동자대투쟁을 통하여 지배체제에 파열구를 냈음에도 지배세력은 운동진영의 공세를 부분적인 개혁을 통하여 상쇄하면서 대선에서의 승리를 통하여 자신의 통치기반을 대폭 확충하였다고 할 수 있다. 사실 우리는 '변화발전하는' 지배체제와 변증법적으로 상호작용하는 변혁운동이라기보다는, 타방이 고정화되어 있는 상태를 전제로 아방의 변화발전을 고찰하는 일면적인 인식을 일정하게 갖고 있었다고 할 수 있다. 굳이 "혁명은 반(反)혁명을 혁명화한다"는 드브레이의 고전적인 언명을 들먹이지 않더라도 주체역량의 발전에만 집착하지 않고 동태적으로 상호작용하는 속에서 주체역량의 변화를 조망하려는 여유있는 시야가 필요하다고 할 때, 80년대 논쟁은 그러한 시야의 포괄성을 획득하지 못하였다고 할 수 있다.

결국 80년대의 논쟁은 변혁적 시각과 마르크스주의적 패러다임의 복원을 촉발한 결과를 가져왔음에도, 그러한 전통의 오랜 단절 뒤에 이루어진 것이었던만큼, 또한 그것에 대한 우리의 '자긍심(自矜心)'이 컸던만큼, 변혁과 마르크스주의에 대한 우리 태도에는 많은 문제점이 내재되어 있었음을 알게 된다. 이상에서 지적한 바와 같이, 오랜 단절의 시기 후에 이루어진 복원과정에서의 조야함, 지적 협소함, 실천적 자폐성, 이론주의 경향, 이론논쟁의 과잉 위치규정, 아방과 타방의 변증법적 관계에 대한 간과, 본질환원론적 분석에의 안주 등이 우리 자화상의 일면이었다는 지적에 대해서는 아마도 우리 모두가 수긍할 것으로 생각한다. 우리 시대의 진보가 사회주의라는 '깃발'의 옹호나, 명제화된 사적 유물론의 '몇몇' 명제에 대한 변호, 부르주아적인 정치경제 현실에 대한 단선적인 비판으로만 협애화될 수 없는 훨씬 풍부한 것이었는데도 80년대 우리들이 복원하고 견지하여 온 것은 분명 그러한 반성의 요소를 가졌다고 평가할 수 있다.

3) '마르크스주의 위기'의 진보적 극복을 위한 과제

혁명의 시대, 운동의 시대였던 80년대가 경과한 지 2년여에 불과한 지금, 변혁운동의 이념적 지형은 '혁명적'으로 변화하고 있다. NL, PD 등과 같은 친숙한 분류법은 이제 운동사의 저편으로 흘러가버렸다고 말하는 사람까지도 있다. 일견 80년대 변혁론은 논쟁을 통하여 나름의 체계를 정립하자마자 곧바로 '해체'의 길로 들어선 것처럼 보이기도 한다. 혁명 풍랑에 휩싸인 것처럼 보이던 '고요한 아침의 나라'가 다시 본래의 모습으로 되돌아간 것인가. 70년대 이후 세계에서 '마르크스주의 그룹이 약진하였던 유일한 나라', 분명 이렇게 표현하여도 좋을 정도로 눈부신 발전을 해왔던 80년대 한국변혁운동 및 변혁운동론은 화려한 과거를 '청산'하게 되었는가.

교과서적 마르크스주의의 틀 속에 안주하고 있던 바로 그 시기에, 역설적으로 우리가 비판의 무기를 획득하고 그것을 원론적인 수준에서 폐쇄적으로 다듬고 있던 바로 그 시기에, 현실은 급속도로 변화하고 있었고 그 변화의 결과는 이제 경험적 현실로 우리 앞에 있다. 변화된 현실의 대표적인 것으로서 소련 및 동유럽 사회주의의 '붕괴', 남한자본주의 축적구조의 '상대적 안정화'와 그를 기초로 한 새로운 정치·경제·문화적 현상의 대두, 대중들의 '역동적인 동원화'의 약화 등을 들수 있는 바, 우리는 그러한 현실을 편견 없이 바라볼 수 있어야 한다. 현실은 우리로 하여금 80년대 논쟁과정에서 제기된, 우리들이 당연시하였던 많은 문제들에 대하여 새로운 재검토를 요구하고 있다고 할 수 있다.

노동해방과 인간해방을 위한 새로운 체제로 간주되어 왔던 현실사회주의의 붕괴는 우리의 인식 속에 존재하던 '이론적 사회주의'와 사회주의의 현실적 형태 간의 괴리를 극명하게 드러내어 변혁의 전망에 대하여 이전과는 상이한 고민의 지평에 우리들을 올려놓았다. 자본주의의 내적인 모순을 지양한 역사발전의 합법칙적 대안으로 간주되어 오던 현실사회주의가 붕괴함으로써 변혁의 이념과 관련한 진보진영의 분화와 '해체'의 폭이 이전과는 비교할 수 없을 정도로 확대되어 진보진영은 이전과는 현저히 다른 이념 차원에서의 새로운 정세를 맞고 있다고 할 수 있다.

또한 새로운 조건으로 지적할 수 있는 것은, 60년대 이후 종속적 자본주의화의 '성공적' 진전, 그로 인한 토대적 조건의 변화와 그를 반영하는 상부구조적 제 차원에서의 새로운 상황의 등장을 들 수 있다. 군부파시즘이라는 극단적인 억압체제하에서 그리고 철저한 민중배제적 성격을 지닌 채로 진전된 남한의 자본주의화는 수차례에 걸친 축적과 정상의 '파국적' 상황에도 불구하고 또한 그에 대한 민중들의 강도 높은 저항에도 불구하고, 자본주의적 축적구조를 안착(安着)시키기에 이르렀고 90년대 후반의 위기에도 불구하고, 그 생산력적 발전의 수준도 이른바 '중진자본주의'적 수준에 이르게 되었다. 이러한 변화 속에서 민중배제적인 구조 자체의 본질에는 변화가 없지만, 자본주의적 경제구조의 정착과 그로 인한 경제적 부의 확장에 기초하여 이전과는 상이한 정치·문화적 현상이 나타나게 되었다. 이러한 변화는 남한 자본주의의 토대적 변화가 만들어내는 대중의 생활문화의 변화에 크게 의존하고 있다고 할 수 있다. 그러한 변화과정에서 대중의 생활에서 이념이 차지하는 비중은 상대적으로 축소되어 가고 있으며 자신의 문제를 이념적으로 사고하지 않는 혹은 80년대적으로 사고하지 않는 경향이 이전에 비해 확산되고 있다. 특히 사회주의의 '붕괴'라고 하는 놀라운 현실변화는 단순히 변혁적 시각이나 마르크스주의적 패러다임을 견지하고 그것의 경험적 적용과정의 변화로 문제를 대응할 수 있게 하기보다는, 변혁이나 마르크스주의의 내재적 재검토라고 하는 과제까지를 수반하는 형태로 우리의 대응을 요구하고 있다고 할 수 있다.

이제 이러한 현실 앞에서 우리는 변혁적 '심지'를 잃지 않으면서도 그것들에 대하여 이전과는 다른 인식지평 위에서 80년대에 견지하였던 '교과서적 마르크스주의'를 넘어 현실사회주의의 실패까지, 그리고 남

138

한 자본주의의 '부르주아'적 안정화까지를 고려하는 좀더 폭넓은 인식 지평 위에서 과거의 개념, 쟁점, 이론체계를 재검토할 수 있어야 할 것이다. 역설적으로 이러한 관점에서 우리는 논쟁을 다시 시작하여야 하는지도 모른다. 소비에트 국가의 현실적 '권위'를 갖고, 러시아혁명의 '빛나는' 후광을 지닌 레닌은 우리 곁에 없다. 그분의 저작을 신봉하고 그것을 현실에 관철하기 위하여 노력하기만 하면 되는 '전지전능한' 마르크스가 우리 곁에 있는 것도 아니다. 그럼에도 불구하고 앞서 지적한 바와 같이 여전히 우리는 '마르크스 앞에서' 인간해방, 노동해방의 사회를 전진하여야 할 과제 앞에 서 있다고 할 수 있다.

90년대 진보진영은 다양한 이념적 차별성을 보이면서 우리에게 다가온 새로운 상황에 대응하고 있다. 주지하다시피 이러한 대응양식은 변혁적 시각 혹은 마르크스주의적 패러다임의 '사수'에서부터 시작하여 내재적 혁신과 창조적 변화발전론, 청산주의 혹은 폐기론적 입장에 이르기까지 다양하게 나타나고 있다. 최근에는 이를 마르크스주의의 '위기' 혹은 변혁운동의 위기로 인식하는 것에 대하여 이의를 제기하는 사람들이 거의 없게 되었다.[8] 위기상황에서 "위기인식을 거부하고 단순히 그를 체험"하거나 혹은 위기를 계기로 하여 마르크스주의적 패러다임에 대한 청산주의적 입장을 취하는 데 그치지 않고, 위기상황을 인정하고 그것을 창조적으로 대응하고 극복할 수 있는 길은 과연 무엇인가, 마르크스주의의 위기를 마르크스주의적으로 극복할 가능성은 있는가, 80년대 우리가 견지하였던 '교과서적 마르크스주의'를 넘어 현실사회주의의 실패까지를 포괄하는 새로운 인식 차원에서 마르크스주의를 바라볼 수 있는 길은 없는가. "마르크스주의의 순환의 한 주기가 다한 시점

---

8) 윤소영, 「알튀세르를 읽으며 '마르크스주의의 위기'를 생각한다」, 『이론』 1992년 여름호.

에서” “마르크스주의와 마르크스주의적 실천의 새로운 순환”을 준비하는 방법은 무엇인가. 좀더 폭넓은 인식지평에서 기존에 교과서적 수준에서 마르크스주의의 합리적 핵심으로 간주되던 것들을 뛰어넘는 인식을 쟁취하는 방법은 무엇인가 하는 점들이 문제로 되고 있다.

마르크스주의의 위기에 대한 창조적 대응의 관점을 가지려고 할 때, 우리에게 대두되는 과제는 크게 두 가지로 제시하여 볼 수 있겠다. 그것은 크게 이론적 차원에서의 논의 확장과 구체적 차원에서의 논의 확장이라고 할 수 있다.

첫째, 이론 차원에서 변혁이나 마르크스주의를 바라보는 우리의 인식지평이 질적으로 변화발전되어야 할 필요성과 이론 차원에서의 연구영역이 확대되어야 할 필요성을 지적할 수 있다. 즉 80년대에 견지하였던 ‘교과서적 마르크스주의’를 넘어 현실사회주의의 실패까지 포괄하는 새로운 인식 차원에서 마르크스주의를 바라볼 수 있도록 진보적인 이론연구의 영역을 확장하는 것을 들 수 있다. “마르크스주의의 순환의 한 주기가 다한 시점에서” “마르크스주의와 마르크스주의적 실천의 새로운 순환”을 준비하기 위해서라도, 좀더 폭넓은 인식지평에서 기존에 교과서 수준에서 마르크스주의의 합리적 핵심으로 간주되던 것들을 뛰어넘는 인식을 쟁취할 필요가 있고 그러한 인식지평 위에서 속류화된 과거의 개념이나 이론체계를 재검토할 수 있어야 할 것으로 보인다.

뿐만 아니라 이론적 논의에서 ‘일반론 수준에서의 평가 차원’을 넘어서서 실사구시의 자세로 제반 이론의 쟁점을 재검토하는 자세가 요구된다는 점을 지적할 수 있다. 특히 사회주의의 실패와 관련하여 그것에 대한 일반론적 ‘규정’의 차원을 넘어서서 왜 현실사회주의는 실패하였는가, 소련의 중앙집권적 계획경제의 미시적 문제점은 무엇이었는가 하는 등의 구체적인 분석 차원으로 연구가 확장되어야 할 필요성이 절실하다. 역설적으로 90년대 초 페레스트로이카를 둘러싼 우리 사회의 사회주의개혁 논쟁과정에서도 개혁의 이념적·계급적 성격에 대한 논란이 주된 것이었지 도대체 왜 현실사회주의는 실패하였는가, 무엇이 문제인가에 대한 새로운 논의와 인식지평이 확보되지는 못하였다. 이 새로운 인식지평에서 과거의 개념을 바라볼 수 있느냐가 중요한 것이지, 개념의 사수 자체가 중요한 것이 아니라고 할 수 있다. 인지적 혁신의 결과로 개념 자체가 폐기될 수도 있을 것이며 사수될 수도 있을 것이다. 교과서적인 마르크스주의 내에서 핵심으로 간주되어 왔던 개념들(예컨대 프롤레타리아 독재 등)로 마르크스가 이야기하고자 하였던 합리적 핵심이 무엇인가를 현실사회주의의 폐허 위에서 재검토하여야 할 과제가 바로 이 시기의 진보적 연구자들에게 주어져 있다고 할 수 있다.[9]

이러한 노력은 또한 새로운 진보적 실천에 대한 이론적 성찰과 그를 통한 진보이론의 풍부화로 나타나야 한다. 기존의 마르크스주의와 마르크스주의적 실천 내부에서는 가부장제에 대항하여 양성(兩性)평등을

---

9) 80년대 논쟁의 발전은 분명히 "그 타당성을 당연하게 전제하는 무수한 개념과 전제"들 위에서의 발전이었다. 지금은 바로 그 전제가 의문시되는 시점이다. 80년대의 발전을 '발전'으로 만들기 위해서는 바로 그 의문에 답하고 전제 자체의 타당성을 새로운 인식지평 위에서 실사구시적으로 점검해야 한다. 그간 마르크스주의 이론의 정통으로부터 '일탈'로 간주되어 왔던 포스트 마르크스주의, 조절이론, 시장사회주의론, 지식프롤레타리아론, 사회민주주의론, 시민운동론 등에 대하여 단순히 '수정주의'라는 낙인으로 방어벽을 쌓는 것이 아니라 그것들이 제기하는 문제들에 대하여 '마르크스주의' 입장에서 응답할 수 있어야 한다. 그들의 적극적 측면이 존재한다면 마르크스주의의 풍부화로 융해하여야 할 것이며, 일탈적 요소가 있다면 그에 대하여 정당한 응답을 할 수 있어야 한다. 이를 위해서는 이전보다 더 넓은 인식지평에서 과거의 개념과 쟁점을 바라보는 개방적 자세가 우리에게 요구된다고 할 수 있다. 새로운 현실을 보는 '아픔' 속에 깊이 침잠하여 이전과는 다른 인식지평에서 우리의 과거를 볼 수 있게 되는 것, 이것이 우리의 과제일 것이다.

위한 페미니즘적 실천이나, 환경파괴적 성장전략과 자본축적전략에 대한 근본적 수정을 요구하며 싸우는 생태주의적 실천, 전지구적 관점에서 이루어지는 다양한 국제적 실천들, 인권과 평화를 실현하기 위한 다양한 실천들을 계급환원주의의 관점에서 보아온 것이 사실이다. 이런 점에서 다양한 진보적 실천에 대한 적극적 성찰을 통하여 진보적 패러다임을 확장하는 노력이 요구된다고 할 수 있다.

다음으로 진보적인 지적 탐구가 구체적이고 정책적인 주제로의 확장을 들 수 있다. 그간 이념적 주제 혹은 본질분석적인 차원에 머물러 있던 진보적 학술탐구의 영역을 대폭 확장할 필요가 있다는 말이다.

변화하는 한국사회에는 해명하고 해결하여야 할 문제들이 산적해 있다. 이러한 조건에서 권력의 혁명적 변화가 이룩되면 문제들이 해결될 것이라는 '안이한 낙관론' 혹은 장기적으로 대중의 관심은 혁명적 변화를 요구하는 형태로 발전할 것이라고 하는 '장기적 낙관론'만으로 당면 탐구과제에 대한 경험적이고 구체적인 연구를 방기할 수는 없다고 생각된다. 진보적 연구는 권력이나 체제변화의 당위성을 드러내는 주제들이나 한국사회에 대한 총론적인 해답을 토론하는 이념적 주제에 집중되어 왔던 현실에서 앞으로 더 나아갈 필요가 있다. 그러기 위하여 먼저 변화하는 현실에 대한 경험적이고 구체적인 연구를 진작할 필요가 있다. 남한 자본주의의 축적구조의 정착과 그러한 축적구조의 — 불안정하지만 — 재생산은 이전과는 다른 상이한 현상들(예컨대 외국인 노동자 문제나 남한 독점자본의 해외수탈 문제)을 우리에게 현시하고 있으며, 생활문화 수준에서도 상이한 변화(예컨대 신세대 문화현상 및 동성애 등 새로운 이슈들)를 촉발하고 있다.

다음으로 이념적이고 총론적인 주제들에서 각론적이고 정책적인 주제의 영역으로 연구영역을 확장할 필요가 있다. 80년대 한국사회가 진보적 연구자들에게 총론적이고 일반론적 연구자(generalist)가 될 것을

142

절박하게 요구하였다면, 90년대 한국사회는 진보적 연구자들에게 각론적인 분야별 전문연구자(specialist)가 될 것을 절박하게 요구하고 있다. 단기적으로 권력이나 체제를 둘러싼 투쟁으로 나타나고 있지는 않으나, 대중의 생활세계에서 문제가 되고 단기적인 해결을 촉구하는 많은 문제들에 우리는 관심을 기울여야 한다. 보수적 민간정부의 출범 혹은 IMF 지원체제로의 전락 등의 조건으로 인한 우리 사회의 전반적인 정세의 위축으로 인하여 대중의 투쟁이 권력이나 체제의 혁명적 변화를 지향하는 정치적 행동으로 표출되지 못하고 있다. 그러나 오랫동안 산업화과정에서 고착된 중앙집권적인 폭압적 권력구조가 만들어내는 많은 미시적인 문제들('선진적 자본주의와 모순적으로 결합되어 있는 후진적 민주주의'[10]의 문제), 6월 민주화대투쟁으로 파시즘적 통치체제에 파열구를 내었음에도 그것이 권력의 변화로 이어지지 않고 부분적인 체제내적 개량, 구조개혁 없는 부분적인 제도개선으로 봉합(縫合)됨으로써 나타나는 문제들, 부분적인 '의사 개량화'의 시도에도 불구하고 의연히 관철되고 있는 민중배제적인 경제정책으로 인한 대중의 경제적 불만 등이 우리 사회에는 의연히 존재하고 있고, 그것은 대중의 생활세계 차원에서 다양한 우회적인 문제들을 창출하고 있다. 바로 그러한 여러 문제들을 포착하고 분석하려는 적극적인 시도들이 요구된다. 미시적이고 일견 '개량적' 요구로 보일 수 있는 많은 요구들이 대중 속에 잠재되어 있다고 볼 수 있고, 바로 이러한 문제들을 포착하는 프리즘을 우리가 만들어야 할 필요성에 직면하고 있다. 비록 높은 변혁적 요구와 직접적으로 결합되어 있는 것은 아니지만, 대중이 생활에서 겪는 고통을 자아내는 미시적인 많은 문제들을 포함하는 방향으로 진보적 연구영역을 확장하여야 한다는 말이다. 현재의 반민중적 구조

____

10) 이병천, 「세계사적 근대와 한국의 근대」, 『세계의 문학』 1993년 가을호.

속에서 '부르주아적' 방식으로 해소되어 갈지도 모르는 많은 문제에 대하여 진보적 학술연구가 분석의 메스를 가하여야 한다.

80년대 진보적 연구는 파시즘적 권력과의 대결적 자세로, 그리고 그것이 가져올지도 모르는 위험을 무릅쓰는 자기희생적 자세로 금단의 영역을 개척함으로써 사회과학의 연구지평을 대폭 확장하였다. 이제 90년대, 나아가 2000년대의 진보적 연구는 좀더 유연하고 개방적인 자세로 '개량'의 영역에 맡겨져 있던 주제들을, 또한 체제내적 '개혁'의 영역에 맡겨져 있던 주제들을 끌어안아야 할 시점에 놓여 있다.

진보정책적 연구의 필요성은 특별히 다음과 같은 운동적·정치적 현실에서 확인할 수 있다. 먼저 남한사회의 객관적인 변화로 사회 제반의 문제들과 그것의 해결을 염원하는 민중의 소망이 대적(對敵)전선으로 단일하게 수렴되어 '민중적인 권력 수립의 동력'으로 전화되지 못하고, 역으로 파편화되어 가면서 대적전선이 분화되고 해체되면서 각론적인 쟁점이 주요쟁점으로 부각되는 상황이 조성되어 가고 있다는 점을 들 수 있다. 80년대 내내 진보진영을 묶고 있었던 '민중적 변혁의 현실성'보다도 '부르주아적 개량'이 더욱 지배적인 측면인 것처럼 인식되는 상황이 조성되고 있는 것이 냉엄한 현실이다. 보수적 민간정권으로의 이행으로 상징되는 상황변화에 진보진영과 그 일부를 이루는 진보진영이 지금까지 효과적으로 대처하지 못한 것이 사실이다. 민중의 입장에 서서 최근에 분화되어 제시되고 있는 제반의 사회적 쟁점에 대하여 구체적인 분석을 행하고 그에 대한 민중적인 정책을 대중 앞에 제시하고 그것을 사회이슈화하려는 노력이 경주되지 못하였다는 것이다. 이처럼 민중의 입장에서 민중의 생활상의 요구에 대한 민주적 정책을 구체화하려는 노력이 부족함으로 인하여, 민중운동을 '가투(街鬪) 중심의 봉기운동' 혹은 '권력의 혁명적 쟁취'만을 지향하는 집단으로 매도하려는 지배전략에 거의 '무방비' 상태였다고 할 수 있다. 즉 '대안세력'으로서 국민적 지위를 획득하지 못했다는 것이다. 계급적 투쟁세력이 국민적 세력이 되는 바로 그 지점에서 대안 체제 세력으로서의 프로그램과 비전이 요구된다. 바로 이러한 상황에서 진보적 연구진영이 구체적이고 정책적인 주제에 대한 연구를 활성화함으로써 이러한 주제들을 둘러싼 '이데올로기적 투쟁전선'을 올바로 설정하고 대처하는 것이 시급히 요구된다고 할 수 있다.

남한사회의 '부르주아적' 기조 위에서 민주화와 합리화는 대중이 자신의 제 문제를 혁명적 해결방식에 기대하는 경향을 일정하게 — IMF 이후 대중의 진보적 잠재력이 폭넓게 행동화될 가능성은 존재하고 있다 — 약화시키고 있기 때문에, 진보진영이 구호로서 진보 혹은 깃발로서 '사회주의'를 사수하는 데 집착한다면 대중과의 접점은 더욱 멀어질 것이다. 아마도 단기적으로는 혁명이라는 언어로 말할 수 있는 문제의 범위는 축소되어 갈지도 모른다. 그러한 구호나 깃발의 중요성을 확인하기 위해서도 진보진영은 현체제가 자아내는 모순의 현장에서 제기되는 '밑바닥' 문제들, 대중의 생활현장에서 제기되는 문제들을 그 자체로 존중하고 분석하며 그 수준에서의 대안을 마련하고자 하는 노력이 요구된다고 할 수 있다. 진보가 대중 속에 살아 있도록 하기 위해서는 대중 자신이 문제로 느끼는 부분에서 진보의 의미를 밝혀주어야 하며 진보적 시각에서의 대안을 명확히 해줄 수 있어야 할 것이다. 비록 그것이 체제내적으로 해소될 가능성을 갖는 것이고 직접적으로 변혁의 계기로 이어지는 것은 아니라고 하더라도, 문제들을 해결하는 과정에서 대중과 함께 하고 대중들에게 대안을 제출하는 것이 현시기 진보진영의 중요한 과제 중의 하나라고 할 수 있다. 그렇게 하면 진보진영의 연구의 확장과 실천의 확장이 대중과 유리되지 않으면서 대중의 낮은 수준의 변화요구를 민중운동 활성화의 동력으로 전화시키는 계기가 될 것이다. 새로운 노력은 "대안 없는 비판과 투쟁에 몰두한다"는 공세에 효과적으로 대처하고 대중들의 낮은 수준의 변화요구를 민중운동의 동력으로 전화시키는 데 일조함으로써, 민중운동의 대중기반을 확대강화하는 데 기여하게 될 것이라고 믿는다.

진보적 연구의 확장과 실천의 확대는 체제나 권력의 변화를 통하여 제반 문제의 근원적 해결을 지향하던 기존 진보진영의 변혁적 실천을 대체하는 것이 아니라, 그것을 구체화하고 확장하고 보완하는 것으로 위치지어질 필요가 있다. 이런 점에서 변혁적 입장을 견지한다고 하는 것과, 우리 앞에 제기되는 문제를 '혁명과 개량'이라는 이분법으로 분류하고[11] 개량의 주제에 대하여 적극적인 대응을 하는 자세는 서로 다르다고 할 수 있다. 이러한 연구와 실천의 확장은 혁명이냐 개량이냐의 이분법적인 평가 위에서 '잠자는' 것이 아니라, '개량적' 주제 자체에 변혁적으로 개입하는 자세를 의미한다.[12] 그러한 적극적인 자세

---

11) 80년대 이른바 '3정립론'에서는, 반동부르주아지, 자유주의적 부르주아지, 민중을 구분하고, 지배계급으로서의 반동부르주아지에 대응하여 자유주의적 부르주아지의 정치적 태도를 '개량', 즉 지배계급과의 타협으로 규정하고 민중의 정치적 태도와 지향을 '혁명'으로 구분하였다(「한국사회의 성격과 노동자계급의 임무」, 『신식민지국가독점자본주의논쟁(1)』, 벼리, 1988). 이러한 구분에서 자유주의적 부르주아지의 개량적 태도를 타격하는 정치적 방침이 도출되었다. 이러한 구분 자체의 타당성에 대해서는 논외로 하더라도, 문제는 이러한 틀이 경직되게 적용될 경우 이른바 '개량'의 문제에 대한 진보적 대응의 과제가 간과될 수 있다는 것이다.

12) 물론 이러한 정책적·현실적 주제를 다룰 때 '체제나 권력의 문제를 본질적으로 파악하는 변혁적 시각'과, '체제나 권력의 문제와 연관되지 않고도 논의될 수 있고 해결될 수 있는 주제의 특성(정책)' 간의 딜레마가 존재한다는 것은 인정한다. 그러나 그러한 주제 속에서도 변혁적 시각이 드러날 수 있어야 한다. 필자는 바로 이러한 주제들을 둘러싼 대중들의 불만과 욕구에 대하여 효과적인 발언을 통하여 불만과 욕구들이 민주적·민중적인 변혁의 동력으로 전화되는 계기를 갖게 되리라고 생각한다. 필자는 연구 및 실천의 확장을 '이행기 강령의 조망하에서 제기되는 요구강령의 구체화'로 이해할 수도

로 변화하는 현실에 대응하지 않는다면 대중과의 접점, 진보라는 이름의 호소력은 점차 감소되어 갈 것이다.

있고, '대중과 더불어 대중과 함께' 하는 대중노선적 관점의 관철로 이해할 수도 있다고 생각한다. 분명 현시기는 진보라는 상품의 '시장'이 변화하고 있는 국면이라고 할 수 있다. 이러한 시장변화에 대하여 혹자는 포장을 혁신하는 방법으로 대응할 수도 있을 것이다(전술적 관점의 변화). 혹자는 제품 디자인을 혁신하는 방법으로 대응할 수도 있을 것이며, 혹자는 제품의 질 자체를 혁신하는 방법으로 대응할 수도 있을 것이다(전략적 관점 자체의 변화). 그러나 변화를 어떠한 수준에서 이해하건 현시기는 분명 진보의 내용과 형식이 더욱 혁신되어야 한다는 점, 그리고 그것이 변화하는 대중적 현실에 조응하는 형태로 나타나야 한다는 점에 동의하리라 생각된다.

3. 새로운 운동적 담론의 지적 단서들

사회주의 붕괴 이후 우리에게 제기되는 진보이념의 성찰적 혁신은 어느 지점에서 이루어져야 하는가. 현재로서 새로운 진보적 이념의 내용이 명확한 것은 아니다. 그러나 사회주의 붕괴의 역사적 경험, 서구 및 한국에서 진보운동의 경험에 기초하여 볼 때 새로운 진보이념의 내용을 구성하는 몇 가지 원칙과 지향점을 제시할 수는 있다고 생각된다. 필자는 다분히 가설적인 차원에서 다음과 같은 몇 가지 사항을 새로운 운동적 담론의 지적 단서들로 제시하고자 한다.

1) 새로운 운동적 담론의 몇 가지 지적 단서들

먼저 우리는 '억압의 다면성(多面性)과 다차원성'을 인정하여야 한다. 우리는 인간다운 삶을 제약하는 비인간적인 억압을 주로 계급적 억압으로 접근하였다. 물론 비인간적 억압의 근저에는 계급적 억압이 의연히 존재하고 있다. 특히 자본주의사회에서는 말이다. 그러나 그것이 '계급억압 환원론'으로 흐를 때 사회 속에서 인간다운 삶을 제약하는 억압의 다양한 측면과 차원을 간과하게 된다. 사회주의혁명 이후에도 여성억압의 문제가 근본적으로 해결되지 않았다는 현실, 동독의 사회주의적 산업화가 극단적인 환경파괴적 산업화로 흐르고 말았다는 현실, 사회주의 '권력'은 권력의 고유한 속성대로 전(全)계급억압적 권력으로 전락하고 말았다는 현실 등은 20세기적인 인간해방운동의 한계를 인정하고 그것을 넘어서는 인식적 노력을 요구하고 있다. 따라서 20세기적 지평 위에서 전개되었던 해방운동 과정에서 쟁취된 해방의 다양한 차원을 인정하여야 할 것이다. 이것은 하버마스가 이야기하는 것처럼 '체계화'된 억압뿐만이 아니라 체계에 의한 생활세계의 식민지

148

화, 나아가 생활세계 속에서 나타나는 억압 자체에 대한 성찰과 도전을 의미하는 것이기도 하다.[1] 억압과 '권력의 미시물리학(micro-physics)'에 대한 인식도 여기에 포함될 것이다.[2]

계급적 억압과 여타 억압들 간의 관계에 대하여 자본주의사회는 계급적 억압이 중심적인 지위를 차지하고 있다고 생각한다.[3] 자본주의사회에서 계급적 억압의 기제는 여타 억압이 기제를 규정하면서 내재적·외재적으로 결합되어 있다. 그러나 여타 억압의 계급적 억압으로 환원되지는 않는다는 점도 인정되어야 한다. 즉 계급적 관점과 계급환원론적 관점은 구분되어야 한다. 종종 계급적 관점이 계급환원론적 관점으로 흐름으로써, 다양한 해방적 투쟁의 진보성을 인정하지 않는 견해로 나아갔던 점을 반성하면서 — 계급적 관점을 가지면서도 — 계급환원론적 관점을 경계할 것이 요구된다. 계급환원론적 관점은 바로 다양한 억압의 정당한 지위를 인정하지 않고 그것을 계급억압의 부산물로 인식하는 데 있다.[4] 다양한 해방적 실천이 계급적 실천운동의 수단화되어서는 안 된다.

억압의 다면성과 다차원성에 대한 인정은 또한 그에 대응하는 인간

---

1) Outhwaite, William, *Habermas: A Critical Reader*, Cambridge: Polity Press, 1994 참조.

2) Foucault, Michael, *Discipline and Punish: The Birth of the Prison*, London: Penguin Books, 1977; Jessop, B., *State Theory: Putting Capitalist States in their Place*, Pennsylvania: The Pennsylvania State University Press, 1990, Ch. 8 "Poulantzas and Foucault on Power and Strategy" 참조.

3) 필자는 계급적 관점은 이러한 계급적 억압을 중심으로 보는 관점이라고 생각하며, 이러한 중심성의 견지가 곧 여타 억압을 부차화한다거나 계급억압에 단순히 종속적인 것으로 인식하는 것과는 구별된다고 생각한다.

4) 유팔무, 앞의 글 참조.

해방운동의 다면성과 다차원성의 인정을 의미한다. 사회운동은 인간을 비인간화하는 이슈를 해결하기 위한 민(民)의 자발적인 조직화이고 행동화이다. 비인간화의 실체들은 정치적·국가적 실체로서뿐만 아니라 다양한 억압적 실체로 존재한다.[5] 인간해방의 다양한 차원의 인정은 바로 다양한 차원에서의 다양한 해방적 실천을 인정하고 개방적 연대를 이루는 것을 의미한다.[6] 이것이 이 시대 진보운동에 요구되는 '진보운동의 내포적 심화와 외연적 확대'라고 생각한다.

돌이켜보면, 20세기적인 해방적 실천의 경험은 바로 계급적 억압을 넘어 인간해방의 다양한 차원을 확장적으로 인식하는 과정이었다고 볼 수 있다. 이 점은 여러 이론가들의 논의 속에 반영되어 있다. 확장된 관료적 국가에 대한 대중적 저항을 주목한 히르쉬의 논의,[7] 카스텔[8]의 논

---

5) 기든스가 근대성의 네 가지 제도적 차원(institutional dimensions of modernity)으로서 자본주의, 산업주의(industrialism), 군사적 권력, 감시(surveillance)를 들고 있는 것도 억압의 여러 차원을 이해하는 데 단서를 제공한다. 기든스에게 감시는 근대적인 조직 일반의 근본적인 특징이기도 한데, 정보의 통제와 사회적 감독(supervision)이 그 내용이고 이것의 정점에 민족국가가 있다. 과학과 기술의 동맹에 의해 형성된 근대산업은 자연세계를 특정한 방식으로 변화시키게 되고, 그 결과 그러한 변화된 인위적 환경 속에서 인간의 삶이 이루어지게 됨으로써 나타나는 문제들에 직면하게 된다. 그는 근대의 제도적 지형을 넘는 변화를 '급진적 근대성(radical modernity)'으로 이해하고 있다(Giddens, A., *The Consequences of Modernity*, Stanford: Stanford University Press, 1990). 기든스의 입장은 관료적 사회주의의 혁명적 붕괴는 모던의 종결이 아니라, 모더니티의 확산으로 규정될 수 있다고 본 하버마스의 입장과 궤를 같이한다고 하겠다(Habermas, J., "What Does Socialism Mean Today? The Rectifying Revolution and the Need for New Thinking on the Left", *New Left Review*, Jan/Feb 1992).

6) 계급적 억압의 중심성을 강조하는 입장에서는 억압의 다면성 문제를 권력과 자본의 '다면적인 포위전략'으로도 이해할 수 있을 것이다.

7) Hirsch, J., "The Fordist Security State and the New Social Movements",

150

의나, 제한된 제도정치와 중앙집중적인 조직 형태에 도전하는 지역자치 운동에 주목한 피번과 클로워드의 논의,[9] 페미니즘이 (남성적인) 권위주의적인 조직, 리더십 모델과 대립되는 양립불가능한 참여적인 민주과정이 될 수 있다는 점을 주목하는 이반즈,[10] 국가의 남성지배적 성격을 밝히면서, 남성지배가 국가지배와 내재적으로 어떻게 결합되어 있는가를 밝히고 있는 브라운의 논의,[11] 통제되지 않은 생태적 문제가 자본주의 및 국가사회주의의 성장지향적인 경제의 파탄을 낳게 된다는 점을 주목하는 바로의 논의,[12] 격화되는 군비경쟁과 그에 대립하는 평화운동의 전지구적인 변증법적 관계는 협소한 계급관계의 프레임을 넘어서는 설명변수를 요구한다고 주장하는 톰슨과 바로의 논의,[13] 의료·교육·문화와 같은 사회적 삶의 질적 차원에 주목하면서 생산력주의적 설명틀을 넘어 인간 삶에 대한 총체적 접근이 필요함을 강조하는 로작의 논의[14] 등은 인간해방의 다양한 차원에 대한 시사를 준다고 할 수 있다.

Kapitalistate 10-11, 1983.

8) Castells, M., *City and the Grassroots*, London: Macmillan, 1984.

9) Piven, F. F. and R. Cloward, *Poor Peopl's Movements*, NY: Vintage, 1979.

10) Ferguson, K. E., *The Feminist Case Against Bureaucracy*, Philadelphia: Temple University Press, 1984; Sargent, L. (ed.), *Women and Revolution*, Boston: South End Press, 1981.

11) 그녀는 국가의 성차별화(gendering of the state), 즉 국가의 남성적 권력(Masculine power)이 법적인 차원, 자본가적 차원, 특권적(prerogative) 차원, 관료제적 차원 등에서 발견될 수 있다고 보았다. 이러한 여러 차원의 남성적 지배는 상호연관되고 상호강화하며, 부분적으로 충돌하기도 하지만, 국가를 통한 남성지배를 유지, 재생산하게 된다고 보았다. Wendy Brown, "Finding the Man in the State", *Feminist Studies 18(1)*, Spring 1992.

12) Bahro, R., *Socialism and Survival*, London: Heretic Books, 1982.

13) Thompson, E. P., (ed.), *Extremism and the Cold War*, London: NLB, 1982; Bahro, R., 앞의 책.

14) Roszak, T., *Person/Planet*, NY: Doubbleday, 1979.

이런 점에서 해방의 프로젝트는 단일한 프로젝트가 아니라 '복합적 해방의 프로젝트'로 이해되어야 한다고 생각한다.[15]

둘째, 권력 자체가 갖는 내재적인 억압성에 대한 인식이 필요하다는 것이다. 권력은 본질적으로 '자기절대화'[16]와 '자기은폐화'의 경향을 지니고 있다. 권력의 이러한 성질은 관료화(bureacratization)의 과정을 통해 이루어진다. 권력의 속성을 고려할 때, 진보진영에는 권력담당 주체의 계급적 혹은 세력적 전환뿐만 아니라 권력 자체의 내재적인 억압성을 인식하고 그것에 대응하는 실천이 요구된다.

좌익독재의 타락의 경험은 바로 반(反)권력적 실천의 중요성이 진보적 실천의 일부로 인정되어야 함을 보여주고 있다. 사회주의하에서 "정당은 국가에 흡수되고, 국가기구는 과도하게 팽창하며, 정치적 의지의 민주적 형성은 자기 프로그램화된 정치체제(self-programming political system)로 대체되었다.[17] 기존의 사회주의 국가권력은 권력담

---

15) 20세기 말의 현실 속에서 다양한 해방운동은 '반자본주의적 연대'의 수준에는 이르지 못할지라도 '반(反)시장적 연대' 속에서 묶일 수 있다고 생각된다. 세기말의 현실을 볼 때 여전히 계급해방의 과제가 해결되지 않았고 글로벌한 신자유주의적 물결 속에서 자본의 세계지배는 오히려 강화되고 있다. 정보화와 그에 의해 지원되는 범지구화의 물결은 시장의 논리가 더욱 다양한 해방운동을 위협하고 있다고 할 수 있다. 이런 점에서 '반시장적 연대' 혹은 '시장만능주의'에 대항하는 연대가 다양한 해방운동을 묶는 토대가 된다고 생각된다. 다시금 세계적으로 맹위를 떨치고 있는 자유시장논리에 맞서 시장의 가혹성에 대항하여 인간다운 삶을 실현하려는 '반시장적 연대'는 여전히 이 시대에 유효하고 절박하게 제기되고 있다.

16) 이에 대해서는 주지하다시피 '과두제의 철칙(iron law of oligarchy)'을 주장한 미헬즈의 고전적인 논의(Michels, R., *Political Parties*, trans by Eden and C. Paul, intro by S. M. Lipset, NY: Collier Books, 1962)가 있다. 그는 단지 절대화의 조직적 기제를 설명하였다고 할 수 있고, 필자는 좀더 일반적으로 권력의 자기절대화의 경향성을 이야기한 것이다.

17) Habermas, J., 앞의 글.

152

당 주체의 계급적 전환을 성취하였음에도 '우익독재'보다 더 억압적인 '좌익독재'로 전락하였는데, 이것은 바로 권력의 자기절대화에 대한 통제기제가 부재한 데서 나타난 현상이라고 할 수 있다. 현존사회주의 권력은 권력의 인간화를 오직 권력담당 주체의 계급성 문제로만 접근하여 인류가 오랜 투쟁을 통해 쟁취한 민주주의적 제도, 시민권과 인권을 보장하는 제도적·법적 체계들을 모두 부차화하는 오류를 범하게 되었다. 그 결과 통제기제를 갖지 못한 사회주의권력의 자기절대화와 자기은폐화의 경향은 권력담당 주체 개인들의 권력욕과 결합되면서 좌익독재의 타락한 모습을 우리에게 보여주었다.

　이러한 현실에 대응하려면 우리는 민주주의가 자본주의로 환원되지 않는 독자적인 인류사적 쟁취물이라는 인식을 가져야 한다. 민주주의는 자본주의의 최적의 정치적 외피(political shell)이고[18] 동시에 상부구조를 규정하는 주요한 측면이지만 결코 자본주의로 환원되지 않는 성격을 지니고 있음을 전제하여야 한다. 근대세계 속에서 '자본주의와 민주주의의 모순적 결합'[19]은 자본주의의 타락을 일정하게 제어하고 노동자계급이 민주주의 틀 내에서 자본주의의 극단적인 착취적 성격을 통제할 수 있게 함으로써 역설적으로 노동자계급의 자본주의 내의 체제내화를 가능하게 하였다. 기존 진보이론의 환원론적 인식은 오랫동안 민중투쟁을 통하여 부르주아지에게서 획득한 민주주의적 제도를 자본주의의 기계적인 상부구조적 구성물로 간주함으로써 나타나게 된 인식의 한 전도라고 생각된다. 서구 정치사에서도 볼 수 있듯이 자본주의적 토대에 상응하는 상부구조의 형태들 — 입헌군주제에서부터

18) Jessop, B., "The Schumpeterian Workfare State", *Studies in Political Economy 40*, 1993.
19) 박형준, 「시민사회론의 복원과 비판적 재구성」, 『마르크스주의의 위기와 포스트마르크스주의』(2), 의암출판사, 1993.

권위주의 및 전형적인 부르주아 대의민주주의에 이르기까지 — 의 나라별 차이를 낳은 요인은 바로 일국 내부의 계급적·사회적 투쟁의 결과라고 할 수 있다.

　사회주의하에서 '쟁취'된 민주주의를 수단화함으로써 사회주의 자체의 타락을 제어하는 제도기제를 상실하게 되었기 때문에, 역설적으로 사회주의 독재가 자본주의 독재보다 더욱 억압적인 결과가 나타나게 되었던 것이다. 우리가 동유럽 사회주의의 붕괴를 성찰할 때 민주주의를 내재화하지 못한 권력의 타락을 어떻게 제어할 것인가 하는 문제에 맞닥뜨리게 되는 이유도 여기에 있다. 노동조합이 당의 명령을 대중에게 전달하는 통제지향적 '전달벨트'로 기능하는 한 이러한 타락은 제어될 수 없다. 심지어 프롤레타리아 권력이 성립한다 해도 그것이 자기절대화와 자기은폐화의 내재적 경향을 통제하는 기제가 없는 한, 타락은 불가피하게 된다.

　권력의 자기은폐화와 자기절대화를 제어하는 힘은 궁극적으로 민중의 힘에서 나온다. 민중의 힘이 제도 내에 표출될 수 있는 민주주의적 기제를 폭넓게 확보하여야 한다는 것이다. 이것은 두 가지 차원을 요구한다. 먼저 변혁운동은 바로 민주주의 자체를 새로운 사회실현의 양보할 수 없는 원칙 중의 하나로 설정하여야 한다. 민주주의와 인권, 시민권은 결코 수단화되어서는 안 되는 원칙으로 존중되어야 하며 좌익적 실천 속에서도 견지되어야 한다는 것이다. 둘째는 권력의 자기절대화와 자기은폐화에 대항하여 그것을 통제하고자 하는 적극적인 실천이 존중되어야 한다는 것이다. 이것은 권력담당 주체의 계급적 전환뿐만 아니라 권력행사의 '전과정'이 감시되고 투명해지게 만들어야 한다는 것이다. 자본주의하에서 진행되는 권력감시적 운동이 진보적 의미를 갖는 이유도 여기에 있다.[20] 변혁 이전에 달성된 권력감시의 수준에 의해 변혁정권의 민주성이 결정될 뿐만 아니라 변혁정권 이후에도

154

정권의 권력행사를 감시하고 투명하게 하는 실천이 지속되어야 한다
는 것이다. 그래야만 권력의 타락을 막을 수 있다. 이런 점에서 민주화
의 실현이나 변혁의 실현이 일회적 사건이라는 인식은 반드시 극복될
필요가 있다.

셋째, 진보에 관해 사고할 때, 국가권력이나 정치권력의 급진적 전복
이라는 관점뿐만 아니라 '사회권력(social power)' 강화라는 관점이
필요하다는 것이다. 우리는 통상 변혁이라고 할 때 국가권력의 계급적
주체의 전환이라는 점에서 파악된다. 그러나 더욱 중요한 것은 국가권
력의 전환을 가능케 하는 강화된 사회적 힘 혹은 사회권력이다. 진정
한 의미에서 변혁은 계급적으로 분열되어 있는 사회에서 노동자를 포
함한 민중의 사회적 힘의 결집을 통해 국가권력과 정치권력의 급진적
전환을 성취하는 것이라고 할 수 있다. 흘러넘치는 사회적 힘을 통해
사회와 극단적으로 괴리를 보이는 국가와 정치의 '전복'을 행하는 것
이 바로 변혁이라고 하겠다.

실제로 세계 여러 지역에서 이루어진 혁명은 이런 방식으로 이루어
졌다. 그러나 문제는 혁명이 국가권력 및 정치권력 자체의 절대화 속
에서 사회권력의 무력화와 새로운 억압화로 나아가게 되었다는 것이
다. 사실 우리의 민주화운동이나 민중운동은 바로 국가권력과 정치권
력의 변혁을 가능케 하는 사회권력의 강화 과정이었다. 사회권력은 조
건에 따라 변혁적 형태로 표출될 수도 있고 비변혁적 형태로 표출될
수도 있다. 문제는 바로 사회권력이 — 단절적 형태건 점진적 형태

---

20) 국가기구의 여러 차원에 걸쳐 민중들의 감시와 통제를 위한 노력이 필요하
다. 또한 권력의 자기 은폐화에 대항하여 권력의 투명성을 위한 제도적 방안
의 마련과 그를 통한 다양한 노력이 필요하다. 구체적인 예로 '정보공개법'
(세계 20여 개국에서 시행되고 있고 한국의 경우 98년부터 시행됨) 같은 것
은 권력투명화를 위한 하나의 작은 장치가 될 수 있다.

건 — 국가 및 정치의 변화를 가능케 하는 힘이라는 것이다. 그런데도 기존의 인식 속에서는 국가권력과 정치권력의 혁명적 전복의 차원만 있었지, 그것을 가능케 하고 혁명적 전복이 실현된 이후에도 국가와 정치의 민중적 통제를 가능하게 하는 힘으로서 사회권력을 주목하지 못하였다(여기서 그 핵심적 구성으로서의 계급적 힘이 중요한 것은 두말할 나위가 없다). 그래서 혁명이 성공한 이후에 사회는 국가에 복속되고 포섭되고 말았고 그 극단적인 예를 우리는 스탈린주의에서 보았다.

이것은 우리의 기존 진보관이 상당부분 국가권력과 정치권력의 변혁이라는 차원에만 집중되어 있었음을 의미한다. 즉 변혁에 관한 사고에서 '국가주의적', '정치주의적' 경향이 있었다는 것이다. 필자는 국가전복의 차원을 부정하는 것이 아니다. 문제는 변혁을 가능케 하는 궁극적인 힘은 사회권력이라는 것이다.

정치주의적·국가주의적 인식[21]의 문제점은 다음과 같은 세 가지로 나타날 수 있다. 첫째는 여타의 변혁 차원을 부차화하는 문제로 나타난다. 둘째, 변혁이 성공한 경우 사회적 힘을 부차화하고 수단화하는 것이다. 이것은 권력의 자기절대화를 통제할 메커니즘을 상실하게 하며 궁극적으로는 국가와 정치를 타락시킨다. 셋째, 운동역량의 정치화를 촉진함으로써 국가와 정치를 규정하는 사회권력의 약화를 초래한다는 것이다. 물론 국가와 정치의 전환은 중요하다. 그러나 그것은 사회적 힘에 기초해야만 가능한 것이고, 전환된 국가와 정치의 민중적 규제 역시 바로 이러한 사회적 힘에 의해서 가능하다. 어떤 점에서 보면 사회권력의 수준만큼 국가권력의 변화가 나타나게 되는 것이다.

---

21) 국가주의적·정치주의적 경향의 구체적인 예를 들면, 우리 사회에서 사회운동적 야인(野人)은 없고 사회운동을 통해 일정한 지명도를 획득하면 바로 정치를 해야 하는 것으로 생각하는 추세를 들 수 있다. 우리의 의식 속에서는 일종의 '정치우월주의' 같은 것이 있다고도 말할 수 있다.

사회적 힘 혹은 사회권력의 내용은 민중의 힘의 강화(empowerment), 즉 민중권력을 의미하며 노동자권력, 시민권력의 강화를 의미한다. 사회권력의 중심적인 역량은 계급운동 역량이 될 것이다. 그러나 여기서 사회권력이라는 표현을 사용하는 것은 계급운동 역량으로 환원되지 않는 다양한 사회적 운동역량을 포괄하고자 하는 것이며, 앞서 지적한 바와 같이 해방운동의 다양한 역량을 적극적으로 파악하고자 하기 때문이다. 이런 점에서 사회운동은 국가와 정치의 인간화를 원천으로 하여 사회권력의 강화를 목표로 하는 운동이라고 보아야 한다.

국가와 정치가 사회적 요구와 극단적으로 괴리될 때, 사회권력의 흘러넘치는 역량에 기초하여 혁명이 초래될 수도 있다. 그렇게 성립한 혁명권력이 타락하면 새롭게 흘러넘치는 사회권력에 기초하여 새로운 혁명의 시대가 시작되어야 할지도 모른다. 그런 점에서 필자는 사회운동은 국가전복운동이나 정치운동을 일부분으로 하면서도, 그것과 구별되는 사회권력을 강화하는 '최후에 남은 자들의 운동'이 되어야 한다고 생각한다.

여기서 한 가지 지적할 점은, 필자는 사회권력 강화의 입장이 국가권력 및 정치권력의 전복의 관점과 함께 갈 수 있다는 생각을 갖고 있다는 것이다. 즉 사회운동은 — 구사회운동이건 신사회운동이건 — 정치적 전략을 부정하는 것은 아니라는 점이다.[22] "사회주의 운동이 새로운 형태의 노동자계급조직과 '신사회운동'이 표현하는 해방적 영감을 결합하는 새로운 방식을 발견해야 하는 것은 의심의 여지가 없다."[23] 사

---

22) 이 점에 대해서는 사회운동전략과 정치적 전략을 결합시키려는 복스의 논의를 참조. Boggs, Carl, *Social Movements and Political Power: Emerging Forms of Radicalism in the West*, Philadelphia: Temple University Press, 1986.
23) 엘린 메익신즈 우드, 손호철 편역, 『계급으로부터의 후퇴』, 창작과비평사,

회권력의 강화의 관점은 결코 '무정부주의적' 관점을 의미하지는 않는다. 필자가 지적하고자 하는 것은 사회권력은 국가권력 및 정치권력의 종속변수가 아니라 독립변수라는 것이며, 사회권력은 국가권력 및 정치권력의 절대화를 견제하는 근원적인 힘이 되어야 한다는 것이다.

넷째, 자본지배의 범세계화에 어떻게 대응할 것인가 하는 점이다. 이것은 자본억압의 존재형태가 일국적인 데서 일국적 차원을 넘는 방향으로 확장되어 가고 있는 상황에서 어떻게 저항의 국제적 전열을 가다듬어야 하는가의 문제이다. 이러한 현상의 근거는 물론 자본운동의 범지구화이다. 이러한 범세계화는 결코 동질적인 과정이 아니라 자본간의 국제적 경쟁의 격화과정[24]이라고 할 수 있고 이러한 자본간 경쟁의 격화가 서구국가의 '신자유주의적 국가'로의 변화를 강제하고 있다. 국가의 역할은 이제 재분배적 기능보다는 자본의 국제경쟁력을 강화하기 위한 '신성장노선'의 방향에서 이루어지게 된다. 자본운동의 범지구화와 그에 상응하는 국가의 재구조화[25]는 이제 그에 대응하는 노동과 민중의 국제적 연대의 확장을 요구하고 있다.

이미 자본주의는 대서양적 현상에서 — 현재 위기에 처하고 있으나 — 아시아적 현상으로, 나아가 전지구적 현상으로 확장되었다. 자본운동은 "공간조정기술을 통한 전지구적 네트워크화"[26]의 진전을 통하여 이미 일국의 경계를 넘어 범지구적으로 생산 및 자본운동을 조직화

1993, 246쪽.

24) Wood, Ellen Meikisins, "A Reply to A. Sivanandan", *Monthly Review 47(9)*, February 1997.

25) Jessop, B., "The Future of the National State: Erosion or Reorganization?", Forschungsgrouppe Europäische Gemeinschaften (ed.), *Future of the Nation State in Europe*, Phillips-Universität Marbug: Marburg an der Lahn, 1994.

26) 박길성, 『세계화: 자본과 문화의 구조변동』, 사회비평사, 1996, 63-66쪽.

하고 있다. 이른바 '네트워크 사회(network society)'의 등장[27]이 바로 자본운동의 새로운 조건을 표현하고 있다. 산업자본에 비해 금융자본의 초국적 운동은 더욱 범지구적으로 신속하게 진행되고 있다. 금융자본은 범지구적 운동이 가능한 단계로 나아가고 있다. WTO체제의 성립 이후 금융자본의 범지구적 운동에 대한 장애는 더욱 줄어들고 있으며, 정보화혁명을 통한 범지구적 운동의 기술적 장애 역시 줄어들고 있다.

자본운동의 범지구화는 일국적 틀을 전제로 하여 성립하였던 전후 사회민주주의적 국가의 약화를 의미한다. 또한 30년대 대공황과 파시즘 하에서 사회적·계급적 투쟁을 통해 '획득된' 전후의 사회민주주의적 복지국가가 자본운동의 범지구화로 유지될 수 없게 되었음을 의미한다. 자본운동의 범지구화로 일국적인 계급 타협의 틀이 무력화되면서 신자유주의 공세는 새로운 시장의 공적 규제의 기제를 무력화하고 시장중심체제로의 이행을 가속화하고 있다. 일국적인 사회적·계급적 투쟁의 결과로 획득된 일국적인 계급적 타협의 기제들 — 시장에 대한 공적 규제로 특징지어질 수 있는데 — 이 자본운동의 초국적화로 무력화된 상황에서, 이에 대응하는 아래로부터의 대응체제가 구축되지 않은 데 현재 문제의 심각성이 있다. 즉 제어되지 않은 초국적인 '자본독재'가 나타나고 있다는 것이다. 따라서 초국적화된 자본운동에 대한 공적인 국제적 규제를 어떻게 형성할 것인가가 중요해진다.

필자가 보기에 초국적화된 자본운동에 대한 규제는 국민국가 혹은 그 연합에 의해 규제될 수밖에 없다. 따라서 초국적화된 자본운동에 대한 범지구적 규제를 국민국가에 강제하고 국민국가들간 연합의 틀 내에서 국제적인 공적 규제가 제도화되어야 한다고 본다. 그와 동시에

---

27) Castells, M., *The Rise of the Network Society*, Cambridge: Blackwell, 1996.

노동조직 및 민중조직 간의 국제적 연대의 실질화를 통해 초국적화된 자본운동에 대한 직접적인 규제체계를 만들어야 한다. 현재로는 이러한 측면에서의 국제적인 연대가 충분하게 발전되지는 않았다. 그러나 초국적인 자본운동에 대한 초국적인 공적 규제체계를 만들어내려는 목적의식적인 노력을 하지 않는다면 당분간 노동자와 제3세계 민중의 고통은 신자유주의적 프레임 내에서 더욱 가중될 수밖에 없을 것이다.[28] 이런 점에서 우리는 사회운동의 '국제주의'적 차원에 대한 인식을 새롭게 할 것을 요구받고 있다고 할 수 있다.

2) 20세기적 근대의 위기와 급진주의적 전망

새로운 운동적 담론의 지적 단서들은 사회주의 붕괴를 반성적으로 성찰하면서 개방적인 진보적 인식을 가질 것을 요구하고 있다. 그러나 필자는 20세기적인 좌익적 실천의 타락과 한계에도 불구하고 급진주의(radicalism)적 전망을 견지하는 것이 중요하다는 점을 다시 한 번 지적하고자 한다.

---

28) 리피에츠는 포디즘의 위기극복을 위한 현대자본주의의 발전모델로서 미국 중심의 '노동유연성 지향형'과 독일·스웨덴 중심의 '노동자 참가 지향형'이 각축하고 있다고 보면서, 신자유주의와 세계화로 특징지을 수 있는 '미국형 발전모델'의 우세는 일시적 현상에 불과하다고 보았다. 그러면서 급증하는 생산능력과 부족한 유효수요, 자본의 이윤추구와 환경보전 간의 갈등, 자본의 재생산과 임노동 재생산 간의 모순 등 현대자본주의의 3대 모순을 해결하기 위해 '국가와 국가 간의 뉴딜'이라고 부를 수 있는 '국제적 조절'이 필요하다고 주장한다. 과거 사회민주주의 복지국가에서 일국적으로 이루어진 계급 타협에 상응하는 전지구적인 진보적 타협이 필요하다는 것이다. 좌담 「21세기 여명기의 대안」, 『당대비평』 1998년 봄호. 필자는 전후 사회민주주의적 계급 타협이 전전의 투쟁의 산물이었듯이 이러한 국제적인 타협의 기제 역시 '쟁취'되는 것이라고 생각한다.

160

20세기적인 좌익적 실천의 타락과 한계는 현존사회주의 붕괴에서 극명하게 볼 수 있었다. 중앙집중적 계획경제의 불구화와 '프롤레타리아 독재'의 좌익독재로의 전락, 문화와 생활의 전체주의적 통제 등은 타락한 모습의 대표적인 현상들이다. 그러나 좌익독재의 타락이 자본주의적 우익독재를 무조건 정당화할 수는 없다. 사회주의의 타락에 대한 절망 속에서, 많은 경우 "사회주의가 설사 매우 먼 미래에나 실현되는 것으로 연기되어야만 한다 할지라도 그것은 기껏해야 자본주의의 반명제가 아니라 자유민주주의의 단순하고 무비판적인 확장으로 묘사된다."[29] 그리고 마르크스주의의 핵심이라고 할 수 있는 '자본주의 비판'을 포기한다.

좌익독재의 타락이 '부르주아적인' 우익독재와의 싸움에서 급진적 전망의 기반을 크게 침식한 것이 사실이지만, 우리는 자본주의적 우익독재에 대한 정당화로 '후퇴'하기보다는, 20세기적 좌익독재의 타락을 성찰하면서 '전진'할 것을 요구받고 있다.[30] 좌익독재의 타락이 곧 급진주의적 정신과 비전을 포기해야 하는 이유가 될 수는 없다. 왜냐하면 20세기 사회주의의 붕괴는 사회주의체제의 전환뿐만 아니라, 자본주의 자체도 새로운 전환의 시기에 직면하고 있음을 보여주기 때문이다. 사회주의의 붕괴는 '민주주의 없는 사회주의' '과학기술혁명에 의한 생산력의 비약적 발전을 수반하지 않는 사회주의'가 붕괴하였다는 의미뿐

---

29) 엘린 메이신즈 우드, 「한국어판 출간에 부쳐」, 엘린 메이신즈 우드 외, 손호철 편역, 앞의 책, 16쪽.
30) 이 말의 의미는 "자유주의에서 배우는 것이 아니라, 그 품에 안기는 우(愚)를 범하는" 태도를 경계하여야 한다는 것이다. 마르크스 사후에 생긴 자본주의의 변화와 현존사회주의의 새로운 현실을 시야에 넣으면서도, 좀더 넓은 진보이념의 틀 속에서 마르크스의 이론적 유산과 더불어 비(非)정통적인 마르크스주의적 진보이론 및 비(非)마르크스주의적 흐름 속에서 인간해방의 다양한 유산들을 진보이념의 풍부화로 내재화할 수 있어야 할 것이다.

만 아니라 사회민주주의와 케인스주의 및 시장자유주의의 순환으로 유지되는 자본주의(이때 대립의 축은 사회민주주의적 복지와 신보수주의적 성장이 된다) 자체도 도전을 받고 있다는 의미도 갖고 있다. 현상적으로 보면 사회주의의 붕괴가 현국면의 주된 측면이 되고 있으나, 자본주의 역시 신자유주의적 이념, 포드주의적 축적체제, 케인스주의적인 조절양식, 팍스아메리카나 등으로 특징지어지는 '20세기적 자본주의'의 변화를 요구받고 있는 시점이다. 과학기술혁명을 근간으로 하는 새로운 축적양식은 아직 새로운 노동과정, 조절양식, 정치적·문화적 형태를 구체화하고 있지 못하고 있고 그런 만큼 불안정하다.

이런 점에서 급진주의적 시각은 사회주의의 붕괴를 사회주의적 전망의 소멸로 이해하기보다는, 문제투성이의 20세기적인 '천민적'이고 '관료적'이고 국가주의적인 사회주의의 붕괴로, 그리하여 새로운 21세기적인 '사회주의' 구체화를 위한 진통으로 이해할 것을 요구한다. 실제로 사회주의 붕괴는 그 자체로서 끝나는 것이 아니라 그것을 한 축으로 하던 냉전적 대립구도(자본주의 대 사회주의 체제의 대립)을 종식시킴으로써, 냉전적 대립구도 속에서 구조화되어 있는 자본주의의 새로운 '해체'적 진통을 수반할 것으로 예측된다. 사회주의와의 체제적 대립 속에서 억압되었던 자본주의의 모순은 지금도 현재화되고 있으며 앞으로 더욱 현재화되어 갈 것이다. 현재는 좌익적 정치구성물뿐만 아니라 전통적인 좌우의 모든 정치구성물이 다양한 수준에서 위기를 겪고 있는 것으로 파악되어야 한다. 세기말의 다양한 현상들은 비록 변화의 시대적 전형을 우리에게 일관되게 드러내주고 있지는 않지만, 20세기적 질서 속에서 고착된 자본주의적 질서 자체의 변화를 요구하는 진통이라고 할 수 있다. 이런 점에서 우리는 '좌익적 근대'에 대한 성찰과 동시에 '우익적 근대'에 대한 성찰을 동시에 요구받고 있다고 하겠다.

다음으로 '정통공산주의'적 좌익독재의 실패는 많은 사람들이 서구

162

의 사회민주주의에 경도되는 현상을 낳게 되었다. 그러나 필자는 사회민주주의 역시 20세기적 한계 속에 있으며 이를 뛰어넘는 대안적 체제에 대한 탐구가 필요하다고 생각한다. 역설적으로 케인스주의적 복지국가가 정착되고 서구민주주의가 대중들의 참여를 일정하게 제도함으로써[31] 사회민주주의의 역사적 주변화가 나타난 것에 주목할 필요가 있다. 복지국가는 완전고용을 성취하기 위해 수요관리 및 대중소비 규범을 일반화하였다. 그러나 전후 경제붐이 끝나자 효과적인 케인스식 복지정책을 위해 필요한 조건들도 동시에 사라졌고, 이러한 상황에서 사회민주주의는 점점 자본을 위하여 위기를 관리하는 제도로 변하게 된다. 영국 토니 블레어의 신노동당 정부나 프랑스의 조스팽 정부가 20년 가까이 신자유주의의 공세를 극복하고 당선되었으나 결국 신자유주의적 정책을 불가피하게 펴고 있는 현실은 이 점을 잘 보여주고 있다. 요컨대 사회민주주의의 국가화, 신보수주의적 도전에 의한 사회민주주의의 '우경화'가 현재의 사회민주주의의 현실이라고 할 수 있다. 좌익독재의 타락에 대한 절망은 사회민주주의로의 경도를 넘어 그를 뛰어넘는 급진성으로 표출되어야 한다고 생각된다.

정통공산주의의 붕괴와 서구 사회민주주의 정당의 친자본화는 그에 대항하였던 신좌파의 설득력을 높여주게 되었다. 그러나 신좌파의 많은 부류는 급진주의를 견지한 새로운 성찰적 탐구로 나아가기보다는, 포스트모더니즘에 경도됨으로써 급진성을 상실하게 되었다.[32] 포스트

---

31) Jessop, B., "The Transition to Post-Fordism and the Schumpeterian Workfare state", Roger Burrows et. al. (eds.), *Towards a Post-Fordist Welfare State*, London : Routledge, 1994.

32) 서구 신좌파가 정통공산주의의 붕괴와 사회민주주의의 체제내화에 반응하여 급진적 전망을 제시하고 하였으나 결국 포스트모더니즘으로 경도되고 만 것을 볼 수 있다.

좌파이론들은 자본주의에 총체적으로 대항하는 대신 "정치를 '담화'로 환원시키면서" "포스트모던한 세계의 파편들 내지 파편들간의 대안적 '담화들'을 위한 공간을"[33] 찾는 데 그치고 있는 경우가 많다. 이른바 '포스트모던'한 조건은 급진주의적 전망 내에서의 새로운 역사적 실천의 개발을 요구하는 것이지 급진적 실천 자체의 무화를 의미하는 것은 아니다.

이상의 성찰 속에서 우리는 급진주의적 전망의 필요성을 알게 되었다. 급진주의 전망 속에서는 계급억압이 극복된 초(超)자본주의, 민주주의, 시민사회의 자율성, 양성평등주의, 인권과 평화, 생태주의적 삶, 생활세계의 미시적 억압과 체제적인 거시적 억압의 극복, 자율화 및 분권화, 인종적·민족적 평등과 공존 등 인간해방의 기본 지향이 견지되어야 할 것이다. 과거에는 민주주의, 생태주의, 페미니즘을 혁명의 종속변수로 환원하였다면 이제는 그것을 변혁의 구성적 내용으로 설정하는 인식의 혁신이 요구된다.

20세기는 대안에 의해 사회운동적 실천이 이끌려지던 시대였다. 그러나 현재 우리는 경제주의, 국가주의에 매몰된 서구 사회민주주의의 한계, 혁명적 공산주의의 국가화와 타락을 넘어 국가와 사회운동의 세계사적 전형을 만들어야 할 과제를 안게 되었다. 좌익독재가 성장을 추구하면서 생태계의 위기를 야기한 공범자가 되었던 현실, 사회민주주의 국가하에서 노동운동이 신사회운동과 효과적인 정치연합을 이루지 못한 현실, 신좌파가 새로운 실천의 전형을 만들지 못하고 이론적 허무주의로 경도되는 현실을 급진주의적으로 성찰·비판하면서 새로운 세계사의 전형을 만들어야 할 과제를 안고 있다고 하겠다. 한국의

---

33) 엘린 메이신즈 우드, 「한국어판 출간에 부쳐」, 엘린 메이신즈 우드 외, 손호철 편역, 앞의 책, 17쪽.

운동현실을 보면, 정통공산주의 체제 내에서의 노동조합 등 계급운동의 무력화, 서구 사회민주주의 내에서의 노동조합운동의 체제내화와는 달리 급진적이고 전투적인 노동운동의 전통을 가지고 있다. 우리는 다른 운동적 조건 속에서 현존사회주의 붕괴의 위기를 맞았다. 60년대 이후 한국을 포함하여 이른바 '반주변'에서의 고도성장과 노동운동의 역동성, 글로벌 신자유주의하에서 '반주변'의 위기와 사회운동의 역동성은 서구와 동유럽이 실패한 경험을 넘어 운동의 세계적 전형을 만들 수 있는 물적 근거를 부여하고 있다. 이런 점에서 사회주의 붕괴 이후, 그리고 급변하는 세계에 대한 대안적인 인식과 실천의 세계사적 전형을 만들어야 할 의무가 한국사회운동에 있다고 하겠다.

3) 맺음말

90년대 진보는 어떤 것인가에 대한 완벽한 해답이 있는 것은 아니다. 바로 이러한 상황이야말로 세기말의 진보가 직면하고 있는 현실의 일차적인 특징이라고 할 수 있다. 그래서 우리가 구체화하여야 하는 진보는 '열린 진보' '다양한 유산에 대하여 개방적인 진보'라는 성격을 가질 수밖에 없다. 또한 필자는 90년대 우리가 구체화하여야 할 진보는 '계승과 혁신'의 통일 위에 서는 진보여야 한다고 생각한다. 현시기 진보운동은 결코 진공 속에 존재하는 것이 아니라 직접적으로 80년대의 역사적 현실 위에 존재한다. 그런 점에서 필자는 80년대에 우리가 획득하였던 긍정적 유산을 계승하면서, 그 부정적 한계를 극복하고 시대적 변화가 요구하는 정당한 혁신을 단행하는 진보여야 한다고 생각한다.

우리는 현시기가 진보진영에게는 분명 전진의 체제적 전망이 모호해진 시점이며, 대중들의 전반적인 비역동화(非力動化)로 인하여 전진

의 대열이 분산되어 있는 시점이라는 점을 인정할 수밖에 없다. 그러
나 80년대 내내 한국사회의 진보적 개인과 세력을 추동하였던 '노동
과 인간의 해방'을 향한 열정과 헌신적 자세가 살아 있는 한, 그리고
진보에 대한 우리들의 믿음이 살아 있는 한, 우리의 전진은 더디더라
도 계속될 것이라고 확신한다. 우리 사회의 많은 문제들로 고통받는
이웃들이 존재하는 한, 그리고 그것에 대한 우리들의 적극적인 관심이
살아 있는 한 진보의 행진은 계속될 것이라고 믿는다. 그리고 그 한 귀
퉁이에 진보의 과제가 있다고 믿는다.

4. 한국사회와 사회운동의 '탈식민화적' 인식과 '보편적' 독해

1) 머리말 : 동아시아의 부상과 위기의식

『거대조류 아시아』[1]라는 저서로 유명한 네이스빗(Naisbitt)은 "이전에, 즉 근대 이전에 아시아는 세계의 중심이었다. 이제 다시 아시아가 세계의 중심으로 복귀하고 있다"고 말한 바 있다. 물론 아시아 부상의 주된 근거는 이미 세계경제의 중심국가가 된 일본과 이제 새롭게 부상하는 중국이기는 하나, 한국 등 동아시아의 '네 마리 용'도 그 근거를 이루고 있음은 두말할 나위가 없다. 크루그만(Krugman)처럼 "동아시아의 호랑이는 종이호랑이 뿐이며, 60년대 소련의 성장거품과 유사하다"고 말하는 학자는 소수가 되어가는 듯하며, 동아시아의 예외성(East Asian exceptionalism)을 말하는 사람은 늘어가는 듯하다. 바로 동아시아 성장의 예외성, 거기에 주목하는 국제학계의 관심 이동으로 동아시아, 그 일부로서 한국의 고도성장 및 그에 따른 정치변동을 분석하는 것은 현단계 국제학계의 '시장성' 있는 주제가 되었다. 97년 아시아 경제의 위기, 특히 태국, 인도네시아, 한국 등의 경제위기는 이러한 시장성을 약간 다른 방향에서 만들어내고 있다. 즉 예외적 성장 이면에 있는 예외적인 위기의 구조가 그 원인일 것이다. 어쨌든 한국을 포함하여 동아시아에 대한 기성품(ready-made)적인 학술분석이 다량으로 쏟아져 나오고 있다. 그간 외국학계는 일반론적 논의를 하는 데 머물렀고 그 일반론을 적용하거나 수입한 것은 유학생이자 종속적 한국학

---

1) Naisbitt, John, *Megatrend Asia: Eight Asian megatrends that are reshaping our world*, NY : Simon and Schuster, 1996.

계였다. 그러나 이제 아예 기성품 '한국 분석상품'을 '직수입'하게 되지 않을까 하는 위기의식을 가질 만한 상황이 되어가고 있다. 범지구화의 진전은 세계적 보편성을 갖는 주체적 학문성과를 내든지 기성품을 수입하라는 양자택일을 강요하고 있다. 여기서 필자는 전자, 즉 주체적 학문성과를 내는 방향으로 나아가기 위해서는 지적 혁신이 필요하다는 점을 강조하고자 한다.

2) 사고의 식민지성, 탈식민화적 시각과 보편적 독해

지적 혁신은 우리가 어떻게 우리의 학문적 인식을 지배하고 있는 '지적 종속성'의 문제, '사고의 식민지성'을 극복할 것인가 하는 문제로 집약될 수 있다. 필자는 우리가 우리의 현실·역사·문화·사회를 대면하는 자세의 근저에는 '식민지성' '종속성'이라는 어떤 정신적 상태가 존재하고 있다고 생각한다.

사고의 식민지성은, 먼저 우리가 이방인의 눈을 통해서, 서구 학자들의 시각을 준거로 우리 현실을 보고 있다는 점에서 찾을 수 있다. 우리 현실을 응시하는 우리 시선은 '발전된' 서구인들에 준거를 두고 있다. 하버마스를 한국에 초청하여 놓고 한국인권운동의 미래를 묻는 발상, 외국 이론가에게 한국노동운동의 이념을 묻는 자세에는 바로 그러한 '준거(準據)의 전도(顚倒)'가 깔려 있다. 서구인의 시각을 준거로 한 우리의 시각은 바로 우리 현실 자체에 대한 비하와 연결되어 있다. 필자는 우리 인식의 근저에는 언제나 우리 역사, 전통, 문화, 경험에 대한 콤플렉스 같은 것이 존재하고 있다고 생각한다. 서구의 것은 크게만 보이고, 우리의 것은 작아만 보이는 것이 솔직한 우리의 사고패턴(mentaility)이다. 우리 것은 하잘 것 없다는 자기비하적 인식은 더 나아가 거창한 일반론의 대상은 서구의 현실이고 우리 현실은 기껏해야 서구적 일반론을 적용하는 대상 정도로 인식하는 사고가 된다. 서구의 현실은 대단히 보편적인 것이고 일반적인 진실을 보여주는 것인 반면 우리 현실은 보편성 혹은 일반성과는 관계가 먼 대단히 특수하고 일탈된 어떤 것으로 인식된다. 이것은 우리가 학문적 대상으로 삼는 우리 현실을 우리 스스로가 주변적으로 인식하는 사고방식이다.

개인적으로 필자는 80년대 민족적·민중적 학문을 주장하는 일군의 학자였고, 종속적 학문 재생산구조를 비판하면서 민족적 학문지향을 주장하였던 '제3세대' 학자 중의 하나였다.[2] 그런 필자의 사고 속에서도 이방인의 시선, 자기비하적 시각, 주변화적 사고 같은 것이 짙게 드리워져 있음을 부인할 수 없다.

여기서 필자는 우리 경험과 현실에 대한 '탈식민화(脫植民化)적 인식'[3]과 보편적 독해(讀解)라는 인식의 출구가 필요함을 절감하게 된다. 우리가 살아가는 현실을 대면하는 자세에 근본적인 전환이 요구된다는 것이다. 이것은 일종의 종속적 사고와 식민지적 시선을 뛰어넘는 지적·정신적 혁신 같은 것이다. 우리 사고 속에서 한참 작게만 느껴지는 우리 현실을 탈주변화적 사고로 다시 보는 것, 그 현실을 보편적인 것으로 재인식하는 것이 필요하다는 말이다. 이것은 현실의 재발견이자 인식의 재인식 같은 것이라고 할 수도 있겠다.

특히 학문적인 세계로 좁혀서 이야기하면, 세계사적 현실, 세계사적 이론은 따로 있고 우리 현실은 그것과 얼마나 다른가를 분석하는 준거 정도로 우리 현실을 취급하게 될 때 동아시아 학술상품의 범람 속에서

---

2) 조희연, 김동춘, 「80년대 비판적 사회이론의 전개와 '민족, 민중 사회학'」, 한국사회학회 편, 『한국사회의 비판적 인식』, 나남, 1990 참조.

3) 여기서 탈식민화라고 할 때, 필자는 포스트 식민주의(post-colonialism)[B. Ashcroft et. al. (eds.), *The Post-colonial Studies Reader*, London : Routledg, 1995 참조]의 논의와 특정하게 연관지어 사용하고 있지는 않다.

경쟁력을 갖는 민족적 학문은 불가능하게 된다. '이론화할 수 없는 현실은 없다'는 말이 함축하듯이 우리 현실 자체가 서구에서 발견할 수 없었던 세계사적인 새로운 진실을 찾아낼 수 있는 보편적인 현실인데도 우리의 식민지적 사고 속에서는 그것이 비보편적인 현실로 인식된다. 예컨대 자본주의 발전의 문제와 관련하여 보더라도, 영국의 자본주의 발전과 한국의 자본주의 발전은 상이한 개별적인 발전의 형태일 뿐이다. 단지 영국의 경우 개별적인 특수사례가 이론화되었는데, 그것이 종속적 사고를 갖는 외부인들에게 보편적인 것으로 인정될 뿐이다. 우리의 압축적인 자본주의 발전의 경험은 영국의 자본주의 발전에서 찾을 수 없었던 보편적 진실을 담고 있는 훌륭한 사례라고 할 수 있다. 이 풍부한 사례가 우리의 종속적 사고 속에서는 주변적인 현실로 치부될 뿐이었다.

탈식민화적 사고에서 우리 현실을 보면 그것은 보석으로 다듬어질 수 있는 광물이 널려 있는 놀라운 것일 수 있다. 실제 서구에서 수백 년이 걸리는 자본주의화의 긴 여정이 우리 사회에서는 수십 년간에 압축적으로 진전되었다. 그것은 우리의 현실 속에는 자본주의화의 온갖 비밀들이 압축적으로 존재하고 있음을 의미한다. 그 비밀들 중에는 서구의 자본주의화의 경험 속에서 이미 발견된 것도 있을 것이고, 미발견된 것도 있을 것이다. 그 미발견된 세계사적 진실이 발견될 수 있는 '위대한' 현실이 우리 현실이라는 인식이 필요하다. 마르크스는 혹독한 영국 자본주의의 현실 속에서 자본주의 생산과 재생산의 일반적 진실을 밝혀내지 않았는가. 단지 서구의 현실만 이론화될 수 있다는 사고가 그것을 막고 있다. 우리의 자본주의 발전, 민주화투쟁과 민주주의 이행의 경험을 세계사적인 것으로 보편적으로 독해해서 자본주의 발전과 국가변화의 보편적 진실들을 밝혀낼 수 있다. 『영국 노동계급의 상태』『영국 노동자계급의 형성』『루이 보나파르트의 브뤼메르 18일』[4] 같은 저작들이 우리의 압축적인, 그러면서 천민적 혹독성을 가진 자본주의 발전 속에서 수십 권 만들어질 수 있다고 생각한다. 군부독재하에서 잠재화되었던 지배블록 내의 균열이 전면화되고 여러 분파로 핵분열하면서 안정적인 새 지배연합을 구성하기 위하여 합종연횡하는 한국의 정치변동 — 3당합당이라는 상층 지배연합의 구성과 분열, 새로운 지역연합에 기초한 지배연합의 구성, 그 불안정 — 은 마르크스의 프랑스 3부작에서 보이는 이행기 프랑스 지배블록의 변화보다 더 풍부하고 흥미진진한 사례가 아닌가.

3) 모방적 산업화와 모방적 사고패턴

우리의 식민지적 사고, 종속적 사고는 지난 30여 년간의 소위 근대화의 패턴, 근대화의 사고패턴와 밀접히 연결되어 있다. 주지하다시피 우리의 60년대 이후의 성장패턴은 국내에 존재하는 풍부한 저임금노동력을 기본으로 하면서 외국에서 고가로 생산되는 노동집약적인 생산물을 '모방'하여 염가로 수출하는 방식이었다.[5] 이 방식은 사실 '성

---

4) 칼 마르크스, 허교진 역, 『프랑스 3부작』, 소나무, 1987.
5) 동아시아의 '수출형 축적체제'는 내부의 저임금노동력과 외부의 기술·자본·시장을 결합하는 속에서 작동하는 축적체제라고 할 수 있다. 여기서 중요한 기제는 모방적 생산이다. 동아시아의 신흥공업국에서 기술적 변화의 궤적은 모방자(immitator), 수정자(modifier), 개선자(improver), 혁신자(innovator)로 변화하는 것으로 상정할 수 있는데, 모방자와 수정자에서 개선자와 혁신자로 전환하는 것이 그 병목지점이 된다. Sum, Ngai-Ling, "Theorizing Export-Oriented Economic Development in East Asian Newly-Industrializing Countries: A Regualtionist Perspective", Cook, I. et. al, (eds.), *Danamic Asia: Business, Trade and Economic Development in Pacific Asia*, Aldeshot: Ashgate, 1998 참조.

공'하였다고 할 수 있다. 필자는 이것을 '모방적 성장' 패턴이라고 표현한다. 이러한 모방적 성장은 식민지적인 모방적 사고패턴에 기초를 두고 있었다. 즉 근대적인 것은 서구에 있고 우리의 전통, 역사, 문화는 전근대적인 것으로서 시급히 척결하여야 하는 것이며, 경제성장은 바로 서구적인 것, 미국적인 것을 최대한 신속하게 모방할 때 가능하다는 사고를 전제하고 있었다. 어떤 점에서 우리의 급속한 경제성장은 바로 철저한 모방적 사고, 자기 것을 철저히 버리고 서구적인 것, 미국적인 것을 철저하게 모방하는 기조 위에서 가능하였다. 80년대까지 한국이 '반미의 무풍지대'로 존재할 수 있었던 것도 바로 이러한 사고패턴 때문이었다고 할 수 있다. 한국적 근대화론의 사고패턴은 바로 이러한 미국지향적 모방적 사고패턴이었다.[6] 모방적 성장패턴과 모방적 사고는 서로 상승작용하면서 서로를 강화하게 된다. 그것은 전후 냉전적인 조건, 미국의 제3세계 지배전략 등과 맞물리면서 '성공'적으로 전개된다. 서구적 시각의 내재화, 자기비하적 현실인식, 전통에 대한 콤플렉스, 친미적 사고 등 사고의 종속성을 드러내는 여러 측면들은 바로 모방적 근대화, 그것의 근저에 있는 모방적 사고패턴에 의해 더욱 강화되었다. 한국경제의 모방형 성장구조는 식민지적 모방적 사고패턴과 상응관계를 갖고 있었고, 2차대전 이후 동아시아의 고속성장의 사고패턴은 기본적으로 이러한 특성을 벗어나지 못했다.

그러나 역설적이게도 바로 철저한 모방적 사고에 기초한 성장의 '성공'은 모방적 사고를 넘어서지 않고서는 진전될 수 없는 단계에 도달하였다. 모방적 사고, 식민화적 사고에서 창조적 사고로, 탈식민화적 사고

---

6) 한국과 대만은 미국의 아시아에서의 대공 봉쇄전략에 의하여 그 생존이 확보되었기 때문에 미국에 대한 지적·정신적 일체감은 여타 나라에 비하여 상대적으로 강하였다고 할 수 있다. '혈맹(血盟)'이라는 단어가 하나의 '합의'처럼 사용되는 것도 바로 이러한 지적·정신적 조건에 기인한다고 하겠다.

로 전환하지 않고서는 더 높은 단계로 전환할 수 없는 단계에 도달하였다는 것이다. 저임금과 모방적인 생산에 기초한 중저가(中低價)시장 공세 전략은 이제 동남아시아나 중국의 추격으로 한계에 이르고 있다. 글로벌화의 진전은 세계를 한 무대로 하는 자본간의 국제적 경쟁을 격화시키고 있고, 이러한 변화는 우리의 모방적 성장의 한계를 더욱 명확하게 만들고 있다. 글로벌 사회에서 살아남기 위해서도 바로 모방적 성장의 패턴을 벗어나야 하는 지점에 도달하였다. 모방적 성장, 모방적 사고 패턴이 이제 성장의 질곡으로 우리에게 다가오고 있다는 것이다.

그렇다면 모방적 사고패턴, 식민화적 사고패턴에서 어떻게 벗어날 것인가, 모방적 사고에서 탈모방적인 창조적 사고로 전환하기 위한 원천은 과연 무엇인가. 그것은 바로 우리의 역사, 문화, 전통에서 나올 수밖에 없다. 문제는 바로 우리 것을 탈식민화적 시각, 보편화적 시각에서 재발견하는 것이라고 할 수 있다. 우리의 지적·정신적 혁신은 준거의 변화에서부터 시작하지 않을 수 없다. 우리의 역사, 문화, 전통에 대한 재발견에서 시작하여, 우리 현실의 보편적 재인식으로 나아가야 한다. 또한 오리엔탈리즘에 즉자적으로 대립하는 역(逆)오리엔탈리즘을 넘어, 우리의 현실을 보편사적으로 재발견하는 것으로 나아가야 한다.

여기서 중요한 것은 새로운 지적 전환은 이미 존재하는 것을 찾아내는 보물찾기 같은 것은 아니라는 점이다. 그것은 우리의 경험과 역사와 문화를 재성찰하는 것으로 획득되고 발명되는 어떤 것이라고 할 수 있다. 한복의 곡선미 속에서 월드카의 디자인 착상을 발견하지 않고서는 이 창조는 불가능하다. 우리 압축형 자본주의 발전 속에서 영국 자본주의 발전에서 발견할 수 없었던 자본주의 발전의 세계사적 진실을 찾아내지 않고서는 불가능하다.

다행히 우리 사회 속에는 서편제 열풍, 문화유산답사의 열풍에서 보이는 바와 같이 우리 것에 대한 새로운 관심이 나타나고 있다. 이것은 중요한 출발점이라고 생각한다. 식민화적 사고패턴에서 탈식민화적 사고패턴으로, 모방적 사고패턴에서 창조적 사고패턴으로 가는 중요한 첫걸음이라고 생각한다. 문화유산을 재발견하는 것과, 우리 경험과 현실을 재발견하는 것은 동일한 지적 혁신의 과정이라고 할 때, 좀더 일반적인 정신적·지적 혁신이 요구된다고 할 수 있다.

그러나 우리 것의 재발견은 '전통주의적' 발상을 넘어서야 한다. 서구의 것에 대립되는 우리 것이라는 발상을 넘어서서 우리 것을 더욱 보편적인 것으로 인식하는 단계에까지 이르러야 한다. 현재까지 우리 것에 대한 관심의 제고는 기술(記述)주의적인 단계, 특수주의적인 기술(記述)단계를 벗어나지 못한 것으로 보인다. 이제 우리는 우리 속에서 진정으로 세계적인 것을 만드는 단계로 나아가야 한다.

우리 것의 보편적 인식은 동시에 우리가 보편적인 것이고 세계사적인 것이라고 여겨왔던 서구의 것을 상대화시키는 것이기도 하다. 어떤 점에서 서구의 역사, 서구의 것은 '과잉보편화' 되었다. 그것을 보편적인 것으로 인식하고 세계사의 준거로 받아들이면서 우리의 것은 '과잉특수화' 되었다고 할 수 있다. 그러나 서구의 것 역시 세계문명사 속의 하나의 개별적 예로, 우리의 것도 역시 세계문명사 속의 또 하나의 당당한 개별적 예로 인식되어야 한다. 영국의 자본주의 발전은 세계자본주의 발전의 하나의 개별적 예이며, 한국의 그것 역시 또 하나의 개별적인 예이다.

이런 점에서 김영삼정부 이후, 심지어는 김대중정부하에서까지, 세계화 혹은 국제화가 거꾸로 가고 있다는 인상을 지울 수 없다. 우려스럽게도 민선민간정부하의 '신자유주의적' 발상을 배경으로 하고 있는 세계화 구호는 글로벌한 시대 속에서 새로운 식민화적 사고의 연장으로, 모방적 사고패턴의 확장으로 가고 있다. 근대화가 60년대 이후 지배담론이었다면 90년대의 지배담론은 세계화이다. 문제는 바로 현재의 지배담론인 세계화가 60년대의 근대화담론이 전제하던 모방적 식민지적 사고패턴을 넘어서기는커녕 그것을 복제하고 새로운 형태로 증폭시키고 있다는 것이다. 세계화라는 것이 모방적 사고패턴에 기초한 근대화론적 사고를 다시 포장하여 유포시키는 것으로 존재하는 한 그것은 올바른 길이 아니다. 현재 세계화의 사고패턴은 영어를 배우는 것, 영어를 조기교육시키는 것, 미국적인 것의 모방 등으로 속류화되어 있다. 진정한 세계화는 한국이 미국화되는 것이 아니라 미국적 사고를 넘어서는 것이다. 글로벌한 미디어 네트워크의 지원하에 미국 문화자본에 의한 미국 대중문화의 세계화가 급속하게 진전되고 있다. 진정한 세계화는 바로 그러한 흐름을 역류하는 정신적 자세로 가질 때 가능하다. 미국의 초국적 문화산업자본이 생산하는 문화상품의 전세계적 일반화에 한국이 가장 최적의 시장이 되는 구조로는 우리의 성장의 한계를 돌파할 수 없다.

물론 어떤 점에서 글로벌화의 추세는 피할 수 없는 흐름이다. 중요한 것은 글로벌화를 어떤 사고패턴으로 대면하는가이다. 현재 우리 사회의 대면자세는 정확히 우리의 근대화 시절에 나타났던 식민지적 사고, 모방적 사고패턴의 새로운 부활이자 확장이라고 아니할 수 없다. 60년대 초에는 그것이 성장의 동력이었다면, 이제는 역설적으로 성장의 질곡이 되고 있다. 우리의 것을 탈식민화적으로 재인식하고 그것을 보편적으로 독해함으로써 지구촌사회가 공유할 수 있는 세계적인 것을 만들어내지 않는 한, 글로벌 시대 한국경제와 한국사회는 위기의 연속이 될 수밖에 없다. 필자는 IMF '경제신탁통치'로 전락할 수밖에 없었던 한국경제의 위기를 좀더 근원적인 시각에서 바라보면 바로 이러한 문화적·지적·정신적 기초에서 그 원인과 바람직한 해결방안을 찾을 수 있다고 생각한다.

4) 한국 사회현실과 사회운동의 '보편적 독해'

학문세계로 눈을 돌리면, 앞서 지적한 대로 동아시아의 예외적 성장, 동아시아의 경제력은 시장논리에 기초한 구미학계의 많은 연구자들을 유인하였고 그 결과 많은 연구성과가 나오고 있다. 많은 동아시아 연구들은 동아시아의 성장패턴을 세계사적으로 새로운 발전유형으로 정식화하면서 그것을 통하여 발전론의 새로운 지평을 열어보려고 하고 있다. 정작 우리들에게 동아시아, 아시아, 한국이란 작아만 보이는 대상이다. 이 동아시아의 성장은 서구, 좁게는 영국의 자본주의 발전과는 다른 경로를 밟은 동아시아의 자본주의 발전을 중요한 세계사적 전형으로 보여주고 있다. 어찌보면 물적 측면에서 지적 콤플렉스를 벗어나는 경제적 기초가 형성되어 있는 셈이다. 실제로 1인당 GNP를 비교하면 영국은 한국의 2~3배라고 할 수 있다. 그러나 우리의 사고 속에서 영국은 한국의 100배 정도의 위치를 점하고 있다. 어떤 점에서 경제력은 상당한 수준에 왔는데 사고패턴은 유아기를 벗어나지 못하고 있는 셈이다. 바로 이러한 사고의 전환이 없는 한, 위기의 돌파구는 없다.

필자가 속한 학계를 염두에 두고 볼 때, 최소한 한국의 경제성장이 가져온 물적 변화과 글로벌화의 세계적 추세는 이제 '모방'에 기초한 성장과 학문을 더 이상 용납하지 않고 있다. 동아시아 경제의 성장, 동아시아의 경험과 현실이 시장성 있는 주제로 부상함에 따라 외국 학자에 의한 기성품이 많이 만들어지고 있는 상황에서, 우리는 이제 기성품의 수입자가 될 것인가, 독자적인 지적 상품의 당당한 수출자가 될 것인가 하는 양자택일을 오히려 강하게 요구받고 있다. 당당한 경쟁자가 되는 것은 바로 우리 현실, 우리 사회 자체를 탈식민화적으로 인식할 수 있는가, 그것을 보편적으로 독해하여 세계적인 학술상품을 만들 수 있는가 없는가에 달려 있다.

　보수적인 학문세계는 말할 것도 없고 진보적인 학문세계도 식민지적 사고에서 자유롭지 못하였음이 솔직한 현실이다. 소련 국정교과서식 마르크스주의 인식과 논리가 80년대 많은 사람들의 사고를 지배하였던 것이 사실이다. '우파 식민지적 사고'를 이야기한다면 '좌파 식민지적 사고' 역시 말할 수 있다. 우리의 오랜 민족해방운동의 전통과 민중운동의 전통이 충분히 이론적으로 성찰되지 못하였다. 마르크스주의의 발전적 해석은 서구의 유수한 학자들에게만 있고, 우리는 그것의 충실한 번역자이자 모방자였다. 우리의 운동 경험이 탈식민화적으로 인식되거나 보편적으로 독해되지는 못하였다.

　이러한 논의는 사실 사회운동에도 적용될 수 있다. 우리들이 가진 오랜 습성의 하나는 일반론적 지침을 서구이론, 서구의 좌파이론에서 찾으려고 한다는 것이다. 그러나 그런 보편적 지침은 없다. 왜냐하면 한국의 운동이 세계운동에서 가장 선진적인 위치에 있기 때문이다. 우리 스스로가 세계적 사회운동 지평의 선두에 있다는 것을 인식하여야 한다. 물론 이론적 축적의 기반이 얕기 때문에 우리는 많이 배워야 한다. 그러나 그것은 생산요소의 수입 차원이어야지 완제품이나 반제품의 수입방식이 되어서는 안 된다.

　96년 말~97년 초 노동법 파동을 둘러싼 파업투쟁의 세계적인 수준에서 보더라도 우리의 노동운동은 선진적인 지위에 있다. 노동법 파동은 글로벌 신자유주의의 물결 속에서 '노동시장의 유연화'를 위한 글로벌한 자본공세의 일부라는 성격을 지니고 있는데, 그러한 공세에 대한 가장 모범적인 투쟁을 남한의 노동운동이 성공적으로 수행한 것이라고 할 수 있다. 침체된 서구의 노동운동에 비해, 분산된 제3세계의 노동운동에 비해 역동적인 한국의 노동운동은 글로벌 신자유주의의 흐름에 대해 가장 선도적인 투쟁을 행한 것이다. 물론 우리 내부에는 그것의 더욱 발전된 투쟁을 놓고 논쟁도 있었다.[7] 그러나 노동시장의 자유화, 유연화, 국제경쟁력 강화라는 이름의 세계적인 자본공세에 우리는 가장 훌륭한 저항자였다. 더구나 서구의 노동운동이 복지국가를 해체하는 데 대한 다분히 수동적이고 방어적인 저항이 주된 것이었다면, 우리는 공세적인 저항의 전범을 만든 셈이다. 프랑스 파리의 트럭운전사들의 파업만 중요한 것은 아니다. 우리가 우리의 사회운동에 접근할 때 이러한 전제 위에서 접근하여야 한다. 바로 이 전제 위에서, 탈식민화적 인식 위에서, 우리의 사회운동을 현시기 세계적인 운동의 일부로 보편적으로 독해하려고 하여야 한다.

우리의 훌륭한 사회운동, 민주화투쟁의 경험 속에서 사회운동의 보편적인 진실들을 발견하여야 한다. 고도성장뿐만 아니라 사회운동의 역동적인 전개, 민주화투쟁의 전투적인 전개가 바로 '대한민국'의 자부심이기도 하다. 이태리의 자랑은 '유연전문화(flexble speicialization)'의 전형을 만든 북부 제3공업지대만이 아니고, 무솔리니와 싸우면서 레닌과 다른 이론적 통찰력을 마르크스주의적 실천을 제공한 그람시이기도 하다. 실제 60년대 이후 제3세계의 다양한 반독재, 반제 투쟁 중에서 우리의 운동은 중요한 위치를 차지하고 있다. 문제는 우리가 우리 사회운동의 경험을 하잘 것 없는 것으로 인식하고 사회운동의 온갖 지혜는 서구의 이론 속에서 배울 수 있다는 사고이다. 이런 상태를 극복하는 중요한 인식의 혁신은 우리의 현실과 운동의 보편적 요소를 성찰하고 그것을 정식화하는 데서부터 출발하여야 한다. 작은 예이겠는데, 광주민주항쟁은 아시아 후발산업화 과정에서 개발독재체제에 대항하여 민주주의와 인권을 사수하기 위하여 가장 선진적으로 투쟁했던 사례이다. 광주정신은 민주주의와 인권의 아시아적 지평을 여는 것이기도 하다. 이런 광주

------

7) 이에 대해서는 다음을 참조. 한국노동이론정책연구소, 「현단계 노동운동의 과제」, 87년 노동자대투쟁 10주년 기념 심포지엄 자료집, 1997. 9. 4.

정신의 정식화는 광주의 선진적인 운동이 이제 후발산업화 개발독재 속에서 신음하면서 투쟁하는 아시아 민중의 민주주의와 인권을 향한 투쟁을 지원하는 다양한 활동을 통해서 진정으로 아시아적인 것이 될 수 있다고 생각한다.

우리의 운동 속에서 그리고 우리의 진보학문 속에서 세계적인 것을 만들어야 한다. 아시아의 많은 후발자본주의화의 나라, 후발민주화 나라들에 대하여 우리는 많은 것을 말할 수 있고 또 말해야 한다.[8] 이것이 바로 80년대를 안고 글로벌한 차원으로 나아가는 것이고 2000년대를 향하여 나아가는 것이다. 물론 우리는 우리 현실의 탈식민화적 인식, 우리 현실의 보편적 독해를 행하는 데 진보적·민중적 시각에서 행하여야 된다는 과제를 동시에 안고 있다. 우리 현실과 사회운동의 '탈식민화적' 재인식, 우리 현실과 사회운동의 보편적 독해만이, 동아시아, 한국에 대한 학술상품이 국제적으로 쏟아지고 있는 상황 속에서 완전한 지적 수입상으로 전락하지 않고 주체적 세계화를 달성할 수 있는 출발점일 것이다. "해답은 없다. 그래서 해답은 우리가 만드는 것이다"라는 자부심과 주체적 태도가 우리 시대의 지식인과 운동가에게 필요하다.

---

8) 필자는 외국에서 한국의 사회운동에 대하여 발표할 기회를 가진 적이 있다. 80년대 이후 민주화운동의 변화와 발전, 반전에 대한 것이었다. 한 아시아 출신 청중이 필자에게 한국의 민주화운동의 경험이 후발 아시아국들에 던져주는 사회실천적 교훈은 무엇이냐고 물었다. 그 당시 필자는 변변한 대답을 하지 못하였다. 그러나 '아시아적 관점'에서 우리 운동의 경험을 성찰한다면, 우리 운동은 한국에서만 유의미한 것이 아니라 아시아 민중에게도 유의미한 것이 될 수 있다고 생각한다.

제4장 제도정치와 진보진영의 정치세력화
― 한국과 브라질 비교연구

1. 문제의식

　제4장부터 7장까지는 보수적 민간정부로 지배의 정치적 형식이 변화되는 것에 대응하여 주어진 도전과 응전을 네 가지 쟁점영역으로 살펴보고자 한다. 그 네 가지를 필자는 정당정치영역, 시민운동영역, 노동운동영역, 통일운동영역으로 설정하였는데, 여기서는 그 첫번째 영역을 다루려고 한다.

　권위주의에서 민주주의로의 이행에서는 불확실성이 그 특징이다. 이 말의 의미는 민주주의로의 이행 이후에도 권위주의로 회귀할 가능성이 있다는 것뿐만 아니라, 권위주의 이후에 나타나는 정치체제의 개방성 정도도 매우 다양한 모습을 보인다는 점에서 그러하다.[1]

---

1) 쉐보르스키는 민주화란 불확실성을 제도화한 것이라고 파악한다(Przeworski, *The Democracy and Market*, Cambridge University, 1991 ; Przeworski, "The Games of Transition", O'Donnell, G. A., et al, *Issues in Democratic Consolidation*, University of Notre Dame Press, 1992). 즉 그 게임의 결과

한국과 브라질은 각각 87년 12월과 89년에 대통령 직선제 선거를 실시함으로써 민주주의로의 이행이 그 궤도에 진입하였다. 그러나 양 국가는 권위주의로부터 민주주의로의 이행[2]이라는 거시적인 유사성에도 불구하고 90년대 중·후반의 시점에서 볼 때 큰 차별성을 보이고 있다.

양 국가 사이에 있는 가장 큰 차이점은 아마도 민주주의로의 이행 이후 발생한 정치공간의 다양화[3]에서 찾아볼 수 있을 것이다. 한국의 경우는 민주화로의 이행 이후에도 기본적인 정당구조가 변화하지 않고 있다. 비록 92년 선거를 통해 몇 개의 군소정당들이 탄생했음에도 불구하고 그 정당들이 대표하는 이해집단들은 기존의 양당이 대표하고 있던 이해집단들과 별다른 차별성을 보이지 않고 있다. 이에 반해 브라질의 경우는 89년 선거에서 진보진영을 대표하던 룰라가 2등을 차지했던 데서 볼 수 있듯이 다양한 이해들이 정치적 영역에 반영된 것을 알 수 있다.

이 글의 문제의식은, 왜 한국의 민주화는 기존의 정치공간의 확장으로 이어지지 않은 반면, 브라질의 경우에는 그것이 확장으로 이어질 수 있었는가에 집중되어 있다. 구체적으로 왜 브라질은 민주주의로의

   를 그 누구도 선험적으로 결정할 수 없는 정치체제라는 것이다.

2) 민주주의로의 이행이 곧 형식적 민주주의의 완성을 의미하는 것은 아니다. 권위주의에서 민주주의로의 이행은 대부분의 경우 제한적·통제적 성격을 갖고 있을 수밖에 없다. 이에 대해서는 O'Donnell and Schmitter, *Transition From Authoritarian Rule: Tentative Conclusions about Uncertain Democracies*, The Johns Hopkins University Press, 1986: Przeworski, "Some Problems in the Study of the Transition to Democracy", 1987: 「민주주의 이행에 관한 몇 가지 문제점」, 『권위주의정권의 해체와 민주주의』, 염홍철 옮김, 한울: Przeworski, 앞의 책, 1992 참조.

3) 정치공간의 다양화란 합법적인 정치세력들이 얼마나 다양한 이해를 대표하고 있는가를 의미한다.

이행과정에서 진보진영이 정치세력화에 성공한 반면 한국은 실패했는가라는 점이 이 글의 중심주제이다. 특히 한국의 진보적 정치세력화를 제약하고 있는 요인들이 무엇인가를 비교사회적 논의를 통해서 부분적으로 조명할 수 있을 것으로 판단된다.

진보진영이 제도정치권에 진입하는 경로는 개인을 염두에 둔다면, 온건제도야당에의 참여를 통한 우회적인 진입의 경로가 있을 수 있고, 온건제도야당과 구별되는 독자적인 정치적 세력(특히 당)으로서 온건제도야당과의 경쟁 속에서 진출하는 직접적인 경로가 있을 수 있다. 전자의 경우는 지배블록의 '변형주의(transformism)'[4]적 재편과정에서 나타나는 하나의 현상으로 볼 수는 있지만, 엄밀한 의미에서 진보진영의 정치세력화로 볼 수는 없다. 이 글에서 진보진영의 정치세력화라는 범주 속에는 우회적인 개인적 진출의 경로는 제외하고 집단적인 독자성을 유지하는 방향에서의 시도만 포함시켰다.

2. 이론적 논의

한 사회의 진보적 세력들이 제도정치영역에서 정치세력화를 성공적으로 수행하느냐 그렇지 않느냐를 규정하는 요인은 일차적으로 진보적

---

4) 변형주의란 지배에 대한 민중의 동의의 철회로 인하여 조성된 지배의 위기상황에서 지배가 혁명적이고 단절적 방식으로 재편되기보다는 점진적이고 연속적인 방식으로 변화되는 것을 의미한다. 즉 지배정당이 저항진영을 개인적 혹은 집단적으로 흡수함으로써 지배정당이 변형되고 그 결과 지배정당의 정치적 불안정성이 완화되는 것을 의미한다. 이에 대해서는 Gramsci, A., *Selections from the Prison Notebooks*, London: Lawrence and Wishart, 1971; Jessop, B., *The Capitalist State*, Oxford: Martin Robertson, 1982 참조.

세력들이 자신의 기반이 되는 노동자계급으로부터 적극적인 지지를 획득할 수 있느냐 없느냐 하는 점과, 나아가서는 자신의 1차적인 기반계급을 넘어 여타 중간적 계급의 추가적인 지지를 획득할 수 있느냐 없느냐에 달려 있다. 이 양 측면은 특정 시점에서 긴장관계나 딜레마로 나타날 수도 있으며, 이 긴장이 극소화되느냐 극대화되느냐가 특정 시점에서의 정치세력화의 성공도를 규정할 수 있다.

유럽의 역사적 경험을 보면, 이러한 점을 확인할 수 있다. 즉 사회민주주의정당의 성공은 크게 보아 두 가지 사실에 기초하고 있음을 알 수 있다. 먼저 사회민주주의정당은 대부분 자신들의 지지기반이라고 할 수 있는 노동자계급으로부터 절대적인 지지를 얻고 있음을 알 수 있다. 다음으로 사회민주주의정당은 여타 계급의 지지를 얼마나 동원할 수 있는가에 따라 성공과 실패를 경험하고 있다. 그러나 양자 사이에는 하나의 모순이 존재한다. 즉 사회민주주의정당이 자신들의 정치전략 속에 노동자계급이 아닌 다른 계급들의 이해를 반영하고자 하는 순간, 노동자계급정당으로서의 정체성이 사라진다는 것이다. 따라서 노동자들과 사회민주주의정당과의 일체감이 감소되며 결국은 노동자계급으로부터의 득표가 감소되는 결과를 낳게 되는 것이다. 물론 이러한 모순 때문에 사회민주주의정당이 항상 딜레마에 빠지는 것은 아니다. 사회민주주의정당이 지속적으로 집권하고 있는 북유럽 국가들의 경험은, 정당 외에도 노동자들에게 노동자라는 정체성을 부여하는 조직이 굳건히 존재하는 경우 사회민주주의정당은 자신들의 전통적인 지지기반을 침식당하지 않으면서, 여타 다양한 계층의 지지를 획득하는 것이 가능함을 보여준다.

진보진영의 정치세력화의 결정적인 분기점이 되는 기반계급의 지지획득과 여타 계급의 지지획득의 문제는 두 가지 차원의 조건에 의해 상이하게 나타나게 된다. 첫째는 계급형성적 차원의 조건이며, 둘째는 정치·제도적 차원의 조건이다.

먼저 계급형성적 차원의 조건을 살펴보자. 사회민주주의정당의 성공요인을 분석한 기존의 논의들은 다음과 같은 요인들을 지적하고 있음을 알 수 있다. 첫째, 노동자계급 내부의 이질성이 작을 경우, 둘째, 노동자계급과 여타 피지배계급과의 이질성이 작을 경우,[5] 셋째, 정당 이외의 조직(예를 들면 노조 등)들이 노동자들로 하여금 노동자라는 정체감을 깊이 부여할 수 있는 경우 사회민주주의정당들은 선거에서 더욱더 승리할 가능성이 크다. 세번째 조건과 관련하여 쉐보르스키는 노조의 조직률이 높고, 단체협약이 집중화되어 있으며, 노조 조직원이 단일한 노조로 일원화되어 있을 경우 가장 효과적이라고 말한다.[6]

그런데 이러한 계급형성적 조건을 갖추었다 할지라도 그것이 진보정당에로의 투표라는 형태로 표현되기 위해서는 여타의 정치·제도적 매개요인이 작용하게 된다.[7] 따라서 진보진영의 정치세력화는 다양한 정치적 조건들에 대한 고려를 포함한 것이어야 한다. 진보세력의 정치세력화를 "보수적 정치세력으로부터 진보세력이 독자화하고 자립하는 것"이라고 할 때, 이러한 정치세력화를 규정하는 요인들로서는, 먼저 진입의 장벽을 구성하는 제도적인 측면으로 진보세력의 정치적 진입을 가능케 하는 선거제도가 존재하느냐 하는 점을 들 수 있다. 이에는

---

5) Esping-Andersen, G., *Politics against Markets*, Princeton University Press, 1985, pp. 31-32.

6) Przeworski, *Sprague, Paper stone*, University of Chicago Press, 1988, pp. 74-75.

7) 에스핑 앤더슨은 계급위치, 계급형성, 계급행동으로의 발전은 단선적인 과정이 아님을 주장한다. 즉 주어진 구조적 위치로서의 계급은 위치를 채우는 담지자들의 주관적·의식적 차원에서의 인식을 통해 계급형성으로 발전하며, 계급형성은 다시금 구체적인 정치적·이데올로기적 실천과정을 매개로 하여 다양한 계급행동으로 발전하게 된다는 것이다. Esping-Andersen, 앞의 책 참조.

184

소수정당의 정치적 표현을 용인하는 형태로 제도가 마련되어 있느냐 하는 것 등이 포함될 수 있다.

둘째, 진보세력의 정치적 활동에 대한 이데올로기적 개방성을 들 수 있는데, 이는 진보적 혹은 노동자계급적 정치활동을 부정하는 극우적 이데올로기가 얼마나 강고하게 존재하느냐를 의미한다. 한국과 같이 분단구조로 인하여 반노동자적 이데올로기, 보수적 이데올로기가 강한 현실도 진보세력의 정치세력화에 마이너스 요인으로 작용하게 된다.

셋째, 일정 시점에서 진보세력이 보수적 제도정치세력과의 미분리 상태에서 분리를 수행하게 되는데, 바로 이러한 분리과정의 국민적 정당성이 얼마나 크냐에 따라 정치세력화의 성취도가 상이하게 나타난다고 할 수 있다. 브라질과 한국의 경우에 있어 정치세력화의 역사적 맥락은 권위주의정권에 대한 투쟁기였다. 바로 이러한 역사적 시기에 권위주의정권에 대한 투쟁을 둘러싸고 진보적 세력과 보수적 세력 간의 분리가 불가피해지는데, 이때 그러한 분리가 반(反)권위주의정권에 대한 투쟁을 심화하고 가속화하는 데 효과적인 것으로 투영되어 국민적 지지를 획득하는 방식으로 이루어질 때 정치세력화는 더 성공적으로 수행될 수 있다. 이러한 상황은 진보세력이 자신의 기반계급인 노동계급의 지지를 획득하는 과제와 여타 계급의 지지를 획득하는 과제 사이의 긴장과 대립을 최소화할 가능성을 부여하게 된다. 물론 강력한 노조의 존재 유무는 분리의 정당성을 강화하는 요인으로 작용하게 된다.

넷째, 진보정치세력의 동원력 수준을 들 수 있다. 이것은 계급형성적 조건으로, 강력한 노조가 존재하는 경우에도 진보적 정치지향 세력이 그러한 노조에 대한 영향력을 강력하게 행사할 수 있느냐를 의미한다. 다른 표현을 한다면 진보정치세력이 기반계급 내에서 얼마나 대중적 기반을 갖느냐를 의미한다. 이러한 동원가능한 자원의 양에는 조직화된 민중에 대한 장악력뿐만 아니라 조직화되지 않은 민중에 대한 인지도 등이 포함될 수 있다. 더 나아가 이러한 동원력은 인적 자원뿐만 아니라 물적 자원에 대한 동원력도 포함될 수 있다.

다섯째, 진보세력의 정치세력화를 규정하는 정치적 조건으로서 경쟁대상인 거대야당의 변화를 들 수 있다. 거대야당의 변화는 두 단계로 구분해 볼 수 있는데, 먼저 민주주의로의 이행단계에서 얼마나 적극적으로 반군부정권 투쟁에 참여하였는가를 들 수 있다. 즉 야당이 반군부정권 투쟁에 적극적으로 참여하지 않을수록 진보진영의 독자적 정치세력화 가능성은 높아진다.

여섯째, 민주주의로의 이행과정에서 제도정치권 내의 거대야당이 여당으로 변화했는가를 들 수 있다. 민주주의로의 이행 이후에도 기존의 거대야당이 야당으로 존재하는 경우 진보정당의 입지는 자연히 제약을 받게 된다.[8]

이 글에서는 주로 정치·제도적 조건을 중심으로 하여, 브라질과 한국에서 전개된 진보진영의 정치세력화의 상이한 경로를 분석하고자 한다.[9]

---

8) 이 점은 특히 민주주의로의 이행이 대부분 제한적·형식적이라는 점 때문에 더욱더 큰 요인으로 작용하게 된다. 불철저한 민주화는 형식적 민주주의로의 이행을 넘어선 완성의 과제를 부과하게 되는데, 이에 대한 투쟁도 기존 야당이 주도할 가능성이 높다. 제한적·형식적 민주주의에 대해서는 김호기, 김영범, 「권위주의정권의 해체와 헤게모니 프로젝트」, 전기 사회학대회 발표논문, 1993 참조.

9) 계급형성적 조건에 대한 자세한 서술은 다음을 참조. 김영범, 조희연, 「진보진영의 정치세력화: 한국과 브라질의 비교연구」, 한국산업사회연구회 편, 『한국사회의 변동』, 한울, 1994.

3. 브라질과 한국 : 진입과 정체

이 절에서는 앞서의 논의를 토대로 브라질과 한국에서 나타난 구체적인 결과를 살펴보고자 한다. 먼저 브라질과 한국에 있어서의 진입과 정체의 구체적 전개과정을 살펴본 다음, 앞서 지적한 정치세력화를 규정하는 정치·제도적 요인들을 중심으로 브라질과 한국의 경우를 비교하면서 진입과 정체라는 결과적 양상이 어떻게 초래되었는가를 살펴보기로 한다.

1) 브라질 '노동자당'의 성공

브라질 노동자당의 설립에 대한 논의는 79년 파업에서 시작되었다. 79년 파업은 브라질 전역에 커다란 반향을 불러일으켰음에도 자본-국가의 거센 탄압에 의해 애초엔 기대한 정도의 목표를 달성하는 데 실패했다. 79년의 파업은 독립노조에게 하나의 교훈을 주게 되는데, 노동조합을 중심으로 한 노동자들의 직접적 투쟁만으로 노동자들의 요구를 관철시키기에는 역부족이라는 점이 바로 그것이다. 79년 최초로 논의되기 시작한 노동자정당 문제는 같은 해 있었던 선거법 개정을 통해 더욱 가속화되었다. 79년 피게이레두 정권은 야당의 분열을 목적으로 양당제에서 다당제로의 전환을 시도했다. 정당체계가 다당제로 변화되자, 기존의 정당들은 새롭게 창당될 수밖에 없었고, 따라서 여당이었던 국가재건동맹(ARENA)은 PDS로, 야당이었던 브라질민주운동(MDB)은 PMDB로 당명을 바꾸게 되었다. 다당제로의 변화는 기존 정당들의 변화와 함께 몇몇의 새로운 정당을 탄생시키게 되는데 PT, PDT, PP, PTB 등이 새롭게 탄생된 정당들이었다.[10] 독립노조가 중심이 된 노동자당은 82년 최초로 선거에 참여하게 되었다. 82년 선거는 상원, 하원,

시장, 주지사, 주의원 등을 새롭게 선출하는 포괄적인 선거였다. 이 선거에서 룰라는 노동자계급의 독자적 정당을 강조하게 되는데[11] 이것 때문에 나중에 PMDB로부터 격렬한 비판을 받게 되었다.

선거결과는 노동자당의 기대를 저버리는 것이었다. 노동자당은 선거를 통해 정당 존속의 최소요건인 전국 득표율 5%도, 주 득표율 3%도 넘지 못했다. 아래의 표는 82년 선거를 요약해 주고 있다. 자료가 보여주는 바와 같이 노동자당은 8명의 하원의원을 당선시켰을 뿐이며, 단 한 명의 상원의원도 당선시키지 못했다. 또한 전국적 지지율도 3.1%에 그치고 말았다.[12]

상원 · 하원 선거 결과

	하 원	상 원
PDS	235명	46명
PMDB	200명	21명
PDT	23명	1명
PTB	13명	1명
PT	8명	0명

• 자료 : Alves, 앞의 책, p. 228

---

10) 각 정당의 성격에 대해서는 Alves, M., H. M., *State and Opposition in Brazil*, University of Texas Press, 1985, pp. 218-219 참조.

11) 그는 한 인터뷰에서 경쟁상대는 PMDB라고 주장하는데, 이러한 주장은 노동자들의 이해가 갖고 있는 차별성을 강조하는 것이었다.

12) Sader, E., Silverstein, K., *Without Fear of Being Happy: Lula, the Worker's Party and Brazil*, Verso, 1991, p. 81: 구로노동연구소 역, 『브라질 노동자당과 룰라』, 금강출판사, 1994.

선거결과가 노동자당의 기대와 달랐던 원인으로는 먼저 그 당시까지 주된 정치적 갈등이 민주-반민주의 구도였다는 점을 꼽을 수 있다. 즉 피게이레두 정권이 지속되고 있었기 때문에, 군부독재에 반대하는 세력들은 한 정당에 집결하여 군부정권의 퇴진에 복무해야 한다는 의식이 지배적이었다. 이러한 맥락에서 노동자당의 선거참여는 PMDB로부터 분파주의적 행동, 정권의 게임(Government's Games)이라는 비판을 받을 수밖에 없었으며, 특히 '당신의 표를 낭비하지 맙시다(Do not waste your vote)' 라는 PMDB의 선거구호는 저항세력들에게 큰 호응을 불러일으킬 수밖에 없었다.[13]

선거에서 실패한 이후 노동자당의 주요 구성인자였던 독립노조는 정당조직을 강화하기보다는 기층조직들의 강화에 더욱 집중하게 되는데, 그 결과 83년 노동자단일동맹(CUT)이라는 독립노조가 중심이 된 전국적인 노동조합 연합체를 결성하는 데 성공했다. CUT는 85년 노동조합 지도자 선거에서 단연 두각을 나타내게 되는데, 이 조직은 85년 현재 1,500만 명의 노동자들을 포괄하고 있다.

CUT의 성장은 85년의 시장선거에서 노동자당이 성공할 수 있는 토대를 제공했다. 85년 선거 결과 노동자당은 시장 한 명을 당선시켰을 뿐만 아니라, 여러 주에서 2등을 차지하는 성과를 올렸다.[14] CUT의 강화 외에도 노동자당에 대한 지지를 확대시키는 데는 85년의 특별한 정치적 상황이 중요한 요인으로 작용하였다. 85년 대통령선거를 통해

---

13) Keck, M. E., *The Worker's Party and Democratization in Brazil*, Yale University Press, 1992, pp. 144-149.

14) 시장으로 당선된 주의 경우 82년 선거에서는 0.9%의 지지밖에 획득하지 못했지만, 85년 선거에서는 35%를 획득했다. 여타 지방의 시장선거에서도 '노동자당' 의 후보는 12개 시에서 5% 이상의 득표율을, 그리고 3개 시에서 3% 이상의 득표율을 보여주었다. Keck, M. E., 앞의 책, pp. 154-155 참조.

야당의 후보였던 PMDB의 네베스가 당선됨으로써 기존의 독재-반독재 구도에 변화가 발생할 수밖에 없었다는 점이 그것이다. 즉 이제까지 반독재세력의 구심점이었던 PMDB가 여당이 되자 독재-반독재 구도는 반독재 내부세력들간의 경쟁으로 바뀌게 된 것이다. 변화된 상황 속에서 노동자당은 산업노동자들뿐만 아니라 다양한 기층조직들의 지지세력들이 표를 얻을 수 있는 전략을 추구했으며, 특히 신(新)중간계층에서의 득표를 확대할 수 있었다. 노동자당이 신중간계층에게서 지지를 얻고자 한 의도는 85년의 선거에서 노동자당의 후보로 지명된 사람들의 많은 수가 신중간계층의 배경을 갖고 있는 사람들이었다는 점에서 명확하게 드러난다. 이러한 전략의 수정 결과 85년 선거에서 노동자당이 가장 큰 성과를 올렸던 5개 시(市)의 후보는 중간계층 출신의 후보였다. 85년의 선거를 시작으로 노동자당은 노동자계급의 지지가 갖는 중요성을 인정하면서도 더 이상 노동자들만의 배타적인 지지에 의존하는 정당이 아님을 입증하였다.

88년의 시장선거는 앞서의 성공을 다시 한 번 확인시켜 주는 것이었다. 노동자당의 후보는 36개의 시에서 시장으로 당선되었으며, 1천 명이 넘는 시의회 후보가 당선되었다. 특히 놀라운 점은 100대 거대 도시에서 28.8%라는 지지율을 획득한 것이었다. 또한 이 선거는 노동자당에 대한 농민들의 지지가 확연하게 드러났다는 특징을 띠고 있었다. 즉 100여 명의 시의원 당선자 중 40%가 농촌의 노동자들이거나 교회가 중심이 된 농촌운동의 활동가들이었다.[15] 88년 선거에서 노동자당에 대한 다양한 지지는 먼저 CUT의 강화에 따라 노동자당에 대한 산업노동자들의 지지가 확고해졌다는 점 외에, 신중간계층의 노동조합이 활성

---

15) '노동자당'과 농민조직과의 관계에 대해서는 Sader, Silverstein, 앞의 책, pp. 55-76 참조.

화됨에 따라 신중간계층의 지지를 얻는 데도 성공했다는 점, 그리고 다양한 기층조직들과의 연대를 통해 농민과 도시빈민들에게 지지를 얻는 데 성공했다는 점에서 드러난다.[16] 이러한 브라질 노동자당의 성장과정은 이른바 '쉐보르스키의 딜레마', 즉 기반계급 지지 획득과 여타 계급 지지 획득의 딜레마를 극복하는 과정으로 파악될 수 있다. 79년에서 88년까지의 과정은 크게 보아 두 단계로 구분해 볼 수 있다. 먼저 79년부터 85년까지는 노동자당이 노동자들의 지지를 공고히 하는 단계였다. 이 시기는 또한 독립노조가 노조 내부에서 지도권을 확보한 시기이기도 했다. 이 기간 동안 독립노조가 CUT를 건설하고, 기존의 노조조직들이 점차 CUT에 포섭되게 됨으로써 노동자당은 노동자들의 이해뿐만 아니라 여타 피지배계급들의 이해를 반영할 수 있는 가능성을 확대할 수 있었다. 85년 이후의 과정은 노동자당이 자신의 강고한 지지기반을 토대로 여타 피지배계층의 지지를 확보하고자 한 시기였다. 따라서 85년과 88년의 시장선거 등에서 좀더 다양한 계층의 출신배경을 가진 후보자들을 제시하게 되었고, 이는 노동자당에 대한 다양한 지지를 유발하는 계기가 되었다. 즉 노동자당이 강고한 노조조직의 지원에 힘입어 쉐보르스키의 딜레마를 극복하는 데 성공한 것이다.

2) 한국의 경우

한국에서 진보진영이 제도정치권에 독자적으로 진입하려는 시도는

---

16) 브라질 사회의 자율적 조직들은 크게 보아 종교적 성격의 조직들과 세속적 성격의 조직들로 구분될 수 있다. 전자는 이른바 '기초공동체(CEBs, communidades eclesiais de base)'를 중심으로 구성되어 있으며, 후자는 다양한 지역공동체를 포함하고 있다. 브라질 사회의 자율적 조직들에 대해서는 Alves, M. H. M. 앞의 책, pp. 174-182 참조.

크게 다섯 번으로 구분하여 볼 수 있다. 두 번은 대통령 선거를 계기로 한 것이었으며, 두 번은 국회의원 선거를 계기로 한 것이었다. 먼저 87년 대통령 선거에 진입하려던 시도를 들 수 있다. 87년 대통령 선거는, 한국의 민주화 이행과정에서 결정적인 분수령을 이루는 87년 6월 민주화대투쟁에 직면하여 군부권위주의정권이 민주화투쟁의 요구를 '개량적'으로 수용하는 과정을 통하여 마련된 것이었다. 전국민적 민주화 요구에 대응하여 87년 6월 29일 당시 군부집권당이었던 민정당 노태우 총재가 '6·29 선언'을 발표하였다. 6·29 선언으로 군부집권당(민정당) 후보와 저항진영 후보의 '선거경쟁'이 가능하게 된 이후, 진보진영 내에서는 이러한 새로운 상황에 대한 대응방안을 둘러싸고 크게 세 가지 흐름이 나타나게 된다. 이른바 '비판적 지지론' '후보단일화론' '독자후보론'이 그것이다. 당시 민주화투쟁 진영은 85년 제도권에 진출한 구(舊)정치인들을 중심으로 하는 온건제도야당과 재야민주진영으로 구분할 수 있었고, 재야민주진영은 신민당으로 대표되는 온건제도야당과의 결합을 중시하는 우파와, 온건제도야당에 대해 명확하게 선을 긋고 독자적 정치세력화를 지향하는 좌파가 있었다. 물론 이 시기 재야민주진영 내부에서는 우파가 다수였으며, 후자는 소수였다. 세 가지 입장 중에서 비판적 지지론과 후보단일화론은 일종의 전술적 차이를 반영하는 것이었으며, 독자후보론은 전략적 차이를 반영하는 것이었다고 할 수 있다. 즉 비판적 지지론과 후보단일화론은 온건제도야당과의 연합을 강조하는 전략적 입장 내의 전술적 차이를 반영하는 것이라고 할 수 있었으며,[17] 독자후보론은 다른 두 입장과는 달리 독자화

---

17) 주지하다시피 '비판적 지지론'은 민주화진영 내 우파의 입장으로서 새로운 제도정치 공간에 대하여 독자적인 진출을 시도하기보다는 온건제도야당 후보 중 상대적인 진보성을 갖는 후보를 지원하여야 한다는 입장으로 볼 수

를 우선시하는 전략적 입장이었다고 할 수 있었다. 이러한 입장은 서로 평행선을 그리면서 진행되었다. 여기서 독자후보론 역시, 당시 대선 국면에서 재야민주진영이 군부집권당이나 온건제도야당과 국가권력 장악을 둘러싸고 경쟁할 수 있는 조건은 아니었으며 단지 온건제도야당과 구별되는 진보진영의 독자적 정치세력화의 '기반'을 확보하는 데 그 초점이 맞추어지는 국면이라는 정세인식이 여타의 다른 입장들과 공유되고 있었기 때문에, 대선 막판 경쟁에서 '후보사퇴'를 하게 된다. 87년 선거결과는 김영삼, 김대중으로 대표되는 온건제도야당 지도자간의 분열이 주요 요인이 되어 온건제도야당과 재야민주진영이 패배하고, 군부집권세력의 후보가 선거라는 형식을 통하여 '합헌적'으로 당선되는 결과가 나타나게 된다.

두번째 독자적 정치세력화를 향한 시도는 87년 이후 다양한 형태로 가시화되었다. 13대 대선에서 재야민주진영의 지원을 받았던 온건제도야당 후보들이 패배하고 군부집권당의 재집권이 이루어지자, 온건제도야당에 대한 국민적 신뢰는 급락(急落)하게 되고 이를 계기로 진보세력의 독자적인 정치세력화 시도가 나타나게 된다. 온건제도야당과 구별되는 독자적인 정치세력화 시도는 87년 말과 88년 초를 거치면서 '한겨례당'과 '민중의 당'이라는 두 가지 흐름으로 가시화되었다. 전자는 주로 70년대 학생운동 출신의 민주화진영 중견세대들을 중심으로 추진되었으며, 후자는 80년대 혁명적 지향을 가졌던 학생운동 세대들을 중심으로 추진되었다. 여기서 후자는 87년 대선에서의 '독자후보론' 진영 중 좌파그룹을 인적·조직적으로 계승하면서 전개되었다고

____

있으며, '후보단일화론'의 입장은 이러한 전략적 인식을 공유하면서도 현실적으로 분열되어 있는 온건야당 지도자의 '단일후보화'를 국민적으로 추동하자는 입장이었다.

할 수 있다. 이 두 세력은 88년 4월 26일 13대 총선에서 독자적인 진입을 각각 시도하였으나, 1명의 당선자도 내지 못함으로써 두 가지 흐름 모두 제도정치 진입에 실패하게 된다.

세번째 독자적인 세력화 시도는 14대 총선에 즈음하여 가시화되었다. 14대 총선을 통해 진보진영의 일부 그룹은 독자적인 당 형태로 전면적으로 정치권 진입을 시도한다. 88년 노태우정권이 성립된 이후 민주화운동 진영은 새로운 정세에 대한 해석과 대응에서 다양한 의견들이 나타나게 된다. 군부권위주의정권의 '형식적' 퇴조는 반대급부로 장외투쟁보다는 제도정치의 비중을 높여놓았고, 아울러 민주주의 투쟁에서 절차적 민주주의 공간을 통한 투쟁이 중요해지면서 재야민주진영 내부에서는 독자적인 진보적 대중정당 건설론이 부각되게 된다. 이 시기에 재야민주진영 내부에서는 독자적인 정당건설론의 흐름과 이에 반대하는 독자정당 건설 '시기상조론'이 존재하였다. 재야민주진영의 상층 정치지향 역량은 노태우정권하의 제도정치영역의 확장에 대응하여 다양한 형태로 진입을 시도하게 된다. 이 흐름들은 통합된 대오로 제도정치권에의 진입을 시도하기보다는 일부는 온건제도야당의 이합집산 과정에 편입되고, 일부만이 독자적인 정당건설(민중당)을 시도하는 흐름으로 나타나게 된다. '민중당'의 경우 92년 총선에서 50명의 후보를 출마시켰지만 1명도 당선되지 못했고, 유효득표율도 1.5%에 그쳐 당이 해산되어야 하는 시련을 겪었다. 이 총선에서 일부 민주당 입당파의 경우 높은 당선율을 보인 데 반해, 민중당이라는 독자적인 정당을 통한 진입시도 및 독자후보를 통한 선거 참여는 모두 실패하게 된다.

네번째 재야민주진영 내에서의 독자적인 정치세력화 시도는 92년 14대 대선에서 '민중후보'로 나타나게 된다. 이때는 87년 대선에서 '독자후보'로 대선경쟁에 참여한 후 막판에 후보사퇴를 했던 백기완후보를 대선후보로 하여 대선경쟁에 참여하게 된다. 87년과 달리 92년 선거는 온건제도야당 지도자였던 김영삼이 군부집권당인 민정당과 통합하여(군부집권당인 민정당과 온건제도야당인 통일민주당, 민주공화당의 3당 통합) 새롭게 결성된 민자당 후보로 대선에 나섰고, 87년 재야민주진영의 '비판적 지지'를 받았던 김대중후보가 야권의 후보로 나섰으며, 새로이 독점자본을 대변하는 정주영후보가 '경제활성화'라는 명분으로 대선경쟁에 참가하였다. 바로 이러한 경쟁구도 속에서 민중세력의 독자적인 정치세력화를 지향하였던 민중후보는 고군분투하였으나 20여만 표(1.0%)를 획득하는 데 그치게 된다. 이러한 득표는 잠재적인 지지층마저 유효득표로 획득하지 못한 낮은 득표로서 92년 대선을 계기로 시도했던 민중후보를 통한 독자적인 정치세력화는 성공적으로 수행되지 못한 것으로 평가된다.

다섯번째, 97년 대선에서의 '민주와 진보를 위한 국민승리21' 운동을 들 수 있다. 그에 앞서 진보진영의 정치세력화 시도의 실패에도 불구하고, 97년 초 '당선가능한' 야당후보의 부재,[18] 95년 민주노동조합총연맹(이하 민주노총)의 출범이라는 노동자계급의 주체적 조건의 변화 속에서, 15대 대선에서 독자적인 민주진보후보이자 노동후보를 내려는 시도가 나타나게 된다. 97년 2월 22일 민주주의민족통일전국연합(이하 전국연합) 6기 대의원대회에서는 '우리 후보'를 낸다는 대선방침이 결정되게 되고, 3월 27일 민주노총 2기 대의원대회에서는 독자후보를 향한 대선방침[19]이 결정되게 된다. 6월 14일 전국연합 6기 임시 대의원

---

18) 97년 초 각종 여론조사에서 그 동안 재야운동 내에 일정한 지지세력을 가지고 있던 김대중후보가 집권당의 이회창후보에 대하여 패배가 확실시되는 상황이 조성되고 있었다.

19) 당시의 결정사항은 다음과 같다. "민주노총은 대중적 합의를 바탕으로 노동자가 적극 참여하고 각계·각층의 민주적이고 양심적인 세력과 함께 하는, 우리 사회의 민주적 개혁을 실현하고 노동자의 이익과 요구를 철저히 대변

대회, 7월 24일 민주노총 2기 임시 대의원대회에서 국민후보의 옹립과 공동선거대책기구를 꾸리기로 결의하면서 독자후보운동은 본격화되게 된다. 여기에 진보정치연합 2기 임시 대의원대회에서 7월 6일 국민후보운동에 동참하기로 결정하게 된다. 8월 4일 조직의 공식결정을 마친 민주노총과 전국연합 등의 인력으로 임시운영체계를 구성하게 되고 선거준비를 본격화하게 된다. 8월 18일 '국민승리21(가칭) 건설과 국민후보 추진을 위한 선언자대회', 9월 7일 '국민후보 추대와 국민승리21(가칭) 준비위원회' 발족식, 10월 26일 권영길 대통령후보 추대과정을 거쳐 15대 대선에서 민주진보후보운동을 진행하게 된다. 민주진보후보운동은 97년 중반을 거치면서 집권여당 후보가 아들의 병역문제로 인하여 지지도가 급락하고 김대중후보의 당선가능성이 높아지고 민주진보진영 및 민주노동조합운동 내부에서의 동력이 살아나지 않는 등 내적인 어려움에도 불구하고, 노동자, 민중 및 진보세력의 독자적인 정치세력화의 필요성, 그리고 급진적인 한국사회 개혁의 당위성을 홍보하는 등의 노력을 하게 된다. 선거결과는 30만 6천 표(1.6%)[20]를 얻는 데 그쳤다. 초기에는 민주진보후보진영이 일정한 득표를 예상했던 것도 사실이나, 막판에 김대중후보 진영이 집권여당과 박빙의 차이를 보이게 됨으로써 잠재적인 진보적 지향의 유권자들마저 온건야당후보를 찍게 됨으로써 이처럼 낮은 득표율을 보이게 되었다고 할 수 있다.

하는 새로운 정당 건설의 토대를 구축한다. 이를 위해 민주노총은 97년 정기 대의원대회에서 결의한 바 있는 99년 지자제 선거 대거 진출―98~99년 정당 건설―2000년 국회 원내진출을 목표로 하는 정치세력화 사업을 힘차게 전개해 나간다." 국민승리21(가칭) 준비위원회, 『국민후보 추대와 국민승리21(가칭) 준비위원회 발족식 자료집』, 1997. 9. 7. 63빌딩 국제회의장.

20) 여타 후보의 득표수와 득표율을 보면, 김대중 1천 32만 6,275표(40.3%), 이회창 993만 5,718표(38.7%), 이인제 492만 5,591표(19.2%)였다. 권영길후보의 득표율에서 특징적인 것은 울산에서 얻은 6.1%(3만 2,145표)의 득표였다.

97년 독자후보운동은 민주진보진영의 내적인 결집력과 대중적 동원력의 취약성, 노동자계급 내부에서의 확고한 지지기반의 형성 및 노동자계급의 이해와 국민적 이해를 결합시키는 적극적인 전략의 부재 등 여러 문제점을 재점검하도록 요구받았다.

80년대 중·후반에 이미 한국의 재야민주진영은 군부권위주의정권과의 선도적 투쟁을 통하여 저항진영의 실질적인 주도세력으로 등장하게 되고 국민들에게 그렇게 인식되게 된다. 그러나 이러한 실질적인 주도성에도 불구하고 현재까지의 과정을 볼 때, 자신을 온건제도야당과 구별되며 온건제도야당을 대체하는 독자적인 제도정치세력으로 정립·분리하는 데는 성공하지 못하였다고 할 수 있다.

진보진영은 개별정파의 강령에서 볼 수 있듯이 민중이라는 개념으로 애매모호하게 자신들의 지지세력들을 호명하는 데 그치고, 그 이상의 구체적인 대안을 개발하는 데 실패했기 때문에, 또는 대안적인 정책들을 개발한다 해도 그것들이 실현가능하다고 지지세력들에게 인식되지 못했기 때문에 지지를 얻는 데 실패할 수밖에 없었다.[21] 이에 덧붙여 자신들의 확고한 지지기반이 없었기 때문에 한국의 진보진영은 여타의 사회계층으로 지지기반을 확대시키는 문제와 관련하여 배타적으로 노동자계급의 지지에 의존하든가, 아니면 노동자계급의 지지와 여타 계층의 지지를 동시에 추구하는 전략을 추진할 수밖에 없었다. 전자의 경우는 잠재적 지지세력이 현실적 지지세력으로 변화하지 못했기 때문에 실패할 수밖에 없었으며, 후자의 경우는 양자 모두에게서 소외되는 결과를 낳았다.[22]

---

21) 독재에 저항하는 운동은 단순히 독재가 정당성을 상실했기 때문에 하는 것만은 아니다. 정당성을 상실한 경우라도 독재체제는 물리력을 동원하여 수년 또는 수십 년간 지배가 가능하다. 저항은 정당성의 상실과 함께 대안세력이 존재했을 때 가능해진다. Przeworski, 앞의 책, 1987 참조.

3) 한국과 브라질의 진보진영 정치세력화를 위한
정치·제도적 조건 비교

이상에서 우리는 브라질과 한국의 진보진영의 독자화의 시도가 실제 어떻게 전개되었는가를 살펴보았다. 이제는 앞서 이론적 논의에서 서술한 정치·제도적 요인들을 염두에 두면서 브라질과 한국에서의 조건과 결과가 어떻게 대비되어 나타났는가를 살펴보기로 하자. 이것은 앞서 서술한 계급형성적 조건 — 노조의 강약과 노동자계급 내부의 이질성 여부 — 라는 객관적 조건에 어떠한 정치적 매개조건이 결합되면서 그러한 성공과 실패의 대비되는 결과가 나타나는가 하는 점이다.

먼저 진입의 장벽을 규정하는 다양한 정치·제도적 요인들에 대하여 비교사회적으로 검토해 보자. 진입의 장벽을 규정하는 요인으로써 첫째 제도적인 요인을 들 수 있다. 이에는 다양한 것들이 제시될 수 있는데, 여기서는 특별히 브라질과 한국이 현격하게 대비되는 것으로서 브라질의 대선거구제를 기초로 한 다당제구조와 한국의 소선거구제를 기초로 한 양당구조의 차이를 들 수 있다.

브라질에서는 군부정권이 저항진영의 성장에 대응하여 저항운동을 분열시키기 위한 전술적 방안으로 대선거구제로의 전환과 이에 기초한 다당제화를 촉진하게 된다. 브라질의 군사정권은 64년 쿠데타 이후 모든 정당을 금지시키고 단지 두 개의 정당, 즉 여당으로서 ARENA와 MDB만 합법화하였다.[23] 그러나 군부권위주의정권에 대한 저항이 강화되자, 79년 '정치개혁법'이 통과되면서 새로운 정당의 결성이 허용

---

22) 후자의 경우 노동자의 지지는 구조적 조건의 취약함 때문에 불가능했고, 여타 피지배계층으로부터의 지지도 강력한 야당 때문에 불가능할 수밖에 없었다.

23) Sader, Silverstein, 앞의 책, p. 34.

되었고, 군부정권은 이를 통해 저항진영의 다당화와 분열을 획책하였다.[24] 그러나 이러한 다당제화 시도는 '일괄투표방식에 의한 비례투표제'와 함께, 군부정권의 의도와는 반대로 MDB의 PMDB로의 전환 및 대약진, 노동자계급정당의 결성 시도를 가능하게 하는 제도적 조건으로 작용하게 된다.

이에 반해 한국의 경우 오랜 기간 보수양당제도와 소선거구제가 국민적 합의로 존속하였고 국민들은 지배정당을 견제하기 위하여 소선거구제하의 강력한 단일야당을 선호하는 형태로 투표하여 왔다. 이것은 단일선거구에서 상당히 광범위한 대중적 지지를 획득하기 전에는 독자적으로 제도정치에 진입하기가 상대적으로 어렵다는 것을 의미한다. 한국의 군부정권은 브라질과 달리 이러한 소선거구제하의 단일야당을 전제하고 그것을 '관제야당화' 하는 방식으로 통치하여 왔다. 80년대 전두환정권하의 민한당이 그 대표적인 예가 될 것이다. 이에 더하여 80년 다수의 야당정치인을 '정치활동금지' 상태로 만듦으로써 저항운동의 제도정치권으로의 진입을 차단하였다. 그러나 이러한 소선거구제하의 집권당과 어용야당에 대항하여, 85년 2·12 국회의원 총선에서 신민당이 다수의 득표를 함으로써 기존의 관제야당인 민한당을 붕괴시키고 새로운 저항야당으로 정립된다. 바로 이러한 소선거구제하의 단일야당구조, 이를 강화하는 국민들의 '사표거부심리'는 앞서 서술한 바와 같이 재야민주진영이 조직적으로 선거에 참여한 88년, 92년 대선 및 총선에서 진보세력의 패배를 규정하였던 요인들 중 중요요인이 되었다고 할 수 있다.

다음으로 진입의 장벽을 규정하는 요인으로서 진보세력의 정치적 활동에 대한 이데올로기적 개방성을 들 수 있다. 사회에 따라, 특정 시

---

24) 같은 책, pp. 73-79.

기의 역사적 조건에 따라 진보세력 혹은 노동자 정치세력에 대한 이데올로기적 개방성, 진보적 정치활동에 대한 이데올로기적 수용성의 정도가 상이하게 나타나게 되는데, 이것을 일반적으로 이야기하면 극우냉전적 이데올로기가 얼마나 지배적으로 존재하느냐를 의미할 것이다. 이 점에서 브라질과 한국의 경우 일정한 차이를 보인다고 판단된다. 즉 브라질의 경우 30년대 바르가스 이후의 정권에 의해 대표되는 포퓰리즘(populism)적 정책으로 인하여 노동자계급에 대한 포섭주의적 정책이 시행되었다. 이러한 정책이 64년 군부권위주의정권 성립 이후 배제주의적 정책으로 전환되게 되는데, 그럼에도 불구하고 이러한 역사적인 포섭적 전통은 노동자계급이 국민적 정치세력으로 부상하는 데 유리한 이데올로기적 조건을 형성했다고 본다. 45년 당시 프레스테스가 지도하는 브라질 공산당은 제헌의회에서 8.6%를 획득하여 바르가스가 지배하는 브라질 노동당의 10.2%에 이어 2위를 차지했던 역사적 경험이 있을 정도로 좌익적 전통에 대한 부정적 이데올로기가 한국에 비해 상대적으로 약하였다고 할 수 있다.[25]

반면에 한국의 경우 6·25 전쟁 이후 극우냉전적 체제가 성립됨으로써 노동자계급을 포함하여 진보세력 전반에 대한 아주 부정적인 사회적 관념이 존재하게 되고, 이는 진보세력의 정치적 활동에 대한 용인도를 축소시키게 되었다고 보인다. 60년대 이후 한국의 군부권위주의정권은 바로 이처럼 선재(先在)하는 반진보적 이데올로기를 계승하고 강화하는 형태로 자기 정책을 전개하는 데 반하여, 브라질은 군부권위주의정권이 이전의 포섭주의적 이데올로기를 부정하는 형태로 정책을 전개하자 이에 대항하는 민주화투쟁이 진보적 세력의 활동공간의 확대로 자연스럽게 연결될 수 있는 조건을 만들게 되었다고 생각된

---

25) 같은 책, p. 29.

다. 더구나 한국의 분단이라는 조건은 부단히 극우냉전적 세력으로 하여금 반북적 이데올로기를 강화할 수 있는 기회를 제공하게 되는데, 이것이 상대적으로 진보세력의 정치적 활동을 위한 이데올로기적 공간을 축소하게 된다. 한국에서 분단상황은 진보세력의 독자화를 제약하는 외재적 조건이자 내재적 조건으로 작용하고 있다고 생각된다.[26]

진보세력의 독자적 정치화를 규정하는 요인은 구조적인 것뿐만 아니라 상황적 요인이 작용할 수 있다. 진보세력이 독자화를 시도하는 시점에서의 '독자적인 정치적 분립(分立)'의 정당성이 어느 정도이냐 하는 점이 바로 그것이다. 일반적으로 저항운동의 과정에서 온건정치적 지향을 갖는 제도정치세력과 급진적인 진보적 정치세력 간의 분리는 불가피하게 된다. 이것은 군부권위주의정권에 대한 투쟁의 목표와 방안의 차이에서 불가피하게 발생하게 된다. 대체적으로 지배권력과 이념적 지형을 공유하면서 지배권력의 혁명적 변화보다는 '개량적' 변화를 선호하는 온건제도야당 세력과 좀더 근본적인 변화를 선호하면서 반(反)개량적 인식 위에 서는 급진적 정치세력의 분화가 군부권위주의정권에 대한 저항과정에서 발생하게 된다. 문제는 진보적 세력이 재야투쟁세력에서 제도정치적 공간에 독자적인 집단으로 분립되어, 위와 같은 이념적 분화가 제도정치적 수준에서 상이한 정치세력간의 경쟁구도로 전화될 수 있느냐 없느냐 하는 것이다. 이러한 분리는 추세상 불가피하게 현실화되기는 하나, 이러한 분리가 진보세력에게 유리한 형태로 이루어지느냐 그렇지 않느냐에 따라 진보세력의 정치세력화는 상이한 형태로 나타나게 된다. 한국의 경우 이러한 위력적인 분

---

26) 물론 이러한 점은 자본주의적 이데올로기하에서 조건의 차이에 불과할 수 있을 것이다. 노동자계급의 정치화와 그들의 이데올로기를 전면적으로 용인하는 자본주의는 존재하지 않기 때문이다.

리가 이루어지지 못한 사례라고 할 수 있고, 브라질의 경우는 군부권
위주의정권에 대항하는 투쟁의 과정에서 진보정당으로의 분리시도가
나타남으로써 투쟁의 적극화라는 명분하에서 분리 자체의 정당성이
문제가 되지는 않게 된다. 반면에 한국의 경우 이러한 분리 자체가 군
부권위주의정권에 대한 민주화투쟁의 정점에서 이루어지 못함으로
써 ― 더구나 분리 자체가 지역주의적 정당구조에 의해 왜곡되게 인
식되는 구도하에서 ― 분리 자체의 정당성이 제대로 인정받지 못하게
되고 이것은 독자적 정치세력화의 실패를 규정하는 한 요인으로 작용
하게 된다. 이것은 진보정치세력이 자기 기반 계급, 특히 노동자계급을
광범하게 획득하는 데 제약요인으로 작용하게 될 뿐만 아니라 기반계
급의 지지를 획득하는 과제와 중간층의 지지를 동시에 획득하는 데 긴
장과 대립을 극대화하게 된다.

　브라질의 민주주의 이행과정을 보면, 노동자당이 탄생하는 80년에
이미 군부권위주의정권은 상당한 내적 균열상태에 이르게 된다. 78년
에 실시된 주선거와 연방선거에서는 야당인 MDB가 과반수를 차지할
정도로 상황이 변하고 있었다. 79년 가이젤 장군에서 주앙 피게이레두
장군으로 정권이 이양되고 이른바 '자유화' 조치가 지속되면서 실시된
82년 주지사 선거와 국회의원 선거에서는 PMDB가 압승함으로써 여
야의 지위가 뒤바뀌는 상황이 나타나게 된 것이다. 바로 이 시기가 한
편에서는 반군부정권투쟁의 절정기를 경과하던 시기라고 할 수 있다.
그러나 이처럼 권력에 접근하면서 PMDB의 우경화가 나타나고, 이것
은 노동자당이 비타협적인 민주화투쟁이라는 명분하에 자신을 독자적
으로 정립할 수 있는 조건이 마련되었다고 할 수 있다. 연방제인 브라
질에서 노동자당이 태생한 80년대 초반은 이미 주지사나 시장선거에
서 PMDB가 지방정부를 장악하는 등 군부정권과 동반적 관계에 돌입
하던 시기였다. 이처럼 군부정권으로부터의 이행이라는 민주화의 과제

가 완수되지 않은 상태에서 제1야당의 '준(準)여당화' 현상은 노동자당 독자화의 국민적 명분을 강화시켜 주는 것이라고 할 수 있다.

물론 노동자당의 분리에 대한 비판이 PMDB를 비롯한 온건진영뿐만 아니라 좌익진영에서도 제기되었다.[27] 그리고 이러한 비판은 82년 선거에서 노동자당이 유효투표의 3.1%를 얻고 연방의회 의원 선거에서 8명의 의원만이 당선됨으로써 더욱 현실적인 설득력을 얻는 것으로 보이기도 했다. 그러나 이러한 비판은 PMDB의 우경화와 권력에로의 접근이 가시화되고, 83년경부터 시작된 대통령 직선제 요구운동[28]에 PMDB가 참여를 결정하여 그것의 실질적 정당화 방침을 정함으로써 전투적 저항야당으로서의 노동자당의 이미지가 부각되면서 이러한 비판은 극복되게 된다. 이어 실시된 85년, 86년 선거에서의 대약진은 분리의 정당성 논란을 종식시키고 노동자당이 저항야당의 중심적 위치로 부상하는 결과를 낳았다.

또한 브라질 노동자당의 성장과정에서, 온건제도야당이 우경화되면서 분열이 초래되고 그 결과 노동자당에 부분적으로 합류하게 되었다는 점도 노동자당의 위력적인 출현과 성장을 가능하게 하는 조건이었다. 실제 당이 만들어지는 과정에서 국회의원 5명, 주의회 의원 8명, 시의회 의원 27명, 시장 1명 등이 가입하였던 것이다. 더구나 브라질에서는 85년 선거를 앞두고 야권의 전반적인 재편과정에서 야당의 진보파가 노동자당에 대거 합류함으로써 분리의 정당성 문제로 괴롭힘을 당하지 않으면서 자기강화를 할 수 있게 된다. 85년 선거의 경우 브라질 노동자당의 대약진이 펼쳐지는데, 이는 기존 야당의 동요에 의한 재편, 그 과정에서의 MDB의 진보파와 중견들의 노동자당에의 참여 등이 긍

---

27) Sader, Silverstein, 앞의 책, p. 112.
28) 같은 책, pp. 116-117.

정적 요인으로 작용하게 된다.

또한 노동자당의 독자적 분립과 약진을 규정한 요인으로서는, 바르가스 정권하에서 활성화된 노조가 64년 군사정권 이후 배제되는 과정에서 노동자계급의 배제적 정책에 대한 저항이 강렬하게 제기되고,[29] 노동자당의 등장이 이러한 배제적 정책에 대한 대중참여적 요구를 대변하는 형태로 출현하였다는 점을 들 수 있다. 이것은 브라질 노동자당이 좀더 광범위한 대중적 기반 위에서 출현할 수 있게 한 요인이었다.

반면에 한국 진보세력의 독자화는 줄곧 분리의 정당성 문제에 시달려야 하였으며, 이것이 위력적인 진보세력의 독자화를 제약하는 요인으로 작용하였다. 이는 먼저 민주화투쟁의 정점에서 그것의 철저화를 위한 방안으로서 분리가 이루어지지 못하였다는 점에 크게 기인한다. 이것은 민주화투쟁의 정점기에 분리함으로써[30] 분리의 정당성이 별로 문제가 되지 않았던 브라질의 경우와 대비된다. 한국의 경우 반독재투쟁 과정에서의 분리는 주체적 인식의 한계와 전술적 문제로 인하여 성공을 거두지 못하게 된다. 사실 한국의 경우 반파쇼투쟁의 정점에서 진보세력이 스스로를 정치적으로 분립시킴과 동시에 당면 민주화투쟁에서는 온건야당과의 연대를 하는 방안도 가능하였을 것이다. 그러나 이러한 분리가 반파쇼투쟁의 정점기에 이루어지지 않았고, 온건야당의 정치적 공신력이 추락하던 87년 이후에도 '공세적' 분립을 단행하여

---

29) 이러한 저항은 경제적 기초에서도 있었다. 예컨대 64년 이후 노동자 배제전략으로 인하여 노동자의 실질적 구매력은 현상유지에 머물거나 하락하고 있었다. 오도넬의 관료적 권위주의론 역시 브라질과 아르헨티나를 중심으로 하는 배제주의적 정치체제의 등장과정을 설명하는 이론이라고 할 수 있다.

30) 반파쇼투쟁의 정점기에 분리하는 것은 반파쇼투쟁의 동력이 진보정당의 에너지로 상당 부분 전환되는 것을 가능하게 하는 데 반하여, 그렇지 않은 경우 그러한 반파쇼투쟁의 유산을 자기화하지 못하게 된다고 생각된다.

야권의 전반적인 재편을 촉발하고 그로 인하여 위력적인 제도정치권 진입을 할 수 있는 가능성이 있었는데도 그 가능성은 현실화되지 못하였다. 뒤늦게 88년 4월 총선에 진입을 시도하였으나, 88년을 넘어가면서 평화민주당, 통일민주당 등 온건제도야당이 해체적 위기를 극복하고 선거경쟁 체제를 정비하게 된데다 지역주의적 투표경향이 강화됨으로써 88년 총선은 한겨레당과 민중의 당 모두 전면적인 패배라는 결과를 가져오게 된다.

그러나 군부권위주의에 반대하는 투쟁과정에서 나타나는 여러 계기들을 활용하여 분리의 국민적 명분을 확보하면서 정치적 독자화를 성취시킬 수도 있었을 것이다. 민주화투쟁 과정에서 투쟁 자체의 심화를 위한 적극적 의미에서 분리의 명분이 조성되고, 그러한 분리가 민주주의 투쟁의 심화라는 맥락에서 이루어지는 경우, 분리의 정당성이 강하게 부각되고 그 결과 반파쇼투쟁의 동력을 일정하게 진보세력 강화의 동력으로 전화시켰다면 진보세력의 위력적인 진입이 가능하였을 것이다. 그러나 한국의 경우는 그러하지 못한 것으로 평가된다. 실제로 87년까지는 투쟁에서 온건제도야당과 진보적 정치세력 간의 분리가 나타나고 있었는데도, 재야민주진영의 다수가 여전히 '민주대연합론' 혹은 그 이면논리인 '대리반영론'에 집착함으로써[31] 분리의 정당성이 극대화되는 시점을 선택할 수 없었고, 조직적 분리 자체도 성취할 수 없었다고 생각된다. 그 이면에서 온건제도야당은 몇 번의 해체위기에도 불구하고 일정한 자기기반을 가진 채 변신하면서 자기강화를 수행

---

31) 필자의 서술에서 전제는 진보진영의 독자적인 정치적 분립과 민주대연합적 협력은 모순적이기는 하나 선택의 문제는 아니라는 것이다. 필자는 80년대 반파쇼투쟁 과정에서 재야민주진영은 온건제도야당과 조직적·정치적으로 분리하고 그 기초 위에서 당면 민주화투쟁에서 온건제도야당과 협력하는 방식을 취했어야 한다고 생각한다.

할 수 있었다고 보인다. 그리고 일단 정치적·조직적 분리의 호기를 상실한 이후에는 진입의 장벽이 다시 높아짐으로써 제도정치권에의 진입이 훨씬 어려워지는 상황에 직면하게 되었다.

더욱이 88년 이후 온건제도야당인 민주당이 지역감정을 바탕으로 여전히 강력한 야당으로 남아 있음으로써, 진보진영의 독자적 정치세력화는 독재와의 투쟁을 넘어서 반독재진영 내부의 경쟁이라는 무거운 짐을 진 채로 전개되었기 때문에 진입의 장벽이 더욱 높아질 수밖에 없었다. 또한 정치적 독자화의 시도가 재야민주진영의 다수적 실천으로서가 아니라 소수적 실천으로 시행되었다는 것이 분리의 정당성 문제를 제기하게 만들었으며, 위력적인 정치화를 제약하는 요인으로 작용하게 된다. 내부에서부터 분리의 정당성 문제가 계속 제기되었기 때문에, 대중적 수준에서의 분리의 정당성에서도 취약성을 갖게 되었다고 생각된다.

91년에 이루어진 민중당의 분리는 대중적 수준에서, 그리고 노동자계급 내부에서 그 분리의 정당성이 충분히 부각되지 않았던 것으로 보인다. 이러한 민중당의 시도는 더구나 민중운동 내부의 충분한 합의에 의해 달성되지 않음으로써, 혹은 — 충분한 합의가 부재하는 경우에도 — 그러한 분리의 정당성을 강하게 부각시키는 상황도 조성되지 않았기 때문에, 취약한 기초 위에서 출범할 수밖에 없었다고 보인다. 예컨대 민중당의 출현이 민주당이나 민자당에 대한 중간층 지지의 결정적 균열이 나타나는 시점에 이루어졌다고 한다면, 민중당이 중간층의 지지를 획득할 가능성은 좀더 커졌다고 할 수 있다. 그러나 민주당의 경우 지역대중과의 결합의 결정적 균열이 초래되지 않았다는 점, 또한 평화민주당 자신이 지역적 기반의 협소함을 극복하기 위해 여타 당과의 통합을 성취하여 내는 등 자기강화를 위한 시도가 시행되었다는 점, 또한 집권당은 온건제도야당의 흡수를 통해 자기의 기반을 강화하는 등 균부집권당이나 온건제도야당이 '혁신'하는 노력이 진행되었다는 점 때문에 민중당이 좀더 위력적으로 출현할 수 없었다고 생각된다.

다음으로 진입의 장벽을 규정하는 요인으로서 진입시점에서 진보정치세력의 동원력이 어느 정도인가 하는 요인을 들 수 있다. 이것은 주로 진보정치세력의 조직적 역량의 정도를 의미한다고 할 수 있다. 먼저 브라질의 경우, 앞서 서술한 바와 같이 강력한 노조의 기반 위에서 정치세력화가 추진될 수 있었는데, 특히 노조의 상당 부분이 강력한 노동자당의 지지기반이었고, 이것은 브라질 진보정치세력의 독자화를 추진하는데 결정적인 힘이 되었다. 브라질 노동자당의 지도자인 룰라의 경우 상파울로 자동차공장노조 출신이었기 때문에, 상파울로 금속노조에 대해 강력한 리더십을 가지고 있었고, 이것은 조직적 동원력을 상당한 정도로 강화하는 기반으로 작용하였다고 판단된다. 더구나 룰라는 82년 선거에서 패배한 이후, 노조강화론의 입장에서 당과 노동자대중, 당과 노조와의 관계를 더욱 강화하기 위한 노력('아래로의 복귀운동')을 대대적으로 수행하게 되는데, 이 역시 당과 노조의 결합을 강화함으로써 진보정치세력의 동원력을 더욱 증가시키는 결과를 가져오게 된다.

재야민주진영 내부에서 진보정치세력의 동원력을 제기한 요인으로서는 재야민주진영 내 좌파의 저항 정도가 약했다는 점도 지적할 수 있다. 제도정치권에 진입하려는 시도에 대한 저항은 진보세력 내의 좌파적 그룹에서 제기되는 것이 일반적이다.[32] 브라질의 경우 이미 '좌익'인 게릴라운동의 실험이 실패한 상태였기 때문에 내부에서 제도

---

32) "좌익정당들이 선거정치에 몰두함으로써 정작 혁명적 실천이 방기되고 좌익의 '혁명적 계획'이 상실되었다는 점, 결과적으로 군부정권하의 개량이 좌익의 강령을 훔쳐갔다"는 점을 지적하고 있는 로차브룬의 견해는 그러한 좌익적 비판의 예가 될 것이다(Rochabrun Silba, G., "Crisis, Democracy and The Left in Left", *LAP 58(15-3)*, 1988 Summer).

정치권 진입 시도에 대한 이념적 저항이 상대적으로 작았다는 점도 긍정적으로 작용하였다.[33]

또한 노동자당의 동원력을 증가시킨 요인으로서는 브라질 노조운동 내부에서 노동자당을 지지하는 그룹이 다수화되었다는 점, 83년 노동자당과 동반관계에 있던 CUT가 결성됨으로써 전국적인 방계 연합조직을 창출할 수 있게 되었다는 점도 유리한 조건으로 작용하였다고 할 수 있다.[34] 그리고 바르가스 정권 이래 한국과 같은 기업별 노조체제가 아니라 전국적인 노조의 전통이 강하게 존재하고 있었다는 점은 조합주의적 통제를 용이하게 하는 일면도 있는 반면에, 당이 전국적 대중조직과의 연계를 강화할 수 있는 조건도 동시에 부여하였다고 할 수 있다. 또한 노동자당의 기반을 강화한 요인으로서는 해방신학의 영향이 강한 브라질 가톨릭의 지도를 받는 '바닥공동체'와 같은[35] 자발적인 민중조직 내에서 강력한 지지기반을 갖고 있었다는 점을 들 수 있다. 브라질의 경우 종속적 자본주의화의 과정에서 많은 주변적 빈곤대중이 생성되었는데, 이들은 중심적인 산업부문에서 배제된 채 다양한 주변적 경제활동에 종사하고 있었다.[36] 이들은 종속적 자본주의화의 소외계급이었기 때문에, 이들 내부에는 저항적 잠재력이 강하게 존재하고 있었다. 또한 이들은 급진적 신학의 영향을 받은 바닥공동체의 대중적 기반이었는데, 이들 바닥공동체 내에서 노동자당은 50% 이상

---

33) 신중현, 「민주화와 노조, 정당, 선거 : 브라질의 노동자당의 경험」, 『이베로 아베리카연구』 3집, 1993, 198쪽. 쿠바혁명의 영향을 받은 브라질 게릴라운동은 10여 년간의 시도 후에, 60년대 말에 이르면 사실상 소멸하게 된다. Sader and Siverstein, 앞의 책, pp. 31-35.

34) 신중현, 앞의 책, 213쪽.

35) 같은 책, 198-199쪽.

36) 졸고, 「종속적 발전과정에 있어 자본과 노동유형의 변모에 관한 연구」, 『계급과 빈곤』, 한울, 1992, 256-337쪽.

의 지지를 확보할 수 있었다.

한국의 경우 강력한 노조가 존재하지 않았다는 점, 민중당이 독자적인 노동운동 기반이 대단히 취약하였다는 점, 브라질과 같이 전국적인 저항노조 연합체가 존재하지 않았다는 점, 노동운동 내부에서 노동자계급 정치세력에 대한 이견이 강하게 존재하고 있었고, 이에 대한 통제력을 행사할 수 없었다는 점 등으로 인하여 민중당 자체의 동원력은 상당히 제한되었다.

민중당이 제도정치권에 진입하려고 시도하였던 91년경에는 아직 노조운동의 발전수준이 정치적 진입을 시도할 수준에 이르지 못하였다. 한국의 노조운동은 겨우 지역적 체계를 갖춘 저항적 노조연합조직(전국노동조합협의회)이 출범하는 단계였고, 그것 역시 권위주의정권의 집중적인 탄압의 대상이었기 때문에 정치화의 시도는 곧 역량의 분산을 의미하는 것으로 받아들여졌다. 이처럼 노조운동 내부에서 노조운동의 역량분산이라는 차원에서 부정적인 의견이 강하게 존재하였을 뿐만 아니라, 재야민주운동진영 내부에서 온건제도야당을 통한 대리반영론이 다수의견을 차지하면서 진보정치활동은 강력한 지지를 받지 못하게 되었고, 이는 역으로 동원가능한 자원의 양을 축소시키는 계기로 작용하였던 것이다.[37] 브라질의 노동자당이 82년 선거의 패배 이후 노

---

37) 사실 이러한 논의는 온건제도야당과 구별되는 진보적 세력이 온건제도야당과의 관계를 어떻게 설정할 것인가 하는 점과 관련이 있고, 더 나아가 저항진영의 다양한 편차를 보이는 역량들이 어떻게 조직적으로 편제될 것인가 하는 점과도 연관되어 있었다. 정치적 독자화 문제와 당면국면에서의 연합문제는 일정한 갈등을 내포하는 주제로서 변혁운동 속에서 지속적으로 논의가 되어왔던 주제라고 할 수 있다. 일반적인 변혁론 속에서는 당과 통일전선의 관계 문제로 제기되었다고 할 수 있다. 「코민테른과 통일전선」, 편집부 편, 코민테른 자료집 『통일전선론』, 동녘, 1983. 재야민주진영의 다수파는 당적 사고보다는 통전적 사고를 우위에 두면서, 온건제도야당과의 연합에 중점을

조와의 결합을 강화하는 대대적인 노력을 했던 데 반하여, 민중당은 이러한 부정적인 환경 속에서 일반대중적 기반을 강화하기 위한 목적에서 — 이미지 순화라는 명분으로 — 노태우 대통령과의 면담 같은 유화적 자세를 보임으로써 부정적인 운동진영 내부의 분위기를 더욱 악화시키게 되었고, 그 결과 그나마 제한적이었던 동원력을 더욱 하락시키게 되었다고 생각된다. 기본 계급과의 결합을 강화하는 방향보다는, 저항대상 계급과의 '유화적' 태도를 보인 것은 기본 계급 내부에서의 논쟁을 가속화함으로써 동원력을 오히려 축소시키는 결과를 가져오게 되었다는 것이다. 민중당 말기에 오면, 이러한 쟁점을 포함하여 다양한 쟁점간의 이견이 더욱 극단화되면서 내부적인 이념노선의 대립으로까지 이어지게 되고 그 결과 동원력의 더욱더 축소되었다.[38]

실제 한국 자본주의의 발전은 다수의 노동자계급을 만들어냈음에도 불구하고, 이들에게 노동자로서의 정체성을 각인시켜 줄 수 있는 조직

두는 입장을 지속적으로 견지하였고, 소수파는 당적 분립을 중시하면서 독자적인 정치세력화를 추진하였다. 그러나 이처럼 재야민주진영 내부의 다수파가 독자적 분립을 주변적으로 사고하였기 때문에, 정치적 독자화의 시도는 그나마 제한된 기반 위에서 추진될 수밖에 없었다.

38) 당시 진보진영에는 크게 보아 다섯 가지 입장이 존재하였다. 이 입장들은 독자후보를 내세울 것인가, 반민자당 연합공천을 추진할 것인가 하는 기준과 주된 지지계층을 누구로 삼을 것인가에 따라 구분이 가능하다. 전국연합의 입장은 자신들만의 독자후보를 내는 것보다는 반민자당세력의 공동후보를 지원하는 것이었고, 민중당 당권파의 경우는 독자후보를 강조하되 지지계층으로는 노동자들의 배타적 지지보다는 더 넓은 지지층을 겨냥하는 경향이 있었으며, 민중당의 한국노동당 입당파의 경우는 독자후보에 대한 노동자들의 지지를 강조하는 편이었다. 민중진영단일정당추진위원회와 민주회의준비위원회의 입장은 민중당의 한국노동당 입당파와 유사하지만 민중당의 노선을 개량주의라고 비판하면서 독자적인 세력을 견지하는 입장이었다. 각 정파의 자세한 입장에 대해서는 편집부 편, 앞의 책, 동녘, 1992 참조.

은 매우 취약하였다.[39] 특히 87년 이후 노동자들 내부의 이질감이 점차 확대되는 과정에서, 그 이질감을 감소시켜 줄 수 있는 노조조직이 약화된 것은 치명적이었다. 더구나 이러한 노조조직의 취약성에 더하여 그것의 정치화에 대한 합의의 부재는 진보적 정치세력으로 하여금 동원할 수 있는 자원의 양을 절대적으로 제한하는 요인으로 작용하였다.

마지막으로 진보진영의 정치세력화를 규정하는 정치적 조건은 경쟁적 거대야당의 성격인데, 이는 경쟁적 거대야당이 군부정권 시기와 민주주의 이행시기에 어떤 성격으로 존재하며 그에 따라 진보정당의 국민적 기반이 어떻게 조성되느냐 하는 것을 의미한다. 지배정당과 진보정당의 중간에 존재하는 거대야당의 성격은 크게 두 단계로 나누어볼 수 있는데, 첫째는 민주주의로의 이행이 본격화되지 않은 군부권위주의정권 단계이며, 둘째는 민주주의로의 이행 단계이다. 첫번째 단계에서 진보정당의 입지를 규정하는 것은 경쟁적 거대야당의 어용화, 관변화 정도라고 할 수 있다. 즉 경쟁적 거대야당이 얼마나 지배정당과 일체화되어 있고 그것과 유착되어 있느냐, 다른 말로 하면 얼마나 '야당성'을 보유하고 있느냐 하는 점이다. 다음으로 민주주의 이행의 국면에서는 경쟁적 거대야당의 변화방향이 어떠냐에 따라 진보정당의 입지가 규정되게 된다.

먼저 군부권위주의정권하에서 온건제도야당이 관변화·어용화된 정

---

39) 쉐보르스키는 계급투쟁은 계급간의 투쟁이기에 앞서 계급형성의 투쟁이라고 주장한다. 즉 계급위치가 계급의식을 거쳐 계급행동으로 나아가기 위해서는 노동자들에게 여타의 다양한 정체성 가운데 노동자라는 정체성을 부각시킬 수 있는 정치적·이데올로기적 매개변수들이 필수적이라는 것이다. 노동자 개인이 지니고 있는 다양한 정체성을 약화시키면서 노동자라는 정체성을 부각시키는 작업은 선거라는 장에서는 특히 중요하다. Przeworski, *Capitalism and Social Democracy*, Cambridge University Press, 1985.

도가 강할수록 그것에 대립하는 진보세력의 정치적 입지는 강화되는 것으로 볼 수 있다. 다음으로 권위주의정권 시기를 경과하였던 제3세계의 경우 탈권위주의 과정의 성격에 따라, 즉 경쟁적 거대야당이 여당화되는 경우 진보정당이 야당으로서 갖는 입지는 훨씬 강화되게 된다. 이것은 기본 계급의 이해와 중간층이나 제 중간세력의 이해를 일치시켜 주는 정도를 증가시키게 되고 진보세력에 의한 제 계급의 이해의 대표성을 제고한다는 것이다.

먼저 브라질의 경우 군부정권 시기의 대표적인 야당은 MDB(PMDB)이었다. 노동자당이 탄생한 80년대 초의 상황에서 이미 PMDB는 위력적인 야당으로 부상하고 있었다. 그러나 룰라 자신도 PMDB의 전신인 MDB에 참여하여 활동할 정도로 PMDB는 민주화투쟁을 이끈 제도야당의 중심이었다. 그래서 82년 선거 때 '민주화진영의 분열'이라는 비판을 받을 정도로 노동자당의 입지는 확대되지 않았다. 이러한 조건은 82년 선거의 패배로 나타났다. 그러나 80년대 초반을 지나자 브라질 사회는 군부권위주의정권의 균열이 확대되면서 본격적인 민주주의 이행 국면으로 전환된다. 이 과정에서 민주화의 요구는 중심적 야당인 PMDB의 강화로 나타났고, 그 결과 PMDB는 지방정부의 부분적 장악에서부터 실질적인 군부집권당 대체세력으로 부상되었다. 브라질의 민주주의 이행의 과정은 군부정권에 대한 저항이 강화됨에 따라 군부 지배질서가 붕괴되어 가고 이 과정에서 군부집권당이 균열하게 되며, 여기서 분리된 일부 개혁파가 온건제도야당(PMDB)에 합류하면서, 새로운 민간정권이 수립되는 경로를 밟았다.[40] 이러한 일련의 민주주의 이행과정에

---

40) 브라질의 민주화 과정에서는 우연적인 요인도 크게 작용을 한 것으로 보인다. 85년의 간선제 대통령 선거에서는 군부집권당이 실질적으로 붕괴하면서 그 중 다수가 자유전선당(PFL)을 만들고 이것과 온건제도야당인 PMDB가

서 주도적인 역할을 했던 온건제도야당이었던 PMDB는 강력한 저항야당에서 국가권력의 '분점' 세력으로, 집권여당으로 변화되어 왔다. 바로 이처럼 민주주의 이행과정에서 주도적인 역할을 했던 온건제도야당의 변화과정에서 역으로 노동자당은 주변적인 저항야당에서 중심적인 저항야당으로 변화하여 왔다. 브라질의 민주주의 이행의 과정을 보면, 경쟁적 거대야당인 PMDB가 여당화되면서, 강력한 야당이 부재한 상황이 조성되고 여기서 노동자당은 단순히 계급적 정당을 넘어 국민적 야당으로 부상될 수 있게 된다. 이처럼 민주주의 이행과정에서, 그리고 이행의 한 결과로서의 민간정부하에서 경쟁적 거대야당의 여당화로 인하여 기본 계급의 지지 획득과 여타의 제 중간계급의 지지 획득이라는 과제 간의 모순을 최소화하게 되고, 이것은 나아가 진보정당이 중심적 야당으로 강화할 수 있는 공간을 확대하게 된다고 생각된다.

더구나 민주주의 이행과정에서 주도적인 역할을 했던 PMDB가 그 이행 자체로 인하여 또한 이행의 불철저성으로 인하여 급속히 와해되면서(예컨대 89년 대통령 직선을 전후하여), 민주주의 심화의 추동력으로서의 노동자당의 입지가 더욱 강화될 수 있었다. 이는 89년 대선에서 여권 후보인 콜로르가 노동자당의 룰라에게 5% 차이로 간신히 승리하는 것에서도 드러난다. 노동자당에 참여했던 사회학자 프란시스코 베포

선거연합('민주연합')을 결성하고(온건한 저항인사인 네베스를 대통령으로 하고, 구지배세력을 대표하는 사르네이를 부통령으로 하는 연합) 이 선거연합이 군부와의 타협 아래 승리하는 식으로 전개되었다. 그러나 여기서 네베스가 돌연히 사망하는 바람에 간선민간정부는 본래의 기조보다 더욱 보수적인 방향으로 선회한 상태에서 통치를 하게 된다. 이처럼 경쟁적 중간정당이 이미 여당화된 상태에서, 대통령의 죽음으로 더욱 보수화된 기조에서 통치가 이루어질 경우, 그에 대응하는 진보정당은 민주주의투쟁과 자신을 결합하면서 자신을 강화할 수 있게 된다고 생각된다. Sader and Silverstein, 앞의 책, pp. 47-50.

트(F. Weffort)가 표현한 대로, "사회적 절망, 점증하는 사회적 아노미, 해체" 현상이 여전히 광범위하게 존재하고 있고, 과거의 민중주의 시대처럼 최소한의 정치경제적 프로그램, 대중적 참여프로그램도 가지고 있지 않은 '텅빈 민주주의(empty democracy)' '극빈자 민주주의(Pauper's democracy)' '취약한 민주주의(weak democracy)' 하에서[41] 그나마 집권층의 경제부흥 프로그램인 '크루자두 플랜'의 실패와 그 친(親)자본적 성격으로 민중들 자신의 저항이 강화되는 상황에서 진보적 개혁정당의 활동기반은 더욱 강화되었다고 판단된다.

그에 반해 한국의 경우 군부권위주의정권의 관변야당이던 민한당이 85년 국회의원 선거에서 패배함으로써 단절적으로 새로운 온건제도야당에 의해 대체되는 상황이 나타나게 된다. 이 새로운 온건제도야당은 그 이후 국면에서 관변성이라는 비난에 대해 상당히 자유로울 수 있게 된다. 이것은 군부정권에 대항하는 투쟁과정에서 동시에 관변야당을 극복하면서 진보정당이 자기 입지를 확보할 수 있는 가능성을 축소하게 된다. 바꾸어 말하면 군부정권의 퇴진의 과정에서 거대야당의 입지가 축소되고 동시에 진보정당의 입지가 강화되는 상황이 나타나지 않게 된다는 것이다. 그후 '의사 군부정권' 혹은 '민선군부정권'[42]으로서의 성격을 지니고 있는 노태우정권하에서 야당은 '여소야대' 구조 속에서 국가운영의 동반적 위치에 처하게 된다. 실제 이는 브라질에서 지방정부를 관할하게 됨으로써 야당이 집권세력과 동반적 위치에 놓이게 되는 것과 유사하다고 할 수 있었다. 예컨대 상대적으로 강성야당이라고 할 수 있었던 평민당의 경우 92년 말 노태우정부와 — 현안이

---

41) Weffort, F., "New Democracy, Which Democracy?", Latin American Program, Working Papers, 1992, pp. 28-30.

42) 졸고, 「한국에서의 민주주의이행에 관한 정치사회학적 연구」, 『동향과전망』 21호, 1994, 271쪽.

되고 있던 — 광주항쟁의 진상규명과 처벌 문제에 대하여 '타협' 하게
되는데, 이는 상당한 국민적 비난의 소재가 되었다. 이러한 타협은 중
간정당의 입지를 급속하게 축소할 수 있었으나 국면이 장기화되지 않
고 새로운 상황으로 반전됨으로써 현실화되지 못하게 된다. 즉 90년
군부집권당의 이니셔티브에 의해 — 동반책임을 지고 있던 — 온건야
당과 결합하는 '3당합당' 을 통하여 상황이 반전되고, 평민당은 자기강
화형 통합(재야입당파와의 통합, 통일민주당 잔류파와의 통합 등)과 당명
변경(신민당, 민주당으로 변화)을 계속함으로써, 중간정당의 입지축소를
상쇄하면서 존립할 수 있게 된다. 사실 이러한 중간정당의 입지를 축
소하는 과도기적 시기가 장기화될 경우, 이를 진보적 진입세력이 활용
할 수 있는 가능성이 강하게 존재하게 되는데, 온건제도야당의 자기변
신의 속도가 빠르게 전개됨으로써 진보정당이 그 정치적 공간을 활용
할 수 있는 가능성이 적어졌다고 생각된다. 군부정권에 대항하는 투쟁
과정에서 중심적인 야당이었던 PMDB가 여당화하는 과정을 밟았던
브라질과 달리, 한국은 진보정당과 경쟁적 위치에 있는 중간정당들(평
민당, 민주당 등) 중 일부는 군부집권당과 결합하여 민간정부의 주체로
편입되었으나 일부는 여전히 강력한 경쟁적인 야당으로 존립함으로써
진보정당의 진입과 성장을 제약하는 요인으로 작용하였다고 할 수 있
다. 한국의 진보세력은 바로 진입과 성장에서 온건제도야당과의 경쟁
이라는 무거운 짐을 질 수밖에 없는 조건에 있었다고 하겠다.

 필자는 98년 김대중정부의 수립은 이런 점에서 진보진영 정치세력
화의 새로운 전기라고 생각된다. '경쟁적 거대야당의 여당화' 라는 새
로운 조건에 어떻게 응전할 것인가 하는 점은 향후 진보진영의 중요한
과제라고 하겠다.

4. 결론

향후의 국면에서 한국사회에 과연 진보정당이 제도정치권에 효과적으로 진입하고 약진할 수 있을 것인가 하는 문제에 몇 가지 논평을 하고 이 글을 맺을까 한다.

한국에서 진보진영의 정치세력화를 규정하는 요인으로서는 1) 현존하고 있는 보수적인 여야정치 구도를 뛰어넘는 정치구도에 대한 요구가 국민적인 수준에서 전면적으로 제기될 수 있는 가능성이 있는가, 2) 진보적 정치활동의 조직적 기반이 되는 계급적 대중운동 — 특히 노동운동 등 — 이 진보적 정치활동을 담보할 수 있는 형태로 발전할 수 있는가, 3) 진보적 정치활동의 잠재력을 가진 인자들이 보수야당으로 편입되지 않고 진보정당의 인적 기초로 전화될 수 있는 가능성이 있는가, 4) 민중적 이해 혹은 노동자계급의 이해와 국민적 이해가 수렴되는 상황적 조건이 새롭게 조성될 수 있느냐 하는 점 등을 들 수 있다.

앞서 지적한 바와 같이 한국에서는 군부권위주의정권에 대항하는 민주화투쟁 과정에서 진보세력의 성공적인 제도정치권 진입이 이루어지지 못하였다. 실제로 급진적인 진보세력이 민주화투쟁의 주요 동력을 제공하였음에도 불구하고 온건제도야당으로부터 정치적·조직적으로 독자화하는 과제를 성공시키지 못하였다. 이는 민주화투쟁 과정에서의 광범위한 국민적 동력을 자신의 정치적 독자세력화의 동력으로 전화시켜 내지 못하였다는 것을 의미하고, 동시에 보수집권정치세력이 주도하는 불철저하고 제한된 개혁과정, 즉 탈군부권위주의 개혁과정에서의 동력을 배경으로 하여 독자화를 추진할 수밖에 없었다는 것을 의미한다.

이러한 불리한 조건에도 불구하고 현존하는 보수적인 여야구도는 기본적으로 우리 사회의 계급·계층적 분화와 갈등을 적절히 반영하지 못하고 있다는 점, 민간정권의 '통제된 개혁'으로 인하여 내적 균열이 봉합되고 있음에도 군부권위주의정권하에서의 각종 부정부패와 비리의 동반책임 때문에 현존하는 여야구도는 장기적으로 개편될 수밖에 없다고 생각된다. 바로 이러한 조건에서 어떻게 진보세력들이 독자적 정치화를 달성할 것인가가 관건이라고 생각된다.

향후 진보진영의 정치세력화를 규정하는 요인으로서 — 이상에서 이야기한 바와 같은 조건을 감안하면서도 — 현재 잠재화되어 있는 현존 여야정치구도의 전면적인 개편의 요구가 제기될 수 있는 가능성이 있는가 하는 점을 들 수 있다. 이 점은 전면적인 개편을 요구하는 국민적 요구가 조직적으로 추동될 수 있는가, 아니면 비조직적으로 확산될 수 있는가 하는 점과 연관되어 있다. 예컨대 한국에서는 집권세력의 개혁이 진전되고 있기 때문에 그러한 개혁수준을 뛰어넘는 좀더 개혁적인 야당 혹은 진보적 정당에 대한 요구가 분명 현존하고 있다.[43] 예컨대 93년, 94년 김영삼정권하에서 노정된 각종 비리사건들, 국회 노동위 돈봉투 사건, 상무대 사건, 농협 비자금사건, 상문고 비리사건, 동화사 사건 등은 여당과 야당 모두의 총체적인 변화를 요구하는 측면이 있다. 그러나 이것은 현재의 균형상태를 급진적으로 변화시키기를 거부하는 여야간의 정치적 타협으로 인하여, 그리고 현존야당의 복합성과 그것을 뒷받침하는 지역주의적 분할구도로 인하여 국민적 요구로 제기되고 있지는 않다. 98년 정치권의 대격변의 계기가 될 뻔하였던 '북풍조작사건'도 봉합되고 말았다. 이러한 사건들이 국민들

---

43) 80년대식 구분에 따른다면, RB(reactionary bourgeosie), LB(liberal bourgeosie), P(people)이라는 세 정치세력이 정립된 구도(「한국사회의 성격과 노동자계급의 임무」, 편집부 편, 『신식민지국가독점자본주의 논쟁(1)』, 1988 참조)에서, LB의 집권에 의한 지배의 합리화에 'LB+RB' 연합체로서의 야당이 비판적 야당으로서의 역할을 할 수 없는 구도라고 할 수 있다. 그만큼 객관적으로는 진보정치의 공간이 있다고 할 수 있다.

의 조직적인 힘에 의하여 그 전모가 드러나지 않을 수 없는 상황으로 가거나, 우연한 계기에 의해 사태가 투명하게 드러나는 등의 상황변화는 현존하는 보수적 정치구도 자체의 정체성을 일시에 극명하게 드러낼 수도 있을 것이고, 진보적 정치세력의 운신의 폭을 크게 변화시킬 수도 있다고 생각된다.

다음으로 진보적 정치활동의 기반이 되는 계급적인 대중운동의 발전속도를 들 수가 있다. 이미 민중당의 경험에서 보듯이 민중운동, 특히 노동운동의 적극적 지지 없이, 현존하는 이데올로기적 구조 및 보수적인 여야구도를 극복하면서 자기를 성장시켜 가기는 상당히 어렵다.

98년 제1기 노사정위원회에서 노동조합의 정치활동 금지조항, 전교조나 공무원의 정치활동의 자유가 전향적으로 보장되는 방향으로 합의된 바 있다. 이러한 제도적 변화는 주체적 대응 여하에 따라서는 노동자계급의 정치적 영향력과 발언권이 더욱 강화되는 방향으로 작용할 수도 있다. 이러한 흐름이 순조롭게 진행되는 경우, 노동운동의 상층 정치역량이 진보적인 정치역량으로 전환될 수 있는 기회를 갖게 될 것이며 진보적 정치활동의 조직적 기반을 더욱 강화하게 될 것이다. 노동자계급의 정치경제적 이해실현이 이제 단위사업장이나 단위계급적 수준에서 해결될 수 없다는 점이 명확해지고, 진보적 정치활동에 대한 노동자계급 내의 지지가 더 높은 수준으로 나타날 수 있는 잠재적 가능성 또한 크기 때문이다.

다음으로 진보적 정치활동의 잠재력을 가진 인자들이 과연 보수야당으로 편입되지 않고, 진보정당의 인적 기초로 전환될 수 있느냐 하는 문제가 있다. 사실 그 동안 많은 잠재적인 정치역량이 보수야당의 변형적 재편과정에서 야당으로 이동하였다. 필자는 아직도 과거 민주화운동 및 민중운동, 노동운동 내부에 상당한 정치적 잠재역량이 존재하고 있다고 생각한다. 지금까지는 이 역량들이 집권당의 개혁성 강화를 위한 인적 기반으로, 온건제도야당의 개혁적 재편을 위한 동력으로 전화·흡인되는 과정에 있다. 재야민주진영의 정치지향 역량에 대해 작용하는 원심력과 구심력에서 후자가 지배적으로 된다면, 그리고 그러한 주체적·상황적 조건이 제공된다면, 진보진영의 정치세력화는 새로운 전기를 맞게 될 것이다.

다음으로 민중적 이해 혹은 노동자계급의 이해와 국민적 이해 사이의 괴리가 극복되면서 양자가 합치하는 새로운 상황이 도래할 수 있느냐 하는 점을 들 수 있다. 계급적 이해와 국민적 이해의 수렴을 제약하는 요인으로서는 반공냉전 이데올로기, 보수세력의 조직적 통제, 각종 악법을 통한 통제 등 구조적인 것들이 많이 있으나, 문제는 이러한 조건들을 어떻게 실천적으로 극복하여 갈 것인가이다. 민중적 이해와 국민적 이해의 결합을 실천적으로 바라볼 때, 민중적 세력이 어떻게 국민적 현안에 개입할 것인가 하는 점과 연관되어 있다는 것이다. 정치적·조직적으로 독자화하는 것과, 현존하고 있는 국면과 쟁점에 적극 개입하는 것은 다른 차원이라고 할 수 있다. 사실 재야민주진영의 정치지향 그룹들 내에는, 조직적·정치적 독자화를 목적의식적으로 추구하지 않으면서 현재의 국면에 개입하려는 지향을 갖는 그룹이 있는가 하면, 정치적·조직적 독자화를 지향하면서도 당면 국면에의 효과적인 개입을 적절히 수행하지 못하는 경우가 많다. 전자는 계급적 이해에 대한 고려 없이 국민적 이해에만 집착하는 경우라고 할 수 있으며, 후자는 국민적 이해에 대한 고려 없이 계급적 이해에만 주목하는 경우라고 할 수 있다. 우리가 당면하고 있는 국면은 보수적 세력이 주도하는 민주주의 개혁 국면이다. 그러나 그것이 불철저하고 제한적이므로, 그러한 개혁의 불철저성과 제한성에 효과적으로 개입하여 민주주의로의 개혁을 심화시키는 것은 국민적 이해와 관련된 것이라고 할 수 있다. 진보진영은 이러한 국민적 이해 실현과정에 개입하면서 바로 그것을 동력으로 하여 진보진영을 국민적인 정치세력으로 정립하여야 할 과제에 직면하고 있다고 하겠다. 예컨대 IMF의 '신탁통치' 하에서 제기되는 재벌개혁은 국민적 과제라고 할 수 있다. 이러한 국민적 과제에 노동운동이 전투적으로 개입한다면 국민적 이해와 계급적 이해의 결합을 강화하는 계기가 될 것이다.

진보적 정치활동 역시 정치인 한, 그것은 '힘의 예술'이면서 동시에 '상황의 예술'이라고 할 수 있다. 기본적으로 정치는 '힘의 예술'이므로 조직적·비조직적 기반을 강화하는 것이 중요하지만, 그것만이 정치의 충분조건일 수는 없다. 정치는 '힘의 예술'인 동시에 상황에 대응하면서 전개되는 것이라고 할 수 있다. 진보진영은 과거 민주화투쟁 과정에서 많은 기회가 있었는데도 그것을 적절히 활용하지 못한 경우가 많았다. 향후 '상황적' 요인은 진보진영에 많은 기회를 제공할 것이다. 그러나 그것이 자기강화로 이어지느냐 그렇지 않느냐는 이러한 '힘의 예술'과 '상황의 예술'을 지혜롭게 결합시키고자 하는 주체의 노력 여하에 달려 있다고 하겠다.

한국은 민선민간정부의 성립으로 민주화의 과정에서 '1차 이행'을 지나왔다. 이제 우리는 '2차 이행' 혹은 '민주주의 심화'를 위한 2차 이행의 관문에 있다고 할 수 있다. 한국의 진보진영은 이러한 2차 이행을 가속화하는 동시에 1차 이행 과정에서 달성하지 못한 독자적인 정치세력화를 달성하는 과제 앞에 서 있다고 하겠다.

제5장 '시민사회'와 시민운동론
— 진보적 시민운동론

1. 머리말

이 장에서는 네 가지 쟁점영역 중 시민운동영역을 다루게 된다. 80년대 말 이후 우리 사회에서는 새로운 운동현상이 나타났다. 시민적 담론(談論)의 부상과 그러한 시민적 담론의 실체적 내용을 구성하는 시민운동의 확산이 그것이다.[1] 80년대 저항운동진영 내부에서 지배적인 담론

---

1) 군부독재의 퇴진을 위하여 비타협적으로 투쟁하여 왔던 70, 80년대의 민중운동과 구별되는 새로운 운동형태들을 통상 시민운동이라고 지칭한다. 시민운동이라고 할 때는, 1) 온건한 운동, 2) 시민 전체의 일반적 이해 혹은 공익을 대표하는 운동, 3) 기층민중운동과는 다른 중간층운동이라는 의미가 담겨 있다. 우리가 통상 시민운동이라는 것을 엄밀하게 규정하면, "계급적 라인(class line)을 따라서 조직화되는 전통적인 사회운동과 달리 비계급적 라인을 따라 조직화되고 전개된 80년대 후반의 다양한 운동형태들"이라고 할 수 있다. 이 시민운동은 전통적 사회운동과 구별되는 '새로운 사회운동(new social movements)'의 일종이라고 할 수 있다. 물론 민중운동 내부에도 서구적 의미에서의 '새로운 사회운동'이 존재하고 있었다. 80년대 민중운동은 계급적

222

이었던 민중적·변혁적 담론이 '주변화'되는 것처럼 보이는 현상이 나타나고, 민중적 운동형태가 '침체'되는 것으로 보이는 상황이 나타났다. 군부정권 시대에서 보수적 민간정권 시대로의 이행은 이러한 상황인식을 더욱 강화시키는 것으로 보인다.

88년 전두환정권에서 민선군부정권이라고 할 수 있는 노태우정권으로의 이행, 민선군부정권에서 민선민간정권인 김영삼정권으로의 이행은 마치 민중운동 시대의 종언을 말하는 것처럼 보이기도 했다. 80년대 후반, 90년대 초반의 정세 속에서, 정치적·사회운동적 영역에서 민중운동의 목소리의 반영도는 현저하게 감소하고 있는 것으로 비쳐지기도 했다. 이러한 상황을 반영하여, 일각에서는 민중적 담론 대신에 시민적 담론을, 민중운동 형태 대신에 시민운동 형태를 대안적인 것으로 주장하는 견해도 나타났다.[2]

민선군부정권 및 민선민간정권의 등장이라는 배경 속에서 나타났던

____

라인을 따라 조직화되는 계급적 대중운동이 중심이 되었지만, 여성운동이나 기독교운동 등 비계급적 라인을 따라 전개되는 운동도 포괄되어 있었다(계급적 관점을 갖는 것과 계급적 라인을 따라 조직화되는 것은 구별된다). 통상적인 의미에서 시민운동을 시민 전체의 일반적 이해 혹은 공익을 대표하는 운동으로 규정하는 것은 다분히 이데올로기적이라고 필자는 생각한다. 그것은 군부독재와 투쟁하여 온 민중운동을 특수적 이해, 비(非)공익적 이슈를 추구하는 운동으로 전제하는 것이기 때문이다. 필자는 또한 민중운동의 시대에서 시민운동의 시대로 변화하였다는 인식에 대해 반대한다. 민중적 정신은 여전히 우리의 기본적 정신이라고 생각한다. 그간 민중운동을 대체한다는 의미에서 시민운동 개념을 사용하는 데서 나아가, 최근 시민운동 및 민중운동을 포괄하여 시민·사회 운동이라는 용어를 사용하는 것은 이전에 비해 진일보한 것이며 그래도 중립적인 표현이라고 생각한다. 포괄적인 의미에서 사회운동, 그것을 수행하는 단체나 조직을 사회단체 혹은 사회운동단체라고 부르고, 굳이 구분할 때 그 내부에서 시민운동단체와 민중운동단체를 구분하는 방식도 무난하다고 생각한다.

이러한 분위기는 90년대 중반을 거치면서 반전되고 있는 것으로 보인다. 80년대가 진보적 사이클을 경과하였다면, 80년대 후반, 90년대 초반은 보수적 사이클을 경과하는 것이었다고 할 수 있고, 90년대 중반 이후 이러한 보수적 사이클에서 새로운 전환국면에 진입하고 있는 것으로 보인다.

이 글은 바로 80년대 후반~90년대 초반 상황의 실체를 분석하여 시민적 담론이 부상하게 된 요인을 설명하고, 나아가 그러한 부상이 확장되는 시민사회적영역에서의 적극적인 실천의 부재에서 말미암았다는 점을 분석한 후, 그 대안으로서 진보적 시민운동의 당위성을 제시하고자 한다. 여기서 진보적인 시민적 실천은 민중운동의 대립으로서가 아니라 전투적 민중운동(노동운동)과 진보적 시민운동의 연대라는 관점에서 서술될 것이다. 이미 진보적 시민운동은 여러 단체를 통해 실험되고 있다. 필자는 그러한 실험까지를 포함하여 진보적인 시민운동 실천의 사회운동적 근거와 조건을 분석하고자 한다.

---

2) 93년 시민운동의 대표적인 기구인 경실련의 서경석 목사는 민중적 담론에 대한 비판을 민중신학에 대한 비판으로서 제기한 바 있다. 그것의 주된 논지는 민중적 담론의 한 표현형태로서의 민중신학을 비판하고, 그것의 유효성이 소진하였음을 주장하면서, 그것에 대립하는 시민적 담론의 한 표현형태로서 보수적인 개혁신학의 재해석과 발전을 제시하는 것이었다. 이것은 신학적 논쟁의 성격을 띠고 있으나, 근원적으로는 민중적 담론과 시민적 담론의 논쟁 성격을 띠고 있다. 서경석, 「민중신학의 위기」, 『기독교사상』 1993년 9월호: 박재순, 「서경석 목사의 글에 응답함: 민중신학의 반성과 원칙」, 『기독교사상』 1993년 10월호: 서경석, 「박재순 선생의 글에 응답함: 민중신학과 민중운동의 나아갈 방향」, 『기독교사상』 1993년 11월호; 조희연, 권진관, 「민중신학, 과연 위기인가」, 『새누리신문』 제154호, 1993. 10. 9.

2. '시민적 담론'이 부상하게 된 배경들

언어 및 담론[3] 자체가 현실적인 관계를 반영하는 것이라는 전제하에서 필자는 90년대 초반 시민적 담론의 급부상을 가능하게 했던 중요요인을 크게 네 가지로 나누고 싶다. 그것은 첫째, 80년대 민중적 담론의 핵심내용을 구성하고 있던 사회주의의 현실형태인 현존사회주의의 붕괴가 낳은 효과를 들 수 있다. 둘째로는 민중적 담론의 또 다른 핵심내용을 구성하고 있던 민중적 변혁의 '현실성'이 약화되고 지배진영이 주도하는 위로부터의 '개량적' 경로가 지배적인 것으로 되는 현실이 출현하였다는 점을 지적할 수 있다. 셋째, 한국자본주의의 축적구조의 정착에 따라 계급구조화가 진전되고 그것의 정치적 반영으로서 '체제내적인' 온건노선을 수용할 수 있는 계급적 조건이 형성되었다는 것, 넷째, 우리 자신에 대한 반성적 측면으로서 민중적 담론 자체의 적극적인 심화와 개방화가 부족하였다는 점을 지적할 수 있다.

---

3) 여기서의 담론(discourse)은 서술적 의미로 사용되고 있으며, 특정한 담론이론의 맥락에서 사용하는 것이 아님을 밝혀둔다. 담론이론은 그 경향이 다양하나, 대상에 대한 의미의 사회적 구성, 사회적 행위자의 주체위치의 담론적 구성, 의미와 행위의 불가분리성, 언어의 실체성, 사회적인 것의 담론성 등을 내포하는 독특한 이론체계라고 할 수 있다. 필자는 담론이론의 일반적 논지보다는 담론의 사회적 성격을 중시하고 계급사회의 담론이 그 사회의 물질적·정치적 갈등을 반영한다는 전제 위에 선다. 이 글에서는 서술적인 의미에서 민중적 담론을 민중진영의 일반적인 인식, 이론, 사고, 자기규정 등으로, 시민적 담론을 시민운동 진영의 일반적인 인식, 이론, 사고, 자기규정 등으로 사용한다. 담론이론에 대해서는 다음을 참조. Laclau and Mouffe, "Post-Marxism without Apologies", *New Left Review(166)*; D. 맥도넬, 임상훈 역, 『담론이란 무엇인가 — 알튀세 입장에서의 푸코·포스트맑시즘 비판』, 한울, 1992.

1) 사회주의 붕괴의 효과

먼저 국외적 현실변화로 현존사회주의의 붕괴가 가져온 정치적 효과를 들 수 있다. 즉 민중적 담론의 일부를 구성하고 있던 현존사회주의가 가진 문제점의 노정과 그것의 붕괴는 80년대 민중적 담론의 유효성에 중대한 타격을 주었다. 물론 민중적 담론의 체제적 전망이 사회주의로 동일시되지 않는 측면이 있다. 그러나 80년대적 상황에서 암묵적으로 사회주의, 그것도 현존사회주의가 민중적 담론의 체제적 전망으로 상정되고 있었던 것이 사실이다. 대다수가 민중운동의 체제적 전망으로 사회주의를 상정하고 있었기 때문에, 현존사회주의의 붕괴는 그것이 진정한 사회주의가 아니고 국가자본주의의 한 형태였다거나 혹은 '타락한 노동자국가'일 뿐이었다는 이론적 변호에도 불구하고, 민중운동에 대한 부정적인 정치적 영향을 끼치게 되었던 것이다.

이 글은 주로 국내의 현실을 중심으로 민중운동과 시민사회, 시민운동의 관계를 조명하려는 것이므로, 사회주의론을 둘러싼 논의에 대한 상술은 피하고자 한다.[4] 단지 현존사회주의의 붕괴로 인한 민중적 담론의 주변화를 극복하기 위해서는 바로 현존사회주의 붕괴의 의미를 올바로 파악하고 새로운 전망에서 그것을 채워야 한다는 점을 지적하려는 것이다. 이것은 사회주의의 붕괴라는 엄연한 사실을 전제하면서, 90년대의 민중적 담론을 뛰어넘는 90년대, 나아가 21세기적인 민중적 담론의 내용을 구체화할 수 있는가 하는 점과 관련되어 있다. 이와 관련하여 필자는 20세기 말에 선 진보주의자라면, 첫째, 20세기적인 사회주의의 문제점과 모순을 가감없이 인정하고, 둘째, 그러나 자본주의적 환상으로 경도되지 않으면서, 셋째, 20세기적인 한계를 극복한 '21

---

4) 이에 대해서는 이 책의 제3장을 참조.

세기적인 인간해방사회'를 구체화하기 위한 노력이 요구된다는 점을 지적하고자 한다.

먼저 우리에게는 20세기적인 '천민' 적이고 '관료주의' 적이고 국가주의적인 사회주의의 문제점 및 그 원인에 대한 성찰이 요구된다고 생각한다. 그리하여 20세기적인 천민적 사회주의의 문제점을 인정하고 그것을 창조적으로 지양한 새로운 전망을 획득하려는 노력이 요구된다. 그런데 여기서 제기되는 또 하나의 과제는 자본주의의 절대화로 이어지지 않는 현존사회주의에 대한 성찰이 요구된다는 점이다. 현시기 많은 사람들은 사회주의 붕괴의 의미를 사회주의에 대한 자본주의의 승리로만 해석하고 '자본주의 만만세'를 외치며 자본주의 내의 '개량적' 개혁론으로 경도되는 것을 볼 수가 있다. 사회주의의 붕괴는 체제경쟁에서 자본주의가 승리하였다는 차원을 넘어서서, 자본주의를 일부로 하는 '근대 이후'의 정치경제 질서의 전면적인 전화를 요구하는 '인류사적' 전환의 성격을 지니고 있다고 생각된다.

실제로 사회주의 붕괴는 그 자체로서 끝나는 것이 아니라 그것을 한 축으로 하던 냉전적 대립구도(자본주의 체제 대 사회주의 체제의 대립)을 종식시킴으로써, 그러한 냉전적 대립구도 속에서 구조화되어 있던 자본주의의 새로운 '해체적' 진통을 수반할 것으로 예측된다. 즉 사회주의의 붕괴는 20세기적 사회주의의 붕괴와 동시에 20세기적 자본주의의 균열의 의미를 담고 있다. 사회주의와의 체제적 대립 속에서 억압되었던 자본주의의 모순은 지금도 현재화되고 있으며 앞으로 더욱 현재화되어 갈 것이다. 이 점에서 현존사회주의 문제점을 인정하는 바탕 위에서도 현존자본주의의 정당화로 나아가지 않고, 그것을 뛰어넘는 21세기의 새로운 전망을 구체화하려는 노력이 요구된다고 생각되며, 이런 노력 속에서 민중적 담론의 새로운 지평이 열리리라 생각된다.[5]

2) 비변혁적인 경로의 부상

민중적 담론의 주변화와 시민적 담론의 부상이라는 새로운 현상을 규정하는 국내적 조건으로는 무엇보다도 지난 80년대의 계급투쟁 과정을 통하여 민중적 변혁의 길이 '좌절'되고 지배체제의 개량적 변모를 중심으로 한 비혁명적 경로가 지배적인 것이 되었다는 데에서 기인한다. 즉 한국사회에서 혁명적 경로의 좌절과 비혁명적 경로가 지배화함으로써 변혁적 전망을 내재화하고 있던 민중적 담론의 주변화가 촉발되게 되었다는 것이다. 담론관계는 현실권력 관계를 반영한다. 80년대에 우리를 규정하고 있었던 '민중적 변혁의 현실성'보다는 '부르주아적 개량'이 더욱 지배적인 측면으로 인식되어 가는 상황이 조성되고

---

5) 이러한 새로운 인식은 마르크스주의에 대한 '계승과 혁신'의 관점에 대응한다. 필자는 이것은 마르크스주의의 '사수론'이나 '폐기론'에 대립하는 '마르크스주의의 내재적 혁신에 기초하는 마르크스주의의 창조적 변화발전론'이라고 개념화하고자 한다. 사회주의의 붕괴를 계기로 한 우경적 인식은 자본주의적 환상에 매몰되어 마르크스주의의 '합리적 핵심'을 포기하고 마르크스주의를 '방법론'적으로 포기하는 경향과 동반적으로 나타난다고 할 수 있다. 예컨대 생산 패러다임의 담화적 패러다임으로의 대체, 사회적 관계에서의 생산관계의 중심성의 포기, 정치에서의 계급의 중심성의 포기를 들 수 있다. 이러한 마르크스주의의 핵심의 견지는 곧 경제결정론적인 마르크스주의, 환원론적 마르크스주의, 도그마화된 마르크스주의를 견지하는 것과는 다르다. 필자는 포스트 마르크스주의의 비판까지를 내재적 성찰의 계기로 융해하는 '열린 마르크스주의'가 요구된다고 생각된다. 경제결정론적 마르크스주의, 환원론적 마르크스주의를 뛰어넘어, 현대자본주의의 구조적 변화, 사회적 적대의 다양한 영역으로의 확산, 지배의 다층화, 변혁운동의 내포적 심화와 외연적 확대 현상을 개방적으로 조망하면서, 동시에 생산관계의 '궁극적' 중심성, 국가의 계급성, 모순의 위계성을 포기하지 않는 열린 마르크스주의, 비(非)도그마화된 마르크스주의가 요구된다고 생각한다. 이와 관련한 이론적 논의로는 엘린 메익신주 우드 외, 손호철 편역, 『계급으로부터의 후퇴』, 창작과비평사, 1993 참조.

228

있고, 바로 그러한 상황 속에서 그것의 언어적 반영으로서 시민적 담론이 부상하였다고 파악할 수 있다. 물론 이른바 '개량적' 경로가 장기적인 전망에서 지속적으로 지배적인 것이 될 것이라는 말은 아니다. 단지 80년대 전반에 각축을 벌이던 군부독재체제의 '아래로부터의 변혁'의 길과 '위로부터의 개량'의 길 중에서 후자가 중·단기적으로 지배적인 것이 되었다는 의미이고, 그러한 '현실' 조건 속에서 우리는 대응을 해야 한다는 것이다.

제2장에서 서술하였듯이, 한국사회는 군부정권 시대에서 '보수적' 민간정권 시대로 이행하였다. 이 민간정권 시대로의 이행은 — 비록 불안정을 내장하고 있으나 — 한국사회가 한국형 군부파시즘에서 한국형 '부르주아적' 정치제제로 이행하여 가는 궤도에 돌입하였음을 의미한다. 위로부터의 '보수적 민주화(conservative democratization)'로의 궤도 진입은, 지배진영과 민주진보진영의 '결전'에서 후자가 — 최소한 단기적으로 — 패배하였고, 그럼으로써 근대화와 산업화를 과제로 삼았던 60년대 이후 군부파시즘 시대라는 한 시대의 순환이 종결되고 새로운 현대사의 순환이 시작되게 되었다는 것으로 해석될 수 있다. 이 순환의 시기가 지배진영의 승리로 귀결되고 비록 왜곡된 형태이기는 하나 한국형 '부르주아적' 정치체제가 형성됨으로써, 한국의 변혁운동은 이전과는 질적으로 다른 새로운 현실에 돌입하게 되었다고 할 수 있다. 바로 이러한 변화의 언어적 반영이 시민적 담론의 부상이라고 할 수 있다.

이처럼 80년대라는 상황 속에서 벌어진 변혁적 진영과 지배진영의 투쟁의 결과, 변혁적 진영이 '패배'하게 됨으로써 중단기적으로 보면 한국사회에서는 변혁적 경로에 대신하는 비변혁적 경로, 즉 '위로부터의 민주화'가 지배적인 것이 되었다. 바로 이러한 상황이 민중적 담론의 '주변화'를 규정하는 '물적' 조건이라고 할 수 있다.[6]

여기서 한 가지 첨가하여 두고 싶은 점은 모더니즘이나 포스트모더니즘 역시 넓은 의미의 시민적 담론 속에 포괄하여 이야기될 수 있다는 점이다. 시민적 담론에 대한 논의를 모더니즘, 포스트모더니즘 논의와 연관시켜 보면, 80년대에는 지배진영이 주도하여 전근대적 상태에서 부르주아적인 '근대성'을 실현하고자 하는 흐름(지배진영의 근대화 시도 및 다차원에서의 근대성 확립시도)과, 그러한 부르주아적인 근대성의 실현(이것은 경제적으로는 자본주의적인 기초의 확립에 대응하는 것이다)과정에서 제기되는 모순을 계기로 하는 민중적(변혁적) 세력에 의한 전근대 및 근대의 동시적인 극복의 흐름(민중운동의 흐름)이 대립하던 시기였다고 할 수 있다. 이제 80년대의 긴 계급적·사회적 투쟁을 통하여 후자가 패배하고 전자가 승리하게 되었다. 이것은 식민지종속형적인 경로를 통한 근대성의 확립과정으로의 이행이 지배적인 경로로 나타나게 되었음을 의미한다. 식민지종속형적인 경로를 통하여 확립된 자본주의적인 토대와 상부구조(정치적·이데올로기적 차원을 포함하여) 사이에는 많은 불일치와 모순이 존재하게 된다.

60년대 이후의 시기는 자본주의적인 토대 자체가 불안정하였고 80년대 초반 이후에는 자본주의적 토대가 일정하게 안정성을 갖게 되면서 오히려 불일치와 괴리의 최대의 결절점이 자본주의적 토대와 파시즘적인 정치권력 간에 존재했다고 할 수 있다. 88년 노태우정권의 성립, 93년 김영삼정부의 성립은 이러한 최대의 불일치점이 일정하게 극복되어 가는 과정을 의미한다. 이제 정치체제의 모순을 일정하게 극복한 남한의 지배권력은 여러 차원에서의 '부르주아적인 합리화'를 실현하려고 시도할 것이며, 이것은 부르주아적인 방향에서의 '근대성'의

---

6) 이러한 상황은 어쩌면 패장(敗將)이 무장해제되는 것, 그것도 '언어'에서까지 무장해제되는 것에 비유할 수 있을 것이다.

실현을 의미한다고 할 수 있다.

물론 이러한 부르주아적인 방향에서의 근대성의 합리적 실현은 선진자본주의의 '포스트모던'한 합리성의 실현시도와 함께 중첩되어 나타나게 된다. 진보적 시각에서 본다면, 모더니티냐 포스트모더니티냐라는 쟁점이 중요한 것이 아니라, 이제 본궤도에 진입한 부르주아적인 방향에서의(그러한 질을 갖는) 근대성의 실현 시도(및 그것을 넘어서서 부르주아적인 방향에서의 탈근대의 실현 시도)의 모순을 저항의 계기로 하여, 반(反)부르주아적인 방향에서의 탈근대의 기반을 확장시켜 가는 것이라고 할 수 있다. 진보적 시각에서 보면, 문제는 모더니즘이 아니라 어떻게 부르주아적인 모더니즘의 지양가능성을 확대할 것인가 하는 점이라고 할 수 있다.

3) 계급구조화의 진전

시민적 담론의 부상을 규정하는 세번째 요인으로는 지난 30여 년간의 성장을 통하여 한국사회가 이미 계급사회로서 구조화된 상태에 돌입하였다는 것을 들 수 있다. 정작 노동자들의 저임금과 농민들의 저곡가가 문제로 되던 시기에는, 한국사회의 계급적 불평등이 구조화되어 있지는 않았으며, 사회이동의 양도 대단히 많았다고 할 수 있다. 그러나 지난 30여 년간의 경제성장 과정에서 몇 차례의 파국적 위기에도 불구하고 '경제외적인' 개입을 통하여 위기를 수습하면서 자본주의적인 축적구조를 안착(安着)시켜 왔고, 이러한 안착과정은 한국사회에서의 계급형성의 물질적 기초를 분화시킴과 동시에 계급관계를 구조화하게 된다. 그리하여 한국사회에서는 한편에서는 독점재벌을 포함하여 독점부르주아지, 사회 각 영역에서의 경제적 상층 및 기득권층(경제, 정치, 언론, 교육, 문화 등 제반 영역에서의 상층 및 기득권층의 형성, 구조화)을 확대시키게 되었으며, 다른 한편에서는 기존의 민중 내부에 포괄되고 있던 중간층(프티부르주아지 및 신중간층)과 기층민중 간의 계급적 조건에서 분화가 확대되게 되었다. 특히 88년 이후 지가와 주택가격의 등귀는 주택소유 문제를 중심으로 하여 기층민중과 차별화되는 중간층의 경제적 기반을 확대시키게 된다(물론 이처럼 민중에 대립되는 지배계급의 물적 기반의 안정화, 민중의 일부를 구성하고 있던 중간층의 계급적 기반의 차별화와 물적 기반의 안정화뿐만 아니라, 한국자본주의의 성장에 따른 기층민중 내부, 예컨대 노동자계급 내부에서의 경제적 분화도 한 요인으로 지적할 수 있을 것이다). 이러한 조건은 우리 사회에 기층민중과 구분되는 '계급'이 형성, 구조화하였다. 이러한 경제적 기반의 분화는 정치적 지향의 분화를 가져오게 되었다고 할 수 있다. 전형적인 군부독재정권이 지배하던 시기에는 경제적 기반의 분화에도 불구하고 온건한 체제내적 지향은 도덕성을 가질 수 없었기 때문에 현재화되지는 못하였다.

그러나 민주화의 과정이 진전됨에 따라, 그리하여 군부정권의 혁명적 퇴진이 아니고서도 '자유로운' 정치사회적 활동을 할 수 있는 가능성이 확대됨에 따라, 정치적 지향의 분화가 확대되게 된다. 정당정치영역의 분화는 어용관제 야당이 아닌 '투쟁적인' 제도정당의 분화로 나타나게 되며, 시민사회의 분화는 민중적·변혁적 운동형태와 시민적·비(非)변혁적 운동형태의 분화로, 급진적 지향의 운동과 온건한 지향의 운동의 분화로 나타나게 된다. 군부세력이 '합헌적'으로 재집권하여 지배의 '정당성'이 확대된 노태우정권 이후에는 이러한 분화가 더욱 확대되며, 군부정권의 퇴진에 단일하게 동의하였던 세력들 내부에서 민중운동의 혁명적 지향에 명시적으로 반대하는, '온건한 체제내적 개혁'을 주장하는 층이 분화된 것으로 보인다.[7]

80년대 전과정을 통하여 계급적 구조화가 더욱더 진전되어 왔고 명확해졌다고 할 수 있으며, 그러한 계급적 구조화에 대응하는 정치적 지향의 분화는 보수적 시민운동이 제시하는 온건개혁노선의 정치적·계급적 기초를 구성하는 것으로 파악할 수 있다. 이것은 우리 사회에 비혁명적인 시민적 담론을 수용할 수 있는 계급적 조건, 의식적 조건이 일정하게 형성되었음을 의미한다.

이상의 둘째와 셋째의 조건을 민중개념의 의미변화와 관련하여 서술하여 보면 다음과 같다. 70, 80년대의 과정을 통하여 민중은 민주화운동, 민중운동의 주체를 지칭하는 개념으로 규정되었다. 초기에 민중은 군부독재정권의 억압하에서 억압·수탈·소외된 존재를 지칭하는 것으로 이해됨과 동시에 그러한 군부독재에 대항하는 민주화운동에 참여하는 각계 각층의 저항적 국민들을 지칭하는 것이었다.[8] 그런 점

---

7) 이처럼 계급적 구조화의 진전은 80년대 중반 이데올로기적 진술로서 존재하였던 '반동부르주아지' '자유주의적 부르주아지' '민중'이라는 세 정치세력 정립론이 역설적으로 현실화되는 것을 의미한다고 해석할 수도 있다(반동부르주아지가 군부정권적 외피를 극복함으로써 정치적 합리성을 제한적으로나마 획득하게 되었다는 점에서 반동부르주아지라는 개념이 내포하는 의미가 변화하게 되었다는 점도 지적되어야 할 것이다. 즉 합리성을 지향하는 '지배 부르주아지'로서의 성격이 강화되었다고 할 수도 있을 것이다). 정작 이것이 제시되었던 시기에는 반동부르주아지의 도덕성의 부재(군부독재정권이라는 도덕적 비판으로부터 자유로울 수 없었다), 자유주의적 부르주아지의 물적 기반의 취약성으로 인하여 그 자체가 현실성 있는 구도가 아니었던 것으로 보인다. 80년대 후반의 시기는 바로 그러한 담론의 퇴조에도 불구하고, 그러한 구도 자체가 현실화된 일면이 존재한다. 이러한 정치적 지향의 분화의 계기가 된 것은 필자가 볼 때, 1991년 5~6월 투쟁이 아니었던가 생각된다. 분신사건 및 김기설 씨 유서사건에 대한 권력과 보수언론 및 일부 자유주의적 지식인의 민중운동에 대한 '작위적인' 매도는 민중운동의 도덕성을 훼손시켰고 이것은 민중운동의 혁명적 지향과 대립되는 '자유주의적인' 목소리가 '도덕성'을 갖는 것으로 보이는 계기가 아니었나 생각된다.

8) 이에 반해 시민은 근대 서구사회 형성의 맥락에서 제기된 개념이라고 할 수 있다. 본래 시민은 도시민이라는 의미를 지니며, 봉건적 속박이 강고하게 지

에서 민중의 계급적 구성은 노동자, 농민, 도시빈민 등 기층민중뿐만
아니라 프티부르주아지(구(舊)중간계급), 제 신(新)중간계층, 지식인 및
각계 각층의 저항적 국민들을 포괄하는 것으로 이해되었다.

 물론 이러한 다(多)계급·계층적인 범주로서의 민중개념은 지속되지
만, 70년대 후반 이후 80년대의 발전과정을 거치면서 민중개념은 그
내포적 의미가 심화되어 가게 된다. 첫째, 민중 내부에서의 기본계급과
비(非)기본계급이라는 민중을 구성하는 각 구성부분의 질적 상호관계
에 대한 인식이 심화되게 되었다. 둘째, 민중이라는 개념에 혁명적 지
향이라는 내포적 의미가 추가되게 되었다는 점이다. 첫번째 점에 관하
여 부언한다면, 70년대 후반부터 민주화운동에 민중운동적 성격이 각
인되어 가면서, 민중은 억압·수탈·소외된 존재라는 의미에 더하여,
노동자, 농민 등 자본주의적 수탈 및 착취의 가장 핵심적인 대상이 되
는 층들이 중심이 된다는, 민중 내부에서의 중심적 위치와 주변적 위
치의 관념이 생겨나게 되었다는 것이다. 이러한 인식은 80년대에 더욱
체계화되면서(마르크스주의적 계급론의 도입이 그 계기가 된다), 민중은
현사회의 기본 모순에 대응하여 노동자계급을 중심으로 하며, '반제반
파쇼'라는 주요 모순에 대응하는 다양한 존재들이 포괄되는 것으로 이
해되었다. 그리고 80년대 변혁적 인식의 확산에 따라 민중의 내포적

───────────────

 배하고 있는 봉건적 농촌사회의 외부인 도시에 사는 자유로운 존재로 규정된
 다. 이러한 시민들은 점차 경제적 부를 획득하여 가면서 소부르주아적, 부르
 주아적 존재로 발전하게 된다. 이들은 서구에서 시민혁명의 주체로서 참여하
 게 된다. 이런 점에서 서구의 시민은 봉건적 질서하의 신민(臣民)과는 다른,
 주체적이고 의식이 있는 근대사회의 국민들을 지칭하는 것이라고 할 수 있다.
 이들은 기본적으로 봉건적 질서와 그 내부에서의 신분제적 차별에 대한 저항
 을 기조로 하고, 사회의 제반 문제에 대하여 공적 책임감을 가지고 참여한 존
 재로 파악된다. 봉건제의 해체와 근대사회의 성립기에 이러한 시민이 주도하
 는 사회가 곧 시민사회라고 할 수 있다.

의미는 그 주체규정이라는 의미를 넘어서서 현재의 자본주의적 정치경제체제를 혁명적으로 극복하려는 존재를 의미한다는 '지향'을 담는 개념으로 심화되어 갔다. 그것은 80년대 변혁운동이 단순한 민주화운동이 아니라 '민주·민족·민중' 혁명이라는 인식이 확산되어 가면서 더욱 강화되었다. 80년대 인식지평에서 민중운동은 당연히 현체제를 혁명적으로 극복하려는 것으로 인식되었다.

따라서 80년대에 그 주체규정이라는 의미에서, 민중은 노동자계급을 주된 구성으로 하면서, 현시기의 변혁에 이해관계를 갖는 각계 각층의 저항적 국민들을 포괄하는 개념으로 이해되었고, 그 지향규정이라는 의미에서, 군부독재정권의 개량적 재편이 아니라, 혁명적 변화를 지칭하는 존재를 의미하는 개념으로 이해되었다. 이의 연장선상에서 민중운동은 80년대적 상황을 반영하여 군부독재정권을 혁명적으로 타도하려는 지향을 갖는 운동이자 노동자계급을 주요 주체로 하는 변혁운동으로 이해되었다. 시간이 지나면서 이러한 주체규정과 지향규정은 동일시되어 갔다.

이처럼 민중이라는 개념 속에 노동자계급이 중심이라는 의미가 담기고, 동시에 현존자본주의 체제를 '혁명적'으로 극복하려는 지향이 담기게 된 상황에서, 앞서 지적한 바와 같이 현실 계급투쟁에서의 패배로 부르주아적 개량이 지배적인 것이 되고 혁명적 경로가 부차적인 것이 되면서, 또한 자본주의적 성장에 따라 우리 사회에 독점부르주아지를 포함한 상층 및 경제적 기반을 갖는 중간층이 확대되면서, 그 언어적 반영으로 혁명적 지향을 담았던 민중 개념의 '주변화'와 부르주아 진영에 의한 의도적인 '담화적 배제'가 나타나게 된 것이다.

4) 민중적 담론의 적극적인 개방화의 부재

시민적 담론이 부상하게 된 네번째 원인으로는 민중적 담론 자체가 적극적인 개방화와 자기심화가 부족하였다는 점을 지적할 수 있다. 이런 점에서 민중적 담론에 대한 반성적 성찰이 요구된다. 80년대 민중운동이 기본으로 삼고 있었던 ― 전부는 아니지만 ― 한국의 마르크수주의는 대단히 협애화되고 폐쇄적인 담론의 성격을 지니고 있었던 것이 사실이다. 필자는 마르크스주의 자체의 한계성을 지적하고자 하는 것이 아니라, 80년대 민중운동이 일반적으로 전제하고 있던 '80년대적 한국 마르크스주의'의 한계성을 지적하고자 한다. 경직된 환원주의적 사고, 편협한 경제주의적 사고, 환경위기는 사회변혁이 달성되면 자연히 해결될 것이라는 소박한 낙관론,[9] 현존사회주의는 그 자체가 민주주의적 이상이라는 놀라운 무지, 스탈린식 사회주의의 제반 명제를 곧 마르크스주의의 합리적 핵심으로 간주하는 속류화된 마르크스주의관 등이 그 한계라고 할 수 있다.[10] 특히 현대 자본주의하에서 나타나는 지배의 고도화, 소비 및 생활 영역에서의 지배의 다층화와 문화화에 대한 간과, 전계급적 문제로서의 환경문제에 대한 간과 등은 80년대 이후 마르크스주의적 실천, 민중운동의 실천범위를 대단히 축소하는 데 기여하여 온 것이 사실이다. 이런 점에서 마르크스의 토대-상부 구조론의 문제틀을 확장하여 시민사회를 새로운 이데올로기적인

---

9) 기존의 사회주의관이 생태주의적 관점을 내재화하지 못하였다는 것은 향후의 주요한 극복 과제로 설정 되어야 한다. 환경문제를 20세기적인 체제 및 성장전략 전반의 문제로 보기보다는 자본주의의 문제로 보는 인식의 한계를 극복할 필요가 있다는 말이다.
10) 이러한 점을 80년대 사회구성체 논쟁의 반성적 성찰과정을 서술한 부분이 이 책의 제3장 2절이다.

투쟁의 장으로 설정하고 그것의 의미를 적극적으로 파악하였던 그람시의 이론에 주목할 필요가 있다.

여기서 잠시 시민사회에 대한 그람시의 이론을 살펴보기로 하자.[11] 그람시의 이론은 헤겔의 시민사회관에 대해 마르크스가 가했던 비판의 일면성을 비판하고, 20세기 전반기의 자본주의에서 발생한 계급투쟁의 조건변화를 설명한 이론이라고 할 수 있다. 헤겔에 따르면, 근대사회는 민(民)의 정치적·사회적 권리가 보장되어 있지 않은 '국가에 의한 시민사회의 포섭' 상태에서 '시민사회에 의한 국가의 포섭' 상태로 이행하여 가게 된다. 이러한 헤겔의 시민사회에 대한 이해는 기본적으로 절대왕권이 지배하던 봉건사회 대 근대시민사회의 대립관계 속에서 후자를 적극적으로 이해하는 바탕 위에 서 있는 것이라고 할 수 있다.

국가로부터의 근대시민사회의 분리와 그것의 우위화를 근대사회 질서의 핵심적인 측면으로 파악하였던 헤겔과 반대로, 마르크스는 시민사회 자체 내의 계급적 분화와 대립에 주목하게 된다. 여기서 마르크스의 시민사회 비판론이 제기된다. 마르크스는, 이전의 연구들은 근대의 시민사회가 봉건적 사회에 대립된다는 전향성을 갖고 있었지만 시민사회 자체 내의 부르주아적 시민(유산자적 시민)과 프롤레타리아적 시민(무산자적 시민)의 분화와, 전자에 의한 후자의 수탈을 보지 못했다고 파악하였다. 마르크스에 따르면, 근대사회는 그 확립과 동시에 시민사회 내의

---

11) 이에 대해서는 Gramsci, A., *Selections from the Prison Notebooks*, (ed. & trons.), Quintin Hoare and Geoffray Nowell Smith, New York: International Publishers, 1971 ; Sassoon, A. S., *Approaches to Gramsci*, London: Writers and Reader, 1982 ; 신광영, 「시민사회와 사회운동」, 한국산업사회연구회 편, 『경제와사회』 1991년 겨울호 ; 유팔무, 「그람시 시민사회론의 이해와 한국적 수용의 문제」, 같은 책 ; 김호기, 「그람시적 시민사회론과 비판이론의 시민사회론」, 『경제와사회』 1993년 가을호.

계급적 분화, 그것에 기초하는 시민사회 내의 계급적 대립과 투쟁의 홍역을 벗어날 수 없었다. 그리고 이 사실을 전제로 할 때, 국가로부터의 시민사회의 분화는 이러한 시민사회 내의 대립이 극복되지 않는 한 무의미한 것으로 파악되었다. 그래서 마르크스는 헤겔이 파악한 시민사회의 본질을 부르주아적인 사회로 보게 된다.[12] 나아가 마르크스는 국가와 시민사회의 분리 위에서 국가권력이 초계급적인 것으로 투영됨에도 불구하고 국가를 시민사회 내의 지배적 계급, 즉 부르주아지의 지배도구로 파악하게 된다. 여기서 마르크스는 시민사회 내에서의 계급적 대립의 극복과, 지배도구가 된 국가의 '지양'이라는 문제의식에 도달하게 된다. 이런 견지에서 마르크스는 국가와 시민사회의 분석구도 대신에, 토대와 상부 구조라는 분석틀에 의존하게 된다.

이처럼 시민사회를 부르주아적인 사회로 규정하면서 그 개념의 유효성을 부정하였던 마르크스와 달리, 시민사회 개념의 복원을 통하여 자본주의사회 혹은 부르주아사회의 변화와, 마르크스가 파악하지 못하였던 또 다른 일면을 파악하고자 했던 마르크스주의 진영의 학자는 그람시였다. 그람시는 마르크스가 주목하였던 것처럼, 시민사회의 부르주아적 성격, 그 실질적인 차원에서의 무산자의 지배의 장(場)이라는 이해를 지양하면서, 자본주의사회가 왜 그러한 부르주아적 수탈에도 불구하고 자신의 헤게모니적 지배를 확립하게 되었는가에 주목하였다. 그람시에 따르면, 근대의 부르주아지는 국가에 의한 강제와 시민사회

---

12) 헌트는 마르크스가 후기에 오면서 시민사회의 개념을 부르주아 사회와 동일한 것으로 파악하였기 때문에, 시민사회라는 개념을 기각하게 됨으로써 『자본론』에서는 시민사회라는 용어가 사용되지 않게 된다고 보았다. Hunt, G., "The Development of the Concept of Civil Society in Marx," *Karl Marx's Social and Political Thought: Critical Assessments*, Bob Jessop, Charlie Malcolm-Brown, (ed.) London: Routlege, 1990.

238

를 통한 동의라는 이중적 과정을 통하여 근대적인 자본주의적 질서를 유지하게 된다. 여기서 그람시는 마르크스가 내놓은 부르주아사회로서의 시민사회 개념을 주로 경제영역으로 파악하고 헤게모니 투쟁의 장이자 지배계급에 의한 헤게모니의 형성이 이루어지는 장이라는 개념을 복원하게 된다. 이러한 시민사회를 그 토대가 되는 생산관계의 측면에서 보면 부르주아적 생산관계가 지배적인 영역으로 파악될 수 있다. 그러나 그람시의 견해에 따른다면, 시민사회영역은 부르주아적 생산관계로만 환원될 수 없는 '동의의 창출이 이루어지는 헤게모니 투쟁의 장'으로서의 성격을 지니게 된다.

그람시에 의하면 시민사회는 일상적인 소비가 이루어지는 생활영역이자 정치적·윤리적 여론이 형성되는 장이며, 경제영역과 국가영역이 매개되는 장이다.[13] 이러한 시민사회를 통하여 부르주아지의 헤게모니가 확립되게 되는 것이다. 여기서 문제는 어떻게 상부구조의 한 영역으로서 지배계급과 저항계급의 이데올로기적인 투쟁의 장이자 지배계급의 헤게모니와 저항계급의 역헤게모니가 형성되는 장으로서의 시민사회에까지 계급투쟁을 확대할 것인가이다.[14]

---

13) 정태석, 김호기, 유팔무, 「한국의 시민사회와 민주주의의 전망」, 『한국민주주의의 현재적 과제』, 창작과비평사, 1993, 183-185쪽.

14) 시민사회의 문제설정은 마르크스주의의 '토대-상부 구조' 패러다임과, 그와는 상이한 전제 위에 서 있는 '국가-시민 사회' 패러다임의 관계가 무엇인가 하는 문제에까지 맞닿아 있다. 기존의 환원론적 마르크스주의에서는 국가-시민 사회 패러다임을 토대-상부 구조 패러다임 속에 해소시켜 버렸다고 할 수 있다. 그렇기 때문에, 국가의 계급성만이 중시되고, '계급적 성격이 전화된' 국가에 대한 비판적 성찰의 이론적 토대가 부정된 것으로 보인다. 이것이 사회주의 국가권력의 절대화와 부패화를 낳은 하나의 원인이 되었다고 생각한다. 이런 점에서 필자는 토대-상부 구조론의 패러다임 속에서 국가-시민 사회 패러다임의 적극적인 측면을 수용할 이론적 확장작업이 필요하다고 생각한다.

　이상과 같은 그람시의 견해를 살펴보면 그람시가 계급투쟁의 전화된 조건, 즉 마르크스 시대와 달리 새롭게 조성된 헤게모니투쟁의 장으로서의 시민사회를 말하게 된 문제의식을 알 수 있게 된다. 즉 초기자본주의와 달리 새롭게 조성된 계급투쟁의 정세를 새롭게 파악하려는 적극적인 문제의식이 바로 그것이다. 초기자본주의에서는 시민사회 내에 적나라한 계급적 대립만이 존재하며, 부르주아들은 최대이윤의 논리에 따라 수정·통제되지 않은 적나라한 착취의 논리로 자본주의 사회를 운영·지배하게 된다. 그러나 저항진영의 성장에 따라 이러한 자본주의 논리가 고도화하고, 또한 자본주의의 물적 생산력의 성장으로 프롤레타리아트에게 물적 반대급부를 제공함으로써 자본주의 자체에 대한 내재적 동의의 가능성이 나타나게 된다. 심지어 30년대 파시즘 권력이 그 폭압성과 호전성, 대외적 침략성에도 불구하고 시민들의 '자발적' 동의에 의한 선거에 기초하여 성립하였다는 사실은 그람시의 새로운 이론적 모색을 촉발하게 되었고, 여기서 계급투쟁의 변화된 조건을 포착하려는 적극적인 문제의식이 시민사회라는 개념의 재발견으로 나타나게 되었다.

　우리 사회의 변화된 조건에 접근할 때, 그 개념의 부르주아적 내포에도 불구하고, 그러한 시민사회적 투쟁의 영역이 현존하고 있다는 점과 그것을 어떻게 적극적인 투쟁의 장으로 전화할 것인가 하는 문제의식을 그람시에게서 얻을 수 있을 것이다. 물론 그람시의 시민사회론의 한국적 적용에는, 첫째, 그람시가 분석대상으로 삼았던 이탈리아(후발자본주의국)에서의 시민사회의 특성과 종속형적인 경로를 거쳐 형성된 한국의 초보적인 시민사회의 특성의 차이, 둘째, 그람시가 생존하였던 20세기 전반기의 상황과 20세기 후반의 자본주의적 상황의 차이에 대한 분석이 요구된다. 그러나 최소한 한국의 경우 시민사회로 표상되는 새로운 문제상황에 대한 민중운동의 개방적 접근이 요구되며, 기존에 그러한 적극적인 참여와 대응의 부재가 시민운동의 헤게모니를 확장시켜 준 결과를 가져왔다는 점을 알아야 할 것이다.[15]

이상에서 필자는 시민적 담론이 부상하게 된 구체적인 원인으로써 국외적 조건으로 사회주의 붕괴가 가져오는 정치적 효과, 80년대의 계급투쟁의 결과 민중진영이 '패배'함으로써 비혁명적 경로가 — 최소한 단기적으로는 — 지배적인 것으로 전화된 조건에 놓이게 된 점, 한국사회의 경제성장, 부르주아적 안정화에 대응한 우리 사회의 계급적 분화와 그에 기초한 비(非)변혁적·체제내적인 온건노선과 목소리의 등장, 나아가 이러한 변화에 대응하는 민중적 담론 자체의 적극적인 자기확장의 부재를 제시하였다.

3. 80년대 민주화과정과 '시민사회'의 분화

이상에서 서술한 바와 같이 시민적 담론의 부상은 객관적으로 국외적·국내적 수준에서 발생한 권력관계의 변화에 따른 남한에서의 변혁적 경로의 '부차화', 계급적 분화와 계급구조화의 진전, 민중적 담론의 '폐쇄성'을 원인으로 하고 있었음에도 불구하고, 더 나아가 거기에는 주체적 원인이 있었음을 지적하지 않을 수 없다. 시민적 담론 부상의 물질적·정치적 기초가 있었음에도 그것이 현실화되는 데에는 주체적 실천이라는 매개과정을 거치기 때문이다. 결론적으로 필자는 시민적 담론의 근거가 되는 시민사회, 시민사회 내의 문제영역이 분화·

---

15) 필자가 강조하고 싶은 것은 사실 '시민사회론' 자체를 이론적으로 옹호하는 것이 아니라 이른바 '시민사회'로 제기되는 현상들에 대한 실천적 대응의 필요성이다.

확장되어가고 있었는데도 그에 대한 적절한 주체적 대응을 하지 못하였다는 점을 지적하고자 한다.

1) 80년대 민주화과정에서 생긴 '시민사회'의 분화

그럼 먼저 80년대 민주화과정을 이러한 관점에서 살펴보기로 하자. 민주화과정은 단순히 군부대통령이 퇴진한다는 차원을 넘어서서, ('국가에 반하는')시민사회[16]와 정당정치의 영역이 미분화된 상태에서, 국가적 통제에서 자율화한 시민사회 및 정당정치의 영역이 분화되게 되는 것을 의미한다. 국가권력이 정당정치영역, 시민사회의 상위질서로서 이들을 절대적으로 지배하는 것이 아니라, 후자가 반영되는 구조가 형성되는 것, 달리 표현하자면 군부국가권력의 전사회적인 강압적 통치를 극복하고, 다양한 요구가 집단적·조직적으로 표현될 수 있는 정당정치영역, 시민사회영역이 분화되어 가는 데서 우리는 민주사회로의 이행을 확인할 수 있다. 군부쿠데타는 시민사회영역에서의 국민들의 의견과 정당정치영역에서의 제 정치집단의 의견과는 무관하게 '외삽적(外揷的)'으로 군부세력에 의한 국가권력의 점유가 이루어지는 것을 의미한다. 바로 이러한 상태가 극복되었다는 점에서 민주화를 이야기할 수 있게 된다는 것이다. 80년대의 민주화의 진전과정에서도 — 비록 불철저한 것이지만 — 이러한 방향에서의 변화를 확인할 수 있다.

돌이켜보면, 80년대 한국사회에서는 군부국가권력으로부터 독자성과 자율성을 갖는 정당들이 부재하였으며 관제어용 야당이 지배적인 형태였다. 동시에 시민사회 내의 자율적인 시민기구들은 극소하였으며 그것들 역시 군부국가권력의 정치적 통제와 대립되지 않은 영역에서

---

16) 최장집, 『한국민주주의 이론』, 한길사, 1993, 413쪽.

방어적으로 존재하였다고 할 수 있다. 노총 등 시민사회의 기구들은 군부국가권력의 외곽기구로서 존재할 뿐이었다. 이러한 정당정치와 시민사회의 국가종속성은 전투적 민중운동의 투쟁에 의하여 '국가에 반하는 시민사회'가 활성화되면서 극복되기 시작한다. 군부정권의 강압통치가 지배하던 70년대 이후에는 조직화된 급진운동세력, 전투적인 재야저항운동이 시민사회를 대표하게 된다. 이처럼 시민사회를 대표하는 전투적 민중운동의 투쟁으로 인하여 군부정권이 불안정한 상태로 돌입하는 단계에서부터 민주화과정이 본격화되게 된다. 80년대의 민주화과정은 바로 이처럼 시민사회영역에서 전투적 민중운동이 확산되어가고 그 결과로 억압적인 군부통치가 변화를 강요받게 되며, 나아가 국가에 반하는 정당정치영역이 분화되고 그 영역에 군부통치에 저항하는 강성 저항야당이 존재하게 되는 단계로 이어지게 된다. 85년 2·12 총선에서 어용야당 민한당의 붕괴와 신민당(당시로서는 강성 저항야당)의 등장으로 시작되는 정치적 영역의 군부국가권력으로부터의 자율화는 80년대 민주화운동을 거치면서 더욱 확장되어 왔다고 할 수 있다. 노태우정권하에서 성립한 여소야대 구조는 그것이 지역당 구조라는 왜곡성에 근거하는 것이기는 했으나, 정치사회영역이 군부국가권력의 통제에서 분리되는 것을 의미하였다고 할 수 있다.

특히 여소야대 구조하의 야당은 확고한 지역적 기반을 가짐으로써 군부국가권력의 통제력에서 일정한 자율성을 가지게 되었다고 할 수 있다. 이러한 준(準)자율적인 정당정치영역의 분화는 한편으로는 저항의 정치사회영역으로의 확산이라는 의미를 담고 있으나, 다른 한편으로는 '시민사회영역에서의 저항'이라는 정치사회영역으로의 흡수가능성의 확대라는 의미를 담고 있다. 정당정치영역 확대의 이러한 이중적 측면에서, 후자의 측면을 현실화함으로써 정당정치영역의 내적 재편을 통하여 지배체제를 안정화하려는 시도가 곧 3당합당이었다. 3당합당은 국가권력의 '외삽적인' 장악방식이 아니라, 정당정치영역에서의 각 정치집단간의 결합관계의 변화를 통하여 지배권력의 안정적 재생산을 도모한 사건이라고 할 수 있다. 3당합당은 주지하다시피 군부 집권당과 타협적인 온건야당의 결합에 의한 연합의 성격을 지닌다.

이처럼 80년대 민주화과정을 통하여 정당정치영역의 자율적 분화가 나타나게 됨과 동시에, 군부국가권력으로부터 자율성을 갖는 시민사회영역이 분화되게 되었다는 점을 지적할 수 있다. 그간에 군부국가권력의 외곽 종속기구로만 존재할 수 있었던 시민사회 내에, 전투적 민중운동의 투쟁으로 인한 군부국가권력의 약화에 조응하여 자율적인 시민기구들이 분화되어 나타나게 되었다고 할 수 있다.

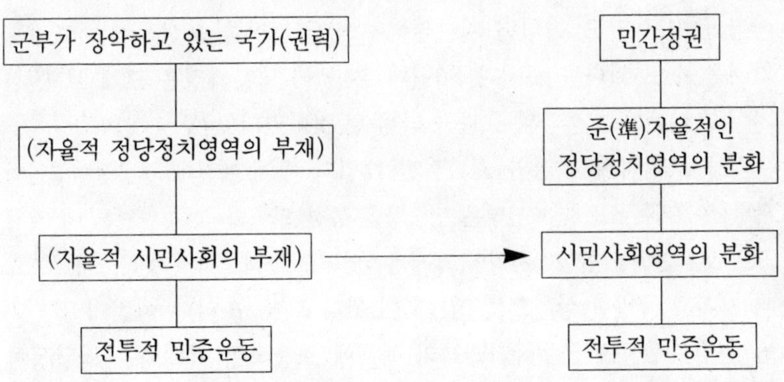

민주화의 진전에 따라 나타난 이러한 분화로 인하여 단순히 '군부가 장악하고 있는 국가'와 '급진적 민중운동이 주도하는 시민사회'의 대립구도에서, '군부가 장악하고 있는 국가' '분화되는 정당정치영역' '분화되는 시민사회'라는 역동적인 대립구도로 변화하게 된다(위의 그림 참조). 이러한 분화에 대응한 지배권력의 전략과 저항진영의 전략은 일정한 구조적 분화의 정치적 효과를 상이하게 나타나게 만든다. 2·12 총

선에서의 신민당의 부상이나 88년 4·26 총선에서 여소야대 구조의 형성, 88년 이후 시민영역에서의 경실련 형성 등은 다음 단계에서의 민주화 및 정치변동을 상이하게 규정한 구조적 분화를 상징하는 사건이라고 할 수 있다. 한 단계의 분화는 한편으로는 민주화를 향한 국민들의 요구가 제도적인 경로를 통하여 표출될 수 있는 가능성을 확대하여 지배권력의 혁명적 퇴진을 향한 저항역량이 단일하게 수렴되지 못하도록 할 수도 있고, 다른 한편으로는 저항운동의 영역을 사회의 다양한 영역으로 확산시키는 계기를 제공함으로써 민주화의 구조적 기반을 확장하는 계기가 되기도 한다. 이처럼 구조적 분화는 논리적으로 보면 양면적인 효과를 갖는 것으로 볼 수 있다. 주체적인 측면에서 보면, 혁명적인 세력이 분화된 영역에 효과적으로 개입함으로써 혁명적 운동의 기반을 확장할 수도 있고, 아니면 지배권력에 대한 저항을 분산시키는 효과를 가져올 수도 있다는 뜻이다. 80년대 후반 이후의 과정은 크게 보면 전자의 효과보다는 후자의 효과가 더 주된 것이었다고 할 수 있다.

더구나 변혁적 진영의 효과적인 개입의 부재(예컨대 정당정치영역이 확장되어 가는데도 진보진영은 민주당을 통한 일종의 '대리반영론'에 집착함으로써 전선을 합법정치영역, 정당정치영역으로 확장되지 못하였다)로 효과 자체가 극미한 상황으로 전개되어 왔다고 할 수 있다. 예컨대 87년 6월 민주화투쟁은 군부국가권력의 해체에 조응하여 확대되는 정당정치영역에 존재하는 저항야당과 시민사회 내의 전투적 민중운동이 결합하여 군부국가권력 퇴진 압력을 극대화한 사례라고 할 수 있으며, 90년 여소야대 구조의 형성은 확대된 정당정치영역에 존재하는 저항야당의 타협적 분파가 군부국가권력과 결합함으로써 전투적 민중운동의 입지를 축소하고 지배권력의 안정화에 기여한 사례라고 할 수 있다. 80년대 민주화과정에서 시민사회영역의 자율화가 진전되었고 이 영역에서도 자율적인 시민기구들이 분화·확대되었는데, 이러한 시민사회기구들이 전투적 민중운동과의 결합을 배제하고 국가권력의 '개량적인' 개혁의 방향을 선택한 경우와 그 반대의 경우에 민주화의 경로는 상이하게 나타난다고 할 수 있다.

지금까지 서술한 바와 같이 민주화의 과정에서 나타난 중요한 현상은 군부정권이 장악하고 있는 국가에 반하여 전투적 민중운동이(시민사회를 대표하는) 전투적 투쟁을 통하여 국가의 억압성을 이완시키면서 시민사회의 자율적인 공간을 확장하게 되었다는 점이다. 그러나 이처럼 전투적 민중운동이 자신의 투쟁을 통하여 정당정치영역, 시민사회영역의 자율적 공간을 확장하였음에도 — 전투적 민중운동이 분화되는 정치사회적 공간에 효과적으로 개입하지 못함으로써 장내 제도정치세력 대 장외 민중운동으로 왜곡되어 표상되었듯이 — 분화되는 시민사회적 공간에 전투적 민중운동이 효과적으로 개입하지 못함으로써 현재와 같은 시민운동의 부상을 용인하는 결과를 가져오게 되었으며, (시민사회 외부에 존재하는 혹은 전투적) 민중운동 대 (시민사회를 대표하는) 시민운동으로 왜곡되어 표상되는 결과가 나타나게 되었다는 말이다.

2) '시민사회'의 분화에 따른 '시민사회' 내 문제영역의 분화

이상에서 서술한 바와 같이 80년대 군부정권이 '해체'됨에 따라 국가권력으로부터 '상대적으로 자율적인' 시민사회가 분화되어 왔는데, 이러한 분화는 동시에 시민사회 내 문제영역의 분화 과정이기도 하다. 시민적 담론 부상의 주체적 조건은 바로 이러한 시민사회의 분화, 그에 따른 시민사회 내 문제영역의 분화에 효과적으로 대응하지 못한 점이다.

최근에는 민중운동이 존재하는 사회와 시민사회가 별개의 실체로 존재하는 것으로 파악하는 견해도 나타나고 있다. 필자가 볼 때, 시민사회란 민중의 삶이나 투쟁과는 무관하게 별개로 존재하는 사회가 아니라 ─ 국가권력으로부터 분리되어 존재하는 ─ 민중들의 삶의 영역 그 자체라고 할 수 있다. 단지 문제는 그것이 어떤 개념적 틀에 의해 파악되느냐이다.[17] 앞서 지적한 대로, 변혁적 경로가 지배적인 것이 되었다면 시민적 담론이 아닌 민중적 담론의 고도화를 통하여 시민사회의 제반 문제들이 포착될 수 있는 가능성도 존재하였을 것이다. 그러나 변혁적 경로의 주변화로 새롭게 문제가 되는 사항들이 시민적 담론으로 파악되는 결과가 나타나게 된 것이다.

80년대의 민주화의 과정이 국가, 정당정치영역, 시민사회의 관계 속에서 볼 때 국가로부터 시민사회영역, 정당정치영역의 '상대적인' 분화의 과정이었다고 할 때, 그러한 분화의 과정에서 나타난 문제영역들은 다음의 그림과 같다.

계급적 문제영역(A)	다(多) 혹은 전(全) 계급적 문제(B)
	소비·생활상의 문제영역(C)

중앙 수준의 문제영역

지방 수준의 문제영역

시민사회의 문제영역

---

17) 최근 한국사회에서의 시민사회의 성격 및 그에 대한 대응을 둘러싸고 제기된 논쟁으로는 다음을 참조. 김세균, 「시민사회론의 이데올로기적 함의 비판」, 『이론』 1992년 가을호; 강문구, 「민주적 변혁운동 지반(地盤)의 심화, 확장을 위하여─김세균 교수의 '시민사회론' 비판에 대한 토론」, 『경제와사회』 1992년 겨울호, 한울; 김세균, 「그람시를 넘어서 나아가야 한다」, 같은 책; 백욱인, 「시민운동이냐, 민중운동(론)이냐」, 『경제와사회』 1993년 봄호; 강문

　군부정권의 극단적인 억압을 받던 시기에는 군부정권의 타도가 모든 문제 해결의 중심적인 과제였기 때문에 위와 같은 제반의 문제영역이 분화되어 가고 있었는데도 그것들이 부차화될 수밖에 없었다. 시민사회의 자율적인 공간을 극단적으로 억압하였던 시기에는, 군부국가권력에 저항하는 것이 비(非)합법적 혹은 반(半)합법적인 형태 이외에는 불가능하였다. 따라서 이 시기에는 A의 영역에 주요한 기반을 두면서 변혁적인 운동, 즉 전투적 민중운동만이 존재하게 된다. 그러나 이러한 전투적 민중운동의 투쟁이 성과를 거두면서(6공화국의 등장도 그것의 한 반영이다) 시민사회의 공간이 확장되고, 이러한 상황에서 B와 C의 영역에 주요한 기반을 갖는 온건한 지향의 운동이 나타나게 된다.

　문제영역을 중심으로 한 이러한 구분은 민중적 영역과 별개로 시민사회가 존재하는 것처럼 인식하는 일반적인 견해를 부정하는 것이다. 위의 그림에서처럼 민중운동이 주로 자기 기반으로 삼고 있던 계급적 문제영역 외에 새롭게 분화되어 가는 문제영역이 존재하고 있음에도 민중운동이 거기에 효과적으로 개입하지 못함으로써 시민운동이 자기 기반으로 삼은 시민사회와 별개로 민중사회가 존재하는 것처럼 상정하는 왜곡된 '상식'이 생겨나게 된 것이다. 심지어 시민운동이 그 시민사회를 대표하는 운동이고 민중운동은 그 시민사회의 외곽에 존재하는 운동으로까지 인식되는 아이러니가 생겨나게 되었던 것이다. 그것은 전투적 민중운동이 B와 C의 영역에 효과적으로 개입하지 못한 결과이다.

　민중운동이 주된 자기 기반으로 삼은 계급적 문제영역(특히 생산관계 영역)은 시민사회의 토대를 구성하는 핵심적인 영역이라고 할 수 있

구, 「변혁 지향 시민사회운동의 과제와 전망」, 『경제와사회』 1993년 여름호. 포스트 마르크스주의적 관점에서의 시민사회론은 다음을 참조. 박형준, 「시민사회론의 복원과 비판적 재구성」, 『마르크스주의의 위기와 포스트마르크스주의』(2), 의암출판사, 1993.

다.[18] 그러나 자본주의의 구조변화는 그러한 문제영역뿐만 아니라 다양한 문제영역을 제기하고 있으며, 특히 자본의 지배영역이 소비생활 영역으로까지 확장되고 그러한 영역에서의 자본에 의한 대중포섭이 진전되면서 이러한 문제영역을 중요한 저항의 영역으로 설정하여야 할 필요성을 증대시키고 있다.[19] 생산영역만이 아니라, 민중의 모든 삶의 영역이 자본의 지배영역으로 포괄되게 되며, 지배의 다층화, 문화화,[20] 생활문화화 현상이 나타나고 있다.

자본주의사회 속의 대중들의 존재양식은 1차적으로 생산영역에서의 지위에 의해 규정되는 것인데도 개인들이 소비하는 개인적·사회적 재화와 서비스의 상품화가 진전되면서 생산영역 못지않게 소비 및 생활의 영역이 대중의 현실적 의식과 생활에 미치는 영향력의 범위와 비중이 증대되어 가게 된다. 자본주의는 이제 생산영역에서만 대중을 지배하는 운동을 하는 것이 아니라 소비와 생활의 영역에서 대중을 지배

---

18) 엄밀하게 이야기하면 시민은 동질적인 집단이 아니라 계급적으로 분열되어 있다고 할 수 있다. 즉 무산자적 시민과 유산자적 시민의 구분이 있고, 유산자적 시민 내부에서의 계층적 분화가 있다고 생각된다. 시민에서 다수가 무산자적 민중이라고 할 수 있으며, 그런 점에서 민중은 시민의 주요 구성부분이라고 할 수 있다. 현재의 시민적 담론에서는 민중이 '계급이기주의'인 존재로 규정되는 경향이 있으며, 80년대 민중들의 요구와는 다른 '공공선'의 요구를 갖는 시민이 존재하는 것처럼 상정되고 있다. 물론 계급적 차이를 넘어 공통의 이해사항이 존재할 수 있다는 점은 인정한다. 그러나 한국의 시민운동에서 공공선을 담지하는 것처럼 이야기할 때, 대부분은 '중간층적' 이해를 공공선으로 포장하는 경우가 많다.

19) 백욱인, 「시민적 개혁운동에 대한 비판적 평가 – 진보적 시민운동의 활성화를 위하여」, 학술단체협의회 편, 『한국민주주의의 현재적 과제』, 창작과비평사, 1993.

20) 이러한 점에 대해서는 다음을 참조. 강내희 외, 「현단계 자본주의 문화현실과 과학적 문화이론의 모색」, 『문화과학』 1992년 여름호: 이성욱, 「90년대 문화운동의 방향모색」, 같은 책.

하는 운동을 하게 된다. 이처럼 소비 및 생활영역에 대한 자본의 침투가 확대됨에 따라 민중을 포함한 대중들의 의식이 계급적 이해관계뿐만 아니라 소비생활의 존재조건, 이러한 영역에서의 유사한 사회적 범주에서 발생하는 이해관계와 조직틀에 의해 영향을 받는 부분이 많아지게 된다. 즉 민중의 삶이 생산영역에서의 저임금이나 장시간 노동에 의해 규정되는 측면 외에도 소비자, 무주택자, 납세자, 환경공해의 피해자 등 다양한 측면에 의해 규정되게 된 것이다. 이러한 변화를 기존의 민중운동이 인식하고 적절히 대응하지 못하였던 것이 저간의 실정이라고 할 수 있다. 여기서 상대적으로 이러한 문제영역에 대해 적극적으로 개입하고 이러한 영역에서의 문제를 운동의 주제로 삼았던 일부 시민운동이 부상하는 현상이 나타나게 된 것이다.

민중운동이 적절히 대응하지 못한 문제영역으로서는 중앙 수준의 문제영역에 대립하는 지방 및 지역 수준의 문제영역의 분화도 들 수 있다. 기존의 군부정권은 모든 정치와 경제, 사회의 중앙집중화를 동반하였고 민주화의 과정은 이러한 중압집중적인 상태에서 분권화와 지방분산화를 시대정신으로 하고 있었다. 지방자치제의 확대가 지방정치의 중앙으로의 재복속이 될 것인지 아닌지가 중요한 문제가 된다고 할 때, 지방자치제를 둘러싼 새로운 문제영역, 주민자치의 문제 영역은 시민사회의 중요한 과제로 된다고 할 수 있다. 이러한 문제들에 대해 역시 시민운동이 주된 대응을 하여왔고, 민중운동은 주로 중앙정치의 문제에 집중하여 왔다고 할 수 있다.[21] 민중운동의 대응 부재가 지방

---

21) 다양한 시민적 영역에의 변혁적 참여는 기존의 중앙정치, 제도정치, '합법정당' 정치를 뛰어넘어 대중의 생활현장에서의 '정치'를 활성화하는 것이라고 할 수 있다. 기존의 변혁운동 역시 주된 대상은 전자였다고 생각된다. 허병섭, 「지방자치와 국민정치의 주역」, 한국기독교사회발전위원회 개최 , "사회발전과 지방자치" 토론회 발제문, 1993. 11. 10.

수준에서 발생하는 주민자치의 영역을 민중운동의 확대된 영역이 아니라 시민운동의 '독점' 영역으로 넘겨주게 되었다고 할 수 있다.

이상에서 필자는 시민적 담론의 부상은 국제적으로는 사회주의의 붕괴, 국내적 차원에서는 변혁적 경로의 '퇴조', 계급적 분화에 따르는 정치적 지향의 분화, 민중적 담론의 개방성 부재를 객관적 조건으로 하면서, 전투적 민중운동의 투쟁의 결과로 획득된 자율적 시민사회의 영역에 민중운동이 적극적으로 개입하지 못한 점이 그 주체적 조건이었음을 서술하였다.

4. '시민사회에의 변혁적 개입'과 '진보적 시민운동'

앞서의 분석에 기초할 때, 우리는 과연 시민사회적 문제영역의 확대라는 새로운 현실에 대면하여 어떻게 해야 할 것인가 하는 문제에 도달하게 된다.

80년대 전체를 돌이켜볼 때, 앞서 지적한 구조적 분화·변화에 변혁적 민중운동 진영이 효과적으로 대응하지 못해온 것이 사실이다. 즉 현실변화를 미리 보면서 대응하여야 했는데도 현실변화에 적시에 대응하지 못하였다. 이렇게 지체되게 된 데에는 80년대 변혁론논쟁의 경직성, 몰(沒)현실성, 이론주의적 성격, 환원주의적 성격이 주요하게 작용하였다고 할 수 있다. 정작 현실 그 자체에 대한 대응의 문제보다는 '누가 더 변혁적인가' '누가 더 마르크스주의, 레닌주의에 충실한가' '누가 더 원칙적인가'에 매몰된 일면이 있었다는 것이다. 마르크스주의, 레닌주의, 주체사상의 사수냐 아니냐의 문제지평만 있었지 그러한 사상이론 자체가 대면하고 있던 현실에 대한 논쟁과 고민은 적었다고 할 수 있다. 마르크스주의 자체에 대해서도 '도그마'화된 마르크스주의만 있었지, 현실과의 대결 속에서 새롭게 채워지고 풍부화되어야 할 마르크스주의는 없었다.

88년 노태우정권의 집권 이후 등장한 '개량화논쟁'만 하더라도 — 그것의 적극적 측면이 있다고 하면 — 분화되어가는 정치사회영역에 대하여 어떻게 개입할 것인가 하는 문제의식이 있었다. 그러나 그것은 곧 만들어야 할 당이 전략당인가 전술당인가 하는 쟁점으로 환원되었고, 정작 현실변화를 고민하는 측은 변혁적 사상이론을 벗어던지지 않고는 현실변화에 대응할 수 없다는 '개량적' 사고로, 정당 결성을 반대하는 측은 원칙론 속에서 현실변화에 눈을 감아버렸다. 지배체제의 개량적 변화 가능성 및 그것을 위한 지배권력의 '목적의식적인' 시도는 개량화의 물적 토대 부재로 원천적으로 불가능하다는 논의 속에서 이 논쟁은 우리의 시야에서 멀어졌다. 생산패러다임의 제한성을 지적하는 논의에서도 마찬가지였다. 생산패러다임의 제한성을 지적하는 '개량적인' 논의도 많았다. 생산패러다임의 중심성과 포괄성을 논리적으로 옹호하는 것도 의미는 있지만, 생산패러다임을 갖고 있다고 규정되는 세력들의 비(非)생산영역적 문제에 대한 대응 여부가 더 중요한 것이다. 시민사회에 대한 논의에도 시민사회에 대한 이론주의적 논쟁이 중요한 것이 아니라, 앞서 서술한 분화되어 가고 변화되어 가는 시민사회영역에 어떻게 대응할 것인가, 어떻게 현실적으로 문제가 되는 시민사회영역에 변혁적으로 개입할 것인가가 중요하다. 필자는 여기서 시민사회에 대한 변혁적 파악과 그에 대한 변혁적 개입의 필요성, 나아가 변혁적 시민운동, 진보적 시민운동의 필요성을 제시하고자 한다.[22]

---

22) 기존에 제출된 진보적 시민운동과 관련된 글로서는 다음을 참조할 수 있다. 백욱인, 앞의 글; 정태석, 김호기, 유팔무, 앞의 글; 원종찬, 이해찬, 권영길, 이재은, 김승호, 이영희, 박준영, 「90년대 중반의 시민운동과 민중운동」, 『창작과 비평』 1993년 가을호; 백욱인, 「한국사회 시민운동(론) 비판」, 『경제와사회』 1991년 겨울호.

앞의 논지의 연장선상에서 보면, 시민사회 내에 존재하는 운동형태를 다음과 같이 구분할 수 있겠다.

시민사회 내의 운동형태와 정치적 지향성

	민중적 운동형태	시민적 운동형태
진보적 지향	진보적 민중운동	진보적 시민운동
보수적 지향	보수적 민중운동	보수적 시민운동

즉 그 지향에 따라서 진보적 지향과 보수적 지향을 구분하고, 운동형태를 민중적 운동형태와 시민적 운동형태로 구분하여 교차시켜 보면 네 가지 운동형태가 나타나게 된다. 현재까지는 3절의 그림에서 A의 문제영역에 기반을 두는 변혁적 민중운동과 반대로, B, C의 문제영역에 기반을 두는 온건한 보수적 시민운동이 주된 형태로 존재하여 왔다고 할 수 있다.[23] 앞에서 지적한 바와 같이 군부정권의 억압이 최고조에 이르는 시기에 저항은 주로 급진적인 변혁적 민중운동(혹은 그러한 지향을 갖는 세력들)이 주도하게 된다. 이 시기에 온건한 보수적 민중운동은 시민사회의 기구로서보다는 국가기구의 하부기관으로 존재하고 있었다 (예컨대 농협이나 노총). 저항운동이 확장되면서 진보적 시민운동도 나타나게 된다. 80년대 여성운동의 급진화를 그 예로 들 수 있겠다.

그러다가 노태우정권하에서 보수적 시민운동이 나타나게 된다. 최근에 주로 B, C의 영역에 기초를 두는 보수적 시민운동에서 A의 영역에 기반을 두는 보수적 민중운동의 영역으로까지 확장하려는 시도도 나

---

23) 물론 이런 구분에 따른다면, 변혁적 시민운동의 성격을 띠는 시민기구들이 많이 존재하고 있다. 환경운동연합으로 확대된 공해추방운동연합 같은 시민 기구 등은 대표적인 변혁적 지향의 시민운동 형태로 파악할 수 있을 것이다.

타난 바 있다. 이러한 견지에서 볼 때 필자는 진보적 민중운동의 확장
으로서[24] 진보적 시민운동의 필요성을 지적하고자 하는 것이다. 이러
한 필자의 입장은 시민사회의 계급적 본질과 시민운동의 계급적 한계
를 지적하고 시민사회영역 내에서의 실천을 방기하는 좌편향과, 동시
에 민중운동의 실천을 시민사회의 실천으로 해소하는 우편향을 극복
하려는 것이라고 할 수 있다.

앞의 논의와 중첩되지만, 진보적 시민운동의 당위성을 요약한다면
다음과 같다. 첫째, 온건한 시민운동기구 혹은 자유주의적인 기구들의
입지가 확대되는 데 진보적 운동이 효과적으로 대응하지 못하고 있다
는 점, 따라서 정책을 매개로 하는 '이데올로기적 전선'에서 효과적인
대응을 하지 못하고 있다는 점, 둘째, 80년대와 달리 많은 대중의 생활
의 문제, 미시적인 문제에 대하여 진보적 '대안'을 제출하여야 하는데
이를 효과적으로 행하지 못하고 있다는 점, 특정계급에 국한되지 않는
주택, 환경, 교통, 의료, 교육 등의 문제, 사회보장제도, 소비자 권리, 시
민권 등에 대한 적절한 관심이 기울여지지 못하였다는 점,[25] 셋째, 진
보적 입장에 서서 민중들의 생활의 요구에 대한 민중적 정책을 구체화
하는 노력이 부족하여, 민중운동을 '가투 중심의 봉기운동' '비판만 하

---

24) 이것을 김세균 교수의 표현에 따른다면, "부르조아 민주주의에 대한 프롤레
   타리아 민주주의의 헤게모니하에서의 제휴냐 아니면 후자에 대한 전자의 헤
   게모니하에서의 제휴냐, 그리고 민중운동의 (부르조아적) 시민운동화냐 아
   니면 시민운동의 민중운동화냐"에서 어떻게 후자를 가능하게 할 것인가 하
   는 점이라고 할 수 있다. 김세균, 「민주주의이론과 한국민주주의의 전망」, 학
   술단체협의회 편, 앞의 책, 23쪽.
25) 교통문제에 대응하는 '녹색교통운동' 같은 것은 필자의 논지의 연장선상에
   서 적극적인 의의를 갖는 것이라고 생각한다. 예컨대 소비자운동 등도 중요
   한 운동영역일 수 있을 것이다. 필자의 주장은 이러한 영역에 80년대를 계승
   하는 많은 진보적 인자들이 분산배치되어야 한다는 것이다.

는 운동'으로 매도하는 데 대해 효과적으로 대응하지 못하고 있다는 점, 넷째, 그 동안 민중운동에 '연대성'을 느끼는 제 중간세력 및 중간층들이 국내외적 상황 변화 속에서 '지배 이데올로기'의 공세 속에서 민중운동에 비판적인 자세로 전환하여 가는 일면도 보이고 있는 바, 민중운동이 새로운 상황에 능동적으로 대응하면서 중간층과 함께 하고, 그들의 진보적 잠재력을 끌어내야 함에도 그러하지 못하고 있다는 점, 다섯째, 진보진영의 다양한 정책적 요구에 대하여, 역량을 효과적으로 결집하고 배분하는 '정책적 풀(pool)' '정책적 중심'이 존재하지 않다는 점, 여섯째, 우리 사회 지배권력은 군부권위주의정권으로서의 외양을 보수적 민간정권으로 변화시키면서 진보진영을 압박하고, 자유주의적인 운동들은 측면에서 진보진영의 입지를 압박하여 오고 있는데, 여기에 효과적으로 대응하지 못하고 있다는 점, 일곱째, 앞서 지적한 바와 같이 시민사회의 문제영역은 계급적 문제영역과 함께 다계급적 문제영역, 소비·생활상의 여러 문제와 연관된 문제영역으로 확장·분화되어 왔으나, 이에 대한 효과적인 대응을 하지 못하였다는 점 등을 들 수 있다.

시민운동영역은 계급적 대중운동의 형식만으로 담아낼 수 없는 다양한 모순의 중층영역이라는 점에서 이에 대한 적극적 관심이 요구된다고 할 수 있다. 그리고 기존의 논리 속에서 일종의 '개량'의 영역으로 방치되어 있던 영역에 대하여 어떻게 변혁적 관점에서 참여·개입할 것인가 하는 점이 더욱 절실한 과제라고 할 수 있다. 이러한 시민적 대중운동에는 여러 측면이 존재할 수 있다. 첫째, 지자제의 성립에 대응하여 지역 수준에서의 권력기관(지방정부, 지방의회 등) 감시를 포함한 지역적 시민정치활동, 둘째, 87년 이후 분화된 중간층, 전문직 영역에서의 다양한 부문운동, 셋째, 경실련이나 참여연대로 대표되는 정책을 매개로 한 종합적 시민운동, 넷째, 정치개혁적 주제를 포괄하는 시민운동의 영역, 다섯째, 반핵평화운동, 환경운동, 외국인 차별철폐운동 등 시민운동의 주요 영역을 중심으로 하는 부문별 특수시민운동, 여섯째, 지역주민을 중심으로 각 지역의 특정주제를 중심으로 한 주민운동[26] 등을 예로 들 수 있다.

필자는 시민적 활동의 영역에 민중적 입장을 갖는 진보적 시민기구들이 다양하게 만들어져야 한다고 생각한다. 이러한 진보적 시민기구들은 보수적 시민운동과 차별화되는 정책적 대안들[27]과 개혁 프로젝트를 제시하고, 다양한 '시민적' 방식으로 활동할 필요가 있다고 생각한다.[28] 민중운동과 (부분적으로) 대립하는 시민운동과 달리, 이러한 새로운 조직은 '민중운동과 함께 가는 시민운동'이 될 것이다.[29] 이미 이러한 방

---

26) 이에 대해서는 다음을 참조. 숭실대 기독교사회연구소, 『도시, 주민, 지역운동』, 한울, 1990.

27) 전두환정권까지는 진보의 시대정신 혹은 사회정신을 전투적 민중운동이 규정하고 선도하여 왔다고 할 수 있다. 당시에 최대의 진보는 '군부정권의 퇴진'이었다고 할 수 있고, 이러한 퇴진투쟁의 선두에 전투적 민중운동이 있었다. 이러한 퇴진이 — 지배진영이 주도하는 '개량적인' 경로건 아니건 — 불가역적인 것이 사실로 된 후에는, 사실 진보의 내용을 역설적으로 경실련 등 시민운동이 규정하면서 선도하여 온 일면이 존재한다. 이 시기가 88년경부터 93년 중반까지의 시기다. 이제는 좀더 전향적인 진보의 시대정신을 누가 규정하고 그것을 어떤 슬로건으로 정식화할 것인가 하는 점에 관하여 일종의 공백상태에 돌입하였다고 생각된다. 이러한 새로운 국면에 민중운동이 어떻게 대응할 것인가 하는 점이 새로운 과제로 제기되었다고 필자는 생각한다. 민중운동의 시민영역에의 변혁적 참여는 기존의 민중적 담론의 '거시담론'을 '중범위(middle-range)담론'으로, 총론적 담론에서 각론적 담론으로까지 확장하는 것을 요구하고 있다.

28) 시민적 영역에의 민중운동의 참여와 개입에 있어서는 1)구체적인 정책적 대안, 2)구체적인 민주적 참여의 프로젝트(democratic participation project), 3)참여를 위한 — 지배정보에 대항하는 — 대항정보 네트워크의 형성이 요구된다고 할 수 있다(대항정보 산출구조와 상호소통 구조의 형성).

256

향에서 다양한 실험들이 진행되고 있다. 93년 4월에 결성된 환경운동연합, 94년 9월 결성된 참여민주사회시민연대(참여연대), 98년 4월 결성된 열린사회시민연합 등을 예로 들 수 있다. 이러한 진보적 시민운동기구들이 존재할 때 보수적 시민운동과 계급적·정치적 입장이 다른 민중운동이 시민운동과 정당하게 연대할 수 있는 매개를 갖게 되리라 생각한다.[30] 이러한 진보적 시민운동기구들은 기존의 '체제내적인' 시민운동과 연대하고 동시에 '체제변혁적인' 민중운동과 연대하는 기구가 되어야 할 것이다. 이러한 진보시민운동의 실천은 시민운동 전체의 진보화와 보수적 시민운동 내부의 진보적 쇄신에도 기여하여 왔다.

필자는 앞의 여러 시민운동의 영역들, 본래적인 시민운동의 영역들, 다양한 정치사회적 이슈로 다루는 종합적·특수적 시민운동의 영역, 지자제 운동[31] 등에 과감하게 민중운동 역량이 분산·배치되어야 한

---

29) 필자가 이야기하는 시민운동은 앞의 여러 형태의 시민운동조직, 중앙 수준의 조직, 지역 수준의 조직 등을 포괄하는 것이다.

30) 필자는 시민사회 내에는 계급적 대중운동으로만 환원될 수 없는 문제들과 그에 기초한 다양한 '새로운 사회운동'이 '정당하게' 존재한다는 점을 이론적으로나 실천적으로 승인하여야 한다고 생각한다. 그러나 어느 운동이 중심적 운동이냐에 대해서는 관점에 따라 의견이 달라질 수 있지만, 필자는 계급적 대중운동이 시민사회 내의 중심운동이라고 생각한다.

31) 지자제(향후 단체장선거가 실시될 경우 더욱 강화되리라고 보이는데)의 실시에 따라서 지역사회(community)의 제반 문제가 지역단위의 입법 및 행정의 결과로 좌우되게 되는 바, 진보진영의 지역역량 중 일부는 일정 지역 내에서 종합적 권력감시를 행하는 시민적 (정치)활동조직을 만드는 것이 필요하다고 본다. 지자제에 대한 관심과 참여는 민중운동의 진지전적 기초를 확충하는 의미에서, 다양한 민주적 세력과의 협업의 과제라는 점에서, 민중적 참여와 시민적 자율의 신장이라는 민주주의의 기본이 된다는 점에서, 대중의 생활영역에서의 각론적 대응이라는 점에서, 분화되어 가는 시민적 사회운동영역에서의 민중적 과제 실현이라는 점에서 대단히 중요성을 갖는다고 평가할 수 있다.

다고 생각한다. 그리고 이러한 분산·분화의 기초 위에서 더 높은 수준의 통일을 고민하는 것이 올바르다고 생각한다.

필자는 시민운동영역이 민중운동과 무관한 것이 아니며, 시민영역(앞서 지적한 다계급적 문제영역 혹은 소비·생활의 문제영역)에 적극적으로 참여하고 독자적으로 개입하여야 한다는 것을 지적하였다. 그러나 이것이 현재의 시민운동기구 모두가 '체제내적'이라거나 온건한 시민운동 내에 비(非)진보적 인자들만이 있다고 말하는 것은 아니다. 시민적 운동영역에는 이미 진보적 기조에서 활동하고 있는 조직들이 존재하고 있으며, 온건한 시민운동 내에도 다양한 이념적 성격의 인사들이 존재하고 있다. 필자는 정작 시민운동영역에 진보적 기구들이 다양하게 존재할 때 비로소 민중운동과 시민운동의 건설적인 연대가 가능하다는 점을 지적하고자 한다. 통상 시민운동영역, 시민운동 이슈라고 인식되는 영역과 이슈에 진보적인 신생 운동진지들이 다양하게 구축되어야 한다고 생각한다.

시민운동은 주로 민중운동이 지금까지 제기하여 온 국가권력의 계급적 주체를 전환하는 문제뿐만 아니라 지배권력을 어떻게 일상적으로 감시하고 통제할 것인가 하는 문제를 제기하고 있다. 즉 기존의 민중운동이 변혁을 통해 국가권력의 담당주체를 혁명적인 계급으로 전환하는 근본적인 문제를 제기하였다면, 시민운동은 현존하는 권력의 '행사과정' 자체를 어떻게 통제할 것인가 하는 문제를 제기하고 있다. 이것은 권력이 근본적으로 '자기절대화'와 '자기은폐화'의 경향을 가지고 있다는 전제에서 출발한다. 변혁적인 권력이 수립되기 전에라도 혹은 수립된 이후에라도 권력의 그러한 근원적인 경향을 통제하기 위해서는 민(民)의 조직적인 힘이 요구된다는 것이다. 한 측면에서 스탈린주의적 사회주의권력의 타락은 바로 이러한 권력의 내재적인 경향에 대한 간과, 그를 통제하는 적극적인 실천의 부재 속에서 나타난 것

258

이라고 해석할 수도 있다. 이러한 권력의 '과정적' 통제 노력은 기존의
변혁적 실천과 대립되지 않는 것이라고 할 수 있다.[32]

32) 이런 점에서 시민운동적 실천은 민간정권하의 민주주의를 전진시키는 데 일
정한 역할을 할 수 있고 했다고 판단된다. 이런 점에서 우리는 먼저 민주주
의의 실질적 심화를 가속화하기 위한 적극적인 시민행동의 필요성을 인정하
여야 한다. 그간 우리는 민주주의를 다분히 일회적 사건으로 이해해 왔다. 민
주주의를 민주적인 인물이 대통령이 되는 '사건', 군부정권에 대립하여 민간
인정권이 수립되는 '사건'으로 이해하여 왔다. 그러나 1차 민간정권 시대의
경험을 통하여, 우리는 민주주의는 일회적인 사건이 아니라 국가권력에 대한
국민의 실질적인 우위가 확립되는 '과정', 국가권력의 행사 및 국가기구의
일상적인 활동이 더욱 실질적으로 국민들의 요구에 부응하도록 만드는 '과
정'임을 인식하게 되었다. 민주주의란 것이, 대통령을 국민들의 투표로 뽑는
선출절차 혹은 선출규칙이 아니라, 국가권력 행사의 과정과 결과가 실질적으
로 국민의 것이 되는 것, 공적 결정에 다수국민의 실질적인 참여가 제도화되
는 것으로 이해할 때, 우리 사회의 개혁은 바로 이처럼 민주주의를 실질화하
는 방향으로 심화되어야 하고, 진보진영이 이를 위한 적극적인 행동에 관심
을 기울일 필요가 있다. 다음으로 권력의 통제화와 투명화를 위한 노력이 필
요하다. 이를 위해서는 민주진보적 세력이 국가권력의 새로운 담당세력(계급
적 주체)을 형성하여 가는 노력과 함께, 국가권력에 대한 효과적인 감시와
국민적 통제를 실현해 내는 것에도 관심을 가져야 한다. 80년대 투쟁이 주로
'권력타도' 투쟁의 성격을 지니고 있었다면, 이러한 투쟁뿐만 아니라 권력의
일상적인 활동과 작용을 국민적인 것으로 만드는 데에도 관심을 가져야 한
다. 즉 일회적인 '권력전복'의 차원에서만이 아니라, 권력과 자본에 대한 일
상적인 감시행동이 요구된다는 말이다. 그러한 감시행동은 국회, 행정부, 사
법부, 각종 국가기관, 지방정부와 지방의회 등 국가기관의 전영역과 활동에
대해 이루어져야 한다. 민간정부 시대에도 결코 국가기구에 대한 민(民)의
우위, 민에 대한 국가의 '종속', 즉 민주주의 그 자체를 실현하고자 하는 과
제가 결코 종결되지 않는다는 점이 강조되어야 한다. 80년대까지 민주주의
를 획득하려는 행동은 최루탄 자욱한 길거리에서 이루어졌다. 98년 노동절
은 여전히 최루탄 자욱한 길거리가 투쟁의 장이 되고 있음을 확인해 주었지
만, 동시에 우리는 민주주의를 향한 행동이 제도적 질서 내부에서, 때로는 제
도적 수단들을 이용하면서 행해져야 한다는 점도 인정하여야 한다. '권력감
시 (시민)운동'의 중요성을 필자는 적극적으로 인정한다. 이러한 권력감시를

필자는 진보적 시민운동, 변혁적 지향을 갖는 시민운동의 필요성을 강조하고, 시민사회 내에서의 '헤게모니 투쟁'이 여전히 존재한다는 점을 지적했으나, 이것은 노동자계급의 헤게모니를 존재론적 특권으로 상

향한 시민행동은 이제 현대사회에서 중요한 '권력' 기구가 되어버린 언론에 대한 감시행동으로까지 확대될 필요가 있다. 입법·사법·행정부가 그것이 국가기구이자 공적 기구라는 점에서, 그리고 국민적 규제와 감시의 대상이 되어야 한다는 점에서는 쉽게 동의가 이루어진다. 그러나 언론은 그것이 국가권력기구에 상응하는 공적 기구와 국민생활에 미치는 방대한 영향력에도 불구하고, 국민적 감시와 규제의 필요성은 낮게 인식되고 있다. 이러한 점은 인쇄매체나 상업방송은 말할 것도 없고 공영방송의 경우에도 마찬가지이다. 이제 언론의 독립성과 공익성이 제대로 보장되지 않고서는 민주주의가 온전히 실현될 수 없는 상황에 와 있다는 점이 선차적으로 인식될 필요가 있다. 이제 언론의 세련된 여론조작과 권력과 자본의 세련된 언론장악을 극복하여 내지 못한다면 민주주의의 실질화는 기대할 수 없다. 기득권세력과 반개혁세력의 결집과 그 결집을 위한 여론화, 반개혁을 향한 국민들의 여론을 동원하는 데서 보수언론의 중요성은 대단히 크다. 이런 점에서 권력에 대한 감시행동은 언론을 어떻게 대자본과 권력으로부터 자유롭게 할 것인가 하는 문제에 집중되어야 한다. 군부정권 시대에 비해 민간정권 시대에 권력과 대자본의 언론통제는 더욱 고도화하고 세련화되어 가는 데 반해, 언론을 바로 세우는 언론 내부의 힘, 언론수용자들의 외부로부터의 참여적 비판력은 크게 활성화되고 있지 않다. 더구나 국제화, 세계화라는 이름하에 확산되는 '신자유주의'적 논리는 언론에 대한 공적 규제력을 만들려는 정당한 노력을 비효율적인 것으로 환치시키고 있다. 더구나 고도의 기술에 기초한 상업적 기법은 국민들로 하여금 언론에 대한 무비판적 수용에 탐닉하도록 만듦으로써 언론의 균형추를 반민주적인 방향으로 이동시키고 있다. 94년 조문파동, 주사파 파동, 97년 대선에서의 북풍조작에 대한 언론의 호응 등은 우리 사회 언론의 보수성과 극우적 성격이 결코 권력에 의해 주어지는 외재적인 것만이 아니라, 언론 자체에 있는 내재적인 것이라는 점을 여실히 보여주었다. 민주주의에 대한 강력한 위협은 바로 이러한 언론의 편향성 속에 있다. 사실 민간정부 이후 민주주의의 위기적 양상의 중요한 진원지의 하나는 바로 언론이라 할 수 있다. 이런 점에서 참여적 시민행동은 바로 언론관계에서 더욱 폭넓게 발휘되어야 한다고 생각한다.

정하여 배타적이고 편협한 헤게모니론으로 경도되었던 과거의 일정 측면을 답습하자는 것이 아니다. 단지 필자는 민중운동=계급적 문제영역, 시민운동=시민적 문제영역이라는 등식을 극복하자는 것이다. 필자는 변화된 정세 속에서 사회적 진보를 기존의 민중운동 세력만으로 독점할 수 없다는 점을 솔직히 인정한다. 변화된 정세 속에서 기본적으로 중요한 진보세력의 인식과 자세는 진보와 민주의 상징성을 민중적 세력만이 갖는 것은 아니라는 점에 대한 겸허한 인정이라고 생각한다. 우리 사회의 민주적·진보적 발전을 추구하는, 지향이 다양한 많은 세력들에 분산되어 있다. 예컨대 시민운동 참여자, 환경운동 참여자, 여성운동 참여자, 외국인 노동자들의 인권을 옹호하고자 하는 그룹, 사형제도의 철폐를 주장하는 그룹 등 다양한 사회적 그룹들이 비록 '변혁적'은 아니더라도 우리 사회의 민주적·진보적 발전에 기여할 가능성을 지니고 있다는 것이다. 80년대의 변혁적 세력은 겸허하게 이러한 민주적인 제 세력과 정당하게 연대할 자세와 각오를 가지고 있어야 한다고 생각한다. 진보적 정책을 매개로 하는 시민적 활동영역이 기본적으로 이러한 연대의 영역이 될 수 있기 때문이다. 즉 차별성, 독자성을 갖는 진보적 시민기구를 창출하면서도 그것들을 매개로 온건한 시민단체들과 개방적으로 연대하려는 자세가 요구된다.[33]

---

33) 시민운동이 '결과에의 참여' 뿐만 아니라, '과정에의 참여'를 지향하고 있다는 점에서, 기존의 민중적 담론이 적극적으로 파악하여야 할 점이 있다고 할 수 있을 것이다. 왜냐하면 참여는 단순히 정치적 민주주의 문제에만 관련되어 있지는 않으며, 한 나라의 정치, 경제, 사회, 문화 등 전 영역에 관계되는 것으로서 인간의 삶의 질을 결정하는 매우 중요한 가치이자 삶의 방식이라고 할 수 있기 때문이다. 사회주의 붕괴의 주된 원인의 하나도 바로 참여 없는 사회주의, 민주주의 없는 사회주의였다는 데서 찾을 수 있다. 권진관, 「참여와 시민사회」, 기독교아시아연구원, 서울 YMCA 주최 "참여와 연대를 위한 토론회" 발제문, 1993. 10. 29.

필자가 상정하는 진보적 시민운동이건 기존의 온건한 시민운동이건 간에 시민운동의 위상을 민중운동과 대립되는 것으로 설정하는 견해에 대해서 필자는 반대하며 그것은 다분히 친(親)체제적인 이데올로기적 함의가 있다고 생각한다. 양자를 대립시키는 견해가 잘못된 이유는, 첫째, 현재까지 시민적 비판만으로 해결될 수 없는 국가권력의 민주화의 과제가 여전히 우리에게 남아 있으며(국가보안법 등), 또한 현재의 시민사회의 공간이 불완전하고 '시민' 자체가 여전히 보수성을 지니고 있고 민주화의 과정 속에서 시민 자신이 민주적으로 변모되어야 한다고 생각되기 때문이다. 향후의 '국가와 시민사회의 민주화'의 동시적 진전은 민중운동과 시민운동의 정당한 연대를 필요로 하고 있다.

시민운동이 80년대의 민중운동의 투쟁형태(가두투쟁 등)를 비판하면서 민중운동과 대립되는 지평 위에서 자기 위상을 설정하여 갈 때, 시민운동의 이념적 기초는 대단히 협소해진다고 생각한다. 필자는 현재의 시민사회의 불완전성과 보수성을 인식하면서 시민사회의 지형을 진보적으로 변화시키며 시민운동의 이념지평을 확장하는 것이 필요하다고 생각된다. 예컨대 시민운동은 '비판적 자유주의' '수정자본주의' 등의 제한된 이념지평을 뛰어넘는 더욱 진보적인 이론지평에서도 성립할 수 있다는 것이다. 시민운동의 이념지평을 민중운동과의 대립 속에서 협애화하는 것은 향후 시민운동의 발전에 장애가 될 수 있다고 생각한다. 이념적인 측면에서 민중운동의 변혁적 경향과 자신을 대립시키는 것은 시민운동의 본래적인 취지에도 맞지 않는다.

필자는 사회운동이란 "통치의 결과적인 문제점으로부터 출발한 시민 및 민중의 자발적인 조직화 및 그를 근거로 한 공적 압력의 조직화"라고 생각한다. 그런 점에서 민중운동과 시민운동은 '운동'이라는 점에서 동일하다. 또한 사회주의 국가권력하에서도 시민운동은 존재할 수 있으며, 존재해야 한다고 생각한다. 이런 점에서 시민운동은 자신의 이데올로기적 지형을 가변적이고 개방적인 것으로 설정할 필요가 있다고 생각한다. 또한 현시기 온건한 시민운동이 현실적 동맹관계를 설정할 때 이데올로기적으로 자신의 한계를 지어서는 안 된다고 생각한다. 예컨대 온건한 시민운동이 군부국가권력의 외곽기구로서 존재하였던 노총 — 노총 내부에도 전향적인 활동을 하는 세력들과 인사들이 많이 있다고 할 수 있지만 — 과 동맹관계를 설정하는 것은 시민운동의 본래적인 취지에서 벗어난다고 생각한다. 이런 보수적 동맹관계 설정으로는 국가와 시민사회의 민주화를 가능케 할 수 없다고 생각된다. 민중적·시민적 참여의 권력적·정치적 조건은 민중운동이 '침체'되거나 혹은 시민운동이 민중운동과 대립되는 방향으로 보수화된다면 결코 실현될 수 없을 것이다. 오히려 민중운동의 활성화와 시민운동의 '전향화(前向化)'를 통하여 국가에 의한 시민사회의 잠재적·현재적 억압이 극복될 때 비로소 가능할 것이다.

　이상에서 서술한 바와 같이 진보적 시민운동의 다양한 확산, 전투적인 민중운동(노동운동)과 시민운동이 연대를 형성하여 낸다면, 사회운동의 새로운 '세계사적 전형'을 만들 수 있으리라 생각한다.

제6장 노동과 노동운동

　이 장에서는 국가와 지배의 변화에 의해 주어진 도전에 대한 새로운 응전의 영역으로서 노동운동을 다루고자 한다. 먼저 노동운동의 발전과 쟁점들을 분석하기 위하여, 첫째로 80년대 변혁론적 인식의 전개 속에서 노동운동과 노동운동론이 어떻게 전개되어 갔는가를 분석하게 되며, 둘째로 90년대 노동운동의 발전과 현단계 당면한 과제를 검토하게 된다. 이를 위하여 1절에서는 80년대를 몇 개의 특징적인 시기로 나누어 각 시기별로 변혁론적 인식의 동향을 서술하고 그러한 배경 속에서 전개되는 노동운동의 양상을 서술할 것이다. 다음으로 2절에서는 87년 7~9월 노동자대투쟁 이후 95년 11월 민주노동조합총연맹(민주노총)에 이르는 노동운동의 조직적 발전과정을 서술하고, 민주노총의 창립으로 상징되는 노동운동의 정치적·사회적 실체화의 조건 위에서 노동운동에 새롭게 제기되는 도전의 성격을 분석하고 동시에 그러한 도전에 응전하기 위하여 주목하여야 하는 과제들을 제시하고자 한다.

1. 80년대 노동운동과 노동운동론적 인식의 전개

1) 80년대 사회운동의 일반적 성격

유신체제의 붕괴에 뒤이은 새로운 군부독재체제의 출범과 노동운동에 대한 대대적인 공세로 시작되었던 80년대는 90년 1월 22일 제조업 노동자대중의 전국적인 통일조직이라고 할 수 있는 '전국노동조합협의회(전노협)'의 성립으로 '화려하게' 막을 올렸다. 80년대 노동운동은 80년대 사회운동 발전의 일반적인 경향을 반영하면서 이념과 조직 두 측면에서 지속적인 발전을 거듭했다. 이 글은 바로 그러한 발전상에 관하여 이념의 측면을 중심으로 하여 고찰한 것이다.

80년대 사회운동 발전의 일반적 경향은, 70년대까지의 소시민적 민주화운동이 변혁운동으로 자기정립하고 나아가 변혁운동으로서 사상이념적·대중적 기초를 강화시켜 왔다는 것이다. 80년대가 드러낸 사상·이념적 측면에서의 변화라고 한다면, 70년대까지는 사회운동을 특정정책이나 법률을 폐지 또는 제정하려는 운동 혹은 군부통치의 정치적 억압을 부분적으로 완화시키거나 민간정부 수립을 목표로 하는 운동으로 인식하는 경향이 많았으나, 80년대에는 이러한 인식이 극복되면서 현재의 자본주의적인 경제구조를 근본적으로 변혁하고자 하는 '계급해방운동', 군부통치체제를 근본적으로 개편하여 민중이 주인 되는 민중적인 정부를 수립하고자 하는 '민중민주주의변혁운동', 나아가 대외적인 예속성과 현재의 분단상태를 극복하고 자주·통일을 성취하고자 하는 '민족해방운동' '통일운동'으로 인식하게 되었으며 그러한 인식이 광범위하게 확산되었다는 점을 들 수 있다. 80년대 사회운동이 드러내는 또 다른 특징은 변혁운동의 주력군이라고 할 수 있는 노동계급의 성장과 정치적 진출이 가속화되면서 노동운동의 정치적·조직적

발전이 진전되었다는 점이다. 70년대까지의 사회운동은 주로 지식인·
종교인·학생 중심으로 진행되어 민중운동의 계급적 성격에 한계가
나타났으나, 80년대에는 기층민중인 노동계급이 사회운동의 중심으로
나오면서 변혁운동의 계급적 성격이 명확해지고 변혁운동의 대중적
기초가 확충되었다고 볼 수 있다.

이 글에서는 앞에서 말한 80년대적 변화의 맥락 속에서, 노동운동과
그 이념적 기조가 어떻게 변화해 왔는가를 분석하고자 한다.[1] 여기서는
특히 변혁의 대상·주체·경로 등에 대한 총체적인 이념이 어떻게 정
립되는지, 그리고 그것이 어떻게 대중화되어 가는가를 다루고자 한다.

2) 80년대 초반 변혁론적 인식의 동향과 노동운동

80년대 사회운동 발전의 출발점은 광주민중항쟁이다. 70년대 유신체
제의 '또 다른 군부독재체제'로의 재편기에 나타난 광주민중항쟁은 잘
알다시피 공수부대의 진압과 대대적인 양민학살에 대한 국민들의 무
장저항, 그리고 다시 그에 대한 군부의 무차별한 진압으로 전개되었다.
바로 이 광주항쟁을 통해(또 그에 대한 소급적 반성을 통해) 80년대 사
회운동은 변혁적 사회운동으로 '거듭나는' 계기를 맞게 된다. 80년대
사회운동이 광주항쟁을 통해 얻은 새로운 인식내용은 다음과 같은 것
이었다. 첫째, 광주항쟁은 지배권력의 폭력성을 극명하게 드러내어 사
회운동이 극복해야 할 대상의 본질에 대한 과학적 인식을 가능하게 하
였다. 둘째, 지배권력의 본질에 대한 인식은 그와 대결하는 사회운동의
변혁운동이라는 성격을 정립하는 중요한 계기가 된다. 셋째, 광주항쟁

---

1) 80년대 전반적인 변혁론적 인식의 변화에 대해서는 다음을 참조. 박현채·조
   희연 편, 『한국사회구성체논쟁』(1~4), 죽산, 1988~1992.

에서 민중의 혁명적 진출을 통해 민중의 잠재적인 변혁역량을 확인하게 됨으로써 이러한 민중의 투쟁을 올바른 방향성 속에서 지도할 수 있는 목적의식적인 전위세력 및 선도조직의 필요성, 자연발생적이고 고립분산적인 봉기·투쟁의 통일적 지도의 필요성에 대한 인식이 생기게 되었다. 넷째, 광주항쟁에서와 같은 '패배'를 되풀이하지 않기 위해서는 70년대 민주화운동의 계급적 한계가 극복되어야 하고 이를 위해서는 노동계급 등 주력군의 성장과 그들의 정치적 진출이 가속화될 필요가 있고 이에 집중적인 역량이 투입되어야 한다는 것이다. 다섯째, 광주항쟁에서 군부세력에 대한 미국의 협조·지원을 통해 70년대까지 한국사회를 지배하고 있던 '친미적 세계관'이 붕괴하게 되었고, 그를 통해 군부세력의 배후에 외세가 있다는 사실이 인식됨으로써, 한국사회의 근본적 변화를 위해서는 '반외세 자주화 역량'이 확보되어야 한다는 점이 단초적으로나마 인식된다.

광주항쟁을 진압한 군사정권은 미국의 후원을 받으면서 새로운 군부독재체제를 공고화하기 위한 노력을 기울이게 된다. 이러한 공고화의 일차적 작업은, 70년대까지 축적되어 온 민중운동의 역량을 약화시키기 위한 시도로서, 민주적인 여러 조직들을 해체하고 사회운동세력에 대해 체포·구금·활동제한 등을 행하는 것이었다. 이 과정에서 '청계피복노동조합' '원풍모방노동조합'와 같은 70년대의 민주노조가 해체되고 사회운동조직들이 대부분 해체되는 등 '운동의 잠복기 및 침체기'로 들어가게 된다. 그러나 바로 이 시기를 통하여 사회운동은 위에서 서술하는 바와 같은 인식내용을 명확히 하면서 80년대 사회운동의 새로운 방향을 모색하게 된다. 광주민중항쟁이 여러 사회운동세력에 심각한 자기반성의 계기로 작용하였듯이 노동운동 내에서도 70년대 민주노동조합 활동 및 노동운동 일반에 대한 심각한 자기반성의 물결이 일어난다. 70년대 노동운동에 대한 반성은 민주노조의 조직형태 및 활동에 대한 것뿐만 아니라 "계급적 이념과 과학적 이론에 입각한 정치적 지도의 부재" 등 민주노조의 본질적 성격에 대한 것에 이르기까지 광범위한 것이었다.[2] 70년대 노동운동에 대한 이러한 자체반성을 통하여 80년대의 변혁적 노동운동의 의식적 기초가 마련되어 간다.

한편 군부독재의 격렬한 탄압이라는 외적 조건과 '주력군의 미성장'이라는 구체적 조건에 대응하여, 학생운동의 역할 및 위상 설정을 둘러싼 논쟁도 이 시기에 전개된다. 이 논쟁은 '학생운동의 전망' 대 '야학비판'의 대립으로 표현되었는데, 이러한 일련의 논쟁을 통해 "노동운동을 중심에 놓고 학생운동 등 여타 운동을 바라보는 관점"이 일반화되며 노동계급 중심의 주체역량 건설을 가속화하기 위한 대대적인 현장이전이 이루어진다.[3] 80년대 초반에는 이렇게 존재이전한 '학생운동출신'과 일부 선진노동자를 중심으로 한 '소그룹'들이 대거 등장하게 된다. 80년대 초반은 바로 이러한 소그룹식 논의구조 속에서 변혁적 노동운동의 이념적 기초가 예비되어 가던 시기라고 할 수 있다.

3) 80년대 중반의 노동운동과 노동운동론적 인식

83년 말에 들어서면서 미국과 군사정권의 민주화운동에 대한 대응양식과 정책기조가 변화하게 되는데, '유화정책' 및 그로 인한 '유화국면'의 도래가 그것이다. 유화정책이란 80년대 초반 일련의 위기를 넘긴 미국과 군사정권이 체제의 재정비와 권력의 공고화를 끝낸 바탕 위

---

2) 이종오, 「80년대 노동운동론 전개과정의 이해를 위하여」, 한국기독교산업개발원 편, 『한국노동운동의 이념』, 정암사, 1988.
3) 이 시기의 학생운동논쟁에 대해서는 다음을 참조. 강신철 외, 『80년대 학생운동사—사상이론과 조직노선을 중심으로』, 형성사, 1988 ; 일송정 편집부, 『학생운동논쟁사』, 일송정, 1988.

에서 민중의 정치·경제적인 불만을 현재화시켜 일정하게 체제 내로 수렴함으로써 체제를 더욱 안정화하려는 목적에서 취한 것이라고 할 수 있는데, 바로 그러한 정책으로 인해 사회운동권에서는 (반)합법적인 활동공간이 대폭 확대되게 된다. 이를 계기로 사회운동은 80년대 초반의 논의와 실천을 근거로 하여 3년간의 잠복상태를 극복하고 군사정권에 대해 공세적 실천을 확대하고 대중운동을 활성화하기 위한 다양한 시도를 행하며, 각 부문운동의 대중적 강화 및 연대틀의 모색을 시도하게 된다.

유화정책으로 인해 상대적으로 넓어진 활동공간에서 각 부문운동은 대중적 기반을 확충하고 그에 상응하는 조직형태를 갖춰나간다. 노동운동의 경우, 유화국면 이후 선진적 노동자들과 지식인 출신 현장활동가들은 80년대 전반기 소모임운동 등을 통해 쌓은 역량을 바탕으로 각종 대중투쟁을 전개해 나가고 그것을 주도할 조직들을 확충해 나가며 그 일환으로서 민주노조의 건설 및 재건을 위한 광범위한 노력을 경주해 나가게 된다. 83년 말의 '살인명부(블랙리스트) 철폐운동'을 시발로 하여 '노동운동의 주체성·통일성·연대성'을 주창하며 한국노동자복지협의회(노협)의 창립, 청계피복노동조합의 복구가 이루어지고, 나아가 대우어패럴노조 등 민주노조가 군사정권 및 기업가들의 방해에도 불구하고 속속 결성된다. 84년 5월 대구 택시운전기사들의 총파업은 이 시기에 이루어진 노동자들의 투쟁의 선진적 사례라고 할 수 있다. 뒤이어 수많은 노조의 결성 및 결성을 위한 투쟁, 임금인상과 근로조건 개선을 위한 투쟁, 해고반대투쟁, 해고자복직투쟁, 어용노조민주화투쟁 등이 광범위하게 전개되었다.

85년 들어 노조결성에 실패한 역량, 해고반대투쟁역량, 어용노조민주화 실패역량이 지역적으로 결집되어 경인지역에서는 4월 10일 '노동운동탄압 저지투쟁위원회(노투)'가 결성되어 지역단위 투쟁조직의 선도적인 정치투쟁을 통해서 지역적 연대와 정치투쟁으로의 발전을 모색하였다. 이 시기 구로지역에서는 민주노조 및 민주노조 추진역량이 결집되어 6월 1일 '구로지역 노조민주화추진연합(구민연)'이 결성되기도 하였다. 이 시기에는, 비록 제한된 것이었으나, 노동계급의 경제적 진출이 확대되고 있었고 노동운동역량이 일정하게 축적되어 가고 있었던 바, 이러한 상황을 배경으로 하여 노동운동의 '조직적 틀'을 둘러싼 논의가 '소그룹운동론' 대 '지역노동운동론'의 대립으로 외화되기도 하였다.[4]

유화국면 이후에 고양되기 시작한 노동계급투쟁은 85년 6월의 '구로동맹파업'에 이르러 그 최정점에 도달하게 된다. 구로동맹파업은 50년대 이후 처음으로 시도된 본격적인 동맹파업이었는데, 개별기업 단위의 노동조합주의, '조직보존주의'를 뛰어넘은 연대투쟁이었다는 점에서, 초보적이기는 하나 정치투쟁의 성격을 띠고 있었다는 점에서, 그리고 노동대중 자신의 조직적 투쟁이었다는 점에서, 새로운 차원의 노동운동의 태동을 극명하게 보여주었다. 이 파업으로 30여 명의 노동자가 구속되고 1천여 명이 해고되는 등 무자비한 탄압을 받았으나, 이 파업에서 드러난 새로운 노동운동의 전망을 구체화할 조직적 틀로서 85년 8월 25일 서울노동운동연합(서노련)이 창립됨으로써 80년대 노동운동은 새로운 단계로 이행하게 된다. 서노련은 "노동자들의 일상투쟁을 지도·지원하고 무엇보다도 사회변혁을 목표로 하는 정치선동·정치투쟁을 통일적이고 지속적으로 추진하는 '대중정치조직'으로서, 사회구조적 변혁을 전제하지 않는 '노동조합주의' '경제주의'를 극복하면서 '목적의식적인 정치투쟁'으로의 발전을 지향하게 된다. 서노련

---

4) 이에 대해서는 이종오, 앞의 글과 김장한 외, 『80년대 한국노동운동사』, 조국, 1989 참조.

의 출범은 비록 지식인 출신 활동가들과 일부 선진노동자들에 국한되어 있기는 하였으나, 노동운동의 새로운 전망을 실천적으로 구체화하기 위한 시도였다.

유화국면에 이루어진 각 사회영역에서의 사회운동의 대중적 전개로 85년 3월 민주통일민중운동연합(민통련)이 결성된다. 이것은 20여 개의 사회운동단체가 가입한 '협의체'적 수준의 '연대조직'이었으나, 그 이전까지의 연대 수준을 넘은 '전국적 공개운동조직'이었다는 점에서 사회운동의 조직적 발전이라는 중요한 의미를 갖는다.

80년대 전반기에 이룬 사회운동의 대중적 전개·발전은 곧 운동주체들의 변혁적 인식의 명확화 과정이자 운동론(변혁론)의 발전과정이었다. 이러한 운동론 및 변혁론상의 쟁점들과 기본 내용은 이미 광주민중항쟁 및 80년대 초반 사회운동 침잠기에 제기되었다고 할 수 있는데, 80년대 초반 이후 사회운동의 대중적 발전과정에서 실천적인 쟁점으로 구체화되고 동시에 체계적 인식으로 발전해 가게 된다. 70년대까지는 사회운동을 바라보는 데 있어 '소시민적 인식(한국사회의 근본적인 변혁에 대한 전망이 없는 상태에서의 저항적 인식)'이 지배적이었다고 할 수 있으나, 이 시기에 변혁의 대상으로서 한국사회구조의 본질적 성격, 변혁의 체제적 내용, 변혁의 주체, 변혁의 경로와 방법에 대한 인식의 심화가 나타나게 되고 그것이 체계화된 이념형태로 제시된다. 이러한 점들과 관련하여 84~85년 시기에 나타난 변혁론상의 인식발전으로 다음과 같은 몇 가지 점을 지적할 수 있다.

첫째, 당면 민주화투쟁·개헌투쟁에 대한 소시민적 시각을 극복하고 변혁적 시각이 확립되어야 한다는 점이 널리 공감되었다. 80년대 초반까지만 하더라도 근본변혁에 대한 전망이 부재한 채로 당면 민주화과정을 '군사독재정권의 억압 완화'나 '민간정부로의 전환'만으로 인식하는 경향(이른바 시민민주주의적 경향)이 지배적이었으나, 이 시기에는 바로 그러한 비(非)변혁적 민주화관이 비판·극복되었다고 할 수 있다.

둘째, 변혁운동의 대상이 되는 한국사회의 지배체제는 (민중을 수탈하는) 독점자본과 (그것의 계급적 도구로서) 군부파시즘 및 (이러한 체제를 유지하면서 정치·경제·군사적 이해를 실현하는) 제국주의로 구성되어 있다는 인식을 갖게 되었다는 것이다. 구체적으로는 제국주의·독점자본·군부파시즘과 민중의 모순이 현시기의 주요한 모순이 되고 있으며, 이러한 모순을 극복하고자 하는 사회운동은 '삼민혁명(민족·민주·민중혁명)'의 성격을 갖는다는 인식이었다.

셋째, 이 시기 변혁운동의 주체는 노동계급을 지도계급으로 하는 민중이 되어야 하며 민중에 대한 자본주의적 수탈구조의 극복이 사회운동의 목표라는 인식이 확산되었다. 이러한 인식은 특히 (종속적) 자본주의화에 따른 노동계급의 절대적 확대라고 하는 객관적 현실변화에 의해 더욱 강화되었다. 바로 이러한 현실에 대응하는 사회운동은 노동계급을 주력군으로 하는 민중주체의 '계급해방운동'으로서 성격을 갖는다는 인식이 또한 이 시기에 정착된다.

넷째, 이처럼 변혁운동의 대상과 주체, 전망에 대한 인식이 심화되면서, 변혁운동의 경로 및 방법과 관련된 '전략·전술'적 논의가 확산된다. 85년 후반기에는 이러한 지적 요구에 기초하여 레닌의 저작이나 러시아혁명 등 여타 혁명사에 대한 학습붐이 일어나기도 하였다.

84~85년의 시기는 한국사회운동이 변혁운동으로서 갖는 '민족·민주·민중혁명' 등 기본 요목(要目)이라고 할 수 있는 점들이 운동가들 수준에서나마 명확하게 인식되고 변혁운동의 기본 성격으로 정착한 시기라고 할 수 있으나, 그러한 측면들의 상호관계 및 위상 등에 대해서는 통일적 인식이 부재했다고 할 수 있다.

4) 86~87년 노동자대투쟁 시기의 변혁론적 인식의 동향과 노동운동

85년의 변혁론적 인식지평에서는 변혁운동의 본질적 성격 — 민족·민주·민중 혁명 — 에 대한 인식이 명확해졌음에도 불구하고, 그것이 한국사회의 모순구조에 대한 통일적 인식에 기초한 총체적 변혁론으로 정립되지는 못하였다. 이러한 문제점은 실천과정에서 반파시즘(AF)과 반제(AI)의 상호관계 및 위상에 대한 입장 대립이 확대되면서 86년의 인식지평 위에서 좀더 본격적으로 쟁점화된다. 86년 인식지평으로의 전환은 이른바 '민족해방민중민주주의변혁론(NLPDR)'의 대두가 그 계기가 된다. 이로 인해 86년 이후의 인식지평에서는 '제국주의의 지배 및 그에 따른 한국사회구조와 변혁의 특수성' 문제가 더욱 전면화되며, 남한 사회의 변혁을 '계급해방과 민족해방이 통일되어 있는 특수한 사회변혁의 유형'으로 바라볼 수 있는 계기가 생기게 된다.

사회운동권에서 민족해방(National Liberation, NL)론이 확산되어 가는 것에 대응하여, 그 대립적 정파로서 이른바 '제헌의회그룹(CA)'이 점차 정형화된다. NL과 CA의 대립은 주지하다시피 학생운동권에서는 '반미자주화 반파쇼민주화 투쟁위원회(자민투)'와 '반제반파쇼 민족민주투쟁위원회(민민투)'의 대립으로 표출된다. 당시 노동운동에서는 '노동계급의 계급적 각성 및 정치투쟁으로의 고양'을 '선도적 투쟁'을 통해 매개하고자 했던 '서울노동운동연합'이 사회운동(특히 학생운동)의 그러한 논쟁을 관념적이고 '(노동)계급적 입장에 불철저한'[5] 것으로 비판하고 있었기 때문에 초기에는 대부분의 활동가들이 대체로 '관망적' 자세를 취했던 것으로 보인다. 그러나 비록 그러한 학생운동 논쟁

---

5) 서울노동운동연합, 「노동운동의 현 위치와 과제」, 『노동자신문』 제19호, 1986. 8: 박현채·조희연 편, 『한국사회구성체논쟁』 (1), 죽산, 1989에 재수록.

의 관념성을 비판한다고 하더라도 명확한 정치노선을 정립해야 할 긴요성은 운동 발전에 따라 더욱 절박하게 제기되었다. 그리고 노동계급적 입장 및 노동계급 중심의 변혁에 대한 '원칙적인' 강조를 넘어서서 그러한 노동계급 중심의 변혁은 그 대상·동력·방법·경로 등이 도대체 무엇인지를 체계적으로 규명하는 것이기 때문에 그것은 지극히 당위적인 과제이기도 하였다. 더구나 학생운동 출신자들의 현장투신에 따른 조직하부로부터의 요구 때문에도, 이러한 정치노선논쟁, 나아가 변혁론논쟁은 서노련 내부 및 노동운동권 일반에도 확산·심화되었던 것으로 보인다.[6]

주지하다시피 NL론은 한국사회의 본질적 성격이 '제국주의에 의한 식민지적 지배'에 의해 규정된다고 보고, 이를 극복하고자 하는 사회운동의 기본 성격을 '(반제)민족(해방)혁명'으로 파악한다. 이 입장은 변혁을 지향하는 사회운동을 전개해 나감에 있어 '외세 및 그와 결탁한 매판적인 제 세력' 대 민중이라는 대립관계를 중심에 놓고 사고해야 한다고 파악한다. 이 입장은 현단계의 3대 투쟁영역으로 '반미자주화투쟁' '반파쇼민주화투쟁' '조국통일투쟁'을 제시하였고, 이 3대투쟁 중에서 '반미자주화'가 중심축을 이룬다고 규정하였다.[7]

반면에 그에 대립하는 정파들에서는 한국사회에 대한 제국주의적 지배성을 인정하면서도, 그러한 제국주의적 지배가 정치적으로는 토착 국가권력을 매개로 하는 간접지배로, 경제적으로는 자본주의의 '이식'을 매개로 하는 자본주의적 수탈양식으로 이행했다는 점을 중시해야 한다고 본다. 이러한 변화로 한국사회는 자본주의적 계급모순이 기본

---

6) 서노련 해체 시기의 내부논쟁을 한 예로 들 수 있을 것이다.
7) 이 3대 투쟁은 그후 사회운동의 기본 합의사항으로 정착된다. 「5·3 투쟁을 생각하며」, 김용기·박승옥 편, 『한국노동운동논쟁사―80년대를 중심으로』, 현장문학사, 1989 참조.

적인 모순으로 정착되는 사회가 되었고, 국가권력도 (독점)자본의 이해
를 실현하는 (상대적으로) 자율적인 주체가 되었으므로, 변혁운동의 전
개에서는 (독점)자본과 노동계급 간의 계급모순을 중심에 놓고 사고해
야 한다는 것이다.

　이 시기의 논쟁은 다양한 쟁점을 가지고 전개되었고 그 중 많은 쟁점
이 미해결된 채 남겨졌지만, 변혁론적 인식의 발전사 속에서 보면 많은
시사를 던져주었다고 할 수 있다. 첫째, 한국사회 변혁의 구체적 성격으
로서 '민족해방운동'에 대한 인식의 확대이다. 또한 이와 함께 80년대
의 변혁운동이 새롭게 형성된 것이라기보다는 '민족해방운동'의 역사
적 전통의 단절을 극복하고 그것을 '복원'하는 맥락에 서 있다는 인식
의 확대이다. 둘째, '대중에 기반하여 대중과 더불어 사업을 전개'하는
'대중노선'[8]에 대한 강조와 그것의 실천적 적용을 위한 노력이 확대되
었다는 점이다. 당시의 논쟁은 "대다수의 노동자대중이 각성되어 있지
못하고, 선진적 노동자들조차 조직적으로 결집되어 있지 않은" 현실에
대응하여, 노동운동을 대중적 기초에서 재정립하고 전략적 차원에 국한
되어 있던 노선논쟁을 더욱 구체적인 차원으로 접근시킬 수 있는 계기
를 부여하였다고 할 수 있다. 셋째, 변혁운동의 발전경로에 대한 논의를
심화시키는 계기가 되었다. 당시 '부르주아적 성격의 당면 민주변혁의
성장·전화'를 주장하는 '민족민주혁명론(National Democratic Revo-
lution, NDR)'과 '연속 1단계론'적 성격의 '민족해방민중민주주의혁명
론(National Liberation People's Democratic Revolution, NLPDR)'론이
대립하고 있었는 바, 근본변혁의 전망 자체, 당면 민주변혁에서 민중세
력의 헤게모니 문제, 당면 민주변혁과 근본변혁의 연속화 문제 등에
대한 인식을 확장하는 계기가 되었다고 생각된다.

---

8) 『강철서신』, 도서출판 눈, 1989 참조.

　이처럼 사회운동권에서 변혁적 인식의 심화를 둘러싸고 논쟁이 벌어진 시기는 그것을 구실로 군사독재정권측이 대대적인 탄압을 한 시기이기도 하였다. 85년 후반부터 군사독재정권은 그간의 유화정책에서 전환하여 사회운동에 대한 대대적인 탄압정책을 시행하게 된다. 이것은 근원적으로는 유화국면을 통해 사회운동의 활동공간을 일정하게 부여하고 대중의 정치적 요구를 체제 내로 일정하게 수용하려 했던 미국과 군사정권의 체제안정화 구상이 그들의 당초의 구상을 뛰어넘는 대중의 정치적 진출 및 사회운동의 발전하고 있다는 판단에서 기인한 것이다. '좌경' '용공' '이적' '불순세력' 등의 용어는 당시 군사정권이 사회운동을 표현할 때 애용하던 용어이기도 하였다.

　이러한 탄압에 대응하는 사회운동진영의 의연한 투쟁이 지속되고, 이 과정에서 '대중노선'이 정착되면서, 87년에는 광범위한 반군사독재투쟁이 전개된다. 87년 2월에 일어난 '박종철군 고문살인사건'은 지배권력의 부도덕성과 폭력성을 극명하게 드러내었고 이에 분노한 민중들이 반군사독재투쟁에 광범위하게 합류하면서 '80년대 민주화운동사의 봉우리'라고 할 수 있는 '6월 민주화대투쟁'이 일어난다. 이처럼 군사독재정권에 대한 민중들의 저항이 고양되자, 제5공화국 헌법에 의한 군사정권의 개편을 지향하던 미국과 군사정권측은 '대통령직선제개헌'을 골자로 하는 '6·29 선언'을 내놓게 된다. 이후 국면은 민정당후보와 야당후보들 간의 경쟁을 기본 축으로 하는 '대통령선거 국면'으로 바뀐다.

　그런데 6월 민주화대투쟁으로 군사정권의 억압적인 통치체제가 균열되는 바로 그 시점에, 노동대중의 광범위한 대중투쟁이 전국적·전산업적으로 전개되었다. 7~9월에 전국의 4천여 개 기업체에서 270여 만의 노동자들이 대중적인 파업과 농성·시위에 참가하였는가 하면, 6·29 이후 10월까지 결성된 신규 노동조합이 1,100여 개에 이르렀다.

이 7~9월 노동자대투쟁은 한국노동운동사에서 '대전환'의 의미를 갖는 것이었다.[9] 그것은 첫째, 노동대중의 광범한 참여에 기초한 투쟁이었다는 점이다. 80년대의 노동운동은 학생운동 출신인자의 노동현장 투신 및 선진적 노동자의 정치적 진출에도 불구하고 대중적 기초에서는 여전히 취약하였다고 할 수 있다. 7~9월 노동자대투쟁은 노동운동의 중심이 선진적 활동가에서 전체 노동대중으로 변화했음을 분명히 드러낸 사건이었다. 둘째, 이러한 노동운동의 대중적 투쟁이 특정 산업·사업장에 국한된 것이 아니라 산업부문 전반, 전국 각 지역을 망라한 총파업투쟁과 같은 양상을 띠었다는 점이다. 셋째, 이러한 전국적·전(全)산업적인 대중적 투쟁이 노동조합의 광범위한 건설을 낳아 조직적인 성과를 거두게 되었다는 것이다. 이 시기에 건설된 민주적인 노동조합들이 그 이후 지역별·업종별로 연합하여 노동계급의 전국적인 통일조직을 지향하는 흐름의 근간이 된다.

한편 7~9월 노동자투쟁은 6월 민주화대투쟁에서 형성된 반군부독재전선을 기층민중에까지 확대하고 개헌논의의 지평을 확대할 계기였지만, 민중운동세력의 불명확한 정세인식 속에서 민주주의를 위한 투쟁과 올바로 결합되지 못한 채 진행되었고, 그 이후 개헌작업은 보수야당 간의 협상테이블로 이양되게 된다. 9월 이후 개헌 및 본격적인 대통령선거국면으로 전화되는 시기에 민중운동진영은 '선거를 통한 군부독재의 종식'이라는 이른바 '선거혁명'의 환상에 사로잡힘으로써 '민중운동의 독자적인 정치적·조직적 발전'이라는 근본과제에 충실하지 못하고 — 대통령후보 문제에 대한 입장이 운동의 성패를 가름하기라도 하

---

9) 이 시기 노동운동의 발전에 대해서는 다음을 참조. 엄주웅, 「노동운동: 변혁적 노동운동의 대중화와 계급적 지평의 확대」, 조희연 편, 『한국사회운동사―한국변혁운동의 역사와 80년대의 전개과정』, 죽산, 1990, 160-165쪽.

는 것처럼 생각하여 — 내부분열로 깊숙이 빠져들었다. 군사정권은 이 때 민중운동진영의 분열 및 양 김씨 사이의 분열을 활용하고 거기에 부정선거 방식을 통하여 노태우후보를 당선시킨다. 노태우의 당선으로 미국과 군사정권은 유화국면 이래 몇 차례 반전을 거듭하면서 추진하여 왔던 '합헌적 형식을 통한 군사정권의 재생산'이라는 당초의 목표를 실현하게 된다. 그러나 군사정권의 재집권에도 불구하고 개헌국면과 대통령 선거국면을 통해 대중의 정치의식, 특히 기층민중들의 경제적·정치적 의식이 급속도로 성장하고, 한국사회 지배체제에 대한 본질적 인식이 확대되었다는 점은 이후 사회운동의 중요한 유산으로 자리잡게 된다.

5) 87년 노동자대투쟁기 이후의 변혁론적 인식의 전개와 노동운동

"87년 7~9월 노동자투쟁은 우리 사회의 계급투쟁의 지평을 극적으로 전환시킨 역사적 의의를 갖는 대중투쟁이었다." 그간 민중운동의 '이념' 속에서는 '중심적' 위치를 부여받았으나 운동 '현실' 속에서는 '부차적' 위치에 놓여 있었던 노동계급이 민중운동의 중심에 그리고 전면에 나오는 역사적 시기가 바로 87년 7~9월이었다고 할 수 있다. 그렇기 때문에 80년대 노동운동은 기실 7~9월 노동자대투쟁을 분기점으로 하여 대중적 노동운동의 전사(前史)와 역사(歷史) 시기로 구분될 수도 있다.

그런데 7~9월 노동자투쟁은 앞서 지적한 적극적 측면에도 불구하고 "기왕의 정치투쟁을 강조하던 노동운동의 조직적 실천의 성과와 구체적인 관련 위에 선 것이 아니었다는 점, 투쟁의 내용에서는 아직 경제투쟁의 수준을 크게 벗어나지 못하고 있었지만 자주적 단결과 조직의 권리에 대한 요구가 제한적이나마 초보적인 민주주의적 권리 요구의 의미를 가짐으로써 '정치투쟁적 성격'이 가미된 것이었다는 점, 전체적으로 법 테두리를 뛰어넘은 비타협적이고 전투적인 투쟁이었음은 분명하지만 노동운동 내부역량의 미성숙으로 대중적 지도부의 형성을 통한 투쟁성과의 조직적 수렴의 측면에서는 취약했다"[10]는 특징을 드러냄으로써, 그간의 변혁론적 논의에 대한 재검토의 계기를 제공하였다고 할 수 있다. 그것은 먼저 그간의 변혁론논쟁이 변혁운동의 기본주체에 의해 담보되지 않았다는 점을 극명하게 드러냄으로써 논쟁의 관념성·비현실성에 대한 자성(自省)의 계기를 제공하였다. 즉 논쟁이 노동대중의 현실 및 운동에 의해 추동된 것이 아니라, 인텔리 활동가와 학생운동에 의해 주도됨으로써 생긴 한계를 재검토할 수 있게 되었다는 점이다. 둘째, 논쟁의 관념적 전개과정과 운동의 현실적 전개과정 사이에는 상당한 괴리가 존재한다는 점을 드러내주었다고 할 수 있다. 7~9월 노동자대투쟁이 논쟁집단의 질적 영향력과 무관했다는 점, 논쟁을 선도한 집단들의 정치적 실천과 긴밀히 결합된 바 없다는 점은 논쟁과 현실의 거리를 체험적으로 자각하는 단서를 제공하였다고 할 수 있다. 이처럼 7~9월 노동자투쟁은 이론적으로 '관념적 논쟁의 부차화와 대중적 실천의 중심화'라는 파장을 수반함으로써 80년대 후반 노동운동의 대중적·조직적 발전의 계기를 제공하게 된다.

80년대 후반기는 노동운동의 측면에서 보면 노동계급의 대중적·조직적 발전의 연속선상에서 노동운동단체의 전국적 결합·강화, '민주노조의 전국적 중심' 건설이 가속화되어 온 시기라고 할 수 있다. 주지하다시피 88년 상반기 노동조합운동 탄압에 대한 공동대응 및 그 성과로서 지역노동조합협의회와 업종별노동조합협의회의 건설, 또한 88년 6월 '전국노동운동단체협의회'의 건설, 88년 하반기 전국적 투쟁으로서 노동법 개정투쟁의 전개와 '전국노동법개정투쟁본부'의 결성 및

---

10) 김용기·박승옥, 앞의 책, 574-575쪽.

‘지역·업종별 노동조합 전국회의’의 시발, 89년 상반기 임금인상투쟁 및 노동운동 탄압 분쇄투쟁을 계기로 한 노동운동의 강화와 반독재투쟁으로의 부분적인 전진, 89년 중반 ‘전국교직원노동조합’ 건설투쟁을 통한 ‘노동운동의 계급적 지평의 확대’, 89년 하반기 노동법개정 투쟁의 전개 및 ‘전국노동조합협의회(전노협)’ 건설투쟁의 고양, 90년 1월 전노협의 건설 등 일련의 과정은 80년대 후반 노동운동의 발전적 궤적을 상징적으로 드러내준다.

이러한 노동운동의 조직적 발전과 함께 80년대 후반에는 변혁적 노동운동론의 지평을 확장하는, 변혁운동상의 여러 특징적 양상이 나타났다. 먼저 6공화국하의 반군부독재전선에서 새로운 대치선들이 형성되었다는 점을 들 수 있다. 그것은 학생운동 및 사회운동을 중심으로 냉전적 분단구조 및 의식을 극복하기 위한 ‘통일운동’이 전개되고 그것이 일정하게나마 대중화됨으로써 반제(反帝)적 인식지평이 ‘전국적 지평’으로 확장되었기 때문에 가능했다. 다음으로 전교조운동을 통해 기존의 이데올로기적 지배기구에 균열이 생기고, 중간층적 노동운동의 새로운 지평이 열렸다. 셋째, 노동운동의 발전에 상응하여 농민들의 광범한 대중적 진출에 기초한 조직적 결합 수준이 높아지면서 ‘농민운동의 진정한 전국적 통일체’ 건설이 앞당겨졌다. 87년 2월 ‘자주적 농민조직’의 연합체로서 ‘전국농민협회(전농협)’의 결성, 89년 3월 ‘가톨릭농민회(가농)’ ‘한국기독교농민회총연합회(기농)’를 중심으로 한 ‘전국농민운동연합(전농연)’의 결성, 89년 10월 전농연, 전농협, 군독자농민회 등의 제 농민운동단체가 연합한 ‘쌀값보장 및 전량수매 쟁취 전국농민대책위원회’의 결성 및 투쟁 등은 그러한 과정을 말하여준다.[11] 넷째, 기층민중

---

11) 이정찬, 「농민운동: 자주적 대중노선의 정착과 농민운동의 전국단일조직 건설」, 조희연 편, 앞의 책 참조.

의 정치적 진출이 확대되고 조직적 발전이 가시화되면서, 그간 반군부 독재투쟁의 주력이었다고 할 수 있는 학생운동의 위상 재조정을 위한 논의와 실천이 이루어지면서, 학생운동과 여타 기층 민중운동의 결합에 새로운 내용이 추구되고 있다는 점이다. 이른바 '노학연대'라는 것도 기층 민중운동의 성장을 전제로 하여, 이전의 '일방적인 이념이식'의 단계에서 사안별 조직적 연대의 단계로 이행하여 갔다.

이러한 제반의 변화는 노동운동이 민중운동의 기본 주체 및 주도계 급의 운동으로서 자기발전을 거듭하면서 어떻게 '이념 속의 주도계급' 에서 '현실 속의 주도계급'으로 자신을 실체화할 것인가 하는 문제를 제기하였다고 할 수 있다. 즉 노동운동이 스스로의 조직적 발전을 매 개로 민중운동의 중심적 위치로 나아감에 따라, 변혁에 관계를 갖는 계급·계층세력의 통일적 결합의 문제를 부여받게 되었다는 것이다. 그간 이 문제는 이론논쟁 속에서는 관념적으로 쟁점화되고 있었으나, 노동운동의 발전과 사회운동의 조건 변화로 실천 속에서 현실적으로 쟁점화된 것이다.

2. 현단계 노동운동의 조건과 과제

1) 머리말

87년 이후 한국 노동조합운동은 대중적·조직적 발전을 거듭하여 95년 11월 단일한 전국적 노동조합을 만드는 단계로까지 발전하였다. 여기서는 먼저 이러한 조직적 발전과정을 서술하고, 그 바탕 위에서 현단계 노동운동에 제기되는 도전과 과제를 서술하려고 한다.

민주노조운동이 민주노조의 전국적 단일조직을 형성하는 단계로까지 성장했다는 것은 그만큼 그 사회적·정치적 비중이 커졌음을 의미한다. 전국적 단일조직의 형성은 어떤 점에서는 이전과는 다른 '본격적인' 노동운동의 발전단계로 비약할 수 있는 '최소 역량'이 확보되었음을 의미한다. 그러나 '노동해방'으로 가는 과정에는 다양한 도전들이 기다리고 있다고 볼 수 있다. 이제 민주노조운동은 단일한 전국조직을 '형성'하는 단계를 뛰어넘어 다양한 도전들 속에서 '형성 이후'의 발전을 도모하여야 한다. 여기서는 바로 이러한 다양한 도전을 여러 측면에서 서술할 것이다.

2) 87년에서 90년, 95년을 거쳐 98년으로[1]

먼저 필자는 87년 7~9월 노동자대투쟁 이후 95년 11월 민주노동조합총연맹의 성립에 이르는 노동조합운동의 조직적 발전과정에 대해 서

---

1) 이 시기 노동운동의 발전과 성격에 대해서는 다음을 참조. 김동춘, 『한국사회 노동자연구』, 역사비평사, 1995; 노중기, 「6월항쟁과 노동자대투쟁」, 학술단체협의회 편, 『6월항쟁과 한국사회 10년』(1), 당대, 1997; 노중기, 「한국의 노동정

〈표1〉 연도별 노조 수, 조합원 수, 조직률

(단위 : 개, 1천 명, %)

연도	노조 수	조합원 수	조직률
1980	2,635	948	14.7
1985	2,551	1,004	12.4
1986	2,675	1,036	12.3
1987. 6	2,742	1,050	11.7
1987	4,103	1,267	13.8
1988	6,164	1,707	17.8
1989	7,883	1,932	18.6
1990	7,698	1,887	17.2
1991	7,656	1,803	15.9
1992	7,527	1,735	15.0
1993	7,147	1,667	14.2
1994	7,025	1,659	13.5
1995	6,606	1,615	12.7
1996	6,424	1,559	13.3

• 자료 : 노동연구원, 『분기별 동향 분석』

술하고자 한다. 87년 6월 노조 수는 2,700여 개, 조합원 수는 105만 명이었다. 그러나 87년 6월 민주화대투쟁으로 군부 권위주의정권의 폭압적인 지배체제가 균열된 것이 계기가 되어 전국적인 민주노조 건설운동이 전개된다. 이때부터 민주노동조합의 결성률이 최고조에 이르는 89년까지 노조 수는 7,900여 개, 조합원 수는 193만여 명으로 증가하게된다. 2년 반이라는 시간 동안 노조 수가 무려 5,400개, 조합원 수는 93

치체제 변동(1987-1997)」, 1997년 한국산업사회학회 추계학술대회, 1997. 11. 29, 경남대 공학관: 조효래, 「1987년 이후 노사관계의 변화」, 『동향과 전망』 1997년 여름호: 박준식, 「87년 이후의 작업장 정치와 노동의 시민권」, 1997년 한국산업사회학회 추계학술대회, 1997. 11. 29, 경남대 공학관.

만 명이 증가한 것이다. 앞의 표는 80년부터 현재에 이르는 동안의 노조 수와 조합원 수의 변화과정을 나타낸 것이다.

87년 6월투쟁이 계기가 되어 시작된 87년 7~9월 노동자대투쟁은 이후 민주노조운동이 조직적 발전을 이룩하는 데 한 분기점이 된다. 이 시기부터 민주노동조합의 지역별·산업별·그룹별 조직화를 위한 시도가 줄기차게 전개된다. 87년 12월 14일 마창노련의 출범을 시작으로 89년에 이르는 동안 11개 지역별 노동조합협의회가 만들어지며, 비제조업 분야에서는 87년 11월 사무금융노련 창립을 시작으로 하여 89년까지 11개 업종별 노동조합협의회(또는 연맹)가 만들어지는 단계로 발전하게 된다. 대기업 산하의 노조들도 그룹별로 조직화되는데, 90년 12월 대우노동조합협의회(대노협), 91년 1월 현대그룹노조총연맹(현총련) 등이 만들어진다. 지노협과 업종별 노조협의회, 그룹별 노조협의회가 만들어진 시기를 정리하면 〈표2〉와 같다.

지역별·업종별·그룹별 연합조직들은 권력과 자본에 대한 투쟁과정에서 자연스럽게 전국적인 중앙조직을 만드는 방향으로 발전하여 간다. 그러한 작업은 먼저 88년 8월 전국노동법개정투쟁본부가 결성되고 이를 중심으로 노동법 개정투쟁이 대중적으로 전개되는 것으로 나타난다. 88년 11월 3일에는 5만여 노동자가 모여 전국노동자대회를 개최하면서 노동법 개정을 촉구하게 된다. 이 투쟁은 89년 3월 임시국회에서 노동법 개정을 가져오지만 노태우의 거부권 행사로 근로기준법만 시행된다. 88년 4·26 총선 결과 나타난 여소야대 국회, 이를 기초로 한 야당의 공세, 광주청문회, 5공 청문회를 통한 대중들의 광범위한 정치의식의 고양 등으로 노태우정권은 위기에 처하게 되고, 이를 상쇄하기 위하여 노태우정권은 문익환 목사 방북사건을 계기로 89년 초부터 공안정국을 조성하여 노동운동에 대한 대대적인 탄압을 집행한다. 이런 상황을 적극적으로 극복하기 위해서는 단일한 전국적 조직이 필요하다는 전제하

〈표2〉 지노협·업종협·그룹협 결성시기

지노협	업종협	그룹협
마창노련 87. 12. 14	사무금융노련 87. 11. 27	현총련 1기 88. 8. 8
진노련 88. 4. 16 서노협 88. 5. 29 인노협 88. 6. 18 전북노련 88. 8 부산노련 88. 8 경기남부노련 88. 12. 28	민출노협 88. 1. 19 화물운송노련 88. 9. 12 언론노련 88. 11. 26 병원노련 88. 12. 17	
광노협 89. 3. 5 성남노련 89. 5. 1 부노협 89. 9 대구노련 89. 11. 8	시설관리노협 89. 1. 28 전일노 89. 4. 23 의보총련 89. 5 전교조 89. 5. 28 전문노련 89. 10. 14 건설노련 89. 12. 16	
	진강노 90. 4. 28	대노협 1기 90. 12. 3
구미노협 91(와해) 포항노대 91. 3. 경주노대(협) 91. 10. 26		현총련 4기 91. 1
	대학노련 92. 8. 30	
		대노협 2기 93. 6. 19
	조선노협 94. 1 진지협 94. 3	

· 자료 : 김유선, 「87에서 97까지 노동운동의 성장·발전」, 87년 노동자대투쟁
10주년 기념 심포지엄, 97. 9. 4, 프레스센타.

에서 88년 12월 지역별·업종별 노동조합 전국회의가 결성되고 마침내
90년 1월 22일에는 전국노동조합협의회(전노협)가 결성된다. 90년 1월
22일은 노동운동 및 민중운동의 아래로부터의 성장에 대응하는 지배계

급의 재편, 즉 3당합당이 이루어진 날이기도 하다. 이어서 90년 5월에는 KBS방송 민주화투쟁을 공동으로 지원하는 과정에서 업종별 노동조합 협의회들이 단일한 업종회의로 발전한다. 이와 같이 제조업 분야와 비제조업 분야에서 노동조합 연대조직이 발전함과 동시에 대기업 노조들도 90년 11월 대기업연대회의를 구성하지만, 정권과 자본의 대대적인 탄압 속에서 91년 2월, 4개월 만에 와해되고 만다.

89년에서 92년에 이르는 시기는 민선군부정권이 본래의 군부 권위주의정권으로서 폭압성을 여실히 드러내면서 나날이 발전하는 노동운동에 대한 대대적이고 지속적인 탄압을 자행한 시기로, 이른바 민주노조운동 '사수기'라고 할 수 있다. 이때 수천 명의 구속자, 해고자가 나오는 시련 속에서도 노동운동은 지속적으로 발전하였고, 91년 10월에는 한국정부가 국제노동기구(ILO)에 가입하는 것을 계기로 전노협과 업종회의가 ILO공대위를 구성하게 된다.

92년에는 이른바 '문민정부'의 성립이라고 하는 새로운 조건에 대응하여 전노협, 업종회의, 현총련, 대노협 등이 노동법 개정 등 당면과제를 공동으로 해결하기 위해 92년 6월 전국노동조합대표자회의(전노대)를 구성하였다. 이것이 바로 민주노총으로 가는 직접적인 조직적 노력의 시발이었다. '민주노조 총단결'이라는 기치 아래 민주노동조합 진영은 다양한 공동사업을 전개하면서 전국적인 단일 중앙조직을 건설하기 위한 노력에 박차를 가하여, 94년 11월 민주노총 준비위원회를 발족하고, 95년 11월 마침내 민주노동조합총연맹(민주노총)을 결성하기에 이른다. 전노대 출범 무렵 771개 노조에 조합원이 29만 명이었던 것이 95년 11월 민주노총 창립시에는 862개 노조, 조합원 42만 명을 포괄하게 된다. 87년 이후 민주노동조합운동의 조직적 발전과정을 도표화하면 〈표3〉과 같다.

민주노총은 96년 2월 정기대의원대회에서 "96년에 노동법을 개정하

〈표3〉 87~95년 민주노동조합운동의 조직적 발전

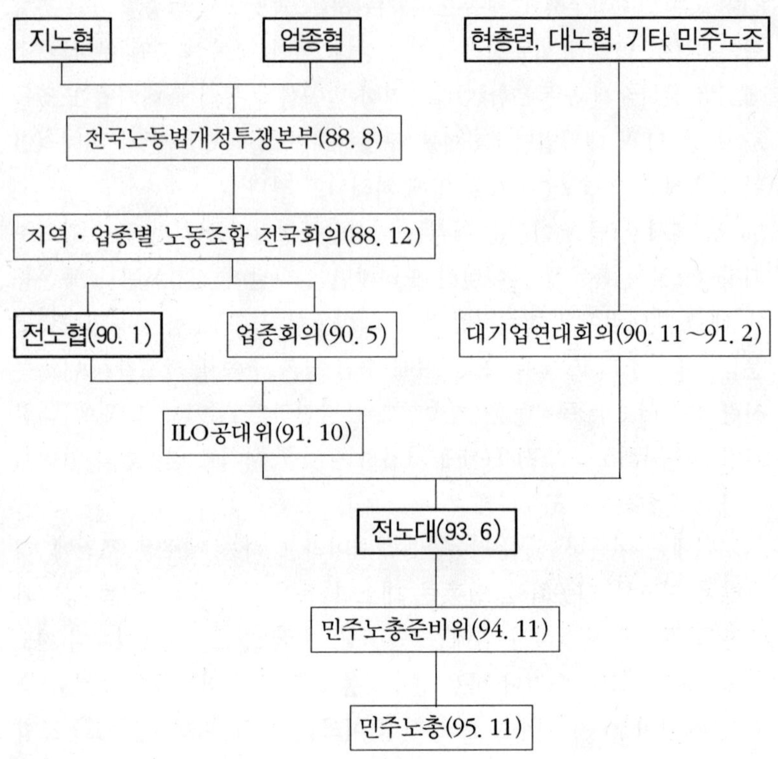

고 97년 대선 전까지 사회개혁 3대 과제를 쟁취한다는 목표 아래, 가능한 모든 방법을 동원해 노동법 개정과 사회개혁투쟁을 대중적으로 전개할 것"[2]을 결의하고 이를 위한 다양한 사업을 전개해 나가게 된다. 민주노총을 합법적인 조직으로 인정하지 않던 김영삼정부는 민주노총 창립 직후 민주노총을 무시할 수 없는 사회적 실체로 인정하고 96년 5

---

2) 96년 2월 민주노총 정기대의원대회 자료집.

월 9일 대통령 직속기구로 '노사관계개혁위원회'를 설치한다. 96년 재벌 등 자본진영은 노동법 개정이 민주노조운동에 유리하게 전개될 가능성에 반발하여 '경제위기설'을 확산시키면서 대대적인 반(反)노동 공세를 가한다. 이에 대응하여 민주노총은 96년 11월 전국노동자대회에서 총파업이라는 배수진을 치고 권력과 자본을 압박하게 된다. 이러한 상황 속에서 자본과 노동의 입장을 일정한 수준에서 타협시키고자 하였던 신한국당은 마지막 순간에 대자본의 입장으로 경도되면서 96년 12월 26일 복수노조 금지조항 3년 연장, 정리해고 허용, 5년 후 노조전임자 임금지급 금지 등 개악된 노동법을 날치기 처리한다.

이에 민주노조진영은 민주노총의 지도 아래 즉각 총파업투쟁에 돌입한다. 12월 26일 당일 기아자동차, 현대자동차 등이 신속하게 파업에 돌입하였고 이어 사무전문직, 공공부문 노동자들이 파업에 돌입하는 등 20여 일 동안 400여 만 명 참가하는 총파업투쟁이 벌어지게 된다. 이러한 민주노조진영의 총파업투쟁에 국민들의 광범위한 지지가 이어졌고 결국 총파업투쟁은 노동법 개악의 철회라는 가시적 성과를 얻으면서 마무리된다.[3] 97년 1월 총파업투쟁은 한국전쟁 이후 50여 년 만에 발

---

3) 총파업투쟁의 마무리를 둘러싸고 노동운동진영 내부에서는 다양한 논의가 있었다. "이른바 '국민여론의 추이'에 지나치게 신경을 씀으로써 대중적인 투쟁동력의 유지강화라는 기본 관점을 견지하지 못하였다" "총파업투쟁의 마무리 과정을 무력하게 대응하였다" "이른바 '효율적인 전술구사'라는 이름으로 총파업투쟁을 철회한 것은 보수언론으로부터는 '성숙한 운동노선'이라는 찬사를 받았을지 모르나, 더욱 공세적인 투쟁을 통해 정권과 자본으로부터 더 많은 양보를 획득하지 못하였다"는 등의 비판들도 있었다. 이러한 논의에 대해서는 다음을 참조. 서울이론정책연구소, 「현단계 노동자운동의 과제」, 87년 노동자대투쟁 10주년 기념 심포지엄, 97. 9. 4, 프레스센타; 김세균, 「노동운동 어디로 가야 하나?」, 『현장에서 미래를』 제22호, 97년 6월호, 36쪽. 민주노총 내부에서도 논의가 분분하여 97년 3월 27일 대의원대회에서 「총파업투쟁 평가(안)」을 제출하지 못하였고, 추후에 『총파업투쟁 백서』를 발간하기로 하였다.

생한 최대 총파업이었으며 성공적인 투쟁이었다고 평가될 수 있다. 이 총파업투쟁은 국내적으로는 민주노총을 중심으로 하는 민주노조진영이 우리 사회의 위력적인 사회세력으로 정착하였음을 확인시켜 준 사건이었으며,[4] 국외적으로는 전세계적인 신자유주의적 자본공세에 대응하여 투쟁하는 전세계 노동운동의 선두에 한국노동운동이 우뚝 서 있음을 확인시켜 주는 사건이었다고 할 수 있다.

3) 현단계 노동운동의 조건과 과제

이상과 같이 눈부신 발전을 통해 '제2의 도약'을 위한 최소한의 조직역량을 확보한 노동운동은 국제적·국내적 차원에서 여러 가지 도전에 맞닥뜨리고 있다. 노동운동의 기본 존재조건을 규정하는 자본지배의 구조가 변화하는 데서 주어진 여러 가지 새로운 도전에 직면하고 있다는 말이다. 여기서 자본지배의 중요한 두 가지 측면으로서 필자는 국제적 차원에서 '글로벌한 신자유주의'의 도전과 국내적 차원에서 보수적 민간정부로의 지배의 변화가 가져오는 도전을 들고자 한다.

(1) 글로벌한 신자유주의의 도전

주지하다시피 한국의 노동운동은 '글로벌한 신자유주의(global neo-liberalism)'[5]의 공세 앞에 서 있다. 전세계 수준에서 전개되는 자본의

---

4) 97년 총파업투쟁은 '투쟁을 통해서' 민주노조진영이 이제 확고한 정치적·사회적 세력으로 자리잡았음을 보여주었다고 한다면, 투쟁을 통해서 확립된 이러한 실체는 98년 초 노사정위원회에서와 같이 '제도적'으로 확인되고 있다고 하겠다. 이것은 다른 한편에서는 자본과 권력이 확고한 정치사회적 실체로 존재하게 된 민주노총에 대해 과거와 같은 권위주의적 배제전략이 아니라 선택적인 포섭전략으로 대응하기 시작하였음을 보여주는 것이라고 할 수 있다.

신자유주의적 공세는 IMF 지원체제 이전에는 한국의 국가와 자본의 행위양식을 규정하는 외적 변수였다. 즉 신자유주의적 공세는 자본간 경쟁의 글로벌한 구조가 변화하는 것을 의미하였고, 이는 국가와 자본의 정책적 선택을 외적으로 규정하고 그것에 영향을 미치는 변수로 존재하고 있었다. 그러나 IMF 지원체제하의 한국경제에 이러한 글로벌한 신자유주의적 공세는 이제 파산채무국이 거역할 수 없는 내적인 정책규정 조건이 되었다.

그 동안 상대적으로 국가주의적이고 보호주의적인 국민경제 속에서 신자유주의의 공세는 전면적으로 제기되지 않았다. 그러나 한국경제의 파탄은 IMF 구제금융을 계기로 하여 신자유주의적인 정책이 보수적 민간정부의 기본적인 정책을 강제하고 신자유주의적인 기조로 재편될 수 있는 계기를 부여하였다. 구체적으로는 긴축을 기조로 하는 거시경제 안정화정책과 자유화를 기조로 하는 구조조정정책, 이를 뒷받침하는 노동시장의 유연화정책이 IMF 정책패키지로서 강요되고 있다.[6]

물론 이러한 정책은 이미 김영삼정부 때부터 '국가경쟁력 강화' 혹은 '세계화'라는 이름으로 시행되어 왔다. 그러한 명분하에 자본간의 국제적 경쟁에서 국내자본을 후원하기 위한 지원책이 만들어졌으며, 자본에 대한 각종 규제의 완화, 각종 공기업의 민간화정책 등 신자유주의적인 정책이 폭넓게 시행되기 시작하였다. 그러나 김영삼정부의 정책에 대해서는 역시 폭넓은 비판여론이 있었다. 그러나 이제 자본과 정부는 IMF

---

5) 이에 대해서는 다음을 참조하라. Chossudovsky, M., *The Globalization of Poverty: Impacts of IMF and World Bank Reforms*, 이대훈 역, 『빈곤의 세계화』, 당대, 1998: 김세균, 「민주주의, 신자유주의 그리고 노동자총파업투쟁」, 『현장에서 미래를』 1997년 2월호: 김상조, 「IMF 구제금융과 한국경제의 미래」, 민주노총 정책토론회, 1997. 12. 11, 숭실대 사회봉사관.

6) 김상조, 앞의 글.

의 요구를 명분으로 신자유주의적 정책들을 이전과 달리 전면적으로 시행하고 있다. 국제경쟁력 강화와 기업경영의 효율화라는 이름으로 각종 공공기업들은 민영화되고 자본에 가해졌던 온갖 제약들이 탈규제와 자율이라는 이름으로 철폐되고 있다. 한편 공공성이나 복지라는 말은 이제 사치스러운 것으로 치부되고 있다.[7] 이러한 신자유주의적 공세의 후과는 경제파탄과 결합되면서 노동자와 민중의 삶을 치명적으로 강타하고 있다. 고도성장기에 '완전고용'을 자랑하던 한국에서 실업자가 공식통계만으로도 98년 상반기에 150만 명을 넘어섰고, 통계 자체의 문제점을 고려한다면 250만 명 이상이 될 것으로 파악된다. 이제는 노동시장 유연화가 문제가 아니라 민중의 삶의 총체적인 붕괴를 우려하여야 하는 상황으로 가고 있다.

신자유주의의 '알파'와 '오메가'는 시장이다. 시장은 국가실패, 경제위기, 제3세계 경제발전 등 모든 문제를 해결해 줄 만병통치약으로 부각되고 있다. '시장 만만세'의 찬가 속에서 신자유주의는 자연스럽게 이 시대의 전지구적 이데올로기가되고 있다. 자본운동의 효율화에 장애가 되는 모든 요소는 이 새로운 자본이데올로기 속에서 비효율적인 것으로 어김없이 낙인찍히게 된다. 작은 정부, 탈규제, 자유화, 민영화, 복지 축소는 이제 국민경제가 필연적으로 시행하여야 하는 이 시대의 보편적인 원칙으로 신비화(神秘化)되고 있다. 노동시장의 유연화는 노동에 대한 자본의 공세를 정당화하는 지배적 담론이 되었다.

---

7) 한국에서는 국가주의적 발전동원체제하에서 복지와 사회보장제도가 성장주의에 밀려 제도화되지 못하고 노동자와 민중투쟁의 강화에 대응하여 제한적인 복지제도가 제도화되었는데, 최근 신자유주의적인 공세와 그로 인한 사회 분위기를 보면 한국에도 마치 '복지병'이 존재하는 것처럼 공세를 볼 수 있다. 98년 초 청와대 복지수석이 '복지병'을 운위했던 것은 바로 이러한 상황을 단적으로 보여준다.

바로 이 새로운 이데올로기 속에서 자본은 그 동안 노동자계급이 피 어린 투쟁을 통해 쟁취한 획득물들을 하나하나 허물어가고 있다. 서구 를 보자. 국제경쟁력 강화라는 이름으로, 효율성이라는 이름으로 복지 제도들이 해체되고 복지의 수혜자들은 가혹한 노동시장으로 내몰리고 있다. 사회보장제도의 '개혁'이라는 이름 아래 인간의 기본적인 요구 로 간주되어 '탈상품화(de-commodification)'되었던 영역들은 이제 재 상품화(re-commodification)되어 점차 '자기 돈으로 자기가 사 써야 하는' 상품이 되어간다.

제3세계의 경우 신자유주의적 공세는 채무국으로 전락한 나라에서 더욱 전면화된다. IMF가 금융을 지원하는 대가로 강요하는 가혹한 구 조조정과 노동시장 유연화정책은 노동자들의 삶을 구조적으로 옥죄고 있다. 긴축기조를 유지하라는 IMF의 요구는 그나마 유지되던 사회보 장적 재정지출을 점점 더 축소하게 만들고 그 결과 사회적 양극화와 '빈곤의 세계화'[8]가 심화되고 있다. 노동시장 유연화를 성취하려는 자 본의 시도는 무차별적인 '자유해고'로 나타나고 있다. 제3세계 자본과 국가들은 앞다투어 실업과 해고로, 임금삭감으로, 사회보장제도의 축소 로, 공공기업의 민영화로 노동자들의 삶을 위협하고 있다.

이러한 글로벌한 신자유주의는 초국적 자본이 주도하는 범지구화 (globalization)적 현상이라는 점에서 구(舊)자유주의적 공세와는 다르 다고 할 수 있다. 구자유주의가 서구를 무대로 한 이데올로기이자 서 구의 제3세계에 대한 외적 지배의 이데올로기였다고 한다면, 신자유주 의는 전지구를 단일무대로 하는 전지구적 자본운동의 이데올로기라고 할 수 있다.[9]

---

8) Chossudovsky, M., 이대훈 역, 앞의 책.

9) 사실 지구화의 흐름은 월러스틴(Wallerstein)이 지적하는 바와 같이 근대자

한국의 노동운동은 바로 이러한 글로벌한 신자유주의의 공세에 대응하는 전세계적인 노동운동의 일부로서 존재하고 있다고 할 수 있다. 한국의 노동운동은 국내적으로 신자유주의적 정책에 대항하여 다층적인 대응을 하여야 하며, 자본의 범세계적인 신자유주의적 공세에 대응하여 노동자와 민중의 국제적 대응구조를 만들어내야 한다.

IMF의 정책패키지라고 할 수 있는 거시적인 긴축정책과 자유화정책은 제3세계에 일방적으로 강요되고 있고, 특히 채무국들은 이러한 정책들을 자국 경제운용의 기조로 수용하여야 한다. 이러한 정책에 대한 저항은 이미 일국 차원뿐만 아니라 전지구적 연대를 필요로 하는 사항이 되고 있다. IMF의 정책패키지 — 고금리 혹은 긴축정책들 — 를 중심으로 하는 제3세계 경제의 신자유주의적 재편은 이제 노동자들의 국제주의적 연대를 절박한 것으로 만들고 있다. 이런 점에서 한국의 노동운동은 파견근로와 정리해고, 실업, 부당노동행위 등으로 자신의 위기를 공세적으로 노동에 전가하는 자본과, 그것을 방치하는 정부에 대항한 투쟁과, 동시에 자본과 정부의 배후에 있는 범세계적인 신자유주의적인 자본공세에 대한 투쟁이라는 이중적인 투쟁에 직면하고 있다고 하겠다.

따라서 이미 가시적으로 추진되고 있는 노동운동의 국제적 연대 노력이 이전보다 더 중요해졌음을 인식해야 한다. 나아가 지구화의 효과를 민중적인 것으로 만들기 위해서도 초국적 자본에 대응하는 사회운

본주의가 초기부터 세계성을 지니고 있었기 때문에 근대 이후 지속적으로 진전되고 심화되어 왔다고 할 수 있다. 그러나 이러한 지구화의 흐름은 정보통신혁명으로 자본의 세계화의 기술장벽이 극복되고 사회주의의 붕괴로 그 체제장벽이 극복되면서 새로운 질적 단계로 진입하고 있는 것이 사실이다. '국민국가'라는 계급투쟁의 장뿐만이 아니라, '세계'라는 하나의 새로운 운동공간을 인식하여야 하는 상황이 형성되고 있다.

동단체들간의 지구촌적 연대구조를 더욱 강화할 필요가 있다.

여기서 주목하여야 할 점은, 범지구적 생산체계를 가지는 초국적 자본운동의 국제화에 의해 규정되는 이러한 흐름이 글로벌한 신자유주의적 '공세'라는 측면만이 아니라 주체적 대응 여하에 따라서는 자본운동의 범세계화에 대항하는 전선을 형성할 수 있는 조건이 되기도 한다는 점이다. 즉 이른바 '글로벌 스탠더드(global standard)'는 생산과 유통의 표준화를 동반하기도 하지만 다른 한편에서는 노동기준의 세계적 표준화와 인권과 같은 가치의 보편화를 동반하게 된다. 이것은 자본운동의 범지구화가 일면적으로 친(親)자본적으로만 관철되지 않도록 하는 적극적인 노력이 필요하다는 것을 의미한다. 보편적 가치인 인권이 국내 지배권력에 대해 갖는 강제력도 더욱 강화될 것이다. 당연히 지구화가 자본운동의 범지구화만이 아니라, 인권, 노동의 기본권리 등 보편적 가치의 전지구적 확산 계기가 되도록 하는 노력도 동시에 요구된다고 하겠다. 그러한 조건을 적절히 활용한다면, 개별 민족국가의 힘을 일정하게 침식하고 개별국가의 정책 선택이나 탄압의 자율성을 제약하는 계기로 활용할 수 있을 것이다. 국내적 노동투쟁에서 국제적 자원을 활용할 수 있는 가능성도 생긴다는 것이다.

이런 점에서 글로벌 신자유주의에 대한 대응은 전세계의 노동운동이 그 개별적 형태는 다르더라도 공통으로 직면한 과제라고 할 수 있고, 그런만큼 한국의 노동운동은 신자유주의적 지향의 국제적·국내적 질서와 싸우는 세계노동운동의 일부로서의 성격을 이전보다 더욱 심도있게 인식할 것을 요구받고 있다고 하겠다.

4) 자본지배의 정치적 형식 변화 — 보수적 민간정부하의 노동운동

(1) 지배의 연속과 변화, 노동운동의 전투성과 정치력

다음으로 노동운동에 주어지는 국내적 도전은 바로 보수적 민간정부로의 이행이 부여하는 조건 변화이다. 즉 보수적 민간정부로 정치적 지배형식이 변화함으로써 주어지는 도전이다. 군부 권위주의로부터 보수적 민간정부로의 이행은 계급적·사회적 투쟁의 고양에 대응하여 투쟁의 강도와 갈등의 강도를 낮추기 위한 지배의 변화라는 성격을 띠고 있다.[10] 즉 군부 권위주의정권 시대에서 이른바 '저강도 민주주의' 시대로 변화한 것이다. 노동운동진영은 이러한 지배에 대응하는 적극적인 전략을 통해 노동운동의 조직적·대중적·정치적 발전을 지속하여야 하는 과제에 직면하고 있다.

한국의 민중진영은 87년을 분기점으로 하여 지배블록과의 일전(一戰)에서 패배함으로써[11] '아래로부터의 급진적 민주화'의 경로는 — 중단기적으로는 — 부차화되고, '위로부터의 보수적 민주화'의 경로가 지배화되었으며 지배블록이 이니셔티브를 갖고 위로부터 주도하는 민주주의 '개혁' 국면에 진입하게 된다. 결국 한국사회의 지배진영이 —

---

10) 예컨대 97년 대선에서 이회창이 승리하여 이회창정부를 노동운동이 대면하는 경우를 상정하여 보자. 이 경우 쉽게 정치투쟁과 경제투쟁을 결합할 수 있고 정치적 불만은 일정 정도 경제적 투쟁을 강화하는 효과를 갖을 것이다. 그러나 보수적 민간정부의 성립, 특히 김대중정부의 성립은 이런 점에서 이전보다는 경제적 투쟁의 정치화 정도를 낮추는 결과를 가져오게 된다.

11) 여기서 패배하였다는 것은 그 당시 가능한 방안이었던 온건야당세력과 급진민중운동세력의 동맹에 의한 연합정권 수립에 실패하고, 반대로 온건야당세력은 분열하고 급진민중운동세력은 야당의 분열을 적절하게 통제하지 못하면서 함께 분열하여 그 결과 군부 권위주의세력이 합헌적으로 재집권하게 되었다는 것을 의미한다. 이것은 그후의 민주화 이행의 진로에 영향을 미친다.

개발독재를 통하여 — '부르주아'적 축적 메커니즘을 확충하고 그러한 토대 변화에 상응하여 개발독재형 군부독재체제를 보수적 민간정권으로 전환하게 되었다는 것이고, 한국의 노동운동은 바로 이러한 타방(他方)의 변화를 계기로 하여 조성된 정치적 조건 속에서 아방(我方)의 발전을 도모해야 하는 조건에 놓이게 된 것이다.[12]

이러한 자본지배의 정치적 형태 변화에 올바로 대응하기 위해서는 이러한 지배의 변화가 갖는 양면성을 인식하는 데서부터 출발하여야 한다고 생각한다. 민간정부시대로의 이행은 한편으로는 군부 권위주의 정권 시대의 종언이라는 점에서 지배의 형태 변화를 의미하며, 다른 한편으로는 그러한 지배의 재조직화라는 점에서 본질적으로 지배의 변형된 재생산을 의미한다는 것이다. 전자의 관점에서 보면 지배는 변

---

12) 이전의 시대가 군부의 시대였다면 저강도 민주주의 시대, 보수적 민간정부 시대는 더욱 전면적인 자본의 시대가 될 것이다. '국가주의적 발전동원체제' 하에서 자신의 축적기반을 강화하여 온 자본 — 특히 대자본 — 은 이제 민주화라는 이름으로 이전의 국가-자본 관계의 수평화(水平化)를 시도하게 된다. 자율, 시장 중심의 이데올로기는 이전에 비해 국가에 대한 자본의 지위가 강화되었음을 의미한다. 일정 측면에서 민주화로 인한 군부 권위주의정권의 약화 속에서 주요한 수혜자는 대자본이었다고 할 수 있다. 초기 축적과정에서 불가피하게 요구되었던 국가의 지원역할은 이제 독자적인 축적기반이 강화된 — 그래서 독자적으로 사회를 경제적으로 지배할 수 있는 — 자본에게는 제약요인으로 나타나게 되고 여기서 자율이라는 이름으로 국가-자본 관계는 후자를 강화하는 형태로 재조정되게 된다. 필자는 이전의 국가-자본 관계를 '위계적 공생(hierarchical symbiosis)'이라고 표현하고 재조정된 국가-자본 관계를 '협의적 공생(concilliatory symbiosis)' 관계로 개념화한 바 있다. Cho Hee Yeon and Eun Mee Kim, 1998, "The State and Class in the Economic Development in South Korea and Taiwan—Focused on 'State Autonomy' and its Social Conditions", Eun Mee Kim (ed.), *The Four Asian Tigers, Economic Development and The Global Political Economy*, San Diego, CA: Academic Press, 1998 참조.

화하지만, 후자의 관점에서 보면 지배는 지속된다.[13]

여기서 어느 한 측면에만 집중하게 되면 지배의 변화가 가져오는 양 측면에 적절히 대응하지 못하게 된다고 할 수 있다. 한편으로 이것은 지배의 변화, 특히 자본주의적 지배의 합리화 과정에 불과하다는 점에서 전략적 전투성이 요구되지만 지배의 형태적 변화가 가져오는 대중들의 변화를 읽고 그에 지혜롭게 대응하는 다양하고 유연한 전술이 필요하다.[14]

지배의 연속이라는 측면에서 볼 때 계급적 본질은 동일하다고 할 수 있을 것이다. 지배의 변화라는 측면에서 볼 때, 국가형태의 변화는 국가의 계급적 본질이 노정되는 과정을 복합화함으로써 군부 권위주의정권 시기와 다르게 대중투쟁의 '정치화' 혹은 '국가화'가 어려운 조건을 만들게 된다. 이전의 군부 권위주의정권하에서는 노동자와 민중의 투쟁이 곧바로 정치화되거가 국가화될 수 있었지만, 지배의 변화는 그러한 전환을 과거에 비해 어렵게 만든다. 사실 바로 이것이 지배의 형태 변화의 기본 목적이라고 할 수 있다.[15]

지배의 재조직화란 노동자나 민중의 투쟁에 대응하여 지배의 위기

---

13) 예컨대 어떤 작업장에서 일어나는 노사분규에 중앙정보부나 경찰 등이 즉각적으로 개입하여 진압하던 박정희 말기와, 노사정위원회의 구성을 통해 노사갈등을 일정하게 제도 내로 끌어들이려 하는 김대중정부에 이르기까지의 변화를 연상하여 보자. 이것은 엄청난 지배의 변화이지만, 노자관계를 기본으로 하여 이루어지는 자본주의적 지배에는 전혀 변화가 없다.

14) 김대중정부의 경우 한편에서 노사정위원회라는 (사회민주주의적) 조합주의의 형태를 구사하기는 하지만 98년 노동절 때처럼 이전의 정권과 동일한 통치전략을 구사하기도 하였다.

15) 한국의 지배체제가 군부파시즘 형태에서 보수적 민간정부 형태로 변화하였다는 것은 경제투쟁과 정치투쟁이 결합되는 방식에 변화가 있음을 의미한다. 즉 경제투쟁의 이슈가 곧바로 정치화하던 군부정권 시대와 달리, 이제 경제투쟁이 정치투쟁으로 발전하는 데에는 이전과는 많은 매개변수들이 작용하게 된다.

가 초래되고 그러한 위기를 극복하여 지배를 재생산하기 위한 행위이
다. 이런 점에서 지배의 형태에 변화가 있더라도 그것은 노동과 자본
간의 '화해할 수 없는' 적대적 관계를 기본적인 사회적 관계로 하는
자본주의 자체가 유지·재생산되는 것에 다름 아니다. 그러나 그러한
노자간의 사회적 관계가 재생산되는 상부구조 형태는 개발독재적 권
위주의체제에서부터 부르주아적 대의민주주의에 이르기까지 다양할
수 있으며, 노자간의 적대성이 표현되는 방식이나 강도 등에서 차이가
있을 수 있다.[16] 여기서 형태적 변화를 지배의 계급적 성격과 함께 주
목하여야 하는 이유는 동일한 지배형태하에서도 주체적 대응 여하에
따라 적대성의 은폐화가 저지되는 정도, 지배의 변화에 대한 노동자들
의 정치적 포섭 정도 등은 다양할 수 있기 때문이다.

　지배의 형태 변화 여하에 따라, 노동운동의 정치적·사회적 활동공
간에 차이가 나타나게 된다. 한국의 민선민간정부는 여전히 반공규율
사회적 조건에 안주하고 있고 극우보수적 지배분파와 연합하고 있다
는 점에서 명백한 한계가 있지만, 동시에 이전에 비해 확장된 운동공
간을 만들어놓았다. 따라서 이 공간은 민선민간정부의 지배의 '동의'
가 창출되는 공간이기도 하지만 동시에 '저항의 동의'가 창출되는 공
간이기도 하기 때문에, 이 공간에서 적극적인 대응을 하는 것이 필요
하다고 하겠다.

　여기서 필자는 '전투력과 정치력의 결합'이 요구된다는 점을 강조하
고자 한다. 민선민간정부의 변화, 노동정책의 부분적인 변화는 기본적으
로 자본주의적 지배의 재생산이라는 점에서 '전략적 전투성'의 관점을
견지할 필요가 있다. 그러나 동시에 정치력이 요구되는 '제한된 헤게모

---

16) 여기서 망각하지 말아야 할 점은 지배의 형태 변화의 동력은 — 여러 요인
　　이 있겠지만 — 노동자와 민중들의 저항 그 자체라는 점이다.

니 투쟁'의 공간이 민선민간정부하에서 존재하므로 전투성에 기초하여 능동적으로 대응하여야 한다. '전투성에 기초한 정치력' 혹은 '정치력을 갖는 전투성(militancy armoured with political ingenuity)'이 필요하다는 것이다. 한편에서는 노동운동에 정치력이 요구되는 공간이 분명히 존재한다. 그러나 그 공간은 거대한 자본주의적 지배질서 속에 놓여 있다. 자본주의하에서 형성되는 노자간의 기본적인 적대성을 전제로 할 때, 자본주의적 구조가 존재하는 한 전략적 전투성은 견지되어야 한다. 필자는 한국의 지배의 천민성과 불완전성, 극우성을 전제로 할 때, 이러한 전략적 전투성의 관점은 기본적으로 견지되어야 한다고 생각한다.[17] 그와 동시에 확장되어 가는 헤게모니적 투쟁의 공간은 고도의 정치력과 유연성을 요구하게 된다.

(2) 노동운동 발전을 위한 새로운 도전과 과제

그렇다면 '전투성과 정치력의 결합'에 기초한 노동운동의 발전을 도모하기 위해서 고려하여야 하는 점은 무엇인가. 필자는 다음과 같은 여러 측면에서 노동운동의 능동적이고 다차원적인 응전이 요구된다고 생각된다. 노동운동역량 강화의 가장 기본적인 두 가지 측면은 자기

---

17) 민선민간정부는 비록 군부 권위주의 시대의 파쇼적 성격을 일정하게 탈각하기는 했지만, 여전히 반민주적이고 극우적이고 천민적인 속성을 대단히 많이 가지고 있다. 그것은 거대한 관료조직 등 이전의 국가기구를 '분쇄'한 위에서 성립한 것도 아니고 기존의 국가기구와 국가요원을 배제한 위에서 성립한 것이 아니기 때문에, 노동자계급의 성장을 저해하던 억압적·이데올로기적 국가기구는 엄존하고 있다는 말이다. 김대중정부하에서는 비록 반독재전선에 참여하였던 상대적으로 진보적인 온건야당이 지배블록의 중심분파를 구성하고 있지만, 그것은 여전히 구(舊)국가질서 속에 속한다. 그런 점에서 앞으로 사회경제적 개혁의 추동력으로서 노동운동이 해야 할 과제는 많고 이러한 불완전성은 노동운동의 장기적인 투쟁을 필요로 한다는 점을 의미한다.

대중 내에서 조직적 기반을 강화하는 것과 비(非)노동자계급 내에서 지지를 획득하는 것이라고 할 수 있다. 조직화율이 13%대에 머무르는 것은 여전히 87%대의 노동자들이 조직화되지 않은 채 존재한다는 것을 의미한다. 또한 실업자대중 및 영세사업장 노동자들은 여전히 노동조합조직에 포괄되어 있지 않다.[18] 바로 이러한 조직화의 진전과 조직된 대중의 정치사상적 의식화가 노동운동 발전의 기본적인 측면이라고 할 것이다. 민주노총의 성립은 사실 이런 점에서 보면 겨우 출발점을 경과했다고 볼 수도 있다. 그만큼 이런 측면에서는 우리 사회의 극우보수적인 반공냉전적 구조, 강고한 기득권세력 등을 고려할 때 앞으로도 험난한 길이 남아 있다고 보아야 할 것이다.

다른 한 측면으로 노동운동의 발전에서 비노동자계급, 특히 중간층 및 비노동계급·계층의 정치적 획득이 중요한 과제이다. 이것은 계급적 이해와 국민적 이해의 접합 문제라고 할 수 있다. 어떻게 계급적 과제를 국민적 과제로 상승시킬 것인가, 또한 노동계급이 계급적 과제와 함께 국민적 과제 해결을 선도할 수 있을 것인가 하는 문제이다. 80년대 노동운동 및 민중운동이 선도하였던 반독재투쟁은 그 자체가 계급적 과제이자 국민적 과제였다고 할 수 있었고, 노동운동이나 민중운동은 바로 이러한 투쟁의 선봉에 서 있었다. 이제 그 독재정권이 '퇴진'한 상황에서 계급적 투쟁과 국민적 과제를 실현하는 투쟁의 '상대적

---

18) 이런 점에서 "비보호 임노동계층이 노동조합의 보호공간에 '참여'할 수 있도록 만들어 가는 것이 노동조합운동의 시급한 실천과제로 제기되고 있다고 하겠다(이병훈, 「전환기에 선 노동」, 1998년 한국산업사회학회 춘계학술대회 발표문, 1998. 5. 23, 충남대 사회과학대 교수회의실). 단기적으로 98년 초 1기 노사정위원회에서 합의된 실업자들의 초(超)기업노조 가입자격 부여는 이런 점에서 중요한 제도적 변화라고 할 수 있다. 향후 민주노총의 산별노조로의 이행이 가속화되고 산별노조에의 실업자 참여가 제도화되면 이런 면에서 일정한 변화가 나타나게 될 것이다.

300

분리'를 경험하고 있다. 보수적 민간정부의 성립을 통하여 이 땅의 지
배블록은 양자의 결합에 일정한 분리의 돌파구를 만든 셈이다. 바로
이런 조건 속에서 한국 노동운동은 "노동자계급의 투쟁이 곧바로 국민
적 투쟁으로 인식되기보다는 한 특수집단의 투쟁으로 규정되는" 이데
올로기적 조건을 극복해 갈 것인가 하는 문제, 또한 상대적으로 계급
적 과제 해결과 분리되어 출현하는 여러 국민적 문제들에 어떻게 노동
계급이 선도적으로 싸워나갈 것인가 하는 문제에 직면하고 있다.[19] 민
주노동조합운동은 그 동안 '사회개혁투쟁'이라는 이름으로 이러한 의
미의 투쟁을 다양하게 전개하여 왔다. 이는 민주노총이 다양한 정책적
쟁점에 대하여 선도성을 가지려는 노력이었다고 평가할 수 있다.[20]

이제는 이상에서 서술한 바와 같은 첫번째 과제(노동자대중의 조직

---

19) 예컨대 독점재벌의 개혁 문제 같은 것은 진보적 민주주의의 관점에서도, 건
전한 총자본의 입장에서도 대단히 중요한 문제이다. 내과적 대수술을 해야
할 때 어렵더라도 대수술을 해버리는 것이 장기적으로 건강에 도움이 된다.
단지 성형수술만을 한다고 하여, 혹은 수사(修辭)를 변화시킨다고 하여 해결
되는 것이 아니다. 그러나 우리의 지배진영은 그러한 과제를 묻어버리고 성
형수술만으로 이 국면을 우회하여 갈 가능성을 보이고 있다. 이처럼 계급적
과제이자 국민적 과제인 독점재벌 문제를 선도적으로 제기하고 싸우는 것과
함께, 계급적 과제와 분리되어 나타날 수 있는 국민적 과제에 적극적으로 개
입해 들어가는 것이 요구된다고 하겠다.
20) 필자는 지금까지 노동운동계가 다분히 방어적으로 IMF 사태에 대응하고 있
다는 생각을 가지고 있다. 노동계급이 정말로 국민적 계급이 될 수 있는 국면
에 처하여 있는데도, 방어적 요구에 머물고 있었다는 것이다. 우리 사회가 요
구받고 있는 개혁의 노동계급적 청사진을 좀더 정면에서 제출하고, 그것을 추
동하면서 현안들에 대응하여 가는 것이 중요하다고 생각된다. 어떤 점에서 현
재의 국면처럼 노동계급이 자연스럽게 개혁을 둘러싸고 국민적 지도계급이
될 수 있는 국면은 없다. 우리 시대가 요구받고 있는 국민적 개혁의 과제들을
노동계급의 이름으로 종합적으로 제출하고 그것을 위해 투쟁하면서 현안들을
그 일부로서 제기하고 투쟁하여 가는 것이 중요하다고 생각한다.

적·정치적 획득의 확대)와 두번째 과제(비노동자계급·계층의 획득)를 더욱 심도 있게 진전시키기 위하여, 제기되는 여러 과제들을 서술하여 보고자 한다.

　㉠ 정책역량의 강화를 통한 투쟁의 보강

　먼저 정책역량의 강화를 통해 전투성에 기초한 정치력의 기반을 확충하는 과제이다. 우리가 노동운동의 역량이라고 할 때 그것은 군부권위주의정권에 가장 선진적으로 투쟁하는 조직적 역량이 주된 것이었다. 좀더 직접적으로는 일종의 파업역량 같은 것으로 인식되었다. 물론 이것은 역량의 중심적 측면이다. 그러나 앞서 서술한 바와 같이 보수적 민간정부로의 이행으로 제한된 헤게모니적 투쟁공간이 생겨나게 되면서 이러한 공간 내에서 국민적 지지를 획득하여야 하는 '경쟁'의 공간이 존재하게 된다. 이러한 경쟁에서는 정책경쟁 능력도 중요한 무기로서 한 부분을 구성한다. 이런 점에서 저항역량의 구성이 기본적으로 전투적 투쟁에 기초한다는 것을 전제하면서도 그것을 헤게모니적 투쟁공간에서 국민적 역량으로 확장하는 데 필요한 정책역량이 강화되어야 한다. 물론 이 역량은 단순히 노동운동의 내부역량으로만 존재할 필요는 없을 것이며, 노동운동에서 진보적 학술운동이나 지식인운동의 역량을 조직화하고 동원할 수도 있을 것이다.[21]

　그 동안 민중적인 입장에 서서 제반 사회적 쟁점을 구체적으로 분석하여 민중적인 정책을 대중 앞에 제시하고 그것을 사회 이슈화하려는

---

21) 필자는 이런 관점에서 민주노동조합운동에 부설되는 종합정책연구소 혹은 센터 같은 기구가 만들어질 필요가 있다고 생각한다. 노동운동의 정책적 경쟁을 보완하는 지적 중심 같은 것이 만들어질 필요가 있다는 것이다. 예컨대 공기업의 민영화 같은 경우, 신자유주의적 공세 속에서 공기업의 비효율과 민영화는 경제개혁의 중요한 사항으로 신비화된다. 바로 이러한 공세에 대응하여 대안적 논리를 개발하고 여론화하는 작업이 더 중요하다는 말이다.

노력이 경주되지 못하였다. 노동운동을 포함한 진보운동세력은 여전히 '대안세력'이라기보다는 '저항세력'으로 투영되고 있다. 계급적 투쟁세력이 국민적 세력이 되려면 대안체제세력으로서의 프로그램과 비전이 요구된다. 따라서 노동운동세력은 '잠재적인 수권정치세력'으로서 대안과 비전을 제출할 수 있는 정책역량을 강화하여 가야 한다. 예컨대 재벌해체 같은 경우 IMF 지원체제하에서 국민적 이슈가 되었다. 그러나 현재 그것은 대자본 축적체제의 제한된 합리화 형태로 전개되고 있다. 이런 상황에서 재벌해체를 조직적 투쟁력으로 강제하는 것과 동시에 그것을 대안 있는 실현가능한 정책으로 강제하기도 하여야 한다. 여기서 실현가능성이란 그것이 실현되는 구체적인 방법 및 경로, 국민경제 일반과의 관계, 그것이 가져올 국민경제적 변화효과 등에 대한 포괄적인 플랜 등을 포함한다. 물론 이러한 정책역량은 투쟁역량을 보완하는 것으로 자리를 잡아야 할 것이다.

ⓒ 노동운동과 진보정치세력화

둘째, 진보정치세력화라는 과제를 들 수 있다. 노동운동 발전의 중요한 측면은 노동자계급을 독자적으로 대표하고 제도정치영역에서 노동자계급의 이해를 위하여 싸우는 정치적 분견대의 창출이다. 이제 한국 노동운동은 "오랜 파쇼적이고 극우적인 지배질서 속에서 지체된 '계급정치'로의 이행을 어떻게 실현할 것인가" "정당정치영역 내에 노동자계급을 대표하는 정치세력을 어떻게 구축하여 낼 것인가" 하는 과제에 직면하고 있다.

현단계 한국의 민주주의는 앞서 지적한 바와 같이 대단히 불완전하고 왜곡되어 있다. 이러한 불완전성 가운데서 가장 대표적인 것은 이른바 '정당정치영역'과 '시민사회'가 괴리되어 있다는 것이다. 한국의 제도정치는 시민사회의 갈등을 반영하고 대의(代議)하는 기제가 왜곡되어 있다. 과거 한국의 정당정치는 군부 권위주의정권에 의하여 외압적으로 왜곡되어 있었다. 정당정치는 사회적 갈등과 요구를 반영하기보다는 군부 권위주의국가의 정치적 정당화 기제로, 억압적 국가기구의 일부로 기능하였다. 이러한 정당정치의 왜곡성은 민주화의 진전에 따라 일정하게 완화되었으나 여전히 급진적인 사회세력의 진입을 제약하는 형태로 극우보수적으로 구성되어 있고 더 나아가 지역주의적으로 왜곡되어 있다. 따라서 민주주의 개혁의 주된 추동력으로서 노동운동은 노동자와 민중을 대표하는 진보적인 정치세력으로서 정당정치에 진입하는 과제를 안고 있다고 하겠다. 현재와 같이 제도정치 내에 노동정치세력이 존재하지 않는 한 투쟁의 성과는 노동자계급에 귀속되지 않고 보수정치세력 내의 권력관계의 변화로 작용할 뿐이다.

지난 87년부터 진보정치세력화를 위한 시도가 대선과 총선을 통해서 여러 차례 이루어졌으나 성공을 거두지는 못하였다.[22] 이것은 노동운동이나 민중운동의 역량 부족에서 기인하기도 하지만, 우리 정당정치에 불완전성과 보수적 폐쇄성이 여전히 강고하게 존재하는 데서 더 크게 기인한다. 즉 이것은 주체적 오류에 기인하는 것이라기보다는 노동자계급의 독자적인 정치세력화를 제약하는 반(反)노동자적 구조에서 기인하는 바가 크다는 것이다. 그 동안 노동운동의 조직적·대중적 발전은 비록 여러 제약이 있었지만, 시민사회 내에 중심적 위치를 확고하게 잡아왔다. 그러나 시민사회와 정당정치의 괴리는 시민사회 내에서의 노동운동의 지위에 상응하는 노동자계급의 정치적 발전을 가로막아왔다. 이는 '운동과 정치의 괴리'로 상징되는 한국 정당정치의 한 특징을 보여준다.[23] 한국의 노동운동은 이러한 왜곡된 조건을 극복하

---

22) 이 책의 제4장 참조.
23) 노동자계급이 전체 계급구성에서 50%를 넘는 조건에서 노동자계급을 대표하는 독립적인 제도정치세력이 전무하다는 것은 단적으로 한국 정당정치의 왜곡성을 말하여준다. 이러한 운동과 정치의 괴리가 생긴 이유는 한국의 반

면서, 노동자계급 조직화 확대와 노동자계급의 정당정치적 의식의 고양을 통하여 진보정치의 가능성을 높여가야 한다.

한국의 정당정치는 현재 지역주의로 분할되어 그나마 존재하는 '부르주아적' 대의기능마저도 제약되어 있다. 그리고 그 결과 한국의 정치는 더욱 불안정한 상태이다. 지역주의의 극복은 사실 보수 대 진보로의 이행을 가속화함으로써 가능하고, 이런 점에서 진보정치의 주된 동력은 노동자계급과 민중세력에서 나올 수밖에 없다. 물론 진보정치 세력화의 동력은 농민층, 환경운동단체 등 다양한 세력에서 나올 수도 있다. 그러나 노동자계급말고는 제도정치라는 장벽을 뚫고 진보정치세력화의 과제를 중심적으로 추동할 수 있는 세력이 현재로서는 없다. 한국의 노동운동과 민중운동은 반군부독재투쟁의 과정에서 진보정치세력화를 위력적으로 실현하지 못하였다. 현재는 위로부터의 민주화의 불완전성을 비판하면서 그 과정에서 새롭게 형성되는 동력을 모아 진보정치세력화를 달성하여야 하는 조건 속에 있다. 이런 측면에서 노동운동의 내적 강화라는 연속성 속에서 진보정치세력화라는 과제를 어떻게 실현할 것인가 하는 고민이 요구된다고 하겠다.

ⓒ 노동운동과 진보적 신사회운동의 관계

다음으로 이른바 신사회운동과의 진보적 동맹을 어떻게 하면 적극적으로 실현할 수 있느냐 하는 과제를 들 수 있다. 80년대 후반 이후 우리 사회에는 새로운 운동들이 출현하였다. 필자는 이러한 운동들과 개방적으로 연대하면서 그것을 선도하려는 노력이 필요함을 지적하고자 한다. 이를 위해서는 먼저 계급문제로만 환원되지 않는 다양한 사회문제가 있음을 인정하여야 한다고 생각한다. 여기서 계급적 관점을

공규율사회적 조건이 운동의 정치적 대표과정을 왜곡시키고 굴절시키기 때문이다.

갖는다는 것과 계급환원론적으로 모든 문제를 파악한다는 것은 다르
다. 우리 사회의 진보에 기여할 수 있는, '작은 진보성' '부분적인 진
보성'을 갖는 많은 비(非)노동운동이 존재한다는 점을 인정하여야 할
것이다. 서구에서 좌파운동과 좌파정당운동이 새로운 사회운동들을 포
섭하지 못함으로써 자신의 입지를 좁힌 전철을 우리는 피해 가야 한
다. 80년대에는 가장 중심적인 운동형태만을 강조하고, 부문운동을 전
체 변혁운동으로 수렴하는 것만 일면적으로 강조하였다. 이것은 단기
적인 혁명적 국면을 전제로 한 탓이라고 할 수 있다. 이제 비(非)혁명
적 조건 속에서 어떻게 적극적으로 다양한 '주변적' 운동들과 '연대'
할 것인가 하는 과제를 고민하여야 한다고 생각한다. 더 나아가 80년
대에 배출된 많은 '유휴 운동인력'들이 다양한 영역에서 노동운동과
연대를 맺으며 활동할 수 있도록 해야 한다. 돌이켜보건대, 80년대에
변혁적 민중운동은 헌신적이고 전투적인 투쟁을 통하여 '시민사회'의
자율적 공간을 확장하였다. 즉 80년대 후반부터 생겨난 온건한 시민운
동공간 역시 전투적 민중투쟁의 성과라고 할 수 있다. 그런데도 민중
운동세력은 정작 분화되는 '시민사회'의 공간에 효과적으로 개입하지
못함으로써 그 영역을 '자유주의적인 운동공간'으로 방치하게 되었
다.[24] 이제 노동운동은 이른바 시민운동영역에서 진보적 운동을 추
동·협력·지원하고, 시민운동과 진보적 동맹을 형성하려는 적극적인
노력을 해야 한다고 생각한다.

한국의 시민운동 혹은 전문직운동 등은 서구 신사회운동의 범주에
속한다고 할 수 있다. '신사회운동(new social movements)' [25]이란 계

---

24) 이에 대해서는 이 책의 제5장 참조.

25) 정수복, 「새로운 사회운동의 이론과 현실」, 『의미세계와 사회운동』, 민영사,
1994; Larana, Enrique, Hank Johnston and Joseph R. Gusfield (eds.),
New Social Movements: From Ideology to Identity, Philadelphia:

급적 대중운동으로 환원되지 않는 다양한 이슈들을 중심으로 하여 전후 자본주의에 도전하면서 출현한 운동이라고 할 수 있다. 이 운동은 이슈, 참여자, 가치와 목표, 활동양식, 지향 등에서 구(舊)사회운동과 구별되는 특징을 지니고 있으며[26] 그 진보적 분파의 경우 보수화된 노동운동을 뛰어넘는 '급진성'을 지니고 있다.[27] 우리 사회에서 신사회운동은 80년대 중반(반독재투쟁에서 민중운동이 강력하게 헤게모니를 가지고 있던 시기)에는 민중운동의 일부로 급진적인 성격을 강하게 가지면서 형성되었다. 그러나 80년대 후반 및 90년대 초반의 시민운동은 민중운동의 전투성을 반대하면서 온건한 시민운동의 헤게모니적 구조에 포섭되었다. 당시에는 '공동선'과 '계급이기주의'를 대립시키면서 암묵적으로 노동운동을 '계급이기주의'적 관점에 서는 운동으로 규정하는 보수언론의 관념이 내재해 있었다. 그러나 이러한 조건은 90년대 중반 이후 다양한 진보적 시민운동이 출현함으로써, 또한 온건한 시민운동조직 내부에서 이루어진 진보적 인식의 확산으로 일정하게 교정되었다.

한국사회는 서구 노동운동의 보수화 및 체제내화와 달리, 진보성과 역동성이 견지되고 있기 때문에, 노동운동과 신사회운동의 역동성이

Temple University Press, 1994; Offe, Claus, "New Social Movements: Challenging the Boundaries of Institutional Politics", *Social Research* *52(4)*, 1985 참조.

26) Offe, Claus, 앞의 책, 1985.

27) 칼 복스 같은 경우, 사회민주주의적 개량주의와 체재내화된 노동조합주의를 비판하면서, 이미 자본주의에 통합된 사회민주주의와의 급진적 결별(radical break)을 요구하며, 서구의 녹색환경운동, 미국의 새로운 풀뿌리운동(new populism) 등에 기대면서 서구 노동계급정치의 교착상태를 돌파해야 한다고 주장한다. 또한 이를 위한 급진좌파와 환경운동의 연합(red-green alliance)을 주장한다. Boggs, Carl. *Social Movements and Political Power: Emerging Forms of Radicalism in the West*, Philadelphia: Temple University Press, 1986.

결합될 수 있는 가능성이 있다. 이것은 위로부터의 민주주의적 개혁의 불완전성 및 그로 인한 민중배제적 구조의 지속에 의해 구조적으로 주어져 있다. 우리 사회는 서구사회와 같은 사회운동의 '내적 분절화'를 뛰어넘어 노동운동의 역동성이 신사회운동 — 혹은 시민운동 — 의 역동성과 적극적으로 결합할 수 있는 가능성이 크다. 이런 점에서 전투적 노동운동과 진보적 시민운동 간의 동맹을 형성하기 위한 적극적인 노력이 요구된다고 생각된다. 여기서 전제하여야 할 점은 시민운동, 심지어 진보적 시민운동조차도 지배질서에 대한 전투성과 급진성이라는 점에서는 대단히 제한적이라는 것이다. 그것은 시민운동이 현존하는 정치적 지형을 타파하려고 하기보다는 — 물론 전부 그러한 것은 아니다 — 그것을 '전제한' 상태에서 활동하는 운동이기 때문이다. 따라서 시민운동은 한국사회의 편협한 이데올로기적 한계를 뛰어넘는 근본적인 급진성과 전투성을 견지할 필요가 있으며, 노동운동은 시민운동의 그러한 한계를 인식하면서 시민운동 내부의 진보성을 발현시키고 시민운동을 '수단화'하지 않는 적극적인 동맹전략을 구사해야 한다고 생각한다.

여기서 '수단화'하지 않는다는 것은, 신사회운동과의 동맹이 단순히 전술적 동맹일 뿐만 아니라 전략적 동맹의 성격도 지니고 있다는 점을 인정한다는 것을 의미한다. 직접생산자가 가진 '다양한 정체성(multiple identities)' 중에서 노동자로서의 정체성이 '중심적 정체성'이기는 하지만, 직접생산자는 동시에 소비자, 학부형, 납세자, 공해피해자 등 다양한 정체성들을 지니고 있다는 것이다. 따라서 노동해방의 다양한 차원에 대한 적극적인 관심이 필요하다. 필자는 이 점을 '억압의 다면성과 다차원성' 및 '해방의 다면성과 다차원성'이라고 개념화한 바 있다. 노동운동의 입장에서 보면 직접생산자의 비(非)노동자적 정체성과 관련된 주제를 중심으로 싸우는 신사회운동과의 적극적인 동맹이 필요하며 그러한 운동들을 진보화하려는, 그래서 그 동맹을 진보적 동맹으로 만들려는 적극적인 노력이 필요하다고 할 수 있다. 필자는 이것이 바로 계급적 이해와 국민적 이해의 접합을 가능케 하는 기반이라고 생각한다.

ⓛ 노동자운동과 반공주의

다음으로 노동운동의 발전을 위해서는 우리 사회의 극우보수적인 반공주의와의 대결이 불가피하다는 점을 지적하고자 한다. 한국전쟁 이후 한국사회는 반공이 '의사(擬似)합의'처럼 존재하는 '반공규율사회(反共規律社會)'로 지속되어 왔다. 바로 이러한 강한 반공주의가 해방 후 50년에 걸쳐 반노동자주의의 핵심적인 조건이 되어왔다. 반공주의 위에서 가능하게 된 국가주의는 60년대 이후 국가주의적 발전동원체제가 성립하는 것을 가능하게 하였고, 그 국가주의적 체제는 성장주의를 지배 이데올로기로 만듦으로써 60년대 이후 천민자본주의적 성장을 가능하게 하였다.

한국자본주의는 정실(情實)자본주의, 천민자본주의, 부패자본주의 등 다양한 측면을 가지고 있지만, 반공자본주의, 혹은 대결자본주의가 그 핵심이다. 왜냐하면 한국자본주의는 2차대전 이후 전세계를 지배한 냉전의 최전선이라고 할 수 있는 동아시아에 위치하면서, 그러한 대결을 성장의 한 계기로 삼아왔기 때문이다. 자본재생산의 중요한 기제가 바로 반공주의였으며, 반노동자 이데올로기의 핵심 역시 반공주의였다. 주지하다시피 박정희체제하에서 전개된 고도성장의 전과정을 통하여 남북간의 대결은 언제나 저항운동에 재갈을 씌우는 구실로, 노동계급이 저임금·장시간 노동질서에 순응하도록 만드는 도구로 사용되었다.

이처럼 반공주의 위에 서는 '국가주의적 발전동원체제' 하에서 개발독재는 사회적 규율화(social regimentation)를 노동자계급에 대한 규율(regimentation of the working class)로 전환하였다. 그리고 분단반공의식과 레드 콤플렉스를 의사합의처럼 작동시킴으로써 노동자계급의 사회적 통제와 규율화를 용이하게 만들었다. 즉 사회적 수준에서 존재하는 반공규율사회적 조건을 작업장 수준에서 혹은 자본-노동의 일반적 사회관계에 적용하면서 반노동자적 구조를 이데올로기적으로 정당화하고 재생산하여 왔던 것이다.

이러한 냉전적 대결 속에서 국방 및 안보영역은 신성불가침의 영역이 되었고, 안보와 관련된 각종 억압적 통제기구들이 확장되고, 엄청난 군사비를 지출하여야 하는 재정구조도 고착되어 갔다.[28] 냉전적 대결이 가져오는 노동통제 효과에 기대어 한국자본주의는 위기를 극복하여 왔고 지금도 노동운동의 발전을 질곡하는 중요한 기제로 작동하고 있다.

바로 이처럼 반공주의체제하에서 노동자계급은 대항 이데올로기를 상실한 채 일면적인 성장주의와 새로운 자본지배에 복종하도록 강요받아 왔다. 노동자들의 투쟁은 곧바로 친공(親共)적인 것으로 매도되었다. 이런 반공주의적 조건 속에서 노동자의식은 억압되었고 '과잉 중간층의식'이 나타나게 되었다. '중간층의식' 혹은 '중산층의식'의 과다와 노동자계급의 자기정체성의 지체는 바로 그러한 조건의 반영이다. 이런 점에서 한국사회에서 반(反)노동자주의의 핵심적인 측면은 반공주의라고 할 수 있다. 이것은 결국 노동운동 발전의 궁극적인 어느 지점에서 반공주의와 맞닥뜨려야 한다는 것을 의미한다.

---

28) 그 결과 방위비는 매년 10% 가량 꾸준히 증가해 왔으며, 중앙정부 예산에서 방위비가 차지하는 비중이 20여%에 이르는 수준에 이르렀고 그것은 변화를 모르는 채로 지속되어 왔다. 반면, 우리와 비슷한 수준에 있는 멕시코의 군사비 비중은 3.8%, 아르헨티나가 6.6%, 말레이시아가 11.6%로, 우리의 군사비 비중이 그 나라들의 2~3배에 이른다. 군비경쟁이 치열하던 87년에 비하여 냉전 종결 이후 전세계적으로 군사비가 30% 이상 줄어들었는데도, 한국의 국방비는 감소되지 않았다('국민승리21' 10대 정책공약자료집, 1997. 11). 국방비 감축과 군축을 주장하는 목소리는 여전히 '북한의 주장에 동조하는' 불순한 목소리로 치부되고 있는 것이 우리의 솔직한 현실이다.

310

반공주의에 대한 도전은 80년대 후반에 통일운동으로 나타났다. 상대적으로 이데올로기적인 매도에서 자유로운 학생운동이 이러한 경직된 반공주의의 극복을 위한 투쟁의 선봉에 섰다. 그러나 이러한 투쟁은 일부 투쟁으로 협소화되고 경직화되었으며,[29] 원래의 취지라고 할 수 있는 총체적인 반공주의 구조 극복을 위한 다면적인 대응으로 확장되지 못하였다. 현단계 노동운동 발전의 중요한 과제인 노동운동의 대중화와 조직확대, 노동정치 구도의 형성 역시 바로 이러한 반공주의에 의해 질곡되고 있다. 이런 점에서 노동운동은 어떤 형태로든 이 문제를 극복하여야 하는 과제 앞에 서 있다고 할 수 있다.

4) 맺음말

필자는 이 글에서 노동운동을 중심으로 하여 '지배의 변화에 상응하는 저항의 혁신'이 어떻게 성취되어야 하는가 하는 문제의식으로, 노동운동에 제기되는 국내적·국제적 조건에 대하여 서술하였다. 군부 권위주의정권에서 민선군부정권으로의 이행, 민선군부정권에서 보수적 민간정권으로의 이행이라는 지배의 변화 속에서 운동의 활성화를 가능케 하는 동력은 민주노조운동의 역동적이고 전투적인 발전에서 주어졌다. 그 발전의 정점이 민주노총의 성립과 97년 1월 총파업투쟁이었다고 생각된다. 이제 노동운동은 새롭게 국내외의 대응에 슬기롭게 도전하면서 노동운동의 더 높은 발전을 도모하고 그를 통해 한국사회 전체의 '진보'를 추동하여야 하는 과제를 부여받고 있다고 하겠다.

필자가 볼 때 우리 사회는 점점 더 민주주의의 진전과 철저한 사회경제적 개혁이 민간정부의 한 측면으로서의 — 제한된 — 개혁성에 의존

---

29) 이 책의 제7장 2절 참조.

하는 단계에서 새로운 단계로 이행하고 있다. 이제 국가 및 정권에 대해 개혁을 강제하는 제도정치 내의 새로운 힘과 노동운동을 중심으로 '시민사회' 내에서 새로운 조직적 힘을 만들어내지 않는다면, 우리 사회의 민주주의적 개혁과 진보개혁적 재편은 더욱 어려운 단계로 갈 것이다. 이런 점에서도 노동운동에는 계급적 역할뿐만 아니라 국민적 역할이 더욱 크게 요구된다고 할 수 있다. 노동운동은 이상에서 서술한 여러 측면에서 적극적인 자기발전을 성취함으써, IMF 시대를 노동운동의 침체기가 아니라 고양기로 만듦은 물론 더 나아가 한국사회의 진보적 개조를 위한 시대로 만들어야 할 것이다.

제7장 통일노선과 통일운동

　이 장에서는 국가와 지배의 변화에 의해 주어진 도전의 새로운 영역으로서 마지막으로 통일운동영역을 다루고자 한다.

　통일문제과 관련된 실천적 논의는 크게 보아 두 차원으로 나누어질 수 있다. 첫째는 북한의 통일노선이나 정책에 대한 평가 차원이고, 둘째는 통일운동 혹은 통일투쟁의 현실적 전개에 대한 평가 차원이다. 이 글에서도 이 두 가지로 나누어 논의하고자 한다.

1. 북한의 통일노선과 통일정책에 대한 평가

1) 머리말

　이 논문은 특히 북한의 통일노선과 통일정책을 주제로 삼고, 일차적으로 그것의 변화과정을 서술하고, 다음으로 그것의 '합리적 핵심'이 무엇인가를 논쟁을 중심으로 검토하고자 한다. 북한의 통일정책(광의)

혹은 조국통일론은 그 전략적 방침으로서의 통일노선과 통일정책(협의)으로 구성되어 있다고 할 수 있다. 이 글에서는 먼저 북한 통일노선의 변화과정을 개관한 후 그것을 둘러싼 비판적 논의를 중심으로 북한 통일노선의 정확한 성격이 무엇인가 하는 점을 밝혀보고자 한다. 그런 다음 마찬가지로 북한의 통일방안·정책의 변화과정을 개관한 후 그것에 대한 비판적 논의를 토대로 그 합리적 핵심이 무엇인가 하는 점을 검토하고자 한다.

북한의 통일노선 및 정책은 '혁명과 사회주의 건설'의 역사적 경험, 지도이념으로서의 주체사상, 기타 북한의 여러 정책들과의 유기적 연관관계 속에 놓여 있다고 할 수 있으나, 이 글에서는 통일노선 및 정책에만 국한하여 논의를 전개하였다. 또한 북한의 '공식적인' 문헌은 북한사회의 총체적 현실 변화 및 그 과정에서의 제반 논의를 총괄한 '결과'라고 할 수 있는 바, 그러한 점을 고려하면서 좀더 폭넓은 역사적 맥락에서 분석을 진행해야 했으나 필자의 능력부족 때문에 그러하지 못하였다. 이 주제에 대한 연구가 거의 축적되어 있지 않고, 북한 자료에 대한 검토도 대단히 부족하기 때문에 이 글은 '시론'의 범위를 크게 벗어나지 못했다고 할 수 있겠다.

필자가 갖고 있는 문제의식은 다음과 같은 두 가지이다. 먼저 운동적 관점에서 통일문제에 접근할 때 가장 중요한 핵심은 이른바 '전국적(全國的) 관점'을 갖는 것이다. 그리고 이것이 의미하는 바는 어떤 전술적 방침을 기계적으로 추종하는 것이 아니라 남한의 구체적인 현실, 변화하는 정세 속에서 창조적으로 실천하는 것이라는 점이다. 이상과 같은 문제의식을 이론적으로 정당화하기 위하여 북한의 통일노선과 정책을 검토함으로써 분단과 통일에 대한 철저한 관점을 가지면서도 남한의 현실을 매개로 한 창조적 실천이 필요하다는 점을 밝혀보고자 한다. 이른바 '주사(NL) 입장'은 전국적 관점을 강조하면서도 북한의 입장을 일면적으로 해석함으로써 북한의 입장에 추종하는 노선과 전국적 관점을 동일시하면서 구체적 현실을 근거로 한 창조적 실천을 부정하고 있다. 반면에 80년대 후반의 이른바 '신식민지국가독점자본주의론'(이하 신식국독자론)[1]은 전국적 관점을 부정하면서 통일운동의 존재론적 의의를 부정하는 쪽으로 경도되었다.

필자가 이 글의 후반에서 80년대 후반의 신식국자론을 논의의 출발점으로 삼은 이유는 통일운동에 대한 전략적 인식의 기본 구도는 계속되고 있다고 보기 때문이다. 또한 필자가 80년대 후반 학계의 신식국독자론의 '통일론'을 대상으로 분석을 하는 것은 신식국독자론이 남한의 계급문제에 대해 철저한 입장을 가지면서도 전국적 관점을 견지하지 못하고 있다고 보기 때문이다. 필자는 이 두 가지 편향을 비판하면서 북한의 통일노선과 정책에 대한 재해석을 통하여 전국적 관점과 통일문제에 대한 창조적 실천의 이론적 논거를 확보하고자 한다. 여기서 재해석이라는 것은 북한의 입장이 어떠하냐는 것보다도 우리가 운동론적 관점에서 통일을 어떻게 바라보아야 하느냐와 연관이 되어 있다.

한편 이 글은 북한의 노선 및 정책의 '합리적 핵심'에 대한 학문적 분석을 의도하는 것이지 그것에 대한 '정치적' 평가를 의도하는 것이 아니라는 점을 밝혀두어야겠다. 북한의 노선 및 정책을 학문적으로 정확히 분석해 내는 것이야말로 북한에 대한 우리의 올바른 정책수립의

---

1) 필자는 기본적으로 '민족해방론적 관점'에 대립하여 신식국독자론이 제시하려고 하였던 '계급론적' 관점에서의 접근에 동의한다. 그러나 통일론에 대해서만은 필자는 일반적인 신식국독자론의 통일론을 반대한다. 신식국독자론의 통일론을 명확하게 드러내주는 글들은 다음과 같다. 한민승, 「'북한의 남조선혁명론'과 '조국통일론'에 대하여」, 『NL론 비판(1)』, 벼리, 1988; 임정국, 「북한의 남조선혁명론 비판」, 『주체사상비판(2)』, 벼리, 1989; 임정국, 「북한의 '조국통일론' 비판」, 같은 책.

첩경이라고 생각한다.

2) 북한의 통일노선으로서의 '민주기지론' 및 '지역혁명론'

북한의 통일노선은 크게 보면 해방 직후에 제시되었던 '민주기지론(노선)'에서 64년에 '지역혁명론' 및 '3대혁명역량 강화론'으로 변화하게 된다고 할 수 있다. 해방 직후 북한은 조선혁명의 전국적 완성을 목표로 한 전략적 구상으로서 '민주기지노선'을 제시하게 된다. 이 노선은 45년 10월 10~14일에 열린 "조선공산당 북조선 5도 책임자 및 열성자대회"에서 행한 김일성의 기조연설에서 제안되고 이 대회에서 채택된 노선인데, 6·25 전쟁이 끝난 53년 8월 "조선노동당 중앙위원회 제2기 제6차 전원회의" 및 56년 4월 "조선노동당 제3차대회"와 같은 일련의 회의에서도 기본 노선으로 강조되었다.[2]

민주기지노선이란, 해방 직후 한반도에 조성된 복잡한 정세가 혁명의 전국적·동시적 발전을 제약하고 있으므로 소련군이 진주해 있는 유리한 조건하에서 먼저 북한지역을 정치·경제·군사적으로 강화하고, 그것을 담보로 하여 전국적 혁명을 쟁취하려는 전략적 방침을 가리킨다. 이러한 전략적 방침 안에서 북한은 '전국적인 혁명의 거점, 책원지(策源地), 혁명근거지'로서의 성격을 갖는 것으로 규정된다.

북한측의 설명에 따르면, 이 방침은 "미제의 남조선 강점으로 말미암아 나라가 남북으로 양단된 특수한 실정"에 주동적으로 대처하며 "혁명과 반혁명 간의 역량관계를 혁명의 편에 유리하게 전변시키면서

---

2) 김남식, 「북한의 통일전략과 통일방안」, 『사회와 사상』 1988년 9월호, 108-109쪽: 황인규, 「한반도 통일문제와 북한의 대남전략」, 서울지역 교지편집인 연합회 편, 『백두에서 한라까지』, 돌베개, 1988, 266-257쪽 참조.

처음에는 나라의 절반 땅에서, 다음에는 그에 의거하여 전국적 범위에서 혁명의 승리를 보장"하기 위한 것이다.[3] 이 노선에 따르면, 먼저 "혁명의 원천지인 북반부의 민주기지를 정치·경제·군사적으로 더욱 강화하여 비단 제국주의와 그 주구들의 침략을 반대하며 공화국 북반부를 보위할 강력한 역량으로 되게 할 뿐만 아니라 우리나라의 통일독립을 쟁취할 결정적 역량으로 전변"시키고 더 나아가 "전국적 범위에서 사회주의 건설을 보장(할)… 강력한 물질적 담보"[4]가 되게 하는 것이다. 이러한 방침하에서는 무엇보다도 전국적 혁명의 근간이 되는 북한의 혁명역량(정치·경제·군사 역량)을 강화하는 것이 무엇보다도 주요한 과제가 된다.

민주기지론이 갖는 현실적 함축성의 강조점은 6·25 전쟁 이전과 이후의 시기에 일정한 변화를 겪은 것으로 파악된다. 먼저 6·25 전쟁 이전의 시기[5]는 북한과 남한의 사회경제적 조건이 동일하게 '반제반봉건민주변혁'의 단계에 있고 '혁명의 전국적 완성'을 위한 '계급투쟁'이 전면적으로 진행되고 있던 것으로 규정되는 바, 이 시기에는 북한지역에서 '인민민주주의'적 혁명의 급속한 추진 및 그것에 의해 강화된 혁명역량의 전국적 혁명을 위한 '직접적 투여'가 강조되고 있었던 것으로 보인다. 이 시기는 분단이 객관적·주관적으로 기정사실화되어 있지 않은 상황이었으므로, 주체적 대응 여하에 따라 '혁명의 전

---

3) 『변혁과 통일』, 그날, 1989, 57~73쪽.

4) 「모든 힘을 조국의 통일독립과 공화국 북반부에서의 사회주의건설을 위하여—우리 혁명의 성격과 과업에 관한 테제」, 『원자료로 본 북한: 1945-1988』(『신동아』 1989년 1월호 별책부록), 130쪽.

5) 북한의 공식규정에 따르면 이 시기는 '해방 후 평화건설 시기'와 '조국해방전쟁 시기'에 해당된다. 『북한 '조선로동당' 대회 주요문헌집』, 돌베개, 1988, 83-92쪽 참조. 이 시기의 혁명과 사회주의 건설의 경제적 내용에 대해서는 조인영, 『북한사회의 재인식』, 남풍, 1988, 82-102쪽 참조

국적 승리'가 가능하다고 생각되었고, 혁명역량이 '지리적'으로 분산되어 있는 상황에서 북한지역이 상대적으로 유리한 조건(소련군의 진주 등)에 있으므로 그곳에서 혁명역량을 우선적으로 강화해 내는 바탕 위에서 남북 혁명역량을 결합시켜 반혁명세력을 타도해야 한다고 생각되었던 것으로 보인다.

6·25 전쟁 이후에 '민주기지노선'의 현실적 강조점은 분단이 기정사실화되어 가는 현실 속에서 진행되고 남·북한 사회경제적 조건의 차별화라는 결과를 수반하게 될 북한의 사회주의 건설이 조국통일의 전망과 지향 위에서 전개되어야 한다(혁명의 전국적 승리에 복무해야 한다)는 점에 두어졌던 것으로 보인다.[6] 주지하다시피 북한은 6·25 전쟁의 폐허 위에서 "전후 인민경제 복구건설"에 돌입하게 되며, 전전(戰前)의 '반제반봉건인민민주주의혁명'의 성과 위에서 "사회주의로의 이행을 위한 생산력적 기반의 확립"을 위한 시도를 하게 된다. 전후 복구와 사회주의 건설기에 일각에서는 "조국통일이 되지 않은 상황에서 사회주의 건설을 개시·가속화"[7]하는 것에 대해 반대 견해를 제시되기도 했지만, "사회주의 건설을 통한 북한사회의 물질적 강고화야말로 조국통일에 기여하는 것"이라는 대안적 견해가 공식화되게 된다. 바로 이러

---

6) 1953년 8월 조선노동당 중앙위원회 전원회의의 다음과 같은 언급은 이를 잘 나타내주고 있다. "금번 당 중앙위원회 제6차 전원회의의 기본 과업은 우리 조국의 혁명적 원천지─민주기지를 공고히 하며 강화하기 위하여 전쟁으로 인하여 파괴된 인민경제를 복구하며 발전시키는 데 있으며 그리하여 조국의 평화적 통일을 위한 물질적 경제적 토대를 튼튼히 구축하기 위한 투쟁에도 전 당과 전체 인민들을 궐기시키는 데 있다." 김준엽 외 공편, 『북한연구자료집』 제2집, 고려대학교 아세아문제연구소, 1974, 374쪽.

7) 사회주의적 개조의 '시기상조론'에 대해서는 구체적인 내용을 알 수는 없으나, 「조선노동당 제4차 대회 당중앙위원회 사업총화보고」에서 그러한 논쟁의 존재를 확인할 수 있다. 『북한 '조선로동당' 대회 주요문헌집』 참조.

한 견해를 배경으로 하여, 사회주의 건설 진전기의 민주기지노선은 (남한사회와 동일한) '반제반봉건민주변혁' 단계에서의 그것과 달리 사회주의 건설이 '전국적 혁명의 전망을 상실하고 그 자체에 매몰되어 진전되는 것'을 비판하는 의미를 갖게 된다. 이것은 다음과 같은 구절에서도 잘 드러나고 있다.

> 오직 북반부에 사회주의를 건설하여야만 민주기지를 더욱 강화하여 조국의 통일독립을 촉진할 수 있습니다. 통일된 후에도 북반부의 사회주의역량은 파괴된 남반부 경제를 부흥발전시키며 장차 전국적으로 사회주의를 건설함에 있어서 주도적 역량으로 될 것입니다.[8]

전쟁 전에는 '(혁명적) 민주기지'의 창설이 문제로 되었다면 전후(戰後)에는 창설된 민주기지의 강화발전이 문제가 되는데, 그 강화발전의 주요 계기는 바로 사회주의 건설의 진전과 관련이 있다. 그리고 전자의 시기에는 남한과 북한의 역량이 전면적인 투쟁과정에서 직접적 결합관계, 직접적 교호(交互)관계였던 데 반해, 후자의 시기에는 북한 사회주의 건설의 '위대한 성과'가 남한의 "대중의식의 성장 및 혁명역량의 발전에 영향을 미친다"[9]는 식으로 간접적 교호관계에 놓인 것으로 파악된다. "북반부에서의 사회주의 건설은 남반부 인민들, 특히 노동자, 농민과 광범한 소자산계급에게 커다란 추동력으로 될 것"[10]이라는 표

---

8) 「조선로동당 중앙위원회 전원회의에서 한 보고 - 현단계에 있어서의 우리 혁명의 성격과 우리 당의 기본임무」(1955년 4월), 『안보통일문제 자료집 - 북한편』 동아일보사, 1972, 65쪽.

9) 『변혁과 통일』, 69-70쪽.

10) 「모든 힘을 조국의 통일독립과 공화국 북반부에서의 사회주의 건설을 위하여」, 앞의 책, 30쪽.

320

현은 이를 잘 나타내준다.

이 민주기지론과 관련하여 지적하여야 할 점은[11] 남·북한의 조건 차이가 심대(深大)하게 되고 분단이 장기화되면서 바로 이 민주기지론의 틀 내에서 '남조선혁명의 성격 변화 및 남조선혁명의 독자성'에 대한 인식이 맹아로나마 형성되었다는 점이다. 55년 4월 조선노동당 중앙위원회 전원회의에서 보고된 다음의 내용은 이를 잘 적시해 주고 있다.

---

11) 민주기지노선과 관련하여 우리는 다음과 같은 쟁점에 직면하게 된다. 첫째, 그 것은 북한의 혁명역량만을 근거로 남한의 해방을 지향하는 '남조선해방론'인 가. 또한 그것은 전국적 범위의 프롤레타리아 헤게모니를 북한이 담보하고 있 다고 가정함으로써 남한혁명의 독자성을 방기하는 노선인가. 둘째, 바로 그렇 기 때문에 민주기지노선은 '스탈린주의의 핵심이라고 간주되는 소비에트 기 지론'의 연장으로서 '스탈린주의적 편향'을 반영하는 노선인가. 이 두 가지 쟁점은 서로 연결된 것이라고 할 수 있는데, '민주기지노선' 자체의 객관적 평가를 위해서 선행되어야 할 해방공간에서의 제 사건, 전략전술적 제 노선의 연구가 정치적·이데올로기적 지형(地形)의 제한성 때문에 제약되어 있기 때 문에 민주기지노선에 대한 평가가 더욱 어려워진다고 생각된다. 단지 필자는 현재의 시점에서 하나의 기준 — 그것도 이데올로기적 지형의 특성상 제약된 것일 수 있는데 — 만으로 단정적으로 평가하는 데에는 주의가 필요하다고 생각한다. 그리고 총체적 평가를 위해서는 당시 국제적 조건, 국내 계급투쟁의 내적 구조, 소련의 노선 및 북한의 노선, 당시의 조건에서의 현실적인 실천대 안 등의 측면들이 총괄적으로 고려되어야 한다고 생각한다. 이처럼 민주기지 론에 대한 최종적 평가가 유보될 수밖에 없다는 점을 인정하면서도, 현재로서 필자는 '민주기지론'에 대한 비판의 핵심적인 점 — '남조선해방론' 및 '프 롤레타리아 헤게모니의 북한 유일담보론' — 은 그 타당성이 의문시되며, 그 비판을 수용한다고 하더라도 그 비판의 핵심은 그 이후 '지역혁명론'의 틀 속 에서 극복된다고 생각한다. 민주기지론과 지역혁명론을 분리(본질적 내용은 연속)시키고 전자를 '남조선해방론' 및 '프롤레타리아 헤게모니의 유일담보 론'으로 해석하는 견해는, 김남식 선생의 글(주2 참조)에서 제시되고, 그후 연 구자들에 의해 수용되는 과정에서 정설(定說)화되었던 것으로 보이는데, 민주 기지론을 위와 같이 해석하는 것, 민주기지론과 지역혁명론을 단절적으로 파 악하는 것은 재검토가 필요하다고 생각한다.

조선인민을 해방한 소비에트군대가 북조선에 진주하고 미제국주의 침략군대가 남조선을 강점할 때로부터 남북조선은 민주주의와 반민주주의의 서로 다른 두 노선을 걷게 되었으며 또한 공화국 북반부에서 소련군대는 철거하였으나 미군이 계속 남반부를 강점하고 있는 조건하에서 우리나라의 혁명은 복잡한 성격을 띠게 되었읍니다. 따라서 우리 당의 투쟁임무도 남북조선의 각이한 실정에 의하여 규정되었던 것입니다.[12]

이러한 '지역혁명론'의 선구적 인식은 61년 조선노동당 제4차 대회, 중앙위원회 사업총화보고 등에서도 드러난다.

북한의 조국통일의 전략적 노선은 60년대 중반에 이르면 '지역혁명론' 및 '3대혁명역량 강화론'으로 표현된다. 이 노선은 64년 2월 조선노동당 중앙위원회 제4기 8차 전원회의에서 공식화되며,[13] 나아가 65년 4월 인도네시아 알리아르함 사회과학원에서 김일성 주석이 행한 연설, "조선민주주의인민공화국에서의 사회주의 건설과 남조선혁명에 대하여"[14]에 의해 대외적으로도 공표된다. 지역혁명론의 기본적인 내용은 다음과 같은 몇 가지로 요약해 볼 수 있다.

1) 남한과 북한에서의 상이한 정세의 조성(객관적·주체적 조건의 차별화), 2) 혁명의 승리를 앞당기기 위한 3대혁명역량(북한의 혁명역량, 남한의 혁명역량, 국제적 혁명역량)의 강화 필요성, 3) 남조선혁명의 '상대적' 독자성과, 그 결과로서 '하나의 조선혁명과 두 개의 지역혁명론'

---

12) 『안보통일문제자료집-북한편』, 63-64쪽.
13) 「조국통일 위업을 실현하기 위하여 혁명역량을 백방으로 강화하자」, 앞의 책, 108-122쪽 참조. 지역혁명론에 대한 평가는 6·25 이후 박헌영을 비판하고 숙청했던 논거와도 연관되어 있다고 할 수 있으나 이 글에서는 다루지 못하였다.
14) 『원자료로 본 북한』, 234-240쪽 참조.

322

(전국혁명의 남조선혁명 및 조국통일로의 분화), 4) 북한혁명역량의 '지원역량'이라는 남조선혁명의 위상 및 전국적 혁명의 완성(전국통일)에서 북한혁명역량의 주도적 위치(남조선혁명 및 전국혁명에서 북한혁명역량의 위상), 5) 결정적 시기에 남한과 북한 혁명역량의 전략적 배합의 문제〔전국적인 민족통일전선의 형성에 기초한 일종의 협공론(俠攻論)〕.

지역혁명론과 관련하여 우리는 다음과 같은 쟁점들에 직면하게 된다. 첫째, 지역혁명에서 정식화된 '남조선혁명'의 독자적 위상과 그것이 내포하는 의미는 무엇인가. 또한 그것이 전국혁명의 경로에 미치는 영향은 무엇인가. 둘째, '남조선혁명'의 독자성을 주장하는 것과, 북한혁명역량을 '지원역량'으로 규정하면서 전국혁명에서의 결정적 역량으로서 배치하는 것은 서로 모순되지 않는가. 셋째, 지역혁명론은 북한이 주장하는 '평화(통일)노선'과 괴리되지 않는가.

먼저 첫째 쟁점에 대해 살펴보기로 하자. 지역혁명론에 따르면 '전조선혁명의 구성부분으로서 남조선혁명'이 갖는 전략적 지위는 '(상대적) 독자성을 갖는 한 개의 지역혁명'[15]으로 규정된다. "해방 직후 혁명발전의 첫단계에서는 북과 남의 두 지역에서 같은 성격의 혁명임무를 내걸고 다만 지역적 특성에 따른 고유한 투쟁형식으로 혁명을 전개하였다. 그러나 그후 북반부에서 혁명이 계속 추진되고 남조선의 식민지화 과정이 심화됨에 따라 남과 북의 발전단계에서의 격차는 날이 갈수록 더욱 커지게 되었으며 통일적인 전조선혁명에 복종되는 두 지역의 혁명은 마침내 성격상의 차이를 낳게 되었다"[16]는 것이다. 즉 남조선혁명이 가진 독자성의 근거는 남북이 직면하게 된 상이한 정치경제적 조건에서 찾을 수 있다는 것이다. 그러한 조건들로는 크게 세 가지

---

15) 『변혁과 통일』, 73-74쪽.
16) 김남식, 앞의 글, 110쪽에서 재인용.

를 들 수 있다. 즉 1)소련군의 진주하에서 이루어진 북한의 해방에 대비되는 남한에 대한 미국의 정치군사적 '강점', 2)소련군의 철수에 대비되는 미군의 계속적 주둔과 남한의 정치군사적 '식민지화', 3)북한에서의 '반제반봉건 인민민주주의혁명'의 완수 및 사회주의 건설의 개시와 대비되는 남한에서의 그것의 '좌절' 등이다.

이러한 상이한 조건의 결과 남조선혁명은 '한 개의 사회혁명으로서의 모든 특성'을 갖게 되며 "자체에 고유한 성격과 임무, 동력과 대상, 자체의 독자적인 전략전술"을 갖게 된다는 것이다. 그런데 그것이 '상대적'인 독자성이 되는 것은 '전조선혁명'의 일부라는 위상을 동시에 갖기 때문이다.

이러한 독자성에 대한 명시적인 언급은 다음과 같은 구절들에서 잘 드러나고 있다. "북조선 인민들은 남조선 인민들을 지원할 수 있으나 그들의 투쟁을 대신할 수는 없읍니다. 함경도 사람들이 전라도 사람들의 투쟁을 대신하거나 평안도 사람들이 경상도 사람들의 투쟁을 대신할 수 있다고 생각해서는 안 됩니다"[17) 그렇지 않고 "조국통일만 부르짖고 남조선혁명을 차요시한다고 하면 그것은 남조선 인민들에게 우리(북한측—필자)가 내밀어서 남조선을 해방한다는 인식밖에 주지 않을 것"이라고 하면서 "남조선 인민들이 자체의 힘으로 혁명할 생각을 않게 되면 끝내는 조국통일이 불가능하게 될 것"[18)이라는 것이다. 이러한 인식 위에서 볼 때, 북한의 노선을 '남조선해방론'으로 규정하고 그것을 '남조선혁명론'과 대립시키는 것은 지역혁명론의 본질과 대립되는 것이라고 할 수 있다.

남조선혁명의 독자성에 대한 위와 같은 언급과 관련하여, 그것이 남

---

17) 『안보통일문제자료집—북한편』, 117쪽.
18) 『변혁과 통일』, 87쪽.

324

한사회의 독자적인 혁명적 당의 '창건'을 의미하는가(1국1당 원칙의 폐기인가) 하는 의문이 제기될 수 있다. 공식문건에 따를 때, 그것은 '조선노동당'과 구별되는 독자적인 전략전술을 갖는 당의 필요성을 긍정하는 것으로 파악된다. 다음의 인용문은 바로 이 점을 명확히 드러내준다. "남조선 동무들도 누가 당을 조직해 주고 지도해 줄 것을 기다릴 것이 아니라 공산주의 기본 원칙을 똑똑하게 안 다음에는 당도 자체로 조직하고 전략전술도 자체로 세우며 투쟁 속에서 자신을 표현하여야 합니다"[19] 논리적으로 볼 때, 지역혁명론의 틀 안에서 '남조선혁명'이 독자적인 성격·임무·동력·대상을 갖는다면, 당연히 독자적인 전략전술에 바탕을 둔 독자적인 당의 필요성을 인정해야 할 것이다.[20]

---

19) 『안보통일문제자료집-북한편』, 199쪽.

20) 여기서 '통일혁명당'(그 후신인 '한국민족민주전선')을 어떻게 평가할 것인가 하는 문제가 제기된다. 북한은 4·19 혁명 실패가 "마르크스-레닌주의를 지침으로 하며 노동자, 농민을 비롯한 광범한 인민대중의 이익을 대표하는 혁명적 당"의 부재에서 기인하는 것으로 파악하고(『북한 '조선로동당' 대회 주요문헌집』, 225-226쪽), 60년대 초반부터 '남한지하당 건설노선'을 추진한다. 지역혁명론이 정식화되는 64년 2월, 노동당 중앙위원회 제4기 8차 전원회의에서는 지역혁명론의 '연장선' 상에서 남한혁명역량을 급속히 구축하자고 결의한다. 이러한 상황을 배경으로 하여 '통일혁명당'은 창당준비위원회가 64년경부터 결성되나, 68년에 대거 검거된다. '통일혁명당'의 성격에 대해서는 그것이 남한의 운동조직이기보다는 북한의 '지시·사주'를 받는 '조선노동당의 산하단체'라는 견해와, 그 조직의 소재지, 지도사상 등을 근거로 '통일혁명당'의 자생성을 부정하는 것은 잘못이라고 하면서 "조선노동당과는 다른 독자적인 조직체계를 가지고 자체로 전략·전술을 세우는 독자적인 정당"이라고 하는 견해가 있다(『통혁당-역사·성격·투쟁·문헌』, 대동, 1989, 「머리말」; 『통일혁명당』, 나라사랑, 1988 참조). '통일혁명당'의 존재론적 성격에 관한 이견에도 불구하고, 지역혁명론과의 연관 속에서 중요한 것은 통일혁명당이 "'남조선혁명'과 '조국통일'을 동일시하는 바탕 위에서 조선노동당의 문제"로서가 아니라 "전국혁명과 별도로 분화된 '남조선혁명' 수준의 문제"로 위치지어지고 있다는 점이다.

　이처럼 지역혁명론의 틀 안에서 '남조선혁명'이 독자성을 갖는 것으로 위상이 설정되면서, '한반도에서 혁명의 전국적 완성(전국혁명, KR)' 문제는 '남조선혁명'과 조국통일로 '이원화·분화'된다.[21] 더불어 전국혁명은 '남조선혁명' 전선(戰線)과 '조국통일' 전선이라는 두 개의 전선으로 재구성된다. 이렇게 되면서 역설적으로 북한측으로서는 '남조선혁명'이라는 (주요한) 한 요인을 포함하여 제반의 요인(국제적 조건 등)들을 고려하는 바탕 위에서 조국통일전선에서의 다양한 전술을 전개할 수 있게 된다. 이처럼 '조국통일' 전선의 제반 전술적 대응이 '남조선혁명' 중심으로만 편제되지 않게 된 상황에서는[22] '남조선혁명' 전선에서의 제반 전술적 대응이 그러한 '조국통일' 전선의 규정요인을 고려하면서 이루어져야 할 필연성이 생기게 된다고 할 수 있다. 즉 지역혁명론의 틀로 보면 '남조선혁명'은 스스로의 독자성을 주목해야 할 뿐만 아니라, 조국통일전선과의 상호관련성 및 조국통일전선의 규정효과를 주목해야 한다. 이런 관점에서 볼 때 "'남조선혁명'을 '조국통일'에 용해시켜 버리는 것"이 '우편향'이라고 한다면, 반대로 양자의 차별성·상호규정관계를 간과하고 "'조국통일'을 '남조선혁명'에 용해시켜 버리는 것"은 '좌편향'이라고 규정할 수 있는 근거가 지역혁명론의 정립을 통해 나타난다고 평가할 수 있다.

　두번째 문제는 남조선혁명의 독자성론과 전국혁명에서의 북한역량

---

21) 한민승, 「북한의 '남조선혁명론'과 '조국통일론'에 대하여—그 비판적 이해를 위한 하나의 시론」, 『NL론 비판(Ⅰ)』, 벼리, 1988, 264쪽.

22) '남조선혁명'과 '조국통일'이 이원화되었음에도 불구하고, 60년대까지는 (독자적으로 발전하는) '남조선혁명'의 성공 이후 조국통일에 의한 전국혁명의 완성이라고 하는 경로가 주된 것으로 인식되고 있었던 것으로 보인다. 그러나 70년대 이후 국제정세가 급변하면서 '남조선혁명'과는 별개로 '조국통일' 문제에 대한 대외정책적 대응의 필요성이 심화되자 '남조선혁명'만을 중심에 놓던 정책에 변화가 생기게 된다.

의 주도성론이 어떻게 양립할 수 있는가 하는 것이다. 앞서 지적하였듯이 지역혁명론의 틀 안에서 '혁명의 전국적 완성'은 '남조선혁명'과 '조국통일'로 분화되는 바, 전자에서는 남한의 주체적인 혁명역량이 주동이 되나, 후자에서는 남한혁명역량과 국제혁명역량이 북한의 혁명역량을 '핵'으로 하여 전략적으로 결합·배합되어야 한다. 그런데 북한혁명역량 및 남한혁명역량 모두가 '주체적 혁명역량'에 속하지만, 그 중에서도 북한의 혁명역량이 주도적이며 결정적인 것이 되어야 하고, 남한혁명역량의 성장과정 자체도 — 자체역량이 취약하기 때문에 — 북한의 지원을 받으면서 성장하게 된다고 파악된다. 이상의 공식적 입장이 내적으로는 "남조선에 대한 북조선의 영도, 그리고 전국적인 혁명승리에 있어서 북조선이 프롤레타리아 헤게모니를 담보한다"[23]는 견해로 해석되는 경우도 있다. 그러나 필자가 볼 때 북한의 남한혁명에 대한 지원, 전국혁명에서의 주도성 강조는, 남한혁명의 위상에 대한 원칙적인 평가절하 혹은 '남조선혁명'의 부차화라는 측면보다는 남한혁명역량의 현실적 취약성, 그리고 정치·경제·군사적 역량으로 구성되어 있는 사회주의역량으로서 북한혁명역량의 현실적 중요성을 인정하는 데서 기인한 것으로 보인다. 다시 말하면 남한혁명역량의 독자성이 원칙적으로는 승인되었으나, 남한 "대중의 각성이 낮고 혁명대오가 아직 크게 자라지 못하였"으며, "혁명의 주력부대인 노동자, 농민 속에서 당역량을 강화하는 것과 함께 당의 지도핵심을 꾸리는"[24] 과제가 현실화되어 있지 못한 조건 속에서 (독자성론의 원칙과 배치되는 것처럼 보이는) 지원이라는 역할이 좀더 강조되었다는 것이다.

---

23) 임정국, 「북한의 '조국통일론' 비판」, 이진경 편 『주체사상비판(2)』, 벼리, 1989, 207쪽.
24) 『안보통일문제자료집 – 북한편』, 116-118쪽.

60년대 전반에 등장한 독자적인 전위당 건설 시도나 60년대 후반 대남무력노선의 등장 역시 지역혁명론의 부정이라는 측면보다는 '남한혁명역량의 독자성에 대한 원칙적 승인'과 '남한혁명역량의 취약성에 대한 현실적 고려'의 긴장관계 속에서 파악되는 것이 정당하지 않나 생각된다. 전자가 남한역량의 성장·강화가 없으면 조국통일 및 전국혁명의 실현이 불가능하다는 인식을 전제한 것이라면, 문제는 어떻게 남한역량을 강화할 것인가가 된다. 이런 점에서 60년대는 북한이 남한사회에서 혁명역량의 급속한 구축·강화를 위한 대남노선을 강화했던 시기이고, 그 강화를 위하여 다양한 노선 — 평화적 지원형태 및 무력적 지원형태[25] — 을 시도하는 시기라고 할 수 있다. 이러한 다양한 시도의 근거에는 북한측에 남한혁명역량의 구축 및 확대강화 그리고 그에 기초한 조국통일 전도(前途)의 새로운 전개 가능성에 대한 낙관적 전망이 존재했던 것으로 보인다. 이러한 낙관적 전망을 더욱 강화했던 것은 물론 60년대 당시 국제정세의 유동성 등의 요인을 들 수 있다. 70년대에는 다소 낙관적이지 못한 전망 — 현실 자체가 그랬다고 할 수도 있겠으나 — 이 존재하지 않았나 하는 생각이 든다.

셋째, '지역혁명론'은 북한이 스스로 통일노선으로 규정하고 있는 '평화통일노선'[26]과 어떤 상관성이 있는가. 필자는 '지역혁명론'이 '남

---

25) 1967년 5월 노동당 중앙위원회 제4기 15차 전원회의에서 대남사업 총국장 이효순(64년 2월~67년 5월 재임)이 대남사업 실패에 책임을 지고 사퇴하고, 허봉학(67년 5월~68년 11월 재임)이 임명되는데, 이때부터 대남공작기구가 확대되고 특수부대가 창설되면서 60년대 후반 무장침투사건이 일어나게 된다(『통혁당』, 54쪽). 이러한 강경노선이 실패하고 69년 1월 군부의 강경파가 숙청되면서 70년대 이후 남북평화협상론의 근거가 예비되는 것으로 보인다(황인규, 앞의 글, 265쪽).

26) 북한에서 표방한 '평화통일노선'이 우리의 '상식'과 배치되는 특징적인 점은 다음과 같다. 1) 여기에는 북한이 '미국'과 '남한정권'에 의한 끊임없는

조선혁명의 과제'를 '남조선 인민'과 '남조선의 독자적인 전위조직'의 것으로 전치(轉置)시킴으로써, 그 이전까지의 '평화' 노선의 논리적 근거를 마련하고, 동시에 그 이후에 전개되는 '남북대화' 등 '평화노선'을 정당화하는 근거를 확보해 주는 것으로 파악한다. 북한은 6·25 전쟁 이후 '정전협정의 평화협정으로의 전화' '모든 외국군대의 한반도 철수 및 긴장의 완화' '조선문제의 평화적 해결'을 공식적으로 주장하여 왔는 바, 이는 바로 그 이전 시기(6·25 전쟁시까지)에서 '전면적 투쟁'의 대상이었던 '미제국주의 및 남한 예속정권'과의 평화적 관계 설정을 요구하는 것이었다. '평화노선'에 기초한 북한의 대미(혹은 대남한 예속정권) 방침은 불가불 '전면적 투쟁기'의 방침과 논리적으로 긴장관계에 놓일 수밖에 없었는데, '지역혁명론'은 '미제 및 남한 예속정권'과의 투쟁 — 그것이 물리적·군사적 투쟁이건 아니건 간에 — 을 일차적으로는 남한혁명세력의 과제로 규정함으로써, 그러한 긴장을 해결할 수 있

'전쟁도발 위험성'에 직면하고 있다는 인식이 전제되어 있다. 6·25 전쟁 후 '핵지역적 집단자위론'(덜레스)에서부터 60년대 일본의 재무장, 80년대 '팀스피리트 훈련' 등 한반도와 관련한 제반의 시도에 대해 '방어적 위기의식'이 모든 공식문헌에 표명되어 있다(허종호, 『미제의 극동정책과 조선』, 사회과학출판사, 1987 참조). 2) 이러한 '군사적 도발 위험성'에 대응하여 북한은 계속 '평화적 노선'을 견지해 왔다는 주장이다. 6·25 전쟁 후 평화협정 체결 요구, 70년대 7·4 남북공동성명, 80년대의 '고려민주연방공화국' 안 등이 이러한 노선의 표현이라는 것이다. 3) 그런데 북한의 평화노선은 '부르주아 평화주의'적 관점 혹은 '수정주의'적 관점과는 다르다는 것이다. 즉 제국주의 도발에 대항하는 '정의의 전쟁' 혹은 '조국통일'의 궁극적 완성 과정에서 나타나는 '제국주의와의 최종적 일전(一戰)'은 불가피하다는 점을 인정한다는 것이다. 다음 구절을 보자. "우리는 언제나 전쟁을 반대하며 평화통일을 원하고 있으나 적들이 무력을 가지고 침략할 때에는 침략자들을 반대하여 정의의 전쟁을 하는 길밖에 없다."(허종호, 「주체사상에 기초한 남조선혁명과 조국통일 리론」, 『북한』 1968년 8월호, 북한연구소, 123쪽)

는 근거를 확보해 주었다고 할 수 있다. 더 나아가 70년대 이후 전면화되는 '남북대화' '3자회담' 등 대미(對美)·대남(對南) 평화노선 및 조국통일의 '평화적 전도(前途)론' 등도 '지역혁명론'의 틀 안에서 ('전국혁명의 결정적 담보'가 될) '남한혁명역량의 강화' 문제와 배치되지 않으면서 수용·추진될 수 있게 된 것으로 보인다.

3) 북한의 통일정책으로서의 연방제 그리고 고려민주연방공화국안

지금까지 북한의 통일노선의 변화에 대하여 살펴보았다. 이제 북한의 통일방안 및 정책의 변화에 대해 살펴보기로 하자.

남·북한에 별개의 정부가 성립한 이후 50년대까지 북한은 구체적인 통일방안으로 '남북총선을 통한 통일정부 수립안'을 제시하여 왔다. 남한에서 단독정부가 수립된 직후인 48년 8월 북한은 '북조선노동당' 제2차 대회에서는 미군과 '유엔조선위원단'의 철수와 남·북한 총선에 의한 최고입법기관의 선거 및 통일정부 수립을 요구하였다.[27] 그 이후 49년 6월 '조국통일민주주의전선'의 결성대회 선언문에서도 동일한 방안이 제시되었다.[28] 이러한 남북총선안은 6·25 전쟁 이후에도 계속해서 주장되었다. 57년 8월 최고인민회의 제2기 1차 회의에서도 "일반적·평등적·직접적 비밀투표의 방법으로 전국적인 선거를 실시함으로써 남북으로 분열된 우리 조국을 통일하여야 할 것이다"[29]

---

27) 「북조선로동당 제2차 대회에서 중앙위원회 사업총화보고」, 『안보통일문제자료집 – 북한편』, 52-59쪽 참조.
28) 「조국통일민주주의전선 선언서」 김준엽 외 공편, 『북한연구자료집』 제1집, 495-501쪽 참조.
29) 「최고인민회의 제2기 제1차 회의에서의 김일성 연설」, 김준엽 외 공편, 『북한연구자료집』 제3집, 고려대 아세아문제연구소, 1978, 206-220쪽 참조.

330

라고 주장한다. 61년 9월의 조선노동당 제4차 대회에서도 "미군철수, 일체의 외세간섭을 배제한 조건 위에서… 민주주의 원칙에 기초한 전조선 자유선거를 통한 통일정부 수립"[30]을 주장한다.

이처럼 자유총선안에 기초한 통일방안은 60년대와 70년대를 거치면서 연방제에 기초한 통일방안으로 전환된다. 60년대까지 연방제안은 남북자유총선을 주요한 것으로 하는 부차적인 것으로 위치지어지고 그 성격도 임시적·과도기적 성격을 갖는 것으로 규정되었다. 이러한 과도기적 성격의 연방제안이 처음 제시된 것은 4·19 혁명 직후인 1960년 8·15 경축사(「조선인민의 민족적 명절 8·15해방 15돌 경축대회에서 한 보고」)[31]였는데, 그후 60년 11월 최고인민회의 제2기 8차 회의[32] 혹은 같은 시기에 발표된 「유엔한국통일부흥위원단 연례보고서에 대한 반박문」,[33]에서도 공식적으로 재차 제안되었다. 이처럼 부차적으로 제안되었던 과도기적 연방제안은, 70년대 국제정세 및 미국과 남한정부에 의해 시도된 '두 개의 조선정책'에 대응하면서 준(準)통일국가 형태의 연방제안으로 전환된다. 70년대 연방제안은 71년 4월 외상 허담이 최고인민회의에서 '연방제안과 남북교류, 대화를 통한 정치협상'을 제시[34]한 것에서 본격화되기 시작하였고, 73년 6월 체스코슬로벤스코 사회주의공화국 당 및 정부대표단 환영군중대회에서 제시한 '조국통일 5대강령'[35]에서 좀더 분명하게 정식화된 바, 이 모든 자료들을 볼 때 연방제

---

30) 『북한 '조선로동당' 대회 주요문헌집』, 230쪽.

31) 『원자료로 본 북한』, 295-298쪽.

32) 「조국의 평화적 통일을 더욱 촉진시킬 데 대하여」, 김준엽 외 공편, 『북한연구자료집』 제4집, 고려대 아세아문제연구소, 1979, 629-657쪽 참조.

33) 「조국의 평화적 통일에 대하여」, 같은 책, 608-621쪽 참조.

34) 「현 국제정세와 조국의 자주적 통일을 촉진시킬 데 대하여」, 『안보통일문제 자료집 - 북한편』, 221-257쪽 참조. 이 글에는 70년대 초 북한의 국제정세 및 통일정책에 대한 인식이 포괄적으로 제시되고 있다.

안은 남북총선안에 수반되는 부차적인 안에서 70년대에는 독자적인 통일방안으로 정착되어 간 것으로 보인다. 63년에 발표된 5대 강령은 1) 남북간의 군사적 대치 상태의 해소와 긴장상태의 완화, 2) 다방면에서의 합작과 교류 실현, 3) 각계 각층 인민들, 각 정당, 사회단체 대표로 구성되는 대민족회의의 소집, 4) 단일국호(예컨대 고려연방공화국)에 의한 남북연방제 실시, 5) 단일국호에 의한 유엔가입 등이다.

이 연방공화국은 "단지 조절기능을 수행하는 연방기구로서 완전한 통일정권형태"는 아니라고 할 수 있다. 70년대의 '고려연방공화국' 방안은 60년대 부차적 지위를 가졌던 연방제안과 80년대 '통일국가형태'인 '고려민주연방공화국'의 과도기적 성격을 갖는 것으로 평가될 수 있다. 즉 그것은 대외적으로는 독자적인 통일방안이며 '단일통일국가'로서 위상을 가지지만 완전한 통일국가형태로서의 위상을 갖지는 않는다는 것이다. 위에서 말한 5대 강령에서는 "나라의 통일이 이루어지기 전에 유엔에 들어가려고 한다면 적어도 연방제라도 실현된 다음 고려연방공화국의 국호를 가지고 하나의 국가로 들어가야 한다고 인정합니다"[36]라고 표현되고 있는 바, 이는 바로 70년대 연방제안의 과도기성과 이중성을 적절히 드러내주는 것이라고 할 수 있다.

70년대의 '고려연방공화국' 안은 80년대에 들어서면서 "통일적인 정강정책을 내걸고 그것을 집행하는 정권으로서 통일국가의 체모(體貌)"

---

35) 『원자료로 본 북한』, 295-298쪽.

36) 같은 책, 298쪽. 이 시기의 연방제 역시 크게 보면 '남북자유총선거'를 주요한 것으로 하는 부차적 지위를 갖는 것이었다고 할 수 있다. 70년 11월 조선노동당 제5차 대회에서도 "만약 이러저러한 이유로 남북조선 총선거를 당장 실시할 수 없다면 먼저 민족공동체의 관심사로 나서는 긴급한 문제들을 해결하여 조국통일을 앞당기기 위한 하나의 과도적 대책으로서 남북조선의 연방제라도 실시할 것"을 제안하고 있다. 『북한 '조선로동당' 대회 주요문헌집』, 322쪽.

를 갖춘 '고려민주연방공화국'(이하 '고민련')안으로 더욱 명확해진다. 이 방안은 80년 11월 조선노동당 제6차 대회에서 제시되었는 바, 70년대까지의 통일방안과 다른 '전환적 특징'은 다음과 같다. 1) 하나의 완결된 통일국가형태로서의 특징을 갖는다(연방국가하에서의 지역자치제). 2) 남과 북의 사상·제도의 차이가 용인되는 바탕 위에서 성립한다(최소의 선결조건 존재).[37]

'고민련'안은 비록 그것을 실현하기 위한 구체적인 협상형식, 그 선결조건의 내용은 부분적인 변화를 보여왔음에도 불구하고, 현재까지 북한의 공식적인 통일방안으로 유지되어 오고 있다.[38] 따라서 이 '고민련'안의 위상과 성격을 올바로 이해하는 것이 80년대 북한의 통일노선 및 정책을 파악하는 데 관건이 된다고 할 수 있다.

'고민련'안 및 북한의 통일정책에 대한 신식국독자론적 분석논문들은 다음과 같은 일련의 평가 위에 기초하고 있는 것으로 보인다. 1) 80년대 북한의 통일방안에서는 '비평화적 전도'보다 '평화적 전도'가 주된 것이 되고 있다(두 가지 전도간의 관계 역전). 2) 조국통일노선으로서 '남조선혁명론'은 '부르주아'적 성격을 갖는 '민족자주정권' 수립론으

---

37) 『조선로동당의 새로운 조국통일방안과 통일국가의 10대 정강』, 조국통일사, 1981 참조.

38) 최근에는 "평화와 화해를 위한 중간단계"를 설정하려는 남한정부의 시도에 대해 "우리나라에서 평화를 보장하고 통일을 실현하는 것은 서로 연관된 하나의 과정이며 이 양자 사이에는 그 어떤 과도적 시기가 있을 수 없습니다. 조국통일 문제를 전국적 범위에서 하나의 제도를 수립하는 문제로 보고 복잡한 '단계'를 설정하면서 그 전도를 요원시하는 것은 비현실적인 것이며 그것은 사실상 통일을 바라지 않고 민중의 절실한 염원을 외면하는 것입니다"라고 주장하고 있다(김일성, 「1989년 신년사」, 『근로자』 1989년 제1호). 이것에서 알 수 있듯이 북한은 "사상·이념·제도 차이의 현실성"을 인정하고 있는 '고민련'안을 통해 분단의 장기화, 기정사실화라고 하는 '남한' 측의 '정책적 의도'(북한이 파악한)에 대응하고 있는 것으로 보인다.

로 변질되었다(남조선혁명의 포기). 3) '완전연방제론'은 '남조선혁명'을 지향하지 않는 '민족자주정권' 수립을 전제조건으로 삼음으로써 조국통일론 및 '남조선혁명론'의 전술적 변화뿐만 아니라 전략적 변질로 귀결되었다(남조선혁명에 대한 조국통일의 우위). 4) 이러한 변질은 '전조선혁명'에서 '프롤레타리아 헤게모니'를 북한이 담보하고 있다고 가정하는 '민주기지론'이 '고민련'에도 관철되고 있기 때문이다('남조선혁명'에 대한 북조선의 영도).

위와 같이 요약된 '고민련'에 대한 견해와 관련하여 필자는 다음과 같은 몇 가지 점들을 지적할 수 있다고 본다. 첫째, 앞서 필자는 '민주기지론'의 객관적 평가를 위해 선행되어야 할 정치적·이데올로기적 조건 때문에 '민주기지론'을 단정적으로 파악하기 어렵다는 점을 지적하였다. 이러한 어려움은 '민주기지론'과 그 이후의 '지역혁명론'의 연속성과 단절성, 그 내포적 의미에 대한 평가의 어려움으로 이어진다. 그럼에도 불구하고 '지역혁명론'의 논의에서 서술한 바와 같이 '지역혁명론'이 주장하는 독자적인 '남조선혁명'은 조국통일론 속에서 '전국혁명'의 '유기적'인 일부로 위치지어지게 된다는 점을 지적하였다. 이상과 같은 논의를 전제로 하여 볼 때, '고민련'에 대한 위와 같은 평가가 전제하고 있는 '지역혁명론'(및 그것이 수용하고 있다는 '민주기지론')에 대한 이해에 재검토가 요구된다. 한 논자는 다음과 같이 서술하고 있다.

남조선혁명과 조국통일에 대한 북한의 결정적 역할 '가정'은 남조선혁명을 독자적으로 발전시키는 데 지속적인 장애로 나타났고, 뿐만 아니라 조국통일론에 있어서도 이미 현실성이 없는 노동자계급 헤게모니의 북한 담보라는 '명분론'으로 표현된다.[39]

---

39) 임정국, 앞의 글, 215-216쪽.

‘지역혁명론’은 크게 보아 ‘남조선혁명’의 독자성과 전국혁명(=조국통일)에서 북한혁명역량의 결정적 지위 및 남조선혁명역량과의 전략적 배합이라고 할 수 있는데, 위의 논자는 조국통일 과정에서 북한역량의 우위성 인정을 ‘프롤레타리아 헤게모니’에 대한 북한의 ‘배타적 담보론’으로 해석하여 비판하고 있으며 또한 명시적으로 언급되어 있는 독자성론에 대해 ‘지역혁명론’에 내적으로 ‘민주기지론’의 발상이 관철되어 있다고 해석하여 비판하고 있다. 자료의 제약으로 이 부분에 대한 단정적인 견해를 피력하기는 어려운 만큼, 위와 같은 해석은 검토를 요한다고 본다.

둘째, 필자는 앞서 ‘지역혁명론’이 정립됨으로써 ‘남조선혁명역량의 강화’ 방침을 손상시키지 않으면서 대미(對美)·대남(對南) ‘평화노선’의 논리적 근거를 확보하게 되었다는 점을 지적하였다. 70년대 연방제론의 구체화 및 80년대 그것의 ‘고민련’으로의 정형화, 70년대 ‘평화노선’은 바로 그러한 논리적 근거의 연장선상에 있다고 할 수 있다. 그런데 문제는 그것이 원칙적인 수준의 슬로건 정도로 존재하지 않고, (제국주의적 야욕을 버리지 않고 지금도 남조선을 강점하고 있다는) 미국과 (‘예속적이고 파쇼적인’) 남한정권과의 관계개선을 위한 적극적인 ‘평화노선’ 및 (남한정권의 실체를 인정하고 그것의 체제적 성격을 ‘용인’한다고 평가되는) 연방제·‘고민련’ 안을 왜 적극적으로 제안·실현하려고 하는가이다.

이를 설명하기 위해서는 북한 내부와 한반도를 포함한 동아시아 또는 국제적 차원의 정세변화 및 그에 대한 북한당국의 인식을 총체적으로 파악할 필요가 있다. 북한 자료들을 — 비록 단편적이나마 — 검토해 볼 때, 북한의 ‘주동’적인 ‘평화노선’은 “남조선혁명의 전망이 장기화되는” 내적 조건에서 “분단구조가 국제적으로 기정사실화되어 갈 수 있는” 외적 조건에 대한 ‘전술’적 대응으로서 추진되고 있지 않나 생각된다.

먼저 내적 조건과 관련하여 볼 때, 60년대 북한은 '남조선혁명' 역량을 강화시키기 위해 평화적·무력적 노선을 실험해 본 바 있다. 그러나 그 노선은 의도한 만큼 성과를 거두지 못했을 뿐만 아니라, 68년에는 남한 지하전위당 건설을 목표로 활동하던 '통일혁명당 전라남도 창당준비위원회' 및 '통일혁명당 서울시 창당준비위원회'가 대량검거됨에 따라 심대한 '타격'을 받았다.[40] 이러한 타격에도 불구하고, 곧바로 69년 8월 '통일혁명당 중앙위원회'를 결성하였다고는 하지만,[41] 그것 역시 광범한 대중적 기초 위에 서지 못했던 만큼, '남조선혁명'의 전망은 더욱더 '간고성·장기성·복잡성'을 띠는 것으로 인식될 수밖에 없었다고 보인다.[42] 다음 외적 조건으로는 63년 11월 닉슨 독트린, 72년 2월 미·중관계 개선으로 표현되는 동아시아에서의 탈(脫)냉전구도의 형성, 미·일·중 관계의 개선 및 중·소 대립으로 인한 공산권의 '분열' 그리고 그 바탕 위에서 미국과 남한정부에 의해 추진된 '두 개의 조선정책', 그 구체적 표현인 '남·북한 유엔동시가입' '교차승인' 안 등의 등장 및 실현 노력 등을 들 수 있다. 연방제안과 '고민련' 안의 제안 및 중립비동맹국가 및 서방국가들에 대한 적극적인 외교노선[43] 등은 위와 같은 외적 조건의 변화에 대응하는 것이었다. 그러한 북한의 인식은 다음의 구절에서 잘 드러난다. "조국통일을 하루빨리 실현하지

---

40) 『통일혁명당』, 69-95쪽.

41) 같은 책, 165-167쪽.

42) 80년 '고민련' 등장의 역사적 배경에는 4·19 혁명에 뒤이은 5·16, 70년 초 남한 '반제반파쇼' 투쟁의 고양 및 남북대화, 7·4 공동성명에 뒤이은 유신체제의 성립, 70년대 말~80년대 초의 정치적 격변에 뒤이은 제5공화국의 성립 등이 있다.

43) 최창윤, 「북한의 대중·소정책」, 『북한외교론』, 경남대 극동문제연구소, 1977, 70쪽.

못하고 분열을 지속시키면 우리 민족은 영원히 두 개 민족으로 갈라지게 될 것이며, 남조선 인민들은 식민지노예의 처지에서 벗어날 수 없게 될 것입니다. 조국통일을 하루빨리 실현하지 못하면 우리나라의 독립과 자주권을 지켜내기는 어렵게 될 것입니다."[44] 내적인 역량이 급속하게 성장하지 못하고 있는 조건에서 국제적인 조건은 분단을 기정사실화하는 방향으로 추동되어 가고 있는 바, 이에 탄력적으로 대응하여 그것을 저지하지 못하면 분단이 영구화될지 모른다는 것이다. 북한은 70년대 이후 미국과 남한당국이 추진해 온 일련의 통일정책이 "분열주의적인 '두 개의 조선' 책동"에 다름 아닌 것으로 해석하고 있으며, '고민련'안 등 제반 북한정책은 "국내외 정세발전의 요구를 반영"하여 조국의 "분열을 방지"하고 "조국의 평화적 통일을 앞당기기 위한 '불가피한' 방책"으로 해석하고 있다는 것이다.[45]

60년대의 과도적 연방제에서 80년 '고민련'으로의 이행과정은 남한 '부르주아적' 체제의 '용인'을 위한 과정이라기보다는, 국제정세의 급변이라는 외적 조건과 '남조선혁명역량'의 취약성이라는 내적 조건의 괴리가 커져가는 전(全)한반도적 현실에 대한 현실적 대응의 한 형태라고 규정할 수 있을 것 같다.[46] 북한측 논리에 따르면, '고민련' 등

---

44) 『북한 '조선로동당' 대회 주요문헌집』, 388쪽. 이와 유사한 인식은 여타의 문헌들에서도 공통적으로 확인된다. 예컨대 『사회주의, 공산주의 건설이론』(사회과학출판사 편, 주체사상총서 제5권, 태백, 1989)의 '연방국가 창립방안' 설명에서도 찾아볼 수 있다(같은 책, 299-302쪽 참조).
45) 『조선로동당의 새로운 조국통일방안과 통일국가의 10대 정강』, 조국통일사, 1981 참조.
46) 여기서 고민련이 북한의 전술적 변화냐 전략적 변화냐가 쟁점이 될 수 있다. 고민련으로의 변화는 남한의 정세 및 한반도를 둘러싼 국제정세의 변화에 의해 주어진 '현실'적 조건에 대응하여 나타난 것이라고 할 수 있다. 상황이 바뀌면 다시 '적화통일'을 주장할 것이기 때문에 이것을 '전술'적 변화에 불과

연방제의 제시 및 그 틀 내에서의 '남한체제'의 긍정은, '남조선혁명'의 중요성을 인정하고 그것을 지향하는 입장과의 대립에서 제시된 것이 아니라, "당장 통일이 실현되면 남조선이 '적화'될 위험이 있기 때문에 지금은 '승공'을 위한 '실력을 배양'하여야 하며 통일문제는 추후에 가서야 논의될 수 있다"[47]는 주장과의 대립에서 제시된 것으로 보인다. 따라서 70~80년대에 나온 북한의 모든 통일정책의 형태는 '두 개의 조선'의 기정사실화를 방지한다는 최소조건 위에서 나온 전술적 대응으로 파악하는 것이 정당하다고 생각한다. 북한측이 말하는 '조국통일' 전선의 현실이 '남조선혁명' 전선의 현실과 괴리되어 있다(이른바 '남조선혁명' 전선에서 변화가 없는 한 이러한 괴리는 증폭될 수밖에 없을 것이다)고 할 때, 이러한 제반의 정책적 대응들(일종의 '고육지책')이 '통일에의 혁명의 종속'이라는 견지에서 파악될 수 있을지에 대해서는 검토가 요구된다 하겠다. 결국 70년대 이후 국제정세의 변화('조국통일전선'의 주요한 조건의 변화)로 인해 북한의 통일정책이 '남조선혁명'을 중심으로만 편제될 수 없게 되었다는 점을 인식하는 것이 중요하다고 본다.

셋째, '고민련' 안이 조국통일 및 '남조선혁명론'의 변질이라는 평가의 근거가 되는 '2개의 전도(前途) 및 6개의 방도(方途)론' 및 그것과 관련한 '고민련' 안의 의미에 대하여 앞서 제시한 평가의 문제점을 지

하다고 보는 것은 잘못이며, 장기적인 통일국가 형태를 지칭하는 '전략'적 방침이라고 보는 것이 정확할 것이다. 그래서 필자는 처음에는 '전술'적 대응이라고 서술하였다가 이를 수정하였다. 원래 필자가 '전술'적이라는 말을 사용하였을 때는 고민련의 실제적 내용이, 북한의 방침이 고민련을 '전술적' 차원에서 설정한 것이었느냐 아니면 '전략'적 차원에서 설정하였느냐에 따라 결정되는 것이 아니라 남한의 계급적·사회적 역관계, 그로 인한 전한반도 내의 역관계에 의해 '현실'적으로 결정된다는 점을 지적하고자 하였던 것이다.

47) 『북한 '조선로동당' 대회 주요문헌집』, 481쪽.

338

적할 수 있다. 그 평가에 따르면, 75년에 발행된 『주체사상에 기초한 남조선혁명과 조국통일 리론』(이하 『리론』)에는 평화적 전도 — 인민들의 강력한 압력상황(제1방도), 남조선 반제자주정권의 성립 혹은 중립화(제2방도), 남조선혁명(제3방도) — 와 비평화적 전도 — 미제의 침략으로 인한 전쟁, 미제의 현저한 약화, 혁명적 정세하에서 남조선 인민의 지원요청 — 및 평화적 전도 내의 제 방도간의 관계에 대한 서술이 제시되고 있는데, 80년 '고민련' 안의 등장 이후 평화적 전도의 제1방도는 '완전연방제'로 내용이 변화되고, 제2방도는 '민족자주정권' 수립을 의미하며 제1방도의 전제조건이 됨으로써, 제3방도인 '남조선혁명론'은 폐기되거나 '민족자주정권' 수립(제2방도)을 의미하는 것으로 변질된다는 것이다.[48] 이렇게 보면 『리론』은 '변질'의 맹아 혹은 중간단계적 사고를 보여준다고 할 수 있다.

그러나 필자는 이러한 해석에 대하여 먼저 『리론』이 제시하는 평화적 전도의 제 방도들은 조건에 따른 조국통일의 상이한 경로를 예시하기 위하여 정식화되었다고 파악하는 것이 올바르다고 생각한다. 그리고 그러한 경로의 상이성을 규정하는 요인 중 가장 주요한 것은 '남조선혁명'의 역량 수준이다. 즉 제3방도는 '남조선혁명'이 승리하는 경우로서 '남조선혁명' 역량의 수준에 따라 가변적으로 드러날 수 있는 조국통일의 경로이며, 제2방도는 반제자주정권이 서거나 중립화되는 경우의 가능성을 지칭하는 것이며, 제1방도는 제2, 제3방도에 못 미치거나 "인민들의 압력이 강화되고 남조선당국자들이 인민들의 압력에 의해 수세에 빠지는"[49] 경우의 가능성을 지칭하는 것이다. 그리고 이러한 제 방도 중 "남조선 인민들의 민족적 해방과 사회적 해방을 완전히 실현하기 위

---

48) 한민승, 앞의 글; 임정국, 앞의 글 참조.
49) 『리론』, 121쪽.

한" 최선의 방안은 "인민민주주의혁명(PDR)"에 의한 제3방도라는 것이다.[50] 이 점은 다음의 글에서도 명확히 드러나고 있다.

남조선 인민들이 혁명에서 승리하여 정권을 자기 손에 틀어쥔 기초 위에서 평화적 통일을 실현하는 것은 남북간에 넘나들 수 없는 경계선이 가로놓인 우리나라의 현실적 조건에 가장 알맞은 전도이며 조국통일에 대한 남조선 인민들의 책임성을 최대한 높이는 전도이며 남북이 단합하여 조국통일문제를 평화적으로 해결하는 데서 가장 확실성 있는 전도이다.[51]

평화적 전도의 제 방도를 분류하는 핵심은 "민주기지를 강력하게 건설하기 위해서 모든 역량을 민주기지에 투여한다"는 것이 아니라, (독자성을 갖는) 남조선혁명역량의 성장에 따라(혹은 '남조선혁명'의 도정에서) 조국통일로 가는 경로가 달라질 수 있다고 하는 점을 인식하고 거기에 적절히 대응해야 한다는 점을 적시하는 데 있다는 것이다. 따라서 필자는 '남조선혁명' 역량의 제 수준과 관련된 조국통일의 경로가 역동적일 수 있음을 인정하는 것과, 앞서 지역혁명론에서 정식화된 '남조선혁명의 독자성'을 인정하는 것이 대립된다고 파악하는 것은 정당하지 않다고 생각된다. 『리론』의 정식화는 '남조선혁명'의 성공에 의한 조국통일 경로의 최적성(最適性)을 긍정하면서도, 그렇지 않은 수준의 다양한 경로를 인정하고 그러한 제 수준의 '조국통일전선'에서 '효과적인' 대응이 필요함을 강조한 것으로 볼 수 있다 — 여기서 아울러 지적할 점은 '남조선혁명'이 장기화되면 될수록(남한 '부르주아' 지배체

---

50) 『변혁과 통일』, 130쪽.
51) 같은 책, 131쪽.

제의 안정성이 강화되면 될수록) 조국통일이 제1방도 혹은 제2방도로 실현될 가능성은 낮아진다는 것이다.

이처럼 『리론』에 대한 상이한 이해에 기초하여 볼 때, 80년대의 '고민련'안 역시 '남조선혁명의 포기'와 '민족자주정권' 수립이라는 '부르주아'적 전제 위에 서 있는 '조국통일노선'의 변질, 혹은 조국통일 문제를 남북 당국간의 교섭에 의해 해결하려는 방침으로 해석하는 견해는 재검토가 요구된다. 먼저 '고민련'안은 '남조선혁명의 장기화되어 가는 내적 조건' 및 분단의 기정사실화로 추동되어 가는 외적 조건 하에서 북한이 제시한 '전술적 통일강령'이지 '지역혁명론'(곧 '남조선혁명론')의 포기('지역혁명의 과제는 남조선 민중의 것이다') 위에 입론하고 있는 것은 아니다. 그것은 앞서 지적한 바와 같이 '지역혁명론'의 틀 내에서 '남조선혁명의 당위성'과 별개로 조국통일노선에서 다양한 전술의 선택 가능성을 내포하고 있기 때문이다. '고민련'안은 평화적 전도의 제 방도 중 '남조선혁명'(제3방도)이 성취되지 않은 현실적 조건에서 취할 수 있는 다양한 전술적 대응형태의 하나라고 할 수 있다. 즉 그것은 평화적 전도의 제2방도 수준을 전제로 하는 조국통일방안이라고 할 수 있다(필자는 '남조선혁명역량'의 더 낮은 수준인 제1방도를 전제로 한 조국통일방안의 전술적 형태도 앞으로 출현가능하다고 생각한다. 그럴 경우 더욱 큰 '변질'로 해석될 수도 있는데, 필자의 해석을 근거로 한다면 그것은 '남조선혁명'의 독자성 방기 혹은 '남조선혁명론'의 폐기와는 무관하며, 단지 '남조선혁명역량'에 대한 북한 나름의 '객관적' 판단과 연관되어 있을 뿐이다).

넷째, 이상과 같은 시각에서 볼 때 북한의 통일정책과 관련하여 쟁점이 될 수 있는 문제는 '고민련'안의 '변질' 혹은 그 '체제공존론적' 제 방책('고민련' 및 기타의 제반 남북 관계개선 교섭 포함)이 이른바 '남조선혁명역량'의 성장에 미치는 효과와 그것에 대한 대응 문제이다. 즉 '지역혁명론'의 정립을 통해 '남조선혁명과 조국통일로 이원화'되었다고 할 때, '조국통일' 전선 수준에서 제시되는 제반 방책이 앞으로 '남조선 혁명'의 진전에 미치는 효과의 문제가(북한이 규정하는 바) '고민련'(및 80년대 북한의 통일정책)의 핵심 쟁점이라는 것이다. 이런 시각에서 보면 '고민련'안 자체가 ('남조선혁명운동'의 수준 및 국제적 조건에 대응하여) 북한이 '최적(最適)의 정책'이었느냐를 평가하는 문제와, 그러한 '나름의 근거에 의해 정립된' 정책이 '남조선혁명'에 미치는 효과를 평가하는 문제는 분리해서 보아야 한다고 생각한다.

그런데 후자의 문제에서는 '고민련'(및 80년대 북한정책)안 자체 속에 내재되어 있는 것이 아니라, '남한사회에서의 계급간 역(力)관계 및 투쟁'에 의해 규정된다고 하는 점이 특히 중요하다고 할 수 있다. 예컨대 '고민련'안 자체는 분명히 "남한의 '부르주아' 체제를 승인하고 기정사실화하는 '체제공존론' 성격"을 가질 수 있는 가능성과 "남북한간의 군사적·이념적 대결구도를 약화시킴으로써 이른바 '남조선혁명' 역량 성장의 계기"로 작용할 수 있는 가능성을 동시에 가지고 있다. 그러나 이러한 가능성 중 어느 것이 현실화되느냐는 전적으로 남한사회의 '계급간 역관계 및 투쟁'의 전개와 이른바 '남조선혁명역량' 자체에 의해 결정된다는 것이다. 남한 사회운동에서 중요한 하나의 대치선은 바로 이러한 '고민련'의 양면성 중 "남한변혁운동 성장에의 추동적 효과'를 무화(無化)시키면서 '체제공존론'적 잠재력을 현실화"시켜 내려는 집권층과, "'체제공존론'적 효과를 무화시키면서 '남한변혁운동 성장에의 추동적 잠재력을 현실화"시켜 내려는 민중운동진영 간에 설정되어 있다고 볼 수 있다. 이러한 대치과정에서 어느 것이 지배적인 것이 되느냐에 따라 '고민련'안의 효과가 결정될 것이다. 그렇기 때문에 '고민련'안(및 북한의 정책)의 효과 — 체제공존적이건 아니건 간에 — 는 '남한 계급간 역관계 및 투쟁'(이른바 '통일투쟁'을 포함하여)

의 원인으로서가 아니라 결과로서 위치지어질 수 있다. 일각에서는 "'남조선혁명' 없는 '고민련'과 '남조선혁명' 있는 '고민련'의 차이를 인식해야 한다"고 주장하다. 이 말은 이른바 '남조선혁명'의 전개 및 그 역량에 따라 '고민련'의 내용도 다르게 규정될 수 있다는 의미에서 지극히 타당하다고 할 수 있다. 그러나 그것이 이른바 '남조선혁명'과 '고민련'이 배치된다거나 '남조선혁명'의 진전 여부가 '고민련'안 내용 그 자체에 의해 직접적으로 규정된다거나 혹은 '남조선혁명'의 선차성만을 주장하는 함축을 담고 있다면 잘못된 말일 수도 있다.

'고민련'안을 '조국통일노선' 및 '남조선혁명론'의 '변질'로 해석하게 되는 근거가 되는 '민족자주정권'에 대해서도 동일한 견해를 제시할 수 있다. 비판의 일반적인 논조는 "'부르주아정부'로서의 '민족자주정권'은 '남조선혁명론' 및 '조국통일노선'의 변질에 다름 아니다"는 것이다. 그런데 문제는 그러한 변질론의 근거가 되는 '민족자주정권'의 성격이다. 이러한 비판에서는 '민족자주정권'의 '부르주아적' 성격이 전제된다. 그러나 조국통일론과 관련하여 현단계에서 문제가 되는 것은 '민족자주정권'이 '민족자주적인 부르주아정권'으로 귀결될 것이냐 '민족자주적인 민중정부'로의 전화의 계기를 담보할 수 있을 것이냐 하는 점이라고 할 수 있다.[52] 이것은 물론 전적으로 이른바 "'남한사회의 계급간 역관계 및 투쟁의 귀추"에 따라서 결정된다고 할 수 있다. 즉 '민족자주정권'의 성격은 '남한 계급간 역관계 및 투쟁'이라는 결과의

---

52) 이것을 일반민주주의 General Democracy(GD)와 민중민주주의 People's Democracy(PD)의 관계로 해석할 수도 있을 것이다. GD가 PD적 전망을 갖지 않는 경우와 PD적 전망을 갖는 경우로 나눌 수 있다고 할 때, 문제는 GD를 부르주아 민주주의적이라고 비판하는 데 있지 않고 GD 속에서 어떻게 PD를 구체화할 것이냐(GD투쟁을 어떻게 PD적 전망 속에서 전개할 것인가) 하는 점이다.

원인이 아니라, '남한 계급간 역관계 및 투쟁'이라는 원인의 결과라는 것이다. 이러한 견해는 "전략적 목표로서 그것을 추구하는 노선과 전략적 목표로는 민중민주정부를 설정하면서 전술적으로 그것을 내거는 노선은 다르다"고 하는 진술을 긍정한 바탕 위에서도 여전히 타당하다. 그리고 '변질론'을 주장할 때 고려하여야 할 점은, 이른바 '남조선혁명'의 전략적 과제가 '민족자주정권' 수립으로 전화되었는가 하는 데 대한 검토가 요구된다는 점이다. 앞서 『리론』에서 제시된 평화적 전도의 제2방도(반제자주정권 수립)를 일단 '민족자주정권 수립' 문제로 등치한다 하더라도 — 이것도 논의가 필요할 것이다 — 그것은 엄연히 제3방도와 구별되는 것으로 설정되어 있다고 보는 것이 타당하다. 단지 평화적 전도의 제 방도에서 드러났듯이 북한은 '남조선혁명'이 전제되지 않은 상황에서라도 — '남조선혁명'이 최상의 대안이라는 북한측의 원칙적 입장은 보존되면서도 — 국제적 조건변화('제국주의체제'의 내적 구조변화 및 '미제국주의'의 힘의 약화 등)에 따라서 '조국통일'의 상이한 방도가 가능하다고 본다는 점이다. 이러한 북한의 현실인식이 타당한가 여부는 그 자체로서 물론 논의가 가능하다. 그러나 이러한 인식을 '남조선혁명'의 전략적 목표의 변화 또는 변질로 해석하는 것은 북한의 통일정책에 대한 객관적 평가라고 볼 수 없다. 앞서 지적하였듯이 그것을 '변질'로 규정할 수 있다면, 그것은 '남한 계급간 역관계 및 투쟁'의 결과로서 현실화되는 것이지 정책 자체의 속성을 원인으로 하여 주어지는 것은 아니라고 할 수 있다[53](예컨대 '고민련' 안의 선결조건으로 제시

---

53) 80년대 '고민련' 안(및 북한의 통일정책)을 '조국통일노선' 및 '남조선혁명론'의 '변질'로 파악한 제 견해들은 1)그간의 통일운동은 '소부르주아적인 민족주의'에 기초한 '우편향'적인 것이었다(통일과 혁명의 분리). 2)통일은 '남한혁명'의 결과로서 또한 그것의 개시를 담보로 하여 성취될 수 있다(선(先)남한혁명 후(後)통일). 3) 현단계에서 통일운동 및 통일투쟁은 '(반제)반

되는 것들이 집권층과 민중운동진영의 각축관계에서 집권층의 우위가 확보되고 그 결과로 '남한' 사회가 이른바 '부르주아' 적 체제로 안정화되면서 수용되어 가는 경우도 가상해 볼 수 있다. 그러나 이 경우에도 그러한 가상적 결과가 '고민련' 안의 결과로서가 아니라 집권층과 민중운동진영의 각축의 결과로서 성립한다는 점이 강조될 필요가 있다).

4) 맺음말

필자는 이상의 논의를 통하여 북한의 통일노선 및 통일정책에 대해 기존의 해석과 달리 다음과 같은 몇 가지 가설적인 견해를 제시하였다.

첫째, 북한의 통일노선으로서 민주기지론은 45년 10월 처음 제시된 후 6 · 25 전쟁을 분기점으로 하여 '혁명의 전국적 승리를 위한 기지로서 북한역량의 강화' 라는 의미에서 '북한 사회주의 건설의 조국통일에의 복무' 라는 의미로 그 강조점이 바뀌게 되었다는 점이다. 또한 이 과정과 궤를 같이하면서 '남조선혁명' 의 성격 변화 및 '남조선혁명' 의 독자성에 대한 인식이 맹아적으로 형성되었다는 것이다.

둘째, 60년대 중반에 '지역혁명론' 및 '3대혁명역량 강화론' 이 정식화됨으로써, '남조선혁명' 의 성격과 임무의 차별성 및 '남조선혁명' 의

파쇼전술의 일환으로서만' 혹은 '일반민주주의를 위한 투쟁의 일부로서만' 의의가 있을 뿐이며 이런 시각에서 유의미한 통일운동 및 통일투쟁의 영역은 '남북교류운동' 혹은 '북한바로알기운동' 등에서만 찾아볼 수 있다(통일운동의 독자성 부인)는 내용을 공통적으로 제시하고 있다. 이 글의 대안적인 논지에서 볼 때 이러한 비판은 ㉠ "'남조선혁명' 과 조국통일의 분화" 및 "'남조선혁명' 의 독자성과 조국통일전선과의 상호 규정관계" ㉡ "'남조선혁명' 역량의 제 수준에 대응하는 조국통일 경로의 다양성" ㉢ '고민련' 안의 효과가 '남한계급투쟁' 의 원인이 아니라 결과로서 규정된다는 점에 대한 재인식의 견지에서 재검토될 수 있다고 생각된다.

동력·대상·전략전술상의 독자성이 명백히 승인되고, 전국혁명에서 남·북한 혁명역량의 상호관계가 명확해졌다는 것이다.

셋째, 전국혁명에서 북한혁명역량은 결정적·주도적 역할을 하는 것으로 위치지어지는 바, 이것을 '남조선혁명'의 독자성론과 대립되는 것으로 볼 수 없다는 점이다. 북한혁명역량의 그러한 역할 상정은 '남조선혁명'의 독자성에 대한 원칙적인 부정이 아니라, '남조선혁명역량'의 취약성에 대한 '현실적' 고려에 기초한 것이라는 것이다.

넷째, '지역혁명론'의 틀 내에서 '남조선혁명'의 과제가 '남조선 인민'의 독자적인 과제로 규정됨으로써, 전후의 이른바 '평화(통일)노선' 및 유연한 대외정책 수립을 위한 논리적 근거가 주어지게 된다.

다섯째, 북한의 통일정책은 50년대 '남·북한 자유총선거에 의한 통일정부 수립' 단계에서, 그것을 주요한 것으로 하면서 차선책으로 연방제안을 제창하는 단계를 거쳐 '완결된 통일국가 형태'로서 '고려민주연방공화국' 안이 제창되는 단계로 변화하게 된다는 점이다.

여섯째, '고민련' 안은 '남조선혁명'의 독자성을 승인하는 지역혁명론의 기초 위에 서 있으나, '남조선혁명역량 성장의 지체'라고 하는 내적 조건과 분단의 기정사실화로 추동되어 가는 외적 조건에 대한 하나의 전술적 대응으로 정립된 것이라고 평가될 수 있다.

일곱째, '고민련' 안은 평화적 전도의 제3방도(남조선혁명)를 포기하거나 제2방도(반제자주정권 수립)로 협애화하고 그것을 '완전연방제'의 전제조건으로 설정하면서 '조국통일노선' 및 '남조선혁명론' 상의 '변질'로 규정될 수밖에 없다고 하는 견해가 제시된 바 있으나, 이는 '남조선혁명'의 제 수준에서 전개될 수 있는 조국통일 경로의 다양성을 적시하기 위한 『리론』의 논의를 일면적으로 파악할 것일 수도 있다는 점이다.

여덟째, '고민련' 안과 관련된 논의의 핵심은 '고민련' 안의 '변질'을 얘기하거나 '남조선혁명'의 선차성을 주장하는 데 있는 것이 아니라,

346

‘고민련’ 안의 ‘남조선혁명’에 대한 양면성의 인식 및 그에 대한 전술적 대응에 있다고 보아야 타당하지 않나 하는 점이다. ‘고민련’ 안의 효과는 ‘남조선혁명’의 원인이 아니라 결과라는 것이다.

이상에서 제시한 논의의 의도는 북한의 통일노선이나 정책(혹은 그 반대로 남한의 정책)이 옳다거나 그르다거나 하는 점을 제시하는 데 그 목적이 있지 않고, 80년대 후반의 연구에서 제시되었던 해석들과 관련하여 이른바 ‘지역혁명론’ 등 북한의 공식적인 입장이 어떻게 해석되어야 하는가를 해명하는 데 있다. 이것은 현재의 북한 당국자들이 그 것을 어떻게 해석하느냐 하는 것과는 다른 차원의 작업이다. 이 글을 작성하면서 필자는 북한의 공식문헌 — 그것도 제한된 — 에 의존하였기 때문에, 이 글이 북한의 노선이나 정책의 ‘합리적 핵심’에 얼마나 근접하고 있느냐 하는 것은 관련연구자들이나 독자들의 판단에 맡길 수밖에 없다.

2. 통일운동의 조건과 방향

1) 머리말

80년대 후반 이후 우리 사회에서 중요한 공방의 주제는 통일이슈였다. 96년 8·15 통일집회를 둘러싼 공방은 여전히 통일문제가 한반도의 핵심적인 대치점임을 — 남·북한간뿐만 아니라 국내적으로도 — 핵심적인 쟁점임을 확인시켜 주었다. 80년대 이전에도 잠재된 형태로 통일문제를 둘러싼 긴장은 존재하였다. 그러나 70년대의 반정부운동이 80년대 초반 '반파시즘운동'으로 발전하고 더 나아가 80년대 중반부터 반제(反帝) 이슈를 자기화하고 80년대 후반 통일문제로 확장한 이후 통일문제는 우리 사회의 지속적이고 현재화된 이슈가 되었다. 이른바 '자주·민주·통일'의 3대 과제가 사회운동의 강령적 과제로 정식화된 것도 이를 반영한다고 할 수 있다.

사실 80년대 전반까지 남한정부의 통일문제에 대한 입장은 다분히 수세적이었다. 그러나 남한 사회운동이 통일문제를 이슈화한 바로 그 시기에 남한정부는 이전과는 다른 공세적인 통일정책을 구사하는 방향으로 변화하였다. 노태우정부의 북방정책과 '한민족공동체통일방안' 같은 것은 남한정부의 변화된 대응의 좋은 예이다. 특히 80년대 말 이후 사회주의체제의 붕괴는 동북아에서 새로운 국제적 정세를 조성하였으며, 이로 인해 통일문제를 둘러싼 남·북한간의 공방이 더욱 치열하게 전개되었다. 이런 속에서 통일문제를 어떻게 인식하고 대응하느는 중대한 민족사적 분기점을 만드는 일이라고 생각된다.

2) 통일문제의 세계사적 의의

한국의 통일문제는 민족사적 의의만이 아니라 세계사적 의의까지 가지고 있다. 주지하다시피 독일통일은 자본주의 서독이 사회주의 동독을 흡수통일하는 과정을 통해 이루어졌다. 그러나 독일이 민족의 통일이라는 위업은 달성했는지 모르지만, 세계사에서 새로운 전형을 만들었다고는 할 수 없다. 독일통일은 여전히 20세기적 대립구도의 한계 속에 놓여 있기 때문이다. 20세기가 자본주의와 사회주의체제의 대립을 기본 축으로 하고 있었다고 할 때, 21세기는 자본주의와 사회주의의 대립을 '지양'하는 새로운 세계사적 실험을 요구하고 있다고 하겠다. 필자는 우리 민족의 통일이 이러한 20세기의 한계를 뛰어넘는 21세기적인 세계사적 실험이 되어야 한다고 생각한다. 흡수통일이라는 것이 상대방의 장점이 해체되는 방식이라고 할 때, 양 체제의 장점이 독립적인 질(質)로 존재하면서 그것이 '변증법적'으로 지양되는 통일 방식을 우리는 구체화시켜야 한다. 그럴 때 민족분단의 고통이 21세기의 새로운 인류사를 위한 진통으로 승화될 수 있다. 우리 민족에게 주어진 과제는 20세기의 한계를 뛰어넘어 — 자본주의를 넘어서면서도 비록 실패한 것이지만 사회주의의 '합리적 핵심'을 계승하는 — 새로운 21세기적인 세계사적 전형을 만드는 것이라고 하겠다.

이러한 당위적 논의뿐만 아니라 현실적 측면에서도 우리는 흡수통일이라는 방식으로 통일을 달성할 수 없는 조건에 놓여 있다. 90년대 중반 이후, 80년대 말~90년대 초의 사회주의체제 붕괴의 위기적 국면은 새로운 국면으로 전환되고 있다. 동유럽에서는 무차별적으로 자본주의적 시장경제로의 이행을 추진하였던 급진개혁파 정권을 대체하여 개혁좌파 정권이 들어서는 국가들이 늘어나고 있다. 이는 이행에 새로운 조건이 나타나고 있음을 의미한다. 또한 북한을 흡수할 정도로 남한체제의 흡인력은 강하지 않다. 남한자본주의는 여전히 독점자본의 경제적 기초가 취약한 상태이며, 정치적으로도 안정적인 상부구조를 확립하고 있지 못하다. IMF 구제금융사태는 바로 이러한 취약성을 잘 보여주고 있다. 특히 세계사적 변화에 조응하지 못한 강한 냉전적 의식은 남한자본주의의 압도적인 생산력 우위에도 불구하고 흡수통일을 강제할 의식적 조건 형성을 방해하고 있다. 현재 북한이 극단적인 자연재해와 경제침체로 어려움을 겪고 있지만, 주체사상을 매개로 한 북한사회의 이데올로기적 통합성, 자립적 사회주의를 지향하여 온 북한경제의 내구성 등을 고려할 때 중단기적으로 흡수통일이 현실화할 것으로 보이지는 않는다. 북한에도 사회주의경제 전반의 생산력 정체, 내적인 개혁의 필요성 등이 제기되고 있지만, 체제 붕괴를 불러올 만한 수준에 이른 것은 아니다.

이런 조건 때문에 남한의 보수세력 역시 단기간에 통일을 조급하게 달성하려 하기보다는, 장기적으로 북한의 내적 균열을 유도하고 남한의 통일대비력을 강화해 가는 전략적 지향을 갖고 있는 것으로 보인다. 비록 남한이 남·북한 역관계의 역전으로 우월한 지위를 점하게 되었으나 아직은 불안정한 체제를 좀더 안정화할 시간을 가짐과 아울러, 북한과의 급속한 개방적 연합에 따른 체제균열 효과를 최소화하기 위하여 통제된 교류와 연합을 시도하고 있다고 할 수 있다.

3) 남·북한 역관계의 변화와 남·북한 통일정책의 변화

전체적으로 보면 70년대 중반까지 남·북한의 기본적인 역관계는 북한이 상대적으로 우월한 지위에 있었던 것으로 평가할 수 있다. 그러나 80년대를 거치면서 이러한 관계는 남한이 우위를 점하는 방향으로 변화하여 왔다. 국내적인 측면에서 본다면 남한당국은 이처럼 남한이 상대적으로 우월한 지위를 점하기 전까지 — 달리 표현하면 남·북한의 접근이 갖는 체제위협적 효과가 작아지기 전까지 — 통일문제에 대해 소극적이었다. 그러나 80년대 후반 사회주의의 위기, 80년대 사회운동의 강화와 통일운동의 발전에 따라 아래로부터 압력을 받으면서 통일문제에 대해 좀더 적극적인 자세를 갖게 되었던 것으로 보인다.

2차대전 이후 전세계 수준에서 또 한반도 수준에서 자본주의적 발전노선(capitalist developmentalism)과 사회주의적 발전노선(socialist developmentalism)이 상이하게 전개되었는데,[1] 60년대까지는 북한의 사회주의적 발전노선이 사회경제적 성과 측면에서 좀더 우월한 지위에 있었던 것으로 일반적으로 평가된다. 50년대 후반까지 급속도로 전후복구를 달성한 북한은 60년대 이후에도 — 경제발전, 군사발전의 병진노선으로 경제성장이 다소 둔화되기는 하였으나 — 전반적으로 사회경제적 성장기조를 유지하였으며, 이 시기에는 성장의 정체가 두드러지게 나타나지는 않았다. 70년대까지 북한이 보여준 통일에 대한 적극적인 자세는 남·북한 역관계에서의 북한의 우위를 전제로 하고 있었다.

이에 반해 남한은 60년대에 수출지향적 발전노선을 총력적으로 추진하였으나 그 성과는 60년대 말에 이르러서야 가시화된다. 그러다 70년대 오일쇼크 등을 거치면서 경제적 불안정화가 촉진되고 정치적 불안정까지 중첩되면서 심각한 위기상황에 직면하게 된다. 그러나 이러한 힘의 관계는 80년대를 경과하면서 이루어진 남한사회의 정치경제적 변화, 국제적 변화로 인하여 역전된다. 먼저 83년경부터 시작된 3저호황 국면은 만성적인 위기를 겪던 한국경제를 상대적으로 안정적인 구조로 전환시켰다. 만성적인 국제수지 적자가 흑자기조로 전환된 것

---

1) Arrighi, Giovanni, "World Income Inequalities and the Future of Socialism", *New Left Review 189*, 1991.

도 이 시기부터이다. 또한 남한의 정치체제는 87년의 위기를 극복하고 '위로부터의 민주화'를 지배적으로 만들면서 이전보다 안정화되게 된다. 이러한 국내의 상황에 더하여 89년 동독의 서독에의 편입, 91년 소련 공산당체제의 붕괴 등의 외적 상황, 그리고 그러한 붕괴가 상징하는 사회주의경제의 '파탄'적인 정체에 힘입어 — 다른 한편으로는 이러한 외적 상황으로 북한체제가 외교 면에서 불리한 상황에 처하게 되면서 — 남·북한의 객관적인 힘의 관계는 남한에 유리한 방향으로 변화하게 된다.

이러한 객관적 역관계의 추이를 배경으로 하면서 국내정치적 맥락에서 통일이 갖는 위상 변화를 살펴볼 필요가 있다. 주지하다시피 북한체제는 기본적으로 '민족주의적 사회주의'의 한 변형태라고 할 수 있다. 그것은 사회주의의 민족적 변형이라는 의미뿐만이 아니라 민족주의적 요구가 체제이념 혹은 국가이념의 일부가 되어 있다는 의미에서 그렇다. 북한사회주의는 민족적 이념으로 정당화되어 있는 만큼 민족적 성격이 내재화된 사회주의라고 표현할 수 있다. 북한에서 민족주의는 통일문제와 연관되어 통일에 대한 강력한 열망과 의지로 나타난다. 북한에서는 최소한 공식적으로는 언제나 통일이라는 과제가 중요한 국가적 과제로 설정되어 있었고, 지도자의 중요한 업적의 하나는 바로 통일의 실질적인 진전을 성취하는 것이었다. 또한 앞서 서술한 대로 현실적 힘의 관계에서 남한보다 상대적으로 우위에 있었기 때문에 통일에 대해 좀더 적극적인 — 실질적이건 형식적이건 간에 — 자세를 견지하여 왔다고 할 수 있다. 어떤 점에서 북한은 70년대까지는 현실적 고려보다는 '순수하게' 통일을 주장하고 추구했다고 할 수 있다. 이 점이 대남정책과 통일정책의 불가분리성을 낳은 근거이기도 하다.

그러나 남한의 경우 민족주의적 성격이 철저히 박제(剝製)된 종속적 자본주의화의 길을 걸어왔기 때문에, 통일지향적 민족주의는 철저한 금기의 대상이었다. 남한정부는 통일을 국정의 일차적인 목표로 설정하지 않았을 뿐만 아니라, 대중적 접근을 차단하려는 시도까지 행하였다. 예컨대 4·19 혁명 이후의 통일논의는 5·16으로 재금압(再禁壓)되었고, 이러한 상황은 70년대 말까지 지속되었다. 70년대까지 남한체제는 사실 냉전의 고도라고 할 수 있을 정도로 폐쇄적인 생존지향형이었고 이 생존을 위해서 통일문제, 다시 말해서 북한에 대한 '비(非)적대적' 접근은 정부의 공식적인 지배담론과 저항담론 모두에서 금기시되었다. 그러나 이러한 상황은 민중투쟁의 고양과정에서 서서히 극복되고, 통일을 금기시하는 정부의 태도 역시 변화하게 된다.

80년대 이후 진행된 저항적 민족주의의 강화와 그의 연장으로서 통일열망의 확산은 80년대 후반 노태우정권하에서 통일정책의 부분적인 전환을 강제하기에 이른다. 80년대 민주화의 진전은 이전에 비해 정부가 민(民)의 요구에 더욱 '감응적(感應的)'이 되는 과정이었고, 80년대 후반 정부는 어떤 형태로든 통일이슈에 반응하지 않으면 안 되는 상황에 놓여 있었다. 물론 통일정책의 변화를 강제한 것은 민중의 투쟁이었다. 여기에 국제적 조건의 변화와 남한자본주의의 경제적 발전 및 상대적 안정화가 통일정책의 변화에 긍정적으로 작용하였다는 점을 지적할 수 있다. 여기서 남한정부는 70년대와는 다른 전향적인 통일정책을 추구하기에 이른다. 노태우정권하에서 남북합의서가 채택된 것은 노태우정권의 정치적 곤경과 남한체제의 상대적 안정감을 반영하는 것이었다고 해석할 수 있다. 물론 이러한 '전향적인' 통일정책은 그후 극우세력 등 남북관계의 긴장을 존재기반으로 하는 세력들에 의해 지연되고 왜곡되었다.

요컨대 북한에서는 통일이 국가적 과제로서, 국가권력층의 중요한 정책목표로서 추구되었던 반면에, 남한에서는 그것이 금단(禁斷)의 주제였다가, 이러한 상황이 민의 투쟁으로 극복되기 시작하면서, 민의 요구에 대응하는 정부의 위로부터의 대응공세로 통일정책이 제기되고 변화하기에 이르렀다.

이런 조건 속에서 80년대 이후에 전개된 남·북한 통일정책의 각축과정을 살펴보기로 하자. 남·북한 통일정책의 각축과정은 핵심적으로는 연방제를 중심으로 한 공방 속에 위치하고 있다. 앞절에서 서술한 바와 같이 연방제를 중심으로 하는 북한의 통일정책은 60년대 초기적 연방제 제안에 이어 70년대의 과도적 연방제를 거쳐, 80년대에는 장기적인 통일체제로서 '고려민주연방공화국'안을 제안하는 것으로 변화하게 된다. 완전한 단일체제/단일민족국가로의 통일이라는 과제가 체제간 차이를 인정하는 연방제로 변화하게 된 것은, 휴전 이후 남·북한의 '체제적 이질성'이 심화되자 반(反)통일적인 체제의 고착으로 가는 것을 방지하고 통일을 실현하기 위한 '적극적' — 최소한 북한의 관점에서는 — 인 방안을 찾는 과정에서 이루어진 것이라고 할 수 있다. 이와 같이 적극적인 북한 통일정책에 대해 남한정부는 대단히 소극적인 입장을 가지고 있었다. 박정희정권하에서 유신전야의 남북대화나 대북 통일제안이 있기는 하였으나, 이는 국내적으로 통일에 대한 일체의 논의를 금압한 바탕 위에서 이루어진 지극히 수사(修辭)적인 행위에 불과하였다.

그러나 80년대 이후 일련의 상황 변화는 연방제를 둘러싼 남북 정부간 공방의 구조를 변화시키게 된다. 단적으로 그것은 북한정부의 통일정책의 현실화로, 통일정책상에 있어 남한정부의 적극화로 나타나게 된다. 앞절에서 서술하였듯이, 북한의 연방제 제안은 북한의 전반적인 사회경제적 우월성을 기초로 하면서, 통일을 적극적으로 달성하고자 하는 관점에서 차선적 대안으로 제기된 것이었다. 그런데 80년대 후반 남·북한의 역관계가 역전되면서 북한에서는 통일의 국가적 추구라는 정책적 목표와 그것이 가져오는 현실적 효과 간에 괴리가 나타나기 시작한다. 통일이라는 목표와 그 실행 간의 긴장이 생겨난 것이라고 할 수 있다. 연방제는 체제공존을 인정하는 방안이기도 하지만(상대방 체제에 대한 존재론적 인정 효과), 다른 한편에서는 연방제의 틀 안에서 이질적 체제가 공존함으로써 상대방 체제를 위협하는 효과를 갖는 방안이기도 하다. 이런 양면성 때문에, 북한은 연방제의 적극적인 실행보다는 남·북한간 긴장의 완화, 그것도 주한미군 철수 같은 높은 수준의 요구가 아니라 좀더 낮은 수준의 목표로 통일논의의 중심을 변화시키기에 이른다. 필자의 관점에서 보면, 객관적인 역관계가 역전된 80년대 후반 이후 북한정부는 체제공존을 의미하는 연방제를 직접적인 성취목표로 추구하기보다는, 남·북한간 긴장완화와 대미관계의 개선 등 이른바 연방제의 전제조건이 되는 사안들과, 남북관계의 개선, 북미관계의 개선 등에 주력하였다. 이 과정에서 사실 완전통일로 가는 단기적·과도적 성격의 연방제는 장기적 과제로 재인식되고 연방제의 직접적 추구보다는 당면과제의 현실적·유연적 추구가 나타나게 된 것으로 평가된다. 이는 '연방제론의 현실화'라고 표현할 수 있겠다.

반대로 연방제에 대한 남한정부의 대응은 더욱 적극적인 방향으로 변화하게 된다. 물론 이것은 앞서 서술한 바와 같이 통일운동의 강화와 남한 정치·경제 정세의 안정화를 배경으로 하고 있는데, 연방제가 갖는 체제위협적 효과가 남북간 힘관계의 역전으로 인하여 이전에 비해 완화되었기 때문에 연방제에 대한 우회적 응전이 가능해진 것이다. 필자는 '한민족공동체통일방안' 등 남한정부의 통일방안에 포함되어 있는 남북연합은 연방제라는 개념을 사용하지 않으면서 체제공존을 핵심으로 하는 연방제의 내용을 수용한 시도라고 생각한다. 우리는 여기서 남한정부가 ― 아직까지는 상당 부분 수사에 불과하지만 ― 남북연합을 통일의 중간단계로 수용하게 된 배경을 읽을 수 있다. 남한 정권은 초기의 연방제가 체제위협적 효과[2]를 크게 미칠 것으로 간주

하였다. 연방이라는 틀 속에 남한이 위치하게 될 때에는 남한 내부에
서 북한에 적대적인 정책을 포기하여야 하고, 그로 인해 남한정권과
운동세력의 역관계가 바뀔 수 있다는 점 등 위협적인 요소를 담고 있
는 것으로 투영된 것이다. 그래서 연방제는 북한정권의 '대남정책'의
표현 정도로 치부되었던 것이 사실이다. 그러나 남·북한 역관계의 전
환에 따라, 더구나 북한이 이를 대단히 장기적인 과제로 설정함에 따
라, 남한정부는 형식적으로나마 체제연합의 방식을 공적으로 제기할
수 있게 된다. 연방제는 물론 남한체제를 현실적으로 인정하는 것이지
만 북한체제가 위협을 받는 형태일 수 있는 가능성도 생겨나게 되었다
는 것이다. 아직까지 남한정부가 느끼는 북한에 의한 주관적 위협의
정도는 상당히 크지만, 객관적으로 보면 연방제라는 체제공존의 틀 속
에서 남한에 대한 위협효과보다는 북한에 대한 위협효과가 오히려 커
지는 상황이 나타날 수 있다. 이처럼 남·북한간 힘관계의 역전, 체제
공존이 갖는 체제위협 효과 배분의 역전이 남한정부의 적극적인 통일
정책으로 나타나게 되었던 것이다.[3]

결국 남·북한간 역관계의 역전으로, 북한은 대단히 순수한 통일지
향에서 현실적 고려를 통일정책에 반영하여 오는 과정을 밟았고, 남한
은 체제의 상대적 안정화와 그로 인한 남북관계의 유리한 전개를 물적
기초로 하여 민의 통일열망에 대응하여 수세적인 통일정책에서 좀더

---

2) 일정한 통일방안이 가져오는 정치·사회적 효과를 고려하지 않을 수 없다. 통
일이 가져오는 정치사회적 효과를 크게 체제위협적 효과와 체제안정화 효과
로 나누어본다면, 70년대까지는 남한에 대해 전자가 컸고 80년대 이후에는
북한에 대해 잠재적으로 전자가 컸다고 할 수 있다. 남한정부의 통일에 대한
금기화 또는 소극화는 이런 조건에서 기인한다.

3) 물론 남한정부의 적극성은 대단히 제한적이다. 이 점은 남북연합을 단기적인
과제로 설정하지 않은 데서도 드러난다. 그것은 기본적으로 남한 내부의 정치
사회적 역관계의 복잡성, 특히 남한정부의 헤게모니가 취약한 데서 기인한다.

적극적인 자세로 전환하는 과정을 밟았다.

4) 통일문제의 일면적 파악에 대한 비판

필자는 앞절에서 신식국독자론적 통일론을 비판하였다. 그러나 동시에 필자는 현시기 남한의 지배구조와 지배세력의 성격을 분석할 때 통일문제를 외세의 식민지적 지배로부터의 해방으로 보는 관점도 비판한다. 필자는 분단의 형성요인과 분단의 재생산요인이 상이하다는 점을 주목하여야 한다고 생각한다. 분단은 분명 민족적 통합역량을 넘는 외세의 외삽(外揷)적 지배와 그에 대한 일부 친(親)외세적 세력의 결합으로 나타났다. 그러나 동시에 남한자본주의화의 진전으로 인해 민족모순의 물질적 기초가 변화하였다는 점을 주목하여야 한다. 그것은 지배세력의 계급적 구성이 변화하였음을 의미한다. 외세라는 원심력에 의하여 결정된 민족모순은 이제 내재화되어, 계급적 기반을 갖는, 새로운 계급적 내용을 갖는 것으로 변화하였다고 생각한다(민족모순의 계급모순으로의 내재화).

일제시대 식민지 지배세력(그에 부응하였던 친일파 세력들)은 해방 후 신식민지 지배세력으로 전화되는 과정에서 분열되기도 하고, 대단히 불안정한 상태에 놓이기도 했다. 이 지배세력은 종속적 독점자본주의의 형성기(60년대 이후 산업화 시기)에 군부를 정점으로 하는 지배세력으로 전화되었다. 이러한 종속적 독점자본주의가 확립되면서 남한지배세력에서 (독점)자본분파의 지위는 더욱 강화되어 갔다. 여기서 남한지배세력의 계급적 구성이 변화하여 '산업적' 지배세력으로 전화하게 된다. 반통일세력 — 외세에 의존하여 자신을 부식하였던 지배세력 — 이 완전한 독립성과 독자성을 갖게 된 것은 아니지만 '자신의 발로 서는' 지배계급으로 변화하게 되었다고 할 수 있다. 더구나 남한

자본주의와 세계자본주의의 생산력적 우위성은 대북한 관계에서 남한 지배세력의 지위를 수세적 위치에서 공세적 위치로 바꾸어놓기까지 했다. 종속적 독점자본주의의 착근과 상대적인 안정성, 군부독재적 상부구조의 민간정권적 상부구조로의 전환은 사실 본격적인 '자본독재'가 시작되었음을 의미한다. 물론 그 자본독재는 여전히 천민적이고 불안정한 면을 가지고 있다.

이러한 변화는 반(反)통일세력을 단순히 외세의존적인 타율적 세력으로만 보는 시각의 전환을 요구한다. 이제 반통일세력은 외세의존적인 타율적 반통일세력에서 자율적인 반(反)통일적 지배세력으로, 더 나아가 장기적으로는 적극적인 흡수통일을 지향하는 세력으로까지 전화된 것이다. 이것은 통일운동을 북한체제의 우월성을 기초로 내적 기반이 없는 반민족적인 외세를 '축출'하는 차원으로만, 민족적 동질성과 대단결의 논리로만 전개할 수 없는 새로운 조건이 나타나게 되었음을 의미한다.

이런 점에서 현시기 통일운동은 '민족주의'적인 통일관에 의해서 끌려다니는 운동만이 아니라, 남한 내부의 새로운 지배세력과의 싸움, 새롭게 변신한 자본과 권력에 대한 싸움으로 위치지어질 필요가 있다. 필자는 통일문제에 대한 '우편향적 경향'을 경계해야 하지만 동시에 '좌편향적 경향'에 대해서도 경계하여야 한다고 생각한다. 혹자는 남한의 지배세력이 '자기 발로 서는' 계급적 지배세력으로 전화되었다는 사실에서 출발하여, 남한 지배체제가 분단냉전적 구조 속에서 '대결'적으로 재생산되고 있다는 사실과 남한의 보수주의적 체제가 '친미' 보수주의적 체제라는 점을 간과하는 견해로 나아가기도 하는데, 이는 이론적 좌편향성을 내장한 견해라고 생각된다.

필자는 반통일적인 분단반공냉전체제를 극복하려는 노력과 기층민중운동의 성장을 가속화하려는 노력을 즉자적으로 대립시켜서는 안

된다고 생각한다. 물론 반공냉전의식은 '계급적'인 것이다. 현실적으로 보더라도 반공냉전의식이 기층민중의 계급적 각성을 제약함으로써 한국 독점자본은 '천혜(天惠)의 사회적 조건'을 향유하며 축적기반을 강화해 왔다("반공냉전의식의 가장 큰 수혜자는 바로 독점자본이다"라는 표현도 가능할 것이다). 실제 반공냉전의식은 계급운동의 성장에 따라 균열이 확대되어 갈 것이다. 그러나 계급운동의 성장이 가장 주요한 계기이긴 하지만, 통일운동 등 다양한 운동적 계기를 통해서도 반공냉전의식은 균열될 수 있음을 인정해야 한다. 이런 점에서 남한 지배의 계급성과 예속성을 동시에 보는 시각이 요구된다.

그간 통일운동의 현실적 전개과정에서 이른바 '전술적 우편향성'이 노정된 것도 사실이다. 북한사회의 현실적 조건에 대한 간과, '교류' 중심의 운동에 대한 집착, 통일문제에 대한 대중적 기초의 확대를 중심에 놓고 사고하지 못하는 데서 나타나는 여러 전술적 우편향이 있었다. 그런데 그것을 '전략적 우편향'으로 규정한 후, 여타의 모든 방침을 그 전략적 우편향에서 연역하여 비판하는 입장도 제시되었다.[4] 특히 이른바

---

4) 필자는 통일운동의 전술적 우편향에 대한 비판에서 출발하여 그것을 전략적 우편향으로 규정한 후 모든 여타의 방침을 그 전략적 우편향에서 연역하여 비판하는 방식에 대하여 비판적 견해를 가지고 있다. 전술적 우편향에 대한 비판은 가능하지만, 그 비판이 전술적 수준에서 진행될 수도 있고, 전략적 수준에서 비판·검토되는 경우에도 기존의 견해와 상이한 견해가 가능하다고 생각한다. 한편 논자에 따라서는 주체사상/식민지반봉건사회론/국민국가 실체 부정론/민족부르주아지동맹론/'남조선해방론'/'민족자주정부론'/'완전'연방제론 등의 제 측면이 '내적 필연성'에 의해 결합된 것으로 파악하기도 한다. 필자는 그것들이 유기적인 연관관계 속에서 파악되고 비판되어야 한다는 점에는 동의하나 모든 방침을 '주체사상 비판' 혹은 '반(反)봉건론 비판'으로 환원하여 비판하는 것에는 반대한다. 각각의 관계를 파악할 때는 제반 매개변수들을 고려해야 하며, 또한 각각의 상이한 실천적 위상에 대한 고려 위에서 각각의 연관관계가 고찰되어야 한다고 생각하고 있다. 또한 필자는 통일운동

'주사NL' 입장에서 행한 통일운동의 '전술적 우편향'에 대한 비판은 정당하나, 거기에서 출발하여 통일운동 부정론, 심지어 "북한이 빨리 망해야 남한운동이 산다"는 견해로까지 나아가는 경우 역시 편향성을 띤 것이라고 할 수 있다. 필자가 앞절에서 통일문제 및 운동에 대한 (학계의) '신식민지국가독점자본주의'론적 견해에 대해 이견(異見)을 제시한 것은 그것이 북한의 통일노선과 정책을 일면적으로 비판함으로써 통일운동에 대한 좌편향적 견해로 나아갔기 때문이다.[5] 현재 이 점은 크게 문제가 되지는 않는다. 좌파운동진영 내부에 위와 같은 좌편향적 견해는 거의 존재하지 않기 때문이다. 90년대 중반 '범민족대회'에 좌파정치세력이 참여했던 데에서도 나타나듯이 80년대 후반의 편향성은 그후 일정하게 교정되었다고 생각한다.

　남한에는 보수 대 진보의 대치선만이 존재하는 것이 아니라, 그 대치선이 자주·민주·통일 등의 주제를 둘러싼 대치를 동시에 내포하고 있다는 것이 우리 현실의 특수성이자 정치변동 잠재력의 '풍부함'이기도 하다. 현단계에서 중요한 점은 통일운동에 합류하거나 합류할 수 있는 모든 계급·계층의 다양한 저항적 잠재력을 '소부르주아적 민족주

을 현단계 민중운동의 역량수준 및 전체 민중운동과의 유기적 연관 속에서 파악하지 않는 우편향적 견해와 동시에, 통일운동의 존재론적 의의를 부정하는 좌편향적 견해에 대해서도 비판적 시각을 갖고 있다.

5) 학계의 신식국독자론적 통일론에 대해 이견을 제시하는 글로는 다음과 같은 것들이 있다. 이정로, 「'노동해방'의 전망에 선 '통일운동'」, 『노동해방문학』 제6호, 1989년 10월호; 한정민, 「변혁운동의 사대주의·교조주의·종파주의의 극복을 위한 일시론」, 『애국의 길(Ⅰ)』, 녹두, 1989; 유청, 「한국사회성격론에서 제기되는 종파주의의 문제」, 『종파주의 연구』, 두리, 1989; 이민호, 「과학적 조국통일운동론 정립을 위한 일고찰」, 『월간 흐름』 1989년 4월호; 「조국통일문제에 관한 몇 가지 견해」, 김영수 편, 『한국사회 변혁운동론의 모색—CA그룹의 자기비판과 새로운 전망』, 백산, 1988.

의'의 발로로 규정·배제하는 것이 아니라, 그러한 다양한 잠재력을 민중운동의 대중적 기초로 수렴하는 것, 그러한 '통일지향적 잠재력'에 '민중적 민족주의'의 성격을 각인해 내는 것이라고 할 수 있다.

이런 점에서 통일문제 및 통일운동과 관련하여, 좌·우편향 모두를 넘어서는 노력이 요구된다고 생각된다. 한편에서는 통일운동을 전체 민중운동과의 유기적 연관 속에서 파악하지 않고 통일운동 자체에 매몰되어 '북한 추종적' 입장마저 보이는 '우편향' 적 경향을 넘어서고, 다른 한편에선 이른바 '전국적 관점' 자체를 부정하면서 통일운동의 존재론적 의의마저 부정하고 그 독자적 의의를 간과하는 '좌편향' 적 경향을 넘어서야 할 것이다.[6]

5) 통일운동에서 고려되어야 할 점

남한변혁운동의 발전과정을 보면, 단순한 '소시민적' 반정부운동으로부터 민중운동적 성격의 강화, 80년대 자주화투쟁의 등장, 80년대 후반 자주화투쟁의 통일투쟁으로의 확장 등 괄목할 만한 발전을 거듭

---

6) 이런 논의는 이른바 '선(先)변혁 후(後)통일론'과 '선통일 후변혁론'에도 적용될 수 있다. 이러한 표현은 70년대의 '선성장 후분배론' 혹은 '선분배 후성장론'의 대립, '선민주 후통일론' 혹은 '선통일 후민주론'의 대립을 연상케 한다. 위와 같은 개념화 자체가 오류이듯이 변혁과 통일을 선후로 개념화하는 것은 결코 가능하지 않다. 단지 '선변혁 후통일론'이라는 것이, 한국민중운동의 현단계가 "기층민중의 대중적인 정치적 진출을 근거로 하는 주체형성기"라는 점을 고려하여 "(기층)민중운동의 성장을 중심에 놓고 사고하고 또한 그에 맞추어 통일운동을 전개해야 한다"는 점을 지적하는 것이라면 그것은 전적으로 옳다고 할 수 있다. 그러나 그것이 "현단계 통일문제를 둘러싼 투쟁이 민중운동의 성장 그 자체에 미치는 효과, 즉 통일운동과 민중운동의 상호규정성을 부정"하는 함축을 담고 있는 한, 또한 민중운동을 '환원론' 적 의미에서 사용되는 한 올바른 표현은 아니라고 생각한다.

하였고, 여기서 우리는 운동의 합법칙적 발전양상을 보게 된다. 그러나 이제 객관적 정세는 통일투쟁으로까지 발전하였다는 자부심만으로 안위할 수 없는 상황에 직면해 있다.

이제 통일투쟁은 남한민주변혁운동, 남한 반(反)독점자본운동과의 유기적 연관 속에서 사고되고 배치될 필요가 있다. 앞서 지적한 바와 같은 반통일적 지배세력의 변화는 통일투쟁의 대상을 단순히 외세의 존적인 세력으로만이 아니라, 독자적인 자본주의적인 물적 기반을 가진 독점자본세력, 독자적인 물적 기반을 가진 '신보수주의'적 지배세력으로 인식할 것을 요구하고, 통일투쟁 역시 그러한 성격을 가져야 할 것이다. 이런 점에서 향후 통일투쟁은 남한 민주변혁운동과의 유기적 연관 속에서 전개될 필요가 있다.

통일투쟁의 풍부화를 위하여 현시기에 주목하여야 할 점을 지적하면 다음과 같다.

첫째, 통일운동의 다양화가 요구된다. 이전에 비해 통일에 대한 열망과 민족주의적인 요구는 증대된 것이 사실이다. 그러나 다른 한편에서는 통일에 대한 요구의 자본주의적 희석화와 포섭이 진전되고 있는 것이 사실이다. 전자와 관련하여 통일에 대한 요구를 흡수하기 위한 좀더 온건한 통일운동 형태가 등장하고 있다. 이런 점에서 보수적 주도권을 넘어 민중의 주도권 아래에서 확장된 통일의 동력을 담는 적극적인 노력이 필요하다고 할 수 있다. 후자와 관련하여서는 특히 신세대의 탈정치화, 탈통일화를 어떻게 지양할 것인가, 신세대의 생활감정과 통일열망을 어떻게 결합할 것인가, 통일에 대한 신세대의 무관심을 어떻게 극복할 것인가 하는 점이 문제가 된다.

둘째, 지배세력의 변화에서도 언급한 바와 같이, 계급적 대중운동과 통일투쟁을 어떻게 결합해 낼 것인가 하는 점이다. 그간 노동운동은 억압에도 불구하고 괄목할 만한 조직적 발전을 이루어왔으며 적극적

362

인 정치화를 지향하는 단계로 발전하고 있다. 노동운동이 이러한 정치화의 연장선상에서 통일투쟁으로까지 발전해 나가는 것이 새로운 과제라고 할 수 있다.

그 동안 변혁운동이 통일운동으로까지 발전함으로써 집권층의 전유물이던 통일문제에 일정하게 민중들이 규정력을 갖게 되었다. 향후 통일운동의 발전이 이루어진다면 집권층의 통일정책에 대한 민중의 규정력은 더욱 증대될 것이며, 그런 단계에서라야 비로소 다양한 통일전도가 가능할 것이라고 생각된다. 남한정부는 고양된 통일열망 때문에 당국자간 대화를 진전시키면서도 그것이 가져올 체제균열적 효과를 우려하여 점진적으로 그리고 통제된 형태로 남·북한 관계가 전개되도록 강제할 것이다. 이러한 시도를 뛰어넘어 통일정책에 대해 민중이 통제력을 갖게 될 때 비로소 민중적 통일의 가능성이 열릴 것이다.

셋째, 통일운동을 남한이 민주변혁운동과의 유기적 연관 속에서 탄력성 있게 전개하여야 한다는 것이다. 통일운동은 단순히 북한과의 교류운동을 넘어 남한사회에 존재하는 반(反)통일적인 통제제도나 반통일적인 세력을 약화시키는 총체적인 운동으로 인식되어야 한다. 그런 점에서 평화군축운동은 현시기 통일운동의 중요한 영역이라고 생각된다. 한반도는 탈냉전의 세계사적 추세에도 불구하고 여전히 '냉전의 고도(孤島)'로 남아 있다. 세계적 냉전체제의 중심국가였던 미국조차도 최근에는 한반도에서 탈냉전적 정책을 관철하려는 지향을 보이고 있다. 남한사회는 여전히 '반공규율사회'적 성격이 강하며 이는 반공적 통제를 재생산하는 기초로 작용하고 있다. 그런 점에서 남한에 존재하는 분단반공냉전적 사회통제 기제 전반에 대한 투쟁은 통일운동과 민주변혁운동이 만나는 중요한 지점이라고 생각된다. 통일운동은 남한사회의 반민주적인 보수적 지배체제 자체를 균열시키는 운동이라는 관점에서 접근되어야 한다. 이전의 '돌출적인' 통일투쟁이 나중에는 적극적인 운동적

의의를 가졌던 것은 바로 그것이 남한 지배의 중요한 기반 중 하나인 반북(反北)적인 분단반공의식을 균열시키는 계기로 작용하였기 때문이다. 통일행위에 대한 권력의 독점이 부정되어야 한다는 점에서 '창구단일화' 반대운동은 여전히 의의를 가지고 있다고 생각된다. 그러나 문제는 그러한 운동의 체제균열적 효과가 과거에 비해 축소되었다는 것이다. 통일은 정확히 남한의 분단반공냉전적 사회질서가 균열되는 정도만큼 그 가능성과 저변이 넓어진다고 생각된다. 분단반공냉전적 구조란 반공냉전극우 이데올로기, 반공극우적 사회통제기구, 비대화된 군대 및 군사비 구조, 경제의 군사화와 군산복합체적 구조 등을 가리킨다. 따라서 분단반공냉전적 사회질서에 대한 해체적 운동은 반공냉전적 의식으로 대중들에게 내면화된 이데올로기 기제의 약화를 위한 운동, 동시에 다양한 의사(擬似) 전시(戰時)적 사회통제기구 등의 해체적 재편을 위한 운동, 비대화된 국방비의 축소 및 군축 등 '과잉군사화 사회(overmilitarized society)'의 개혁 등을 포함하게 된다.

넷째, 특별히 평화군축운동의 일환으로 IMF 시대에 한국경제의 침체를 규정하는 하나의 요인인 과다한 국방비 문제를 이슈화하여야 한다고 생각된다. 냉전적 대결 속에서 국방 및 안보 영역은 신성불가침의 영역이 되었고, 안보와 관련된 각종 억압적 통제기구들이 확장되어 왔으며, 엄청난 군사비를 지출하여야 하는 재정구조가 고착되었다. 그 결과 방위비는 매년 10% 가량 꾸준히 증가해 왔으며, 중앙정부 예산에서 방위비가 차지하는 비중이 20%가 넘는 수준에 이르렀고, 그런 사실조차 모르는 채 지속되어 왔다.[7]

한때 한국경제가 '잘나가던' 때에는 과중한 군사비 부담도 크게 문제

---

7) 김창수, 「냉전제도의 해소와 군축을 위한 분석과 대안」, 학술단체협의회, 『한국사회의 민주적 변혁과 정책적 대안』, 역사비평사, 1992 참조.

가 되지 않을 수 있었다. 그러나 한국경제가 위기에 처한 현국면에서 과도한 군사비 부담은 성장의 질곡으로 작용하게 된다. 냉전적 대결에 따른 군사비의 과도화는 남한뿐만 아니라 북한의 경제침체를 규정하는 중요한 요인으로 작용하고 있다. 한국경제의 절대적 규모가 지속적으로 확대되던 고도성장기에는 과도한 군사비가 부담이 되기는 하였으나, 냉전적 대결이 가져오는 노동통제 효과, 기득권세력의 보호 효과 등 정치사회적 부수효과가 있었기 때문에, 자본의 입장에서 보면 크게 '밑지는 장사'는 아니었던 셈이다. 그러나 이제 상황은 전혀 다르게 전개되고 있다. 한국경제가 침체된 상황에서 과중한 군사비 부담은 경제회복의 질곡으로 작용하고 있으며, 사회보장제도가 없는 구조에서 대량 실업·해고 사태는 민중들의 엄청난 저항을 촉발할 가능성이 있다.[8] 과거 고도성장이 가져온 노동시장의 지속적인 확대는 사회보장제도가 취약한 상황에서도 실업이나 해고의 문제점을 흡수하고 상쇄해 줄 수 있었으나, 이제 특단의 조치가 없는 한 현재와 같은 가혹한 실업, 해고의 홍수는 '계급전쟁'의 상황을 촉발할 수도 있다는 것이다.

이런 점에서 평화군축운동은 'IMF 극복'이라는 국민적 과제와 결합되면서, 과거의 냉전적인 대결자본주의의 일대 전환을 쟁취하는 운동으로 대중화될 수 있다고 생각된다. 군축과 군사비 감축이 한국경제의 한 돌파구로 인식될 수 있는 상황에서 평화군축운동의 대중화가 이루어질 수도 있다는 것이다. 남북간의 적극적인 긴장완화와 동반군축이 위기에 처한 남·북한 경제 모두에게 중요한 출구의 하나가 될 수 있기 때문이다.

필자는 민중운동역량이 발전해 가는 여러 단계마다 상이한 통일의

---

8) 군축을 통한 사회복지의 확대에 대한 추계적 연구는 다음을 참조. 김연명 외, 『군축과 사회복지』, 한울아카데미, 1992.

경로가 가능하다고 생각한다. 한국민중운동의 발전속도에 비해 한국 지배체제의 안정화 속도가 더 빠를 때에는 그 중간단계에서 통일가능성은 더욱 희박해지고 (근본적인) 변혁이 선행되지 않고서는 통일이 불가능한 상황으로 될 수도 있다. 현재로서는 그러한 방향으로 가고 있는 것으로 보인다. 그러나 이는 87년 이후 남한에서 '위로부터의 보수적 민주화'가 지배적인 것이 되고 북한의 극심한 침체와 재해로 조성된 것이지 항상적으로 고정되어 있는 것은 아니다. 현단계 한국의 민중운동은 — 원하든 원하지 않든 간에 — 남북관계 및 세계체제의 변화에 영향을 받지 않을 수 없다. 이러한 상황에서 민중운동이 고민해야 할 중요한 문제는, 그러한 변화들이 갖는 양면성, 즉 "한국의 지배체제를 승인·안정화시키는 체제공존론적 잠재력"과 "냉전적인 대결구도를 약화시킴으로써 갖게 되는 한국민중운동 성장에의 추동적 잠재력" 중 후자를 현실화해 낼 수 있느냐 없느냐 하는 것이다.[9] 바로 이 점이 "기층민중운동 성장을 중심에 놓고 사고"하면서도 통일운동의 독자적 의의를 부정할 수 없게 하는 근거이다.

기존 통일운동의 문제점을 비판하는 입장에 선다고 하더라도, '기층민중의 성장'만을 강조하고 '뒷짐지고' 서 있는 것으로 급변하는 현상황에 대한 의무가 끝나는 것은 아니라고 생각된다. 우리 민중운동이 원하든 원하지 않든 간에 한반도에서의 '해빙 및 평화'는 현 국제정세상 확대되어 갈 것임에 틀림없다. 그러한 '해빙 및 평화'가 '통일'로 이어질지, 아니면 '분단고착화'로 이어질지는 바로 민중운동의 실천에 의해 좌우될 것이다. 한반도를 둘러싼 향후의 파고(波高)를 민중운동

---

9) 이 점에서, 앞절에서 서술한 바와 같이 고민련 등 '통일정책' 자체의 객관적 내용보다는 주체적 실천에 따라 그러한 객관적 내용의 현실화에 많은 편차가 존재한다는 것을 인식하는 것이 중요하다.

성장의 계기로, 통일의 계기로 전화시켜 내지 못한다면, 한국의 민중운동은 "지배체제는 보다 강고화되고 민중운동의 기반은 보다 협애화되는 조건" 위에서 운동을 전개해야 하는 국면을 맞게 될지도 모른다. 통일문제를 둘러싼 대치선은 분명히 현존한다. 통일문제를 둘러싸고 민중적 대치선을 형성하는 것 역시 90년대 사회운동의 중요한 과제라고 할 수 있다. 그것을 부정하는 것은 민중운동 성장의 기반 자체를 스스로 협애화하는 것이 아닌가 생각된다.

6) 맺음말

통일은 정책안출의 과정이 아니라 정치사회적 과정이다. 여기서 관건은 민의 강제력이라고 할 수 있다. 민의 강제력은 좁은 의미의 통일운동을 통해서도 형성되지만, 넓은 의미의 반(反)반공주의적 운동을 통해 폭넓게 형성된다. 또한 통일운동은 비타협적인 통일운동은 물론이고 다양한 스펙트럼의 통일운동도 포함할 수 있다. 비타협적인 통일운동, 다양한 통일운동 및 여러 대중적인 운동의 유기적인 결합을 통한 민의 강제력의 확대가 중요하다는 것을 다시 한 번 강조하여야 할 것이다.

다음으로 낮은 수준의 통일에서 높은 수준의 통일로의 이행[10]과 그 신속성을 강제하는 것 역시 민의 힘이라는 점이 강조되어야 할 것이다. 남북 정부는 기본적으로 체제에 위협을 주지 않는 범위 내에서 통일을 추진하게 된다. 그렇기 때문에 통일의 과정은 언제나 고착화의 위험을 수반하면서 진행되는 과정이다. 이러한 고착화 경향을 통제하면서 통일

---

10) 이에 대해서는 다음을 참조. 졸고, 「통일한국의 정치체제 형성 연구」, 『성공회대학논총』, 1995, 성공회대학교: 강정구, 「하나된 조국: 그 대안적 사회체제의 모색」, 한국산업사회연구회, 『경제와사회』 제9호, 1991년 가을호.

의 심화를 강제하는 것이 바로 민의 힘이다.

주지하다시피 우리 사회에서 통일은 여전히 수사에 불과하다. 냉전적 대결노선이 체질화되어 있고, 극우적인 냉전세력이 일정한 정치·사회적 힘을 가지고 있으며, 분단사회의 이질성을 극복하는 통일지향적 이념도 약한 상태이다. 남북간에 합의한 남북합의서의 실행 역시 남한 내부의 냉전세력에 의해 중단된 상태이다. 어떤 점에서 냉전세력과 통일세력의 긴장에서 후자가 전자를 압도하지 못한 상태이며 정부를 통일의 방향으로 일관되게 강제하지 못하는 상태라고 할 수 있다. 우리 사회의 통일지향적 힘이 바로 이러한 장애물을 압도할 수 있을 때, 본격적인 통일의 전도를 고민하는 단계에 비로소 진입할 수 있게 될 것이다.

현단계 통일정세는 다분히 유동적인 것이 사실이다. 통일정세의 전향적인 변화 가능성은 북한에서 주어질 수도, 남한에서 주어질 수도 있다. 그런데 단기간 내에 북한정권이 붕괴할 가능성이 그리 크지 않으며, 북한의 수세적 지위 때문에 공세적인 통일정책이 나타날 가능성 또한 적다. 민족적 이념의 연장으로서 통일이 정권의 '이념적 기초'로 되어 있기 때문에 북한정권은 연방제를 기초로 하면서 유연화 전략을 구사하는 방향에서 소폭의 변화를 보일 가능성은 있으나, 급격한 변화의 가능성은 적다고 판단된다. 반면 남한에서의 변화는 정부측과 민간측 모두에서 추동될 수 있다고 생각된다. 한편에서는 남한정권의 정치 경제적 안정성이 극대화되어 일종의 '부르주아적' 안정감에 의해 공세적으로 전환하는 경우와 다른 한편에서는 남한정권에 대한 민의 강제력이 급격히 증대되는 경우가 있을 수 있다. 그러나 전자의 가능성은 남한에서 경제위기로 인하여 대단히 축소되었다. 현재로서는 이러한 양 측면 모두에서 급격한 변화가 생길 가능성이 적기 때문에 통일문제에 관한 한 단기적인 교착국면을 거치게 될 것으로 보인다.

제8장 IMF 구제금융시대 김대중정부하의
한국 민주주의와 사회운동

거시역사적 관점에서 볼 때 현재 한국사회는 '이중적인 전환(dual transition)'[1]의 과정에 서 있다. 즉 한국사회는 한편으로는 60년대 이후 지속된 고도성장체제의 전환이라는 경제적 전환과정에 있고, 다른 한편으로는 고도성장체제의 상부구조라고 할 수 있는 '개발독재적 예외국가'의 전환이라는 정치적 전환과정에 있다. 이중적 전환의 과정에서 어느 한쪽의 전환은 다른 한쪽에 영향을 미치게 되며 역작용하게 된다.

그 동안 점진적인 방식으로 변화되어 오던 고도성장체제는 외환위

---

1) 쉐보르스키는 이중적 전환을 동유럽사회가 계획경제에서 시장경제로, 공산당 1당독재체제에서 민주주의로 전환되고 있는 과정을 가리키는 데 사용하고 있다. 동유럽에서의 이중적 전환은 '사회구성적' 차원에서 혹은 체제 수준에서의 변화를 의미한다고 할 수 있으나, 이 글에서는 60년대 이후 고도성장체제 그리고 국가적 형태로서 개발독재국가의 정치적·경제적 전환이라는 '낮은 수준의' 변화를 지칭한다. Przeworski, A., *Democracy and the Market: Political and Economic Reforms in Eastern Europe and Latin America*, Cambridge: Cambridge University Press, 1991.

기, 외채위기 등 경제위기에 직면하면서 더욱 폭넓은 개조를 강요받고 있다. 경제위기는 97년 대선에서 집권여당의 재집권 대신 야당연합정권이 탄생할 수 있는 조건을 부여하였고, 야당연합정권의 탄생은 경제위기로 인한 개혁의 지평을 변화시켰다. IMF 금융지원체제, 김대중정부의 성립이라는 이 새로운 조건을 고려할 때, 한국의 민주주의와 사회운동은 새로운 변화의 맥락에 놓여 있다고 할 수 있다. 이 글은 바로 그러한 변화를 해명하고 변화가 가져오는 새로운 문제와 실천적 과제를 조명하는 것을 목적으로 한다. 특히 경제위기 속에서 성립한 김대중정부하에서 사회운동은 기존의 '민주 대 반민주 구도'의 해체와 민주 대 반민주 구도 '이후 질서'의 형성이라는 양면적인 과제에 직면하고 있다. 필자는 사회운동의 새로운 조건의 구조적 의미와 대응실천전략을 검토하고자 한다.

　이를 위해 필자는 먼저 IMF 구제금융체제를 낳은 경제위기의 구조를 특히 정치사회적 측면에 초점을 맞추어 분석한 다음, 김대중정부의 성립 이후의 사회운동의 실천적 대응과제에 대해 서술하고자 한다.

1. 경제위기의 '정치사회적' 구조와
IMF 구제금융시대의 개혁과제

1) 정치적 전환의 구조적 성격

60년대 이후 한국사회의 고도성장 과정은 군부 개발독재라는 정치적 상부구조하에서 후발산업화(late industrialization)가 진행되는 과정이었다. 이 과정을 통해 한국에는 독점적 자본주의가 압축형으로 확립되어 왔다. 80년대 이후의 정치적 변화는 바로 독점적 후발자본주의의 형성이라는 토대적 변화에 대응하는 상부구조의 변화로 이해할 수 있다.

필자는 거시역사적 이행의 관점에서 볼 때 한국사회를 신흥공업국의 초기 산업화 과정에서 나타나는 '예외국가'[2]로 파악하고, 그것의 형태변화는 부르주아 민주주의적 외양을 갖는 일반적 형태의 자본주의 국가로의 이행으로 파악한다. 일반적으로 자본주의사회는 자본주의적 토대와 부르주아 대의민주주의적 상부구조로 이루어진다. 60년대 이후 한국에서의 예외국가는 형해화된 부르주아 대의민주주의, 군부파시즘적인 발전동원체제가 그 특징이었다. 그런 점에서 한국사회는 '개발독재적 예외국가(developmental dictatorial exceptional state)'라고 부를 수 있다. 필자는 80년대 중반 이후 일련의 '민주주의 이행' 과정을, 개발독재적 예외국가가 사회적 투쟁 혹은 계급적 투쟁에 매개되면서 민주주의적 외양을 갖는 '부르주아적' 국가로 변화해 가는 것으로 이해한다. 현재 한국의 '부르주아적' 국가는 여전히 불안정하고 불완전하며 부분

---

2) Poulantzas, N., *Political Power and Social Classes*, London: NLB, 1973, p. 293; Poulantzas, N., *Fascism and Dictatorship*, London: NLB., 1974, pp. 57-59; Jessop, Bob, *Nicos Poulantzas: Marxist Theory and Political Strategy*, London: Macmillan, 1985, pp. 94-95 참조.

372

적으로는 권위주의로의 회귀(박정희 신드롬에서 보는 바와 같이) 가능성
을 갖고 있으나, 천민적인 자본주의적(부르주아적) '정상' 국가로 이행하
는 거시역사적인 흐름 속에 놓여 있는 것으로 파악될 수 있다.

한국의 개발독재적 예외국가는 70년대를 지나면서 위기에 직면하게
된다. 그 이유는 한편으로는 고도성장체제하에서 '효율적으로' 진전된
산업화 자체로 인하여, 다른 한편으로는 동원체제의 모순에 대응하는
민중적인 정치적 저항의 발전 때문이었다.

예외국가의 변형은 사회적 투쟁 및 계급적 투쟁의 매개를 통하여 상
이한 경로를 밟을 수 있다. 한국에서 개발독재적 예외국가의 변화는
'수동혁명적' 방식으로 전개된다는 데 특징이 있다. '지배' 자체가 전
반적으로 위기에 처하였던 80년대 중반 예외국가의 변형은 '능동혁명
적' 경로를 밟을 수도 있었다. 그러나 지배블록과 민중블록의 일종의
'결전'의 시점이었던 87년을 분기점으로 하여 민중블록이 정치변동의
주도권을 '상실'하게 되면서 다양한 발전의 가능성은 좁아지고, '수동
혁명적인' 방식을 통한 — 여전히 극우적으로 천민적인 — '부르주아
적' 국가로의 발전이 지배적인 것이 된다.[3] '수동혁명'[4]은 지배계급이
피지배계급으로부터 통치에 대한 동의를 확보하기 위하여 지배계급이
자기변혁을 추구하는 행위라고 규정된다. 지배 자체에 대한 민중들의
'동의의 철회'로 초래된 위기를 극복하기 위하여 지배를 혁신하는 것
이 바로 수동혁명이다. 그런 점에서 수동혁명은 '지배의 위기에 대응
하는 국가권력의 재조직화'로 규정될 수 있다.

한국에서 수동혁명적 방식으로 이루어진 지배의 재조직화 과정은

---

3) 해방 이후 한국의 현대사를 '수동혁명'의 관점에서 분석한 글로서는 다음을
   참조. 박명림, 「'수동혁명'과 '광기의 순간'」, 『사회비평』 13호, 1995.
4) Gramsci, A., *Selections from the Prison Notebooks*, London: Lawrence
   and Wishart, 1971 참조.

박정희정권 및 전두환정권으로 이어지는 개발독재적 예외국가가 노태우정권이라는 민선군부정권, 김영삼정권이라는 1차 민선민간정권, 김대중정부라는 2차 민선민간정권으로 변화하는 경로로 진행되었다. 지배블록이 직선제라는 '합헌적' 형식을 통하여 재집권한 경우가 노태우정권이라면, 김영삼정권은 구(舊)지배블록과 자유주의적 야당의 온건파와의 '동맹'에 의하여 성립하였고, 김대중정부는 자유주의적 야당의 '진보파' 혹은 '완고파'(평화민주당에서 국민회의로 변화한)의 주도권하에서 구지배블록의 주변적 분파(신민주공화당에서 자민련으로 변화한)의 동맹으로 성립하였다고 할 수 있다.[5] 80년대 후반 이후 김대중정부의 수립까지에 이르는 변화의 과정은 지배의 위기에 대응하는 국가권력 및 지배블록의 재조직화이며, 그렇기 때문에 예외국가의 수동혁명적 변화로 볼 수 있다. 후술하겠지만, 필자는 김대중정부의 수립이 갖는 혁신적인 의미를 인정한다.[6]

---

5) 여기서 우리는 80년대 사회구성체 논쟁 속에서 야당의 계급적 성격을 둘러싼 논쟁과정에서 제기되었던 분석범주로서 RB(reactionary bourgeoisie), LB(liberal bourgeoisie), P(people)를 상기할 수 있다. 김영삼정부의 주도 분파를 자유주의적 야당의 온건파 혹은 투항파라고 규정할 수 있다면, 김대중정부의 주도 분파는 개발독재적 예외국가에 저항하여 왔던 자유주의적 야당의 '완고파' 혹은 진보파로 규정할 수 있다. 여기서 '투항파'와 '완고파'의 개념은 이병천, 윤소영, 「전후 한국 경제학 연구의 동향과 과제」, 학단협 편, 『80년대 한국인문사회과학의 현단계와 전망』, 역사비평사, 1988 참조.

6) 거시역사적 관점에서 김대중정부 수립은 일반적 형태의 '부르주아적 국가'로의 이행의 맥락 속에 있다는 점을 알아야 한다. 필자는 김영삼정부 초기의 '신선'하던 개혁이나 김대중정부의 초기개혁을 '환호'하거나 관망하지 않고 '지배'의 변화의 기조를 인식하고 좀더 급진적인 거시역사적 관점에 선 재정비와 대응이 필요하다는 것을 강조하고 싶다. 그런데 문제는 개발독재적 예외국가의 수동혁명적 변화는 구지배블록의 주도권이 유지되는 기조 위에서 전

2) 경제위기의 정치사회적 구조

앞에서 필자는 한국사회가 이중적 전환의 과정에 놓여 있다고 지적하였다. 우선 정치변동의 수동혁명적 전개가 어떻게 개발독재적 예외국가하에서 전개되는 한국자본주의 축적체제의 개혁을 저지하여 파국적인 위기를 맞게 되었는가를 살펴보고자 한다.

(1) 고도성장체제의 위기구조

그 동안 한국을 포함한 동아시아의 성장은 '성공'의 모델이었다. 동아시아의 모델이 성공의 모델로 인식되고 성공을 위한 개발의 모델로 부상하는 동안 그 모델이 내장하고 있던 모순과 문제점, 위기는 충분히 조명되지 못하였다. 그러나 역설적으로 한국을 포함한 동아시아의 경제위기는 동아시아 모델을 '위기의 모델'로 바라볼 수 있는 '인식론적' 전환의 계기를 제공하였다.

60년대 이후 한국사회는 개발독재적 예외국가하에서 성장을 향한 총동원체제로 편제되었다. 그 체제는 동원화의 성격이라는 점에서 '국가주의적 동원화'의 특징을 지니고 있으며, 통합화의 성격이라는 점에서 '권위주의적 통합화'라는 특징을 갖고 있다.[7] 총동원체제란 성장이라는 목표를 향하여 일면적으로 조직화된 60년대 이후의 한국사회를 의미한다. 국가와 시민사회의 심대한 비대칭성 위에서 재생산되는 '과잉성장국가'는 막강한 권력을 성장을 향한 사회 재조직화에 활용하였다.

개되고, 구지배블록에 의해 재생산되고 있는 기존 질서의 혁신적 변화를 동반하지 않기 때문에, 결국 제한적인 것으로 머물 수밖에 없다.

7) 졸고, 「동아시아 성장론의 검토와 한국경제성장의 정치사회적 구조」, 학술단체협의회 '97 학술토론회.

60년대 이후 한국사회에서 근대화 프로젝트는 헤게모니적 국가프로 젝트가 되었고 이 헤게모니적 프로젝트 속에서 국가는 자본의 형성과 성장을 위한 목표로 일체화되었다. 이것은 예외국가를 중심으로 하여 총력적인 자본지원체제가 가동되는 것을 의미한다. 정치적 정당성 없 이 성립한 군부국가는 근대화 프로젝트로 자신을 정당화하였고 성장 을 향한 총동원체제 자체를 분단반공 이데올로기를 통해 정당화했으 며, 성장총력체제에 대한 비판과 저항을 '반국가적' '반체제적'인 것으 로 간주하여 억압하였다. 예외국가하에서 부르주아지의 이해는 반공이 데올로기에 의해 '의사(擬似) 민족적'인 이해로 부상하게 되었다. 여기 서 문제는 예외국가의 총동원체제하에서 국가-자본 관계의 독특한 구 조가 정착되고 재생산되었다는 것이다. 다시 말하면 예외국가를 가능 하게 하였던 국가-시민 사회의 왜곡된 비대칭성은 개발독재적 예외국 가를 가능하게 하였으나, 그 예외국가의 타락화는 왜곡된 국가-자본 관계를 확대정착시키게 되었다는 것이다.

60년대 초기산업화 단계에서 국가-자본 관계는 자본에 대한 막강한 지원(subsidy)의 반대급부로서 자본측에 일정한 성과(performance)를 요구하는 식으로[8] 양자간에 일정한 긴장이 존재하였다. 그러나 이러한 긴장은 군부국가가 장기집권으로 인해 정치적으로 대단히 불안정하게 되는 70년대 이후에는 약화되며, 검은 거래관계로 전화된다. 국가는 막 강한 권력을 배경으로 하여 자본에 특혜를 부여하고 자본에 대해 그 반대급부로 정치자금을 요구하는 일종의 경제적 거래관계로 부패하게 된다. 여기서 천민자본주의, 정실자본주의(crony capitalism)라는 한국

---

8) Johnson, Chalmers, "Political Institutions and Economic Performance: The Government-Business Relationship in Japan, South Korea and Taiwan", in Frederic Deyo (ed.), *The Political Economy of the New Asian Industrialism*, Ithaca: Cornell University Press, 1987.

자본주의의 특징, 즉 왜곡된 국가-자본 관계가 나타나게 된다.[9]

특히 성장을 향한 총동원체제하에서 국가관료, 정치인, 기업(특히 대자본 및 대재벌), 금융기관 간에는 정치적 유착관계가 형성되고 이는 금융기관의 활동에서 경제적 타산을 넘는 상위원칙으로 작동하게 된다. 금융 및 신용에 대한 국가통제하에서 '정경유착'을 통하여 기업은 재정금융적 특혜에 접근할 수 있었고 그 반대급부로 생기는 이익을 관료 및 정치인과 공유하는 부패의 폐쇄회로가 형성되고 고착된 것이다.

이러한 유착구조하에서 재벌은 금융기관에서 막대한 특혜적 차입을 받아 중복과잉투자와 문어발식 확장을 할 수 있었다. 재벌은 자신의 독자적인 시장지배력뿐만 아니라 정경유착을 통한 정치적 지배력을 통하여 은행신용을 독점함으로써 독점적인 지위를 향유하게 된다. 또한 순환출자와 상호지급보증 등의 방법을 통해 모기업의 자본금만으로 수백 배의 자본을 통제하면서 방대한 기업군을 거느렸다. 이러한 방법으로 재벌들은 이른바 방만한 '빚 경영'을 유지할 수 있었다. 금융기관 역시 신용을 국가가 통제하는 구조 속에서 재벌 및 국가관료와의 유착구조에 안주하였다. 이상과 같은 한국자본주의의 재생산기제인 정실적(情實的) 관계망은 재벌체제를 유지하는 정치사회적 기제로 작동함으로써 한국자본주의의 투명화와 합리화에 질곡을 가져왔다.[10]

---

9) 천민자본주의는 주로 한국 자본의 지대추구적인 성격, 약탈적 성격, 경제외적인 수탈을 통한 초과이윤의 획득 등 축적의 초과착취적 성격 및 수탈성을 지칭하는 것이라고 한다면, 정실자본주의는 수탈이 이루어지는 정치사회적 관계를 지칭하는 것이라고 할 수 있다. 천민자본주의, 정실자본주의적 성격은 크게 보면 국가-자본 관계의 왜곡성에서 말미암은 한국자본주의의 기생적 성격을 지칭하는 것이라고 하겠다.

10) 이런 점에서 현재의 경제위기는 바로 고도성장체제, 즉 한국의 '신식민지적 근대화' 자체의 내적 모순에서 기인하는 것이라고 보아야 할 것이다. 그렇기 때문에 "오늘의 경제침체를 발전위기란 총체적 시각에서 접근할 필요가 있

이러한 구조적 왜곡성은 나라에 따라서 다르게 나타날 수 있다. 한국에서는 왜곡성이 좀더 심각하게 나타났으며, 개발독재적 예외국가의 내적 왜곡성과 모순을 좀더 투명하게 보여주는 사례가 되었다. 한국과 비슷한 예외국가인 대만과 비교하여 한국의 경제위기가 좀더 심대하게 출현한 데에는 여러 요인이 있겠지만, 구조적인 차원에서 중요한 요인으로 발전동원체제의 내적 모순을 개혁할 수 있는 가능성을 축소시킨 강력한 대기업중심주의를 들 수 있다. 대만의 경우 본토 내전에서 패배한 경험 때문에 '예방적 경각심'이 상대적으로 커서 대기업 중심주의적 정책이 일정하게 통제되었던 것으로 보인다. 특히 대만에서는 일본 귀속재산의 불하과정에서 많은 부분이 국영기업화되고, 이후 중화학공업화 과정에서 상당부분이 국영사업으로 추진됨으로써 민간 독점대기업의 지배력이 남한의 경우에 비하여 상대적으로 적었다. 그러나 한국에서는 정경유착에 기초한 대기업 중심주의적 구조가 강력했으며, 이것이 경제적 위기를 심각하게 출현시킨 원인이 되었다.

한국자본주의가 내장하고 있던 천민자본주의적 성격과 정실자본주의적 성격이 파국적인 경제위기로 나아가게 된 데는 크게 두 가지 계기가 작용한 것으로 파악된다. 첫째, 수동혁명적 정치변동, 즉 '위로부터의 보수적 민주화'가 갖는 한계 때문에 개발독재적 예외국가하에서 고착된 왜곡된 국가-자본 관계, 왜곡된 축적구조를 혁신하는 데 질곡으로 작용하게 되었다는 것이다. 둘째, 국민경제의 글로벌화의 진전으로 인하여 국민경제와 세계경제의 결합양식이 변화함으로써 위기가 내적인 민중수탈적인 방식을 통해서 수습될 수 없게 되었다는 것이다.

다. 그러한 발전위기는 우리의 잘못된 근대화 과정에서 이루어져온 경제, 정치, 사회, 문화 등의 전영역에 걸친 과발전과 저발전의 불균형을 의미한다"고 보아야 한다. 임현진, 송호근 편, 『전환의 정치, 전환의 한국사회 ─ 한국의 정치변동과 민주주의』, 사회비평사, 1995, 79-80쪽 참조.

첫번째 요인은 김영삼정부의 개혁이 왜 중단되었는가라는 물음과 연관되어 있다. 경제적 전환과 정치적 전환은 서로 영향을 주고받게 된다. 지체된 정치적 전환이 경제적 전환의 질곡으로 작용할 수도 있고, 지체된 경제적 전환이 정치적 전환의 질곡으로 작용할 수도 있다. 김영삼정부하에서 경제적 개혁의 좌절은 바로 전자의 한 예를 보여준다고 하겠다. 전두환정권에서 노태우정권으로의 전환과 달리 김영삼정부로의 전환은 상당한 경제적 전환을 가져올 수 있는 가능성을 갖고 있었다. 그러나 이 가능성은 최소화되고 초기에 추진하였던 개혁이 중단되면서 왜곡된 경제구조가 혁신될 수 있는 가능성이 축소되게 된다. 업종전문화 정책, 금융실명제로 상징되는 김영삼정부의 경제개혁은 초기의 기대에도 불구하고 왜곡된 대재벌 중심의 '정실'적 경제구조, 나아가 고도성장체제하에서 구조화된 국가-자본 관계의 전환을 성취할 수 없었다.

김영삼정부의 탄생은 구(舊)집권여당 세력과 온건야당의 전략적 동맹에 기초하였다. 그런데 김영삼정부의 개혁이 진전될수록 재집권연합 내부에서 갈등이 증폭되고 내부권력적 기반이 약화되는 모순이 심화되었다. 이러한 내부적 갈등 속에서도 기득권세력은 개혁의 시대적 필연성 때문에 침묵하거나 방어적일 수밖에 없었다. 그러나 그후 기득권세력은 개혁의 부작용을 빌미로 삼아, 또한 '정치공학적' 개혁으로 인해 개혁의 순수성이 대중적으로 의심받게 되는 상황을 이용하여, 더 나아가 한 단계 높은 개혁을 향한 민중블록의 요구로 인하여 김영삼정부의 정치적 불안정성이 높아지는 것을 계기로 하여 '대반격'을 감행하여 김영삼정부를 무력화시킨다.[11] 기득권세력과의 강력한 이데올로

---

11) 예컨대 우리는 93년 '이인모 송환'을 예로 들어볼 수 있다. 이인모의 송환은 김영삼정부(YS 및 청와대 및 행정부의 일부 관료들)의 대북(對北)문제에서

기적 연대 속에 있는 보수언론이 김영삼정부를 약화시키는 데 일조하였음은 물론이다.

이러한 과정을 구조적 관점에서 분석하게 되면, 경제개혁의 좌절은 개혁에 반대하는 기득권세력의 저항에서 비롯되는 것이며, 기득권세력의 저항이 김영삼정부를 무력화까지 시킨 것은 수동혁명적 방식으로 진행되는 정치변동 그 자체의 성격에 기초한 것임을 알 수 있다. 바꾸어 말하면 수동혁명적 정치변동이 기본적으로 구지배블록의 주도권하에서 진행되었기 때문에 경제개혁의 정치적 한계로 작용하였다는 것이다.

우리 사회에는 현재 우리가 직면한 경제적 문제와 관련하여 일종의 김영삼에 대한 '집단 이지메' 현상이 존재하고 있다. 많이 지적되다시피 "김영삼정부의 개혁은 개혁 마스터플랜의 결여, 사조직 중심의 개혁추진, 즉흥적이고 여론몰이적인 개혁스타일, 정치공학적인 개혁수행, 정책 수행능력 자체의 결여" 등 많은 과정상의 문제점을 드러냈다. 김영삼 자신은 분명 개혁의 좌절 및 현재의 복합적 위기에 중대한 책임이 있다. 그러나 개혁 중단과 경제적 파탄의 원인은 정당한 변화를 지체시키고 그것에 조직적으로 저항한 기득권세력 혹은 반개혁세력, 더욱 넓은 의미에서는 왜곡된 국가-자본 관계에서 찾아야 한다. 재벌, 관료, 군부, 보수적 정치인, 극우보수세력 등을 핵심구성으로 하는 기득권세력[12]은 김영삼을 '희생양(scapegoat)' 삼아 개혁좌절의 책임에서 벗

'개혁적' 성향을 발현한 것이고 이것은 명백히 잘한 일이라고 생각된다. 그런데 문제는 이것이 보수진영에 '대반격'의 한 빌미가 되고 나중에는 한완상 장관이 경질되는 원인이 된다. 물론 당시로서 유동적인 남북관계(그 무렵 북한은 핵확산금지조약에서 공식 탈퇴하고 그를 계기로 한 북한-미국 관계, 한반도에서의 긴장확대 등)를 고려할 때 '전술적 오류'일 수는 있으나, '전략적' 수준에서 보면 문제의 진원은 '국가'의 여러 층위에서 제도적인 권력을 가지고 있는 우리 사회의 강고한 보수세력의 문제이다.

12) 정대화, 「김대중 정권의 정치적 과제와 전망」, 학술단체협의회 '98 정책토론회.

어날 수 있었다.[13] 그러나 정작 현재의 경제위기의 구조적 원인을 만든 개혁 중단은 바로 개혁되지 않은 기득권구조 속에 있다고 보아야 한다. 현재의 경제위기는 기본적으로 개혁의 중단에서 연유하고 있었고, 그것은 김영삼의 무능 때문이기도 하지만 김영삼을 무력화시킨 기득권세력의 강고함이 더 큰 원인이다. 더 나아가 이 강고한 저항이 가능하였던 것은 기득권세력의 주도하에 진전된 정치변동의 '수동혁명'적 특징 때문이다. 이처럼 필자는 경제개혁의 좌절을 수동혁명적 정치변동이 갖는 한계성이라는 관점에서 파악하고 싶다.

바로 이처럼 정치적 한계 때문에 무력화된 김영삼정부하에서 국정지표의 하나였던 '세계화'는 개혁의 의미를 갖기보다는 새로운 '신(新)성장노선'으로 변질된다. 진정한 의미의 세계화란 글로벌 시대, 즉 한편에서는 국민경제적 경계를 넘어 범지구적인 경제적 연관이 강화되는 시대, 다른 한편에서는 국내자본이 이제 범지구적인 자본운동을 준비하여야 하는 시대에 대응하는 경제구조의 개혁, 기업경영의 혁신을 의미하는 것이라고 할 수 있다. 그러나 세계화와 개혁은 글로벌 시대에 부응하지 못하고 그 동안 개발독재적 예외국가하에서 특혜적으로 성장하였던 대자본들의 세계적 진출을 위하여 다시금 특혜적 지원을 하여야 하는 국가 프로젝트로 변질되게 된다. 세계화에 상응하는

---

13) 언론이 여기서 중요한 역할을 하였음은 주지의 사실이다. '민주화'라는 이름으로 전개된 변화의 과정이 경제구조의 혁신 없는 국가의 개입 철회 및 시장화라는 식의 '자유화'로만 인식되었던 것도 보수언론의 이데올로기적 공세 때문에 민주화의 진정한 개혁적 의미가 전도되는 과정을 말해준다. 이러한 일면적인 인식은 재벌언론들에 의해 더욱 확산되었고 사회적으로 상식화되었다. 고도성장체제하에서 고착된 구조에 대한 혁신이 곧 민주화의 중요한 내용이고 단순히 국가주의적 개입 자체의 철회만을 의미하는 것이 아닌데도 민주화가 개입 철회를 의미하는 '자유화'로만 일면적으로 인식되었던 것이 이후의 개혁을 실종시킨 중요한 원인 중 하나이다.

혁신은 중단되고 대재벌 중심의 왜곡된 정경유착, 관치금융 구조 위에서 세계화란 이름의 신성장노선으로 나아가게 되었다는 것이다. 바로 이 상황이 경제위기의 구조적 근거의 하나이다.

다음으로 고도성장체제의 위기는 내적인 것이기도 하지만 외적인 도전에 의한 것이기도 하다. 즉 수동혁명적 정치변동의 한계 속에서 경제개혁이 타협적·제한적으로 진행됨으로써 정당한 개혁이 지체된 것은 국민경제 내부의 문제로 끝날 수도 있었다. 그러나 글로벌 경제와 국민경제의 '결합양식(mode of connection)'[14]의 변화는 위기의 내부적 문제화를 불가능하게 하였고 그 결과 정당한 개혁의 지체가 심대한 위기로 이어지게 되었던 것이다.

'예외적 성장'을 거듭하던 동아시아 경제 중에서 홍콩과 싱가포르는 상대적으로 개방적인 경제모델을 취하고 있었던 데 반해, 대만과 한국은 상대적으로 폐쇄적인 발전모델을 취하고 있었다. 이처럼 상대적으로 폐쇄적인 공간 속에서 이루어지던 대만과 한국의 성장은 80년대를 넘어서면서 급속도로 다가오는 개방화를 맞게 된다. WTO체제의 출범은 개방화가 새로운 단계로 진입하는 한 상징이라고 할 수 있었다. 과거의 산업자본을 중심으로 이루어지던 자본운동의 국제화와는 달리 국제금융자본의 높은 수준의 국제화를 중심으로 하는 글로벌화는 한국경제에 새로운 도전을 제시하는 것이었다. 이것은 초기산업화 단계에서의 국민경제와 세계경제와의 결합양식과는 다른 새로운 결합양식의 출현을 불러오고, 초기산업화 단계와는 다른 경제구조를 요구하게

---

14) Sum, Ngai Ling, "Theorizing Export-Oriented Economic Development in East Asian Newly−Industrializing Countries: A Preliminary Attempt from a Regulation Perspective", in Cook, I. and R. Li (ed.), *Business, Trade and Economic Development in Pacific Asia*, Aldeshot: Avebury, 1997.

된다. 새로운 결합양식이 의미하는 바는 이동성이 낮은 국제산업자본과는 달리 높은 이동성을 갖는 국제금융자본의 도전 속에서 거시경제적 안정성을 유지하면서 성장을 조직화하여야 한다는 것이다. 70년대까지의 성장체제가 기본적으로 '산업자본의 국제화'라는 흐름 속에서 성장을 조직화하였다고 한다면, 이제 '금융자본의 높은 국제화' 속에서 성장을 조직화하지 않으면 안 되는 상황에 놓이게 되었다는 것이다. 이러한 도전은 특히 초기산업화 단계를 경과한 아시아의 신흥공업국들에 대하여 집중적으로 나타나게 된다. 그것은 이미 이러한 나라들이 국제금융자본 운동의 집중적인 대상이 되었기 때문이다.

국제금융자본의 집중과 이동성은 이들 신흥공업국들에서 나타나는 이른바 '거품경제'의 근거가 된다. 즉 외국자본이 볼 때 동아시아는 유망한 투자지역으로 부상했고 이러한 초국적 금융자본의 급격한 유입으로 외환보유 증가, 내수시장의 과대성장, 부동산 및 증시가격의 급등, 내국인 소비의 급등, 은행자산과 부채의 증가 등이 나타나게 된 것이다. 한국은 이러한 거품의 양면성을 보지 못하였던 것이다. 초국적 자본의 과다유입으로 인한 '거품'은 정책결정자들의 '낙관주의'를 부추기고 이는 외채의 증가나 경상수지 적자 등 위기징후를 고려하지 못하는 정책결정을 낳았다. 이런 상황에서 동아시아 금융시장의 동요를 계기로 외국투자자본이 급격히 이탈하는 상황이 발생하게 되면서 위기가 다면적으로 — 외환, 주가, 환율 등 — 동시에 표출하게 되는 것이다.

결국 '거품'은 다른 측면에서는 — 거시경제적 대응을 적절히 못할 경우 — 국제금융자본의 이동성에 대한 내적 취약성이 내재되는 것을 의미한다. 특히 국제금융자본의 이동에 대한 국민경제적 취약성이 노출되면서 성장을 도모해야 하는 '신흥성장지역'의 경우 거품의 양면성에 대응하는 적절한 정책적 대응이 부재한 경우, 또한 내부에 왜곡된 경제구조가 강력하게 존재하는 경우 쉽게 국민경제적 위기로 발전할 가능성을 갖게 된다. 우리는 그 대표적인 사례를 한국의 경우에서 발견하게 된다.

　주지하다시피 국제환투기를 주도하는 헤지 펀드 등 국제적인 투기성 자본들은 정보화의 진전으로 세계가 점차 단일한 사이버 네트워크로 통합되어 가는 데 기반하여 주식과 채권을 중심으로 하는 포트폴리오 투자를 통해 범지구적인 운동을 하고 있다. 그래서 개별국가의 통화, 금리, 주가, 환율 등은 이미 지구적으로 연계되어 있는 초국적 금융자본의 흐름과 방향에 깊이 영향을 받게 되어 있다. 이처럼 세계경제의 글로벌화의 심화와 국제금융자본의 높은 이동성 속에서 동아시아 경제는 성장의 구조를 재조정하여야 하는 과제에 80년대 초반부터 직면하였다. 바로 이러한 글로벌한 도전에 조응하는 혁신을 단행하지 못하였기 때문에 경제위기가 필연화되었던 것이다.

　글로벌화의 진전은 국제금융자본의 운동이 국민경제 내로 깊숙하게 내재화되고 있다는 것을 의미하고, 이것은 과거 국가가 신용 및 금융에 대한 절대적인 통제력을 갖던 상황, 바로 그러한 통제력을 통하여 발전을 향한 신용 및 금융의 집중적인 배치가 가능하였던 상황의 종언을 의미한다. 이른바 '거품' 경제 속에서 확대된 외채의 누적 속에서 내부의 신용위기는 과거 72년 8·3 조치나 80년 중화학공업 구조조정 때처럼 민중수탈적인 방향으로 전개될 수도 있었다. 사실 한국경제의 직접적인 위기는 한보철강의 부도로 인한 5조 원대의 부실채권과 삼미, 해태 등 5대 재벌의 부도로 인한 35조 원대에 이르는 부실채권이 직접적인 단서가 되었다. 이러한 위기상황은 과거처럼 폐쇄적인 성장구조하에서는 민중전가적인 방식으로 극복될 수도 있었을 것이다. 그러나 글로벌화의 진전은 민중수탈적인 내부수습 방안을 비현실적인 것으로 만든다. 이미 국제금융자본의 운동이 내부화되어 있는 상황에서, 그리고 국민경제의 거시경제적 안정성을 구성하는 유기적 일부가 되어 있는 상황에서, 국제금융자본의 급속한 퇴각은 한국경제를 외환위기 및 외채위기로 몰아넣었고 급기야는 IMF 구제금융을 받지 않으면 안 되는 상황으로 내몰았다. 요컨대 내적인 위기가 과거처럼 민중전가적인 방향으로 극복되기 이전에 국제금융자본의 퇴각으로 인해 위기가 공식화되었던 것이다.

3) 김대중정부의 경제개혁과 사회운동의 과제

앞서 서술한 바와 같이 김대중정부는 거시역사적 관점에서 보면 개발독재적 예외국가로부터 부르주아적 국가로의 수동혁명적 이행의 과정 속에 놓여 있는 것으로 파악될 수 있으나, 경제적 전환의 지체와 위기에서 성립되었기 때문에, 또한 노태우정부에서 김영삼정부로 이어지는 수동혁명적 정치변동의 지체와 위기에서 성립하였기 때문에, 김대중정부는 좀더 폭넓은 변동을 주도할 수 있는 가능성을 갖고 있다고 할 수 있다.

경제위기와 관련하여 사회운동은 IMF 지원체제하에서 강요된 개혁을 주체적인 진보적 개혁으로 추동해야 하는 과제를 갖게 된다. 앞서 지적한 바와 같이 글로벌화에 부응하지 못하는 내적 개혁의 지체는 파국적인 외환위기를 맞게 되고 왜곡된 고도성장체제 자체의 모순성을 극명하게 드러내는 계기가 되었다. 대단히 효율적인 것으로 여겨졌던 한국의 고도성장체제는 기실 여러 구조적 모순을 내장한 체제였다. 경제위기는 그 동안 고도성장의 '예외성' 속에서 가려졌던 '성장의 모순성' 혹은 성장의 구조적 문제점을 노출하는 계기로 작용하였다. 특히 정경유착, 관치금융, 부당한 내부자거래 등으로 악명 높은 재벌체제는 그 비정상성 때문에 이전에 진보적·비판적 진영으로부터 비판을 받아왔을 뿐만 아니라, 이제 IMF적인 신자유주의적 입장 혹은 시장론적인 입장으로부터도 비정상적인 것으로 비판받는 처지에 놓임으로써 개혁을 피할 수 없는 상황이 되었다. 더구나 파국적인 경제위기는 고도성장체제의 경제적 전환에 저항하는 기득권세력의 입지를 약화시켜 경제개혁의 가능성을 확장시켰다. 이것은 김영삼정부하에서 기득권세력의 저항 속에서 중단된 개혁을 좀더 '진보적'인 방향으로 시행할 수 있는 가능성을 부여하였다.

IMF가 요구한 한국경제의 주요 개혁과제는 먼저 경제위기의 직접적 원인이라고 간주되는 재벌 및 금융기관 등의 구조개혁, 둘째, 상품시장, 금융시장, 기업시장의 개방형으로의 재편, 셋째, 노동시장 유연화의 증진 등이다. 강요된 개혁의 주체화와 관련하여, 먼저 김대중정부가 왜곡된 고도성장체제의 문제점을 극복하는 방향에서 구조개혁을 철저하게 수행하도록 추동할 것인가가 중요하게 된다. 재벌체제의 개혁은 개발독재적 예외국가하에서 왜곡되게 구조화된 국가-자본 관계의 개혁의 핵심이다. 왜곡된 국가-자본 관계는 기업가와 관료의 관계에서, 정치가와 기업가의 관계에서, 대기업과 금융기관의 관계 등에서 다양하게 표출된다. 재벌체제의 개혁은 왜곡된 이러한 관계의 전환을 의미한다.

글로벌 신자유주의의 압력은 기본적으로 자유시장경제의 논리에 의하여 세계경제를 재편하려는 초국적 자본의 입장을 전제하고 있다. 이 입장은 신자유주의적 개혁을 뛰어넘는 개혁을 시도하는 경우에 구조적 한계로 작용한다는 측면과, 한국경제처럼 신중상주의적 '국가개입주의'하에서 왜곡성이 구조화된 경우에는 신자유주의적 요구 자체가 구조개혁의 압력으로 작용하는 측면을 지니고 있다. IMF는 내적인 자본주의적 모순 자체에 대한 개혁을 요구하는 것이 아니라, 초국적 자본의 자유로운 이동과 활동을 위하여 장애가 되는 폐쇄경제적 구조, 그 폐쇄 속에서 구조화된 투명하지 못한 기업활동 및 금융기관 등의 정리를 요구하고 있다. 이것은 천민적 '정실' 자본주의의 투명화를 요구하는 것이지, 자본주의 자체의 천민성을 개혁하고자 하는 것은 아니다. 따라서 사회운동은 한국경제의 신자유주의적 재편을 요구하는 IMF의 압력을 활용하면서도 왜곡된 고도성장체제의 구조혁신을 주장해온 아래로부터의 요구를 관철하는 방식으로 운동의 압력을 진보적으로 조직화해야 한다.

현재 재벌개혁과 관련하여 여러 방안이 제시되고 있다. 투명한 기업경영을 위한 여러 방안으로 독립적인 외부감사제도, 사외이사 제도 도입, 소액주주권의 강화, 결합제무제표의 작성 의무화 등이 거론되고 있다. 문어발식 기업구조의 혁신을 위하여 상호지급보증제도 개선, 순환출자 금지, 상호지급보증제도 철폐, 이른바 '빅딜' 등이 제시되고 있다. 그러나 개혁과제들은 실제적 시행과정에서 재벌과 정부의 타협을 가져올 가능성도 있다. 심지어 재벌들은 구조조정특별법 등으로 지원을 받으면서 빅딜을 적절한 수준에서 진행하거나 부실기업의 정리 차원에서 진행하려고 할 것이다. 또한 재벌들은 재벌총수의 사퇴, 재벌총수 재산의 헌납, 지배주주의 기업지배 조직의 중요한 기구였던 회장실 혹은 기조실 체제의 해체, 재벌의 금융기관 소유 및 언론 소유 등을 비켜가면서, 지주회사 설립을 통해 합법적으로 재벌체제의 유지, 재생산을 도모할 것이다. 사회적 수준에서는 위기의 원인을 금융실명제, 과소비, 고임금 등으로 치환하면서 '위기에 선 축적'을 보완하기 위한 대책을 요구할 가능성도 있다.

이런 점에서 재벌개혁의 세부적 진행과정 자체가 투쟁의 과정에 의해 상이한 결과를 낳을 수 있다는 점을 인식할 필요가 있다. 앞서 서술한 바와 같이 야당연합정권의 구성이라는 복합성은 김대중정부가 친(親)재벌적 입장과 비(非)친재벌적 입장 사이에서 동요할 가능성을 만들고 있다. 신정부와 재벌 간의 '적절한 타협'을 방지하면서 좀더 전면적인 구조개혁과 재벌체제개혁을 실현하기 위한 과제가 요구된다는 것이다. 결국 재벌개혁의 과정에서 어떻게 진보개혁적인 세력이 '국민적'으로 '경영투명성 제고가 아닌 진정한 의미의 재벌해체'[15]를 강제할 수 있느냐가 중요한 과제라고 하겠다.

다음으로 두번째 개혁, 즉 상품시장 및 금융시장의 개방화가 가져오는 부정적인 측면에 대한 사회운동적 대응의 문제가 있다. 현재 한국경제는 초국적 자본의 전면적인 지배 가능성에 맞서 거시경제적 자립성을 견지하면서 어떻게 '경제주권'을 지켜낼 것인가 하는 과제에 직면해 있다. 또한 전세계를 단일한 자유시장으로 재편하여 글로벌한 수탈을 조직화하고 있는 초국적 자본에 맞서 '경제주권'을 지키고 초국적 자본 — 산업자본 및 금융자본 — 의 지배에 저항하는 국제적 연대구조를 만들 것인가 하는 과제에 직면해 있다. 상품시장 및 금융시장의 개방화에 따른 초국적 자본의 지배 확대에 대한 문제제기는 80년대 이후 지구촌사회의 새로운 운동의제로 등장한 바 있다.

앞서 지적한 바와 같이 동아시아의 '네 마리 용' 중 한국이나 대만처럼 '국가주도적 폐쇄모델'에서는 초국적 자본의 활동을 방해하는 강력한 민족주의적·국가주의적 장치가 존재하였다. 그 동안 한국과 대만은 초국적 자본의 방대한 투자시장으로 성장하였음에도 불구하고 폐쇄적 구조로 존속하였다. 미국 및 초국적 자본 그리고 IMF는 경제위기를 계기로 이들 나라의 시장주의적 개방체제로의 재편을 강요할 수 있는 호기를 갖게 된 셈이다.

구제금융의 대가로 상품시장을 전면적으로 외국기업에 내주도록 강요되고 있으며 이와 함께 무역관련 보조금, 수입다변화 프로그램 제거 등이 요구되고 있다. 또한 자본자유화에 대한 강도 높은 요구를 통해

---

15) 김상조, 「IMF 구제금융과 한국경제의 미래」, 민주노총 정책토론회, 1997. 12. 11, 숭실대 사회봉사관.

기업시장의 완전개방을 강제하고 있다. 외국은행의 국내 금융기관 인수·합병이 즉각적이고 무제한적으로 가능하도록 허용할 것을 요구하고 있으며, 적대적인 M&A까지 가능하도록 자본시장의 완전한 자유화를 요구하고 있다. 이제 한국경제는 상품시장뿐만 아니라 자본시장, 금융시장, 기업시장의 전면적인 개방이 가져오는 국민경제적 효과에 주목할 수밖에 없는 지점에 오게 되었다고 할 수 있다.

그 동안 한국경제는 높은 무역의존도에도 불구하고 직접투자의 비율이 남미에 비해서 낮았고 토착국가와 토착자본의 국민경제 통제력이 대단히 높았다고 할 수 있다. 따라서 역설적으로 한국사회에서 '종속이론'이 회자되었던 시대에는 '종속'의 문제가 그렇게 심각하지는 않았다. 과거의 종속이론은 주로 초국적 '산업자본'의 직접수탈에 대한 반제(反帝)적 저항을 주된 관심사항으로 하고 있었다. 이러한 반제 중심적 방침은 토착부르주아지의 이해를 일정하게 대변하는 성격을 지니고 있었다. 그러나 이제 신자유주의적 조류 속에서 투기적 국제금융자본에 대한 글로벌한 공적 규제장치가 부재한 현실에 대한 저항이 중요성을 갖는 조건에 처하게 되었다. IMF 구제금융체제하에서 한국경제는 한편으로는 과거의 왜곡된 대재벌체제를 개혁해야 하는 과제에 직면함과 동시에, 초국적 자본의 무차별한 공세에 노출되는 개방체제하에서 어떻게 민중적 이해를 방어할 것인가 하는 과제에 직면하고 있다.

다음으로 '신빈곤(新貧困)' 문제에 대한 대응을 들 수 있다. 노동시장의 유연화 및 부실금융기관 및 기업의 구조조정 과정에서 나타난 정리해고, 명예퇴직, 실업, 새로운 불평등 구조화로 인한 '신빈곤'의 문제가 이미 심각하게 제기되고 있다. 경제위기를 통과하면서 자본 내부의 분화는 더욱 가속화될 것이며, 노동시장의 유연화정책으로 인한 불안정·불완전 고용 등으로 고통받는 '상대적 과잉인구'는 더욱 늘어날 것이다. '적자생존' 한 자본은 더욱 독점적인 지위를 누리게 될 것이며, 노동자와 민중은 새로운 빈곤을 경험하게 될 것이다.

60년대 이후의 천민자본주의적 성장과정 속에서 계급적 불평등이 구조화되어 왔고 그것은 이제 생활세계의 분화로까지 확장되고 있음은 우리가 경험하고 있는 바와 같다. 현재의 경제위기 속에서 진행되는 구조조정은 '구(舊) 빈익빈 부익부'를 넘어 '신(新) 빈익빈 부익부'를 구조화하게 될 것이다. 과거에는 고도성장 속에서 직업시장 자체가 절대적으로 커졌기 때문에 성장의 모순은 '계급전쟁' 상황을 촉발하지 않고 일정하게 '완충'될 수 있었다. 그러나 직업시장 자체가 절대적으로 축소되는 현 경제위기 국면에서는 계급적 분화가 더욱 가속화될 수밖에 없으며, 사회보장제도의 확충 등 보완적 사회정책이 보강되지 않으면 불평등화로 인한 사회갈등이 더욱 증폭될 수 있다.

자본운동의 효율화와 세계화에 장애가 되는 요소들을 새로운 자본 이데올로기 — 정부의 축소(downsizing)와 탈규제화, 자유화, 민영화, 시장합리성과 시장효율성, 국가실패(state failure)에 대한 만능대책 (panacea)으로서 시장 등 — 를 통해 제거함과 아울러 노동시장의 유연화를 통해 자본운동의 더 높은 수준의 효율화를 도모하고자 하는 신자유주의적 흐름에 맞서 공적 이해와 민중적 이해를 방어하고, 동시에 노동시장에서 배제되거나 과잉인구의 상태에 놓이게 되는 민중들에 대한 사회보장제도의 확충을 위한 국가적·사회적 관심을 추동할 필요가 있다.

이러한 개혁영역에서 김대중정부는 신자유주의적 정책과 '조합주의적' 정책 사이에서 동요할 수 있다. 사회운동의 개입은 바로 노동시장 유연화정책이 정박하는 지점을 변화시킬 수 있을 것이다. 이러한 개입은 한편에서는 '시장적 유연화'와 대립하여 '협력적 유연화'[16]를 강제하고, 다른 한편에서는 유연화의 부정적 효과에 대응하는 국가적 복지

390

의 영역을 확장하도록 강제하는 방향으로 나타날 것이다.

우리 현실은 복지국가의 '중압'이 자본간의 글로벌한 경쟁에서 제약요인으로 나타나고 있는 서구와는 전혀 다르다. 그런 점에서 신자유주의 공세가 사회복지라는 이름으로 '탈상품화(de-commodification)'되었던 영역의 재상품화를 지향하는 서구사회와는 달리 국가의 공익적·사회적 역할을 향한 사회운동의 압력을 조직화하는 것은 복지국가의 '우회로'를 경험하지 못한 신흥공업국에서는 강력한 사회운동의 주제가 될 것이다. 이런 점에서 노동시장 유연화를 둘러싼 투쟁을 시작하는 한국의 사회운동에서는 글로벌 신자유주의를 배경으로 하는 천민적 자본주의의 보수적 재편의 흐름과 천민적 자본주의의 최소한의 민중적 재편을 위한 흐름 간의 투쟁이 중심적인 주제라고 하겠다.

신빈곤에 대한 대응은 투쟁의 '국제주의'적 차원에 대한 인식을 새롭게 할 것을 요구하고 있다. 80년대 이후 IMF나 세계은행이 강제하는 거시경제 안정화정책(macro-economic stabilization)과 구조조정(structural adjustment) 프로그램은 사회적 양극화와 빈곤의 세계화(globalization of poverty)를 가속화해 왔다. 안정화 프로그램의 기조는 '긴축정책'이고, 구조조정 프로그램의 원칙은 '자유화'인데,[17] 긴축은 재정지출에서 사회보장적 또는 사회정책적 지출을 축소하는 것으로 나타나고, 구조조정은 금융시장, 자본시장 개방을 통하여 초국적 자본의 자유로운 '수탈'을 낳을 것이기 때문이다. 국제금융기관들은 외채위기나 지원금융 등을 대가로 그러한 정책의 지속을 감시하는 기구로 작동하고 있다.[18] IMF 구제금융을 계기로 강제화된 경제개혁은 비록

---

16) 윤진호, 「IMF시대 한국경제의 전망과 과제」, 시민·사회·종교단체 공동정책 워크숍, 1998. 1. 20, 가톨릭회관 강당.
17) 김상조, 앞의 글.

그것이 후진국에 미치는 효과와는 다르다 하더라도 신자유주의적 공세가 제3세계 일반에 가져왔던 효과를 가져올 수도 있다. 신자유주의적 공세가 범지구적인만큼 그에 대응하는 사회적 투쟁 역시 범지구화할 필요가 있다.[19]

4) 맺음말

한국사회는 거시역사적 관점에서 볼 때 '이중적 전환'의 과정에 놓여 있다. 60년대 이후 형성된 고도성장체제의 경제적 전환, 개발독재적 예외국가의 정치적 전환이 바로 그것이다. 80년대 이후 일련의 정치변동의 성격을 필자는 개발독재적 예외국가가 '수동혁명'적 방식으로 부르주아적 국가로 이행하여 가는 것으로 파악하였다. 초기에 일정하게 정치적·사회적 기반을 확보하였던 개발독재적 예외국가는 그것에 대한 민중들의 '동의의 철회'로 인하여 지배의 위기를 맞게 되고 이를 계기로 하여 '수동혁명'적인 방식으로 국가권력의 재조직화가 이루어지게 되었다. 민선군부정권인 노태우정권 및 1차, 2차 민선민간정부로

---

18) 남미 국가들은 거대한 외채로 인하여 국제금융기구의 자금에 의존하지 않을 수 없었다. 그리고 이것 때문에 민선정부 역시 미국 및 국제금융기구가 요구하는 신자유주의적 정책패키지를 수용하지 않을 수 없는 상황이 되었다. 남미의 민선정부가 군부정권이 추진하던 시장친화적 정책을 계승하지 않을 수 없었던 이유도 여기에 있다(Harris, R., "The Global context of contemporary Latin American Affairs", in S. Halesbky, R. Harris (eds.), *Capital, Power and Inequality in Latin America*, Boulder: Westview Press, 1995). 외채를 담보로 한 '정책제한성(policy conditionality)'은 주로 상층계급의 이해와 충돌하는 정책의 포기로, 하층계급의 요구를 반영하는 사회성 예산의 축소로 나타나게 된다.

19) Chossudovsky, M., *The Globalization of Poverty: Impacts of IMF and World Bank Reforms*, 1997, 이대훈, 『빈곤의 세계화』, 당대, 1998.

이어지는 일련의 정치변동은 바로 이러한 맥락 속에 있는 것으로 파악될 수 있다. 천민자본주의 혹은 정실자본주의로 표현되는 한국자본주의의 왜곡된 구조는 개발독재적 예외국가하에서 고착화된 비정상적 국가-자본 관계에서 기인했다고 할 수 있다. 70년대 말부터 고도성장체제의 위기에 대응하는 전환이 시작되었으나, 정치변동의 수동혁명적 전개는 고도성장체제하에서 고착된 왜곡된 축적기제를 혁신하지 못하고 기존의 축적기제의 변형에 머무름으로써, 글로벌한 세계경제의 흐름과 고도성장체제의 괴리가 커지게 되었고 이것은 결국 극단적인 외환위기로 현상화되었다. 이처럼 정치적·경제적 전환의 위기로 인하여 복합적인 성격을 띤 야당연합정부인 김대중정부가 출현하였다. 즉 수동혁명적 정치변동 속에서 기득권층의 저항으로 인하여 글로벌 경제화에 상응하는 고도성장체제의 혁신을 단행하지 못하여 파국적인 경제위기가 출현하였고, 또한 구지배블록의 '변형주의적' 재편에 의한 국가권력의 재조직화만으로 정치적 안정성을 획득할 수 없었기 때문에 좀더 '진보적'인 대안으로서 김대중정부가 수립된 것이다.

사회운동은 이러한 복합적 상황 속에서 한국경제와 사회의 진보적 개편을 추동하여야 하는 과제를 안고 있다. 강요된 개혁의 주체화의 문제, 즉 김대중정부가 왜곡된 고도성장체제의 문제점을 극복하는 방향에서 구조개혁을 철저하게 수행하도록 추동하는 과제에 직면하고 있으며 상품시장 및 금융시장의 개방화가 가져오는 부정적인 측면에 대한 대응의 문제도 있다. 즉 전세계를 단일한 자유시장으로 재편하여 글로벌한 수탈을 조직화하고 있는 초국적 자본에 맞서 '경제주권'을 지키고 초국적 자본(산업자본과 금융자본)의 지배에 저항하는 국제적 연대구조를 만드는 과제에 직면하고 있다. 나아가 사회운동은 노동시장의 유연화정책과 경제적 구조조정으로 인하여 새롭게 구조화되고 있는 '신빈곤'의 문제에 대한 대응 문제에 적절히 대응해야 할 과제를 안고 있다고 하겠다.

2. 김대중정부하의 한국 민주주의와 사회운동의 과제

1) 머리말

김대중정부의 성립은 최근의 경제위기와 김영삼정부하에서의 지배블록의 갈등에 힘입은 바 크다. 김대중정부는 수동혁명적 정치변동, 즉 '위로부터의 보수적 민주화' 속에서 기득권층의 저항으로 인하여 글로벌 경제화에 상응하는 고도성장체제의 혁신을 단행하지 못하여 발생한 파국적인 경제위기 속에서 출범하였고, 또한 구지배블록이 '변형주의적' 재편에 의한 국가권력의 재조직화만으로 정치적 안정성을 획득할 수 없었기 때문에 좀더 진보적인 대안으로서 수립되었다고 할 수 있다.

그러나 이러한 진보적 가능성은 야당연합정권으로서 김대중정부가 내포하는 내적인 모순에 의해 복합화되고 있다. 사회운동은 이러한 복합적 상황에서 한국경제와 사회의 진보적 개편을 추동하여야 하는 과제 앞에 서 있다고 하겠다.

김대중정부가 내포한 권력관계의 복합성은 구지배블록의 주변파와 보수자유주의적 야당의 진보파라는 이질적 세력의 연합으로 구성되었다는 데서 기인한다. 이런 점에서 김대중정부의 수립은 "딜레마를 안은 정권교체"로 표현될 수 있다. 김영삼정부가 "구지배블록의 주도권하에서의 온건보수자유주의야당의 '변형주의'적 포섭"에 의해 성립하였다고 한다면, 김대중정부는 "'(중도)보수자유주의'[1]적 야당의 주도권하에

---

1) 여기서 자유주의라는 것은 한국의 지배세력이 서구에서와 같이 일정한 수준의 '자유주의적 합리성'을 갖는 수준에 이르렀다는 것을 의미하는 것은 아니다. 한국의 지배세력은 여전히 천민적이고 경우에 따라서는 '파쇼적' 측면까지 지니고 있으며, 극우반공적인 이데올로기에 크게 의존하고 있다. 그러나 거시역사적 측면에서 볼 때, 한국의 지배세력은 극우보수 혹은 '파쇼적' 보수

394

서의 (우익보수적 성격의) 구지배블록 주변파와의 연대에 의한 연합정권"으로서의 성격을 지니고 있다.[2] 이러한 복합성은 김대중정부가 야당연합정권으로서 가지고 있는 새로운 가능성에도 불구하고 김영삼정부가 가지고 있던 기본적 딜레마, 즉 정치적 연합 대상이 정치적 개혁의 대상이 되는 딜레마를 공유하고 있음을 의미한다. 때문에 사회운동은 어떻게 하면 "딜레마를 최소화하면서 정권교체가 갖는 운동적 '가능성'을 극대화할 것인가 그리고 그것을 한국사회의 진보개혁적인 변화로

('반동적 부르주아지')적 성격에서 자유주의적 보수(넓은 의미의 '자유주의적 부르주아지')적 성격으로 전환되어 가고 있다고 보아야 한다. 그렇다고 한국의 지배세력이 결코 노동자적이라거나 민중적이라는 것은 아니다. 여기서 지적하여 두어야 할 두 가지 점은, 먼저 극우보수에서 자유주의적 보수로의 지배의 전형(轉形)은 지배세력 내부에서의 갈등과 투쟁, 합종연횡의 복잡한 과정을 통해서 전개된다는 것이다. 둘째 극우보수에서 자유주의적 보수로의 이행은 지배세력 자체의 노력이나 속성에 의해서가 아니라 아래로부터의 민중적 투쟁 혹은 노동자투쟁에 의해서 강제되는 과정이라는 점이다. 지배의 전형을 동반하지 않고서는 정치적 안정성을 획득할 수 없는 조건이 그러한 전형을 필연화한다는 것이다.

2) 권위주의에서 민주주의로의 이행 유형과 관련하여, 스테판은 일찍이 '재민주화'의 경로를 여덟 가지 유형으로 나눈 바 있다. 외국의 재정복에 이은 내적 복원, 내적 재편성, 외부조종에 의한 수립, 권위주의정권 내부로부터의 재민주화, 사회 주도의 권위주의 종식, 정당연합, 민주적 개혁정당과 결합되어 있는 조직적 반란, 마르크스주의 세력 주도의 혁명전쟁 등이 그것이다(A. Stephan, 「재민주화의 경로: 이론적·비교적 고찰」, 1986, O'Donnell, G. P. C. Schmitter, L. Whitehead (eds.), 염홍철 역, 『권위주의 정권의 해체와 민주화』, 한울, 1987). 김대중정부의 수립은 다섯번째 유형과 여섯번째 유형의 결합 정도로 볼 수 있을 것이다. 더욱 단순화하여, 권력의 이전(transfer of power), 권력의 교체(surrender of power), 권력의 전복(overthrow of power)으로 나눈다면, 중간의 복합적인 유형에 가깝다고 하겠다(O'Donnell, G. and P. C. Schmitter, *Transition from Authoritarian Rule: Tentative conclusions about Uncertain Democracies*, Baltimore and London: The John's Hopkins University Press, 1986).

귀결되도록 할 것인가" 하는 과제를 안고 있다.

2) 민주 대 반민주 구도의 '해체'와 사회운동

먼저 김대중정부의 출범을 개발독재적 예외국가의 수동혁명적 재편의 한 과정이라고 할 때, 이것은 사회운동의 대상 및 조건을 변화시키게 된다. 따라서 수동혁명적 정치변화가 가져오는 사회운동의 조건변화에 능동적으로 대응하는 것이 관건이 된다.

앞에서 수동혁명은 지배의 위기에 대응하는 국가권력의 재조직화라는 점을 언급하였다. 국가권력의 재조직화는 반민주적인 것으로 여겨져 저항의 대상이 되었던 국가권력의 재편을 의미하고, 이것은 장기적이건 단기적이건 이미 80년대 후반부터 진전되어 오던 경향적으로 볼 때 '민주 대 반민주 구도'의 실질적인 해체가 진전되는 것을 의미한다.[3] 여기서 사회운동은 어떻게 반민주질서의 '해체(dismantling)적 재편'을 가속화할 것인가의 문제와, 어떻게 민주 대 반민주 구도의 '이후 질서'를 좀더 진보개혁적인 방향으로 정착시킬 것인가의 문제에 직면하게 된다.[4] 앞서 언급한 바와 같이 김대중정부의 권력구성의 복합성은 반민주질서의 해체적 재구성이 자동적으로 진보적인 방향으로 귀결되지 않을

---

3) 투쟁조건의 변화, 즉 민주화로 인해 나타나는 혁명운동의 변화를 '운동의 파괴' '협의적 굴복' '협의적 정착(negotiated settlement)' '권력의 전복' 유형으로 나누어 분석하고 있는 글로서는 다음을 참조. Ryan, Jeffrey J., "The Impact of Democratization on Revolutionary Movements", *Comparative Politics*, Oct. 1994.

4) 물론 이 두 가지는 동시적 과제라는 성격도 있으나, 반민주질서의 해체를 지향하는 투쟁은 특히 김대중정부의 초기단계에서 중심적인 지위를 갖게 되고, '이후 질서'를 둘러싼 대응은 김대중정부의 중·후반 단계에서 중심적인 지위를 갖게 될 것으로 생각된다.

396

것임을 시사한다. 그래서 사회운동은 어떻게 반민주질서의 해체에 적극적으로 개입하면서 그것의 폭을 확장할 것인가 하는 과제를 떠안게 된다. 계급투쟁 및 사회적 투쟁의 매개에 따라 반민주질서의 해체의 폭과 깊이가 달라지게 되며, 동시에 민주 대 반민주 '이후 질서'의 내용과 질이 달라지게 될 것이다.

이런 점에서 민주 대 반민주 질서의 해체과정에 개입하여 반민주질서의 해체를 철저화하고 동시에 민주 대 반민주 '이후 질서'를 좀더 진보적인 방향으로 추동하는 전략이 필요하고, 필자는 '이행기적 국면'에서의 '이중전략(dual strategy)'이라고 부르고자 한다. 이 이중전략은 여러 차원에서 적용이 가능하다. 그것은 반민주질서의 해체운동과 "'이후 질서'의 진보화"의 결합이라는 점에서도 그러하고, 선거투쟁과 대중투쟁의 병행이라는 점에서도 그러하며, 민중운동과 '시민운동 영역에의 진보적 개입'이라는 점에서도 그러하고, 구이슈에 대한 투쟁과 신이슈에 대한 투쟁을 결합이라는 점에서도 그러하다. 이중적 투쟁에 진보개혁적 운동이 얼마나 주도성을 발휘할 수 있느냐 하는 것이 향후 진보개혁적인 운동의 전체 사회투쟁에서의 지위를 결정하게 될 것이다.

(1) 반민주질서의 다면적 구조와 사회운동

'반민주질서의 해체적 재편'이란 개발독재적 예외국가하에서 왜곡되게 구조화된 여러 측면에 대한 개혁을 의미한다. 필자는 그러한 반민주적 질서를 불완전한 민주주의, 천민적 자본주의, 분단반공냉전적 사회질서, 왜곡된 보수적 시민사회 등의 측면으로 파악한다.

반민주질서의 해체를 위한 운동의 여러 측면들 중 천민적 자본주의의 개혁은 앞절 경제개혁의 문제에서 다루었으므로, 여기에서는 여타의 측면들에 대하여 조금 더 상술하여 보고자 한다. 먼저 민주주의제도 자체의 불완전성을 극복하는 과제이다. 개발독재적 예외국가는 부르주아적 국가로의 전환과정을 거쳐 부르주아적 민주주의의 외양과 형식을 회복하게 된다. 이 외양과 형식이 어떤 질적 내용을 담느냐는 사회운동의 개입에 따라 달라지는 변수라고 할 수 있는데, 그 동안 수동혁명적인 정치변동의 과정에서 실현되어 온 '민주주의의 회복'에도 불구하고 여전히 한국의 민주주의는 불완전하다. 김대중정부의 수립으로 한국사회는 "선거에 의한 야당집권이라고 하는 절차적 민주주의의 가장 어려운 조건을 통과"[5]한 셈이기는 하나, 그것은 민주주의의 불완전성을 교정하는 출발점에 불과하다고 할 수 있다. 민주주의의 불완전성을 극복하는 과제는 국회 등 대의기구의 주변화, 국가기구 내에서의 공안기구의 중심적 기능, 국가 대 시민사회의 비대칭성의 지속, 제도정치의 배제성과 폐쇄성 등과 같은 현실의 변화를 포함한다. 반민주질서의 '해체적 재편'을 지향하는 사회운동은 자연스럽게 기존의 억압적 국가기구의 해체를 도모할 수밖에 없고, 여기서 안기부, 검찰, 경찰 등 억압적 국가기구의 전환은 바로 반민주질서의 해체의 중심적인 내용이 된다. 우리가 국가를 계급지배의 단순한 '도구'나 일괴암적인 (monolithic) 실체가 아니라는 점을 전제할 때,[6] 그 동안 국가기구 내에 일정한 민주적 '갈등'이 증대되어 온 바 있다. 예컨대 97년 대선 이전 형사소송법을 둘러싼 법원과 검찰의 갈등, 금융실명제의 폐지를 둘러싼 청와대와 집권여당의 갈등, 금융감독기관의 통폐합을 둘러싼 재경원과 한국은행의 갈등 등을 예로 들 수 있다. 그러나 여전히 억압적 국가기구가 국가기구(state apparatuses) 통합의 중심적인 지위를 차지

---

5) 최장집, 「97년 대선에 대한 평가와 새정부의 개혁과제―정치분야」, 1998. 1. 13. 국회토론회.

6) Poulantzas, N., *State, Power and Socialism*, 1978, 박병영 역, 『국가, 권력, 사회주의』, 백의, 1994, 2장.

하고 있으며 대북문제 및 체제문제, 국방문제에 대해서는 안기부 등의 배타적 관할이 '합의적'으로 인정되고 있다. 이러한 현상은 여전히 한국의 민주주의가 불완전하다는 것을 보여주고 있다.

김대중정부하에서는 개혁의 '제도적 프레임'이 좀더 개혁적인 방향으로 구축되게 하는 노력이 특히 중요하다고 할 수 있는데, 그 중에서도 기존의 통제적·공안적 구조를 폭넓게 개편할 수 있는 '압력'운동이 중요성을 갖는다고 생각된다. 이와 관련하여 언론개혁은 제도적 프레임의 구축에서 중요한 지위를 갖는다. 언론은 이데올로기적 국가기구로서 지배의 재생산에 중요한 역할을 해왔기 때문이다. 언론은 그동안 '약화되어' 가는 국가와 '여전히 취약한' 시민사회의 중간에서 시민사회에 대한 새로운 지배기구로 군림하여 왔다. 즉 개발독재적 예외국가가 약화되어 가지만 그것에 대응하는 시민사회가 충분히 강화되지 못한 과도기적 상황에서, 언론은 재벌과 함께 군부국가를 대신하여 보수적 지배와 기득권구조를 재생산하는 중요한 기제로 작용하여 왔다. 이런 점에서 보수언론을 개혁하여 언론을 올바른 공론형성의 장, 시민사회의 여론반영의 장으로 자리매김하는 것은 전도된 국가와 시민사회의 관계를 정상화하는 과제의 일부라고 할 수 있다.

다음으로 분단반공냉전적 사회질서에 대해 서술해 보자. 앞에서 언급한 대로 개발독재적 예외국가는 분단반공냉전적 대결구조 속에서 자신을 정당화하고 재생산하여 왔다. 이런 점에서 반민주질서의 해체를 위한 운동은 반공극우적 구조의 전환을 위한 것이었다고 할 수 있다. 반공냉전적 구조는 여러 측면을 갖는데, 반공냉전극우 이데올로기, 반공극우적 사회통제기구, 비대화된 군대 및 군사비 구조, 경제의 군사화와 군산복합체적 구조 등이다. 따라서 분단반공냉전적 사회질서에 대한 해체운동은 반공냉전적 의식으로 대중들에게 내면화된 이데올로기적인 기제의 약화를 위한 운동, 다양한 반공주의적 사회통제기구 등의 실질적 개혁을 위한 운동, 비대화된 국방비 축소 및 군축 등 '과잉군사화 사회 (overmilitarized society)'의 개혁 등을 포함하게 된다.

이데올로기적 측면과 관련하여, 그 동안 우리 사회에서는 분단반공냉전적 이데올로기가 내재화되고 고착화되어 가면서 시민사회 내에 극우반공적 담론(談論)이 지배적인 것으로 공식화되어 왔다.[7] 이러한 극우반공적 지배담론의 공식성을 해체하고 약화시키는 노력이 요구된다. 97년 대선에서 『한국논단』의 사상검증토론회가 가능했던 것도 이러한 담론의 공식적 구조 때문이었다고 할 수 있다. "비정상으로 우익화된 사회" 속에서 각 층위에서의 반공극우적 이데올로기를 재생산하는 '이데올로기적 국가기구'의 혁파를 위한 운동이 김대중정부하에서 추동되어야 할 것이다.

분단반공냉전적 질서의 경제적 측면과 관련하여, 한국자본주의는 2차대전 이후 전세계를 지배하던 냉전대결의 최전선이라고 할 수 있는 동아시아에 위치하면서, 그러한 대결을 성장의 한 계기로 하여 존재하던 자본주의[8]였다는 점에서 일종의 '대결자본주의'적 성격을 지니고 있었다. 개발독재적 예외국가하에서 전개된 고도성장의 전과정을 통하여 남북간의 대결은 언제나 저항운동에 재갈을 씌우는 구실로, 노동계급이 저임금·장시간 노동질서에 순응하도록 하기 위한 도구로 사용되었다. 따라서 냉전적 대결구조의 개혁은 이데올로기적인 혁신일 뿐만 아니라 군축 및 국방비 축소 등을 통한 한국자본주의의 재생산 메

---

7) 진보적인 저항담론은 비공식적 담론의 수준에 머무르도록 강제되어 왔다. '공식성과 비공식성의 큰 괴리' 역시 고착된 분단반공적 이데올로기적 구도하에서 말미암은 바 크다.

8) Arrighi, Giovanni, "The Rise of East Asia: World Systemic and Regional Aspects", *International Journal of Sociology and Social Policy 16(7)*, 1996.

커니즘의 중요한 일부를 전환하는 의미도 담고 있다.

탈냉전의 세계사적 조류는 어떤 형태로든, 그리고 장기적으로건 단기적으로건 남북관계의 동반을 수반할 것이다. 남북관계의 진전은 그것이 어떻게 진행되느냐에 따라 기존 사회질서의 해빙으로도 작용할 수 있고 분단냉전적 질서를 새롭게 정당화하고 구조화하는 계기로 작용할 수도 있다. 객관적 상황변화를 어떻게 분단반공냉전적 질서의 해체[9]로 폭넓게 연결할 수 있느냐가 과제가 될 것이다. 이런 점에서 군축과 평화공존적 남북관계의 진전 등에 사회운동이 얼마나 능동적으로 개입하고 분단반공냉전적 질서를 해체하는 공간을 확대하여 내느냐 하는 것이 향후 사회운동의 중요한 의제가 될 것이다.

자본축적을 위하여 동원화된 여러 부정적 요소들은 왜곡된 보수적 시민사회의 재생산기제의 일부로 재편되었고 구조적으로 의식·생활·사회적 관계 등의 일부로 내재화되어 있다. 이런 점에서 반민주질서를 개혁하는 운동은 왜곡된 보수적 시민사회의 혁신을 포함하게 된다. 우리 사회에서 기존의 권위주의, 가족주의, 가부장제, 유교적 엘리트주의, 지역주의, 학벌주의 등과 관련된 여러 요소들은 이제 자본축적의 불가분한 일부로, 제도정치의 재생산, 보수적 시민사회 유지의 중요한 변수로 구조화되어 있다. 이렇게 왜곡된 보수적 시민사회에 대한 성찰과 대안적 행동을 유도하는 것이 사회운동의 중요한 몫이 될 것이다.

왜곡된 보수 시민사회의 혁신을 위한 중요한 과제의 하나로 보수적인 지식엘리트 공동체의 재생산구조 및 지배담론 재생산구조의 혁파를 들 수 있다. 보수적인 지식인집단은 보수적 지배담론을 '양비론적' 중립성을 가장하여 재생산하여 지배이데올로기의 기반을 확장하는 역

---

9) 분단반공냉전적 질서의 해체의 핵심적인 내용은 결국 '국가보안법' 철폐 문제이다.

할을 해왔다. 그 동안 시민사회에서 이루어진 보수적 헤게모니의 재생산은 상당 부분 보수적 지식엘리트들의 이데올로기적 역할에 의존하는 바 컸다. 특히 한국과 같이 극단적인 '학벌중심적' 사회에서 지식인은 지배의 동의적 기반을 확충하는 데 중요한 역할을 해왔다. 이런 점에서 보수적 지식인들에 의한 지배담론의 재생산구조를 혁파하는 과제는 중요하다. 김대중정부하에서 '명망성' 있는 보수적 엘리트들은 새로운 집권여당과의 유착 속에서, 또한 기존 관료기구와의 연계 속에서, 그리고 보수언론과의 연계 속에서 적절한 자기 위치를 확보하면서 기존 지식엘리트 재생산구조 및 지배담론 재생산구조를 온존시켜 갈 가능성이 크다.[10] 이런 점에서 보수적 엘리트의 재생산구조 및 그들을 중심으로 하는 지배담론의 재생산구조의 혁파에 관심을 가져야 할 것이다.

이상에서 서술한 바와 같이 반민주질서의 해체적 재편을 위한 운동은 개발독재적 예외국가하에서 고착된 민주주의의 불완전성을 정상화하는 운동, '천민적 자본주의'를 정상화하기 위한 운동, 분단반공냉전적 사회질서를 정상화하기 위한 운동, 보수적 시민사회를 내부에서부터 혁신하는 운동 등의 내용을 가져야 한다. 이 '정상화' 운동에서 사회운동이 갖는 주도성이 향후 국면에서 주도성의 향방을 결정하게 될 것이다.

(2) '이후 질서'의 향방과 사회운동

다음으로 사회운동은 민주 대 반민주 구도 '이후 질서'를 전향적으로 구축하여야 하는 과제에 직면하고 있다. '이후 질서'의 새로운 구축과

---

10) 이와 관련하여 정신문화연구원 등 국책연구기관, 세종연구소 등 관변연구소, 학술진흥재단 등 이데올로기적 국가기구들의 인적·조직적 개편 문제에 진보학계는 관심을 가져야 할 것이다.

관련하여, 제도정치영역에서는 '지체된' 계급정치로의 이행을 가속화하는 문제가 중심적인 것이 될 것이다. 권위주의에서 선거민주주의로의 이행은 진보진영 내부에 언제나 선거에 대한 강조와 대중적 투쟁 및 조직화에 대한 강조를 둘러싸고 논쟁을 수반한다.[11] 한국에서도 지배의 변화가 동반하는 '부르주아적' 제도정치영역의 확장에 대응하여 진보세력의 제도정치영역의 진입을 위한 시도가 여러 차례 있었다. 제도정당의 '변형주의적' 재편에 개인 혹은 그룹 단위로 진입한 것은 논외로 하더라도, 87년 민중후보운동, 88년 '한겨레당' '민중의 당' 운동, 92년 독자후보, 97년 '민주와 진보를 위한 국민승리21'에 의한 '국민후보운동' 등이 바로 그러한 예들이다. 이러한 여러 시도들은 ― 그에 대한 평가를 차치하더라도 ― 제도정치영역의 확장에 따른 '재야' 진보운동의 대응의 불가피성을 말해주는 것이라고 할 수 있다.

한국에서 민주 대 반민주 구도의 해체는 이른바 '보수 대 진보 구도'로의 이행을 의미한다. 오랫동안 분단반공냉전적 대결구조 속에서 진보세력이 제도정치에 진입하기 위한 장벽은 너무 높았고 그 결과 '계급정치'로의 이행이 크게 '지체'되어 왔다. 여기에는 지역주의적으로 조직화되어 있는 한국의 특성도 한몫했다. 지역주의적 라인을 따라 구조화된 현재의 정치적 분할구도는 개발독재적 예외국가의 해체과정에서 나타난 왜곡태라고 할 수 있다. 그런 점에서 '이후 질서'의 진보적 분화는 지역주의적 구도를 뛰어넘어 '국민적인' 구도를 어떻게 만들 것인가, 그 국민적 구도를 어떻게 진보적 구도로 만들 것인가와 연관되어 있다. 이번 김대중정부의 성립은 '준(準)분리주의'나 '공격적 지역주의'라는 최악의 가능성을 막았다는 점에서 긍정적인 의미를 가

---

11) Harding, T. and J. Petras, "Democratization and Class Struggle", *Latin American Perspectives*, No. 58, Summer 1988,

지고 있다. 그러나 문제는 현존하는 지역주의적 정치구도가 어떻게 '이후 질서'(이것은 핵심적으로는 포스트 김대중 질서의 문제이다)로 변화되느냐 하는 것이다. 그 동안 반민주질서의 최대의 피해자인 호남민중의 '저항적 지역주의'는 — 영남의 '패권적 지역주의'와 달리 — 민주적 지향을 갖는 적극적인 정치행동이었다고 할 수 있고, 그만큼 더 도덕성을 확보하고 있었던 것이 사실이다. 그러나 그것이 진보적인 방향으로 승화되지 않는다면 지역주의의 또 다른 고착을 낳을 것이다. DJT연합은 한편에서는 패권적 지배에 저항하는 개혁적 야당연합으로서 성격을 지니고 있지만 동시에 PK(그리고 TK)에 대항하는 역(逆)지역주의적 연합의 성격도 동시에 지니고 있다. 이런 점에서 김대중정부의 적극적 성격을 살리면서 진보적 분화가 나타나지 않는다면 또 하나의 수평적인 지역주의적 야당연합정권으로 왜소화될 가능성이 있다.

현재 지역주의 구도 속에 잠재되어 있는 진보적 역량이 '포스트 DJ'로의 이행 속에서 제도정치의 진보적 분화의 방향으로 작용할 것인가 아닌가는 아직은 미지수이다. 김대중정부하에서 한국 제도정치에는 진보적 분화와 보수적 고착이라는 두 가지 가능성이 공존하고 있다. 부정적인 전망에 따르면 보수개혁적(중도보수자유주의적) 집권여당과 수구보수적(극우 혹은 우익보수주의적) 야당으로 분화되는 전형적인 양당구조로 고착화될 수 있다. 반대로 수구보수적 야당이 분열하면서 보수개혁적 여당, 진보개혁적인 야당(혹은 진보적 정당)의 구조, 아니면 보수개혁적 여당, 수구보수적 야당의 구조로 발전적으로 분화되어 갈 수도 있을 것이다.

진보세력이 보수정당에 개인적으로 흡수되어 가고 현재까지 위력적으로 제도정치에 진입하지 못하였음에도 불구하고, 필자는 여전히 진보적 국민정당과 보수적 국민정당의 대립구조로 이행시키기 위한 목적의식적 노력이 필요하다고 생각한다. 현재와 같이 고착된 지역주의적 구도하에서 그것을 극복하는 것은 노동자와 민중의 지역주의적 구도를 넘는 진보적인 정치적 진출을 통해서만 가능하다고 생각한다. 그런 점에서 지역주의의 진보적 극복을 통해 '지체된' 계급정치로의 이행에 사회운동이 어떻게 개입할 것이냐는 사회운동 앞에 놓인 어려운 과제 중의 하나가 될 것이다.

현재로서 수구보수적 세력의 강고함을 전제할 때 단기적으로 전면적인 진보적 분화를 이루는 것은 어렵다고 생각한다. 진보정치세력의 제도정치적 입지가 확보되지 않은 채 보수적으로 고착될 가능성마저 있다. 부르주아적 '정상' 국가로의 거시적 이행이 자본주의적 보수와 진보의 대립구도를 기계적으로 가져오지는 않는다.[12] 부르주아적 정상국가가, 취약한 진보 속에서 보수적 정치분파들간의 경쟁을 중심으로 운영되는 것도 가능하기 때문이다. 문제는 부르주아적 정계개편에 주동적으로 개입할 수 있는 최소한의 진보정치적 단위를 형성하여 내는 것이라고 하겠다. 진보정치세력화를 직접적·간접적으로 제약하고 있는 제도정치의 폐쇄성을 주체적 역량으로 돌파하면서 최소한의 진보정치 단위를 확보해야만 현재의 제도정치 구도를 진보적으로 개편하는 최소한의 근거를 확보할 수 있을 것이다.

필자는 진보정치세력화를 위해서는 중심적인 동력과 2차적인 동력을 구분해야 한다고 생각한다. 앞으로 진보정치세력화를 향한 다양한 동력들이 다양한 형태로 제도정치에의 진입을 시도할 것이다. 그러한 흐름들이 단기적으로 합쳐지기는 어려울 것으로 예상된다. 예컨대 노

---

12) 거시역사적 관점에서 볼 때, 부르주아적 '정상' 국가로의 이행이 진보의 객관적 조건을 성숙시킨다는 점은 부인할 수 없는 사실이다. 그런 점에서 현재의 민주 대 반민주로 복합화되어 있는 제도정치적 질서들은 어떤 형태로든 변화하게 될 것이다. 물론 이러한 과정이 단기간에 완결되지는 않을 것이다. 그러나 장기적으로 볼 때 이러한 변화는 피할 수 없는 추세가 될 것이다.

동운동 및 민중운동을 중심으로 하는 흐름과 환경운동 등 신사회운동을 중심으로 하는 흐름으로 대별되어 '각개약진' 식으로 진행될 것이다. 관건은 진보정치세력화를 향한 중심적 흐름이 제도정치에 진입하는 과제를 달성할 수 있느냐이다. 여타의 진보정치세력화의 동력들과 합류하고[13] 이미 제도정치권 내에 존재하는 진보정치세력화의 동력들이 합류하는 것은 그 다음 과제가 될 것이다. 진보개혁적 사회운동이 제도정치 진입의 '병목지점'을 언제 경과할 것인지는 불확실하지만 당위적인 운동의제가 될 것임에는 의심의 여지가 없다.[14]

다음으로 민주 대 반민주 '이후 질서'의 진보적 구축을 위한 사회운동영역의 과제는 신이슈들을 얼마 폭넓게 진보개혁적 사회운동의 이슈로 수용하고 그것에 대한 대응구조를 만드느냐와 연관되어 있다. 반민주질서의 해체적 재편을 위한 운동은 구이슈의 급진적 해결을 위한 운동이라고 할 수 있을 것이며, '이후 질서'의 진보적 구성을 위한 개입은 신이슈의 폭넓은 자기화를 통한 진보의 풍부화라고 할 수 있다.

민주 대 반민주 구도 속에서 반민주에 대한 저항을 중심으로 형성되

---

13) Boggs, C., *Social Movements and Political Power: Emerging forms of Radicalism in the West*, Philadelphia : Temple University Press, 1986.

14) 제도정치에 진입하려는 시도와 함께, 비제도적 대중투쟁과 제도정치 진입운동과의 관계가 어떠하여야 하는지가 쟁점이 될 수 있다. 이와 관련하여서는 의회 내에서의 투쟁과 직접민주주의를 향한 대중투쟁을 결합하려 한 풀란차스의 시도를 염두에 둘 수 있다. 그는 유럽코뮤니즘의 급진적 흐름을 계승하면서 한편에서는 '다원주의적' 방식으로 노동운동, 좌파정당세력, 신사회운동의 '민족적·대중적' 민주동맹을 형성하고, 다른 한편에서는 대의민주주의 내의 투쟁과 직접민주주의적인 대중투쟁을 결합하는 이행의 전망을 가지고 있었던 것으로 파악된다(N. Poulantzas, 앞의 책, 1978 ; B. Jessop, 앞의 책 1985, 제10장). 문제는 풀란차스의 문제의식을 범지구화의 맥락과 연결시키는 것이다. 이에 대해서는 다음을 참조. Grad, C., "Talk on the State and Globalization", Miliband/Poulantzas Conference, April 25, 1997, NY.

어 있던 구이슈에 대한 대응뿐만이 아니라 발전이 가져온 물적 기반의 변화로 인한 새로운 문제들, 소비생활과 문화의 영역에서 새롭게 제기되는 문제들, 과거 중앙 수준에서 이루어졌던 독재와의 대결 속에서 주목하지 못하였던 진보의 지방적 이슈들, 반독재의 협소한 프레임 속에서 적절히 파악되지 않았던 많은 새로운 문제들, 지식·정보 사회화가 가져온 새로운 소외의 문제들이 폭넓게 제기되고 있다. 이러한 신이슈들은 사회적 투쟁의 새로운 형태(new forms of social struggle)[15]를 요구한다.[16] 신이슈의 등장에 대한 진보운동의 적절한 대응의 부재는 신이슈에 대한 대응이 민중운동과는 대립되는 '시민운동'의 이름으로 이루어지게 한 계기가 되었다. 신사회운동[17]의 한국적 형태라고 파악될 수 있는 시민운동과 민중운동이 대립하는 것으로 보이는 구도가 출현하기도 하였다. 80년대 후반 및 90년대 초반의 왜곡된[18] 이데올로

---

15) Townshend, Jules, *The Politics of Marxism: The Critical Debates*, London: Leicester University Press, 1996, p. 271.

16) 말기에 풀란차스는 유럽 급진정당의 위기 속에서 기존의 사민당, 유로콤 정당의 제도화 및 비행동화에 따른 새로운 형태의 정당형태, 그 내부의 민주화, 정당과 대중조직 간의 새로운 관계, 구변혁운동과 새로운 사회운동 간의 관계 등을 국가이론 혁신의 쟁점사항으로 제시하고 있다. Jessop, Bob, "On the Originality, Legacy, and Actuality of Nicos Poulantzas", *Studies in Political Economy 34*, Spring 1991 참조.

17) 일반적 신사회운동에 대해서는 다음을 참조. Larana, E., Hank Johnston and Joseph R. Gusfield (eds.), *New Social Movements: From Ideology to Identity*, Philadelphia: Temple University Press, 1994: 클라우스 오페, 「신사회운동: 제도정치의 한계에 대한 도전」, 한국정치연구회 정치이론분과 편, 『국가와 시민사회—조절이론의 국가론과 사회주의시민사회론』, 녹두, 1993: 최종욱, 권용혁, 「새로운 사회운동론에 대한 이론적 설명담론」, 1994: 조돈문 편저, 『노동운동과 신사회운동의 연대』, 노총 중앙연구원, 1996.

18) 여기서 왜곡되었다는 것은 우리 사회의 이데올로기적 지형이 분단반공질서로 인하여 극우적으로 비정상화되어 있다는 것을 간과하고, 노태우정부의 출

기적 지형 및 민중운동이 '퇴조'하는 분위기 속에서 '계급적' 대중운동과 '시민적' 운동이 마치 대립되는 것처럼 보이기도 하였다. 이것은 물론 초기 대표적인 시민단체들이 '반(反)민중운동'적 정서를 전제하고 활동하였기 때문이기도 하지만, 민중운동의 적극적인 대응 부재도 여기에 기여하였다.[19] 사회운동이라는 것이 특정한 조건 속에서 지배의 모순으로부터 제기되는 모순에 대한 민(民)의 자발적 행위라고 한다면, 시민운동을 민중운동과 대립시키는 인식은 극복되어야 할 것이다. 또한 모든 사회적 이슈들을 '계급환원적' 시각으로 바라보는 태도도 극복되어야 하겠지만, 독자적 질을 갖는 '공익적' 혹은 '초계급적' 이슈가 존재하고 그것에 대한 독자적 대응이 필요함이 부정되어서도 안 될 것이다. 오히려 문제는 새로운 이슈영역에서 진보적 운동이 다양한 운동진지들과 함께 폭넓은 대응전략을 개발할 수 있느냐이다.[20]

필자는 과거보다 김대중정부하에서 이러한 요구가 더 폭넓게 제기될 것이라고 생각한다. 반민주질서와의 투쟁의 중요성 때문에 신이슈들이 부차화되었던 상황에 상당한 변화가 나타날 것이기 때문이다. 지배의 정보화, 문화화, 글로벌화로 지칭되는 현실의 변화도 사회운동의 새로운 이슈를 부상시키는 요인이다. 지배의 문화화, 글로벌화, 정보화를 가능케 하는 새로운 기술적 기초들은 동시에 저항의 새로운 자원으로도 작용하게 되므로, 기술적 기초를 자기화하면서 신이슈에 대한 진

범으로 이제 과거 민주화운동 혹은 민중운동 시대는 끝났고 온건하고 '합리적인' 시민운동의 시대로 변화하였다는 식으로 상황을 인식하던 것을 의미한다.

19) 운동을 민중운동과 시민운동으로 구분하는 것 자체가 사실은 대단히 '이데올로기적인' 구분이다. 더구나 민중운동은 계급적인 운동이고 시민운동은 공익적 운동이라는 식의 구분은 훨씬 더 보수적인 이데올로기적인 구분이라는 점을 염두에 두어야 한다.

20) 이에 대해서는 이 책의 제5장을 참조.

보적 대응구조를 만들어야 할 것이다. 신이슈들은 단순히 민주 대 반민주의 구도와 포스트 구도의 대립을 넘어, '탈(脫)근대적' 질을 갖는 이슈를 포함하고 있다는 점도 인식되어야 할 것이다. 민주 대 반민주 구도에서 보수 대 진보의 구도로의 이행의 과제가 한국의 '왜곡된 근대'의 정상화를 위한 과제라고 한다면, 신이슈들은 '탈근대적' 물결이 가져오는 새로운 조건에 대면하는 과제를 제기한다고 볼 수 있다. 이런 관점에서 보면, 사회운동은 한편에서는 20세기적 지형 내에서 '보수 대 진보 구도'로 '지체된 이행'을 현실화하는 과제와, 다른 한편에서는 탈근대적 도전을 자기화하면서 정보화, 범지구화, 생태주의, 양성평등화 등으로 상징되는 탈근대적 급진운동[21]의 전망을 결합해 내야 하는 과제에 직면하고 있다고 할 수 있을 것이다.[22]

새로운 문제와 이슈들은 지체된 이행에서 진보의 내용을 풍부화하는 계기로 작용할 수도 있을 것이고, 반대로 보수의 내용을 풍부화하는 형태로 작용할 수도 있을 것이다. 이런 점에서 필자는 신이슈 영역에서도 여전히 '헤게모니 경쟁'이 존재함을 지적하고 싶다. 87년까지 반독재투쟁이 가진 압도적인 중요성은 여러 사회운동을 반독재 재야연합의 일부라는 정체성을 갖도록 강하게 작용하였다. 그러나 민주화로 인한 준자율적 시민사회의 확장은 신이슈에 대응하는 사회운동이 다양하게 출현하게 된 기반이 되었다. 80년대 후반과 90년대 초·중반 계급적 대중운동 및 민중운동은 반민주질서의 해체를 향한 투쟁에만

---

21) 심광현, 「맑스주의의 전화와 탈근대적인 급진적 문화정치의 전망」, 『문화과학』 1997년 겨울호.

22) 이것은 노동운동과 진보개혁적인 신사회운동(시민운동)의 연대로 묘사할 수도 있고, 미시정치와 거시정치의 결합, 문화정치와 생활정치의 결합, 근대적 저항과 탈근대적 저항의 결합, 계급정치와 생활정치의 결합 등으로도 묘사할 수 있다.

집중하는 것으로 보였고, 신이슈 그리고 이른바 '공익적' 이슈들에는 시민운동이 대응하는 것으로 비쳐졌다. 이것은 역설적으로 계급적 대중운동 및 민중운동의 '국민적' 입지를 축소하는 결과를 낳았다. 계급적 이해와 '민족적·대중적(national-popular)' 이해를 접합시키는 것이 운동의 헤게모니적 전략의 핵심이라고 할 때, 그 동안 이에 대한 적절한 대응이 없었던 것이 사실이다.

물론 신이슈에 대한 대응은 계급적 대중운동이나 민중운동조직들이 자기 이슈를 포기하고 새로운 이슈로 전환하여야 한다는 것을 의미하지는 않는다. 신이슈에 대한 대응은 한편으로는 기존의 민중운동 조직들이 진보개혁적인 사회운동 단위들과의 적극적인 연대를 발전시키려는 노력으로 나타나기도 할 것이며, 다른 한편으로는 민중적 입장에 선 운동진지들의 새로운 구축으로 나타나기도 할 것이다.

먼저 후자와 관련하여 특히 신이슈에 대응하는 전문화된 특수 '진지'들을 폭넓게 개발할 필요가 있다고 생각된다. 이러한 운동진지[23]들은 우리 사회의 모순에 대결하는 민(民)의 '주제별' 조직화에 기여하게 될 것이다. 필자는 준(準)전문가적 활동가와 준활동가적 전문가의 풀(pool)로 구성되는 이러한 '상근적' 운동진지들을 통해 권력과 자본에 대한 다면적인 대응구조를 만들 필요가 있다고 생각한다. 이러한

---

23) 필자는 해묵은 논쟁인 기동전과 진지전을 대립시키는 것은 적절하지 않다고 생각된다(Jessop, B., *The Capitalist State*, Oxford: Martin Robertson, 1982). 그람시를 점진적 의회주의자(parliamentary gradualist)로 규정하는 것은 그람시의 사고를 역사적 맥락에서 분리시키는(decontextualize) 것이라고 할 수 있을 것이다(Townshend, J., 앞의 책, 1996, p. 192). 그람시가 레닌적 전통에 여전히 서 있었다는 것을 전제한다면, 기동전과 진지전의 관계는 상황과 연동되는 것으로 파악되어야 한다고 생각한다. 단지 사회적 문제구조의 분화에 대응하는 진지의 분화는 상황에 따라 기동전의 '후방' 조건을 강화하는 데 작용할 것이며 그와 반대의 경우도 있을 것이다.

시도들은 권력과 자본에 대한 진보적 대응의 포기가 아니라, 권력과 자본에 대한 '다면적(多面的)인 포위전략'으로 이해되어야 한다.

다음으로 민중운동적 조직들과 — 민중투쟁을 통해 확장된 공간에서 — 새로운 이슈에 대결하면서 출현한 '신사회운동'과의 관계를 어떻게 할 것이냐가 문제이다. 이런 점에서 노동운동 등 계급적 대중운동과 신사회운동의 폭넓은 결합, 반민주적 질서에 대항하여 싸워온 민중적 운동과 진보개혁적 시민운동의 폭넓은 결합이 요구된다고 할 수 있다.

서구의 신사회운동은 체제내화된 노동조합운동과 국가화된 사회민주주의적 정치운동에 대한 비판적인 입장에서 출발하였다. 이는 신사회운동이 노동운동과 다른 동력에 의해 움직이고 있음을 의미한다. 그러나 한국에서 나타난 압축형적인 천민자본주의의 성장은 노동운동의 동력과 신사회운동의 동력을 많은 부분 중첩시키고 있다. 이것은 한국에 노동·환경·여성 운동 등 진보개혁적인 신사회운동이 '전략적 동맹' 기조를 형성할 수 있는 가능성이 있음을 시사한다.

현실적으로 현재 과거 민주화투쟁을 주도하였던 민중운동진영의 여러 조직들과 민노총으로 대표되는 민주노동운동 조직이 한편에 있다고 하면, 다른 한편에는 이른바 시민운동조직들이 있다. 시민운동진영은 초기에 온건시민운동 혹은 보수적 시민운동에 의해 주도되었고 90년대부터 진보적인 시민운동조직들도 등장하여 시민운동진영에 일정한 '경쟁'이 존재하고 있다. 그 동안 일부 시민운동의 '친(親)자본적 입장'과, 신이슈에 대한 노동운동의 적극적 사고의 부재가 상호작용하여 양자간의 능동적인 연대를 불가능하게 하였다고 생각된다.

이런 점에서 필자는 신이슈 혹은 이른바 '공익적' 이슈에 대한 노동운동의 적극적 사고, 시민운동진영에서의 진보개혁적인 운동의 활성화, 신이슈에 대한 진보개혁적 진지의 새로운 창출 등을 통하여 계급적 대중운동과 진보개혁적 신사회운동 간의 연대구조를 강화하는 노력이 절실하다고 생각한다.

특히 김대중정부의 수립은 집권여당의 '전향화'를 의미한다. 이것은 기존의 온건시민운동이 주도하던 시민운동의 헤게모니 구조의 변화를 수반할 가능성이 있다.[24] 최소한 집권여당의 이념적 수준을 넘는 '급진적' 운동의 운신 폭이 확장될 가능성은 있다. 그렇게 되면 시민·사회운동 내부에서 진보개혁적 운동의 주도성을 확장하게 될 것이다. 이런 점에서 노동운동, 여성운동, 환경운동, 진보개혁적 시민운동, 진보개혁적 종교운동, 지역자치운동 사이에 진보개혁적인 파트너십과 다층적인 연대구조가 요구된다고 하겠다. 필자는 진보개혁적 파트너십에 기초한 공동행동을 통하여 '전투적' 민중운동과 진보적 신사회운동 간의 동맹에 의거한 '세계운동사의 전형'을 만드는 노력이 필요하다고 생각한다.

마지막으로 이러한 변화가 가져오는 전선질서의 변화에 대하여 살펴보자. 거시적 흐름으로 볼 때 그 동안 진행되어 온 '지배의 수동혁명적 변화'는 반민주투쟁 질서 자체의 변화를 동반해 왔다. 문제는 김대중정부의 수립이라는 수동혁명의 한 단계 진전에 따라 반민주투쟁을 중심으로 편제되어 있던 전선질서가 어떤 변화를 보일 것인가 하는 점이다. 그 동안 이른바 '재야' 연합운동은 정당정치운동, 계급적 대중운동, 시민

---

24) 필자는 부르주아적 정상국가로 이행하는 데 나타나는 중요한 특징 중의 하나는 국가과 시민사회의 비대칭성이 극복되면서 양자간의 균형이 회복되는 것이라고 생각한다. 이런 점에서 이행의 과정은 국가에 대응하는 시민사회의 강화 과정이 되어야 하며, 구체적으로는 시민·사회단체, 넓은 의미의 NGO(non-governmental organization)가 단순히 GO(governmental organization)의 종속적 기구가 아니라 국가의 정당한 파트너로 부상할 수 있어야 한다고 생각한다.

운동이라는 성격이 복합되어 있었다.[25] 파시즘적 지배질서하에서 이러한 복합적인 성격의 운동들은 반파시즘적 정치투쟁을 최고의 과제로 하여 결합되어 있었다. 민주화라는 것이 넓은 의미의 '지배'의 변화를 의미한다고 할 때 이러한 지배의 변화가 한국에서도 많은 변화를 가져왔다. 거기에는 민주화투쟁의 중심적 지위를 가지고 있던 '재야연합운동'의 내적 질서의 변화도 포함된다. 재야연합운동은 자신이 가지고 있던 복합적 측면들이 독자적인 영역으로 분화되어 가면서 위상의 변화를 강요받아 왔다. 향후 재야연합전선 질서는 먼저 계급적 대중운동과의 관계[26]를 어떻게 설정할 것인가, 그리고 진보정치세력화 시도가 어떻게 전개될 것인가, 다음으로 신이슈에 대한 대응구조를 어떻게 확충하고 신사회운동과의 관계를 어떻게 설정할 것인가에 따라 상이한 결과를 얻게 될 것이다. 이제 김대중정부의 수립이라는 수동혁명의 새로운 단계에 직면하여 반민주투쟁을 중심으로 일체화되어 있던 재야연합운동은 여러 측면에서 더욱더 변화와 도전에 직면하게 될 것이며, 어떤 형태로든 재야연합운동 질서의 변화를 동반하게 될 것이다.

재야연합운동조직이 '전선적' 형태를 띠고 있었다고 할 때, 이것은 정치조직과 대중조직의 발전적 분화에 따른 전선적 형태의 재야연합운동조직이 계속 지속되어야 하는지의 문제를 제기한다. 이것은 재야

---

25) 이에 대해서는 이 책의 제2장을 참조.

26) 변화된 관계의 핵심적인 내용은 계급적 대중운동의 독자적 발전 및 노동운동의 중심화이다. 그 동안 계급적 대중운동의 발전으로 인하여 각 계급적 대중운동은 재야연합운동으로부터 일정한 독립성을 갖게 되었고, 노동대중운동의 중심성이 한층 더 강화되어 왔다. 90년대 초반 전민련과 국민연합의 분리 등은 바로 이러한 변화를 반영하는 것이었다. 또한 반민주 연합운동 내부에서의 노동대중운동의 중심성이 더욱 강화되어 왔다. 지노협, 전노협을 거쳐 민노총으로 이어지는 노동조합운동의 발전 속에서 전국연합과 노동운동의 관계의 변화를 그 예로 들 수 있다.

조직이 정치조직과 대중조직(연합체)의 '2각구도'로 존재하여야 하는 지, 아니면 정치조직, 대중조직, 전선조직의 '3각구도'로 존재해야 하는지의 문제이다. 90년대 초반 재야연합조직이 전국민족민주운동연합(전민련)에서 민주주의민족통일전국연합(전국연합)으로 변화해 가던 과도기에 전민련과 대중조직 연합체로서 국민연합이 공존하던 시기가 있었다. 이 시기의 구도를 비유하여 이야기한다면 대중조직연합체가 별도로 분화되어야 하는가, 그럴 경우 재야연합조직은 정치조직으로 전면적으로 변화하고 해소되어야 하는가, 아니면 정치조직과 (변화된) 재야연합조직이 병존하여야 하는가의 문제이다.

그러나 객관적인 측면에서 본다면, 제도정치영역이 확장된다 해도 여전히 협소한 이데올로기적·정치적 지형 내에 머무르게 될 것이며, 반민주질서의 재생산이 분단반공체제(극우반공이데올로기와 극우보수세력에 의해 유지되고 있음)에 뿌리를 두고 있으므로 분단체제의 극복이 없는 한 반민주질서의 근본적인 전환은 어려울 것으로 보인다. 이러한 근본현실은 — 여러 측면에서 그 역할이 이전되고 있음에도 불구하고 — 제도정치의 외부에 존재하는 전투적인 재야연합적 운동의 존재를 불가피하게 한다. 한국의 경우 반공우익적 질서가 강고하고 그것은 분단상황을 매개로 '대결적으로' 재생산되고 있으므로 선거민주주의가 절차적으로 확장되더라도 여전히 장외운동을 통해 확장되어야 하는 불완전한 것으로 남아 있다는 점에서 '전투적' 성격을 띤 재야연합운동의 역할이 일정하게 지속된다는 것이다. 반대의 견해, 즉 재야연합전선 조직의 해소를 주장하는 견해에 따르면 그러한 역할은 '좌익적' 정치조직이 담당해야 하고 기존의 전선조직은 필요없게 된다. 물론 이러한 변화는 실천주체들의 전략적 판단과 전략적 행위에 따라 달라지는 쟁점이라고 하겠다. 필자는 재야연합적인 전선조직이 정치조직의 분화를 추인하고 이중멤버십(double membership)을 보장하는 형태로 반민주투쟁이 일정 국면 동안 공존하여야 하지 않을까 생각한다.

　이제 김대중정부와 사회운동의 관계 설정에 대하여 언급하는 것으로 이 글을 맺을까 한다. 김대중정부와 사회운동의 관계방식은 김대중정부의 초기와 중·후기에 따라 달라질 것이다. 초기국면은 기득권세력의 반발이 강하지 않기 때문에 개혁의 범위를 확장할 수 있는 국면이다. 따라서 이때 김대중정부에 대한 강력한 비판적 추동을 통하여 김대중정부가 내부에서 보수세력을 통제하면서 개혁을 확장할 수 있도록 적극적인 대응을 할 필요가 있다. 더구나 초기국면은 개혁의 골격이 형성되는 국면이고 사회운동의 '개입의 효과'가 그만큼 더 큰 국면이라고 할 수 있다. 그러나 필자의 판단에 따르면 민중진영은 초기국면의 개혁에 주동적으로 개입하지 못하였다.[27]

　중·후기 국면은 집권연합 내부의 갈등이 격화되면서 다양한 변동의 가능성을 갖게 되는 국면이다. 앞서 서술한 김영삼정부의 내적 모순성

---

27) 예컨대 재벌개혁과 관련하여 독재정권과 1차 보수적 민간정부하에서 이를 줄기차게 요구하였던 민주진보진영은 재벌개혁의 큰 프레임이 설정되는 김대중정부의 초기국면에 능동적 개입을 신속하게 하지 못하였다. 이러한 비(非)신속성의 근저에는 우리의 운동 내부에 존재하는 '학술주의' 혹은 '이론주의'적 경향도 일조하였다고 생각된다. 운동을 '연구'하듯이 하려는 경향이 바로 그것이다. 예컨대 현재의 재벌개혁에 대하여 학술적 대안을 내놓아야 한다는 식이다. 필자는 이 현상이 일종의 '문(文) 숭배적' 유교문화의 전통이 우리 사회를 지배하고 있고 운동진영도 여기에 어느 정도 침윤되어 있는 데서 발생한 것이라고 생각한다. 중요한 것은 민주진보진영의 대안적 입장을 학술적이 아니라 '정치적'으로 결정하고 그것을 명확화하고 대중적 압력으로 조직화하는 것이다. 다시 말하면 학술적 대안이 아니라, 기존에 학술적으로 논의된 사항들을 정치적·정책적으로 판단하여 민주진보진영의 요구사항과 의제로 설정하고 그것을 대중화하면서 김대중정부의 개혁을 강제하는 방향으로 활동하는 것이 중요하다. 중요한 것은 연구하는 학자가 아니라 실천하는 운동가이다.

은 김대중정부에도 적용될 수 있다. 개혁의 진전으로 인하여 야당연합 정권의 내적 갈등은 증폭되는데, 여기가 김대중정부의 권력적 기반이 취약해지는 딜레마 지점이다. 어떤 점에서 김영삼정부가 가지고 있던 '태생적 한계'에서 김대중정부 역시 완전히 자유로운 것은 아니다. 김영삼정부는 개혁으로 인한 내부권력연합에 균열이 생겼을 때 대중의 광범위한 참여를 통한 '대중적 개혁화'의 방향으로 나아가지 못하였다. 김대중정부의 경우, 중·후기 국면이 되면 수구보수세력과의 타협적 안주와 탈(脫)보수적 전진이 선택지가 될 것이다. 현재 우리 사회의 보수세력의 강고함을 전제할 때 — 물론 초반에서의 반민주질서 해체투쟁의 결과에 따라 일정하게 다른 결과가 나타날 수도 있지만 — 탈보수적 방향은 김대중정부로서는 어려운 길이 될 것임에 틀림없다. 그것은 김대중정부의 계급적 한계를 고려할 때에도 지난한 과제라고 하겠다.

　김대중정부하에서 사회운동, 특히 진보개혁적 사회운동은 주어진 답에 따라 행위하면 사회진보의 결과가 자동으로, 장기적으로 나오는 편한 자리에 있는 것이 아니다. 기존의 민주 대 반민주 구도하에서는 반민주적 집권여당에 비판하고 저항하기만 하면, 비록 그것이 단기적으로는 긍정적이지 않더라도 장기적으로는 민주주의 이행의 중요한 동력으로 작용할 수 있었다. 즉 강력한 '반민주적' 국가에 '어렵게' 싸우는 야당과 적절한 공식적·비공식적 공동보조 위에서 대응하면 크게 문제될 것이 없었다. 그러나 어떤 점에서 이제 사회운동은 새롭고 어려운 조건에 처하게 된 셈이다.[28] 현재와 같이 우익보수적인 거대야당이 존재하는 상황에서 비판과 저항은 직·간접적으로 우익보수적 야당의 입지를 강화시켜 주는 결과를 낳을 수도 있다. 김대중정부 초기에 우익보수적

---

28) 예컨대 호헌(護憲) 대 개헌의 국면에서 진보세력이 어떤 입장을 취할 것인지는 상당히 어려운 문제이다.

거대야당은 개혁에 물타기를 하거나 개혁의 완화를 '비판'의 이름으로 행할 것이고, 실제로 지금도 재벌개혁의 '과잉'에 대하여 비판을 하고 있다. 그런 점에서 사회운동은 "비판과 저항은 언제나 좋은 결과를 가져"오지만은 않는다는 상황의 복잡성을 고려하면서 개혁에 개입할 필요가 있다. 이런 점에서 김대중정부에 대한 보수적 비판과 진보적 비판을 어떻게 하면 좀더 분명하게 구별하고 그것이 대중적인 것이 되도록 할 것인가를 고려하여야 한다. 또한 비판의 차별화는 대안적 구도의 구체화와 함께 가는 것이라고 할 때, 반민주질서에 대한 비판과 동시에 '이후 질서'를 어떻게 구체화해 갈 것인가를 함께 고민하여야 한다. 특히 진보세력을 명확한 정치적·사회적 대안세력으로 만들어가는 것을 중심에 놓고 사고해야 한다.

돌이켜보면 김영삼정부 개혁의 불철저성에 대한 비판, 그리고 그로 인한 김영삼정부의 파탄은 현재의 김대중정부 수립과 같은 전향적 계기로도 작용하였지만 다른 한편으로 개혁이라는 화두를 환멸의 대상으로 만든 계기로, 또한 박정희 신드롬을 포함한 권위주의적 가치에 대한 향수를 부활시키는 계기로도 작용하였다. 이것은 '개혁'의 좌절이 가져오는 양면적인 결과라고 할 수 있다. 이러한 양면성간의 괴리는 김대중정부의 개혁이 좌절될 경우 더욱 커질 수밖에 없다. 바로 이 긴장의 콘테스트를 헤쳐가야 하는 과제에 민주진보적인 사회운동은 대면하고 있다.

이 글에서 필자는 양면적인 상황 — 거시역사적인 차원에서 나타나고 있는 지배의 변화에 대한 '계급본질론적 인식'과 중·단기적 차원에서의 보수적 민간정부의 구성적 복합성 — 에 대한 인식의 필요성을 거듭 강조하고자 하였다. 보수적 민간정부의 구성적 복합성을 고려할 때, 보수적 민간정부에 대하여 단순히 본질론적 규정을 하는 것만으로 사회운동의 대응이 완료될 수는 없다. 그런 점에서 김대중정부라는 복합적 정치공간 혹은 운동공간을 섬세하게 읽고 대응하여야 한다. 이 섬세한 대응에는 물론 거시역사적인 지배의 변화라는 관점을 견지하여야 한다. 지배의 거시역사적 변화를 읽어야 한다는 각도에서 필자는 김대중정부의 성립은 이전에 비하여 전향적인 정치적 변동이기는 하지만 명백히 계급적 성격을 갖는 것임을 지적하였고 이 점을 개발독재적 국가가 부르주아적 국가로 이행한 것이라고 표현하였다. 지배세력의 성격이 극우적 보수에서 자유주의적 보수로 변화해 가는 과정에 다름 아니라고 서술하였다.

우리는 물론 김대중정부의 개혁을 추동하고 심화시키도록 노력하여야 한다. 그러나 노동자와 민중세력, 진보적 시민운동세력은 김대중 이후 시대의 한국사회를 지도하여야 할 사회적·정치적 세력이고 보수적 '지배'에 대응하는 진보적 '저항'을 선도하여야 할 세력이다. 그런 점에서 보수적 '지배'와의 '전략적 전투성'의 관점을 견지하는 것이 중요하고 그 기초 위에서 상황적인 전술적 유연성을 결합시키는 것이 중요하다고 하겠다.

3) 맺음말

김대중정부의 성립을 일부로 하는 국가권력의 재조직화는 이전에 반민주적인 것으로 저항의 대상이 되었던 국가권력의 재편을 의미하고, 이는 '민주 대 반민주 구도'의 실질적인 '해체'가 진전되는 것을 의미한다. 여기서 사회운동은 먼저 어떻게 반민주질서의 '해체적 재구성'을 가속화할 것인가의 문제와, 둘째로 어떻게 '민주 대 반민주 구도 이후 질서'를 좀더 진보개혁적인 방향으로 정착시킬 것인가의 문제에 직면하게 된다. 앞에서 필자는 '이행기적 국면'에서 '이중전략'이 필요함을 지적하였다.

반민주질서 해체운동은 개발독재적 예외국가의 네 가지 왜곡된 측면에 대한 폭넓은 '정상화' 운동을 포함한다. 즉 민주주의의 불완전성을 극복하기 위한 운동, '천민적 자본주의'를 정상화하기 위한 운동, 분단반공냉전적 사회질서를 정상화하기 위한 운동, 보수적 시민사회를 내부로부터 혁신하는 운동은 반민주질서를 개혁하는 운동의 중요한 영역을 구성하게 될 것이다. 이 '정상화' 운동에서 갖게 될 사회운동의 주도성이 향후 국면에서 주도성의 향방을 결정짓게 된다.

'이후 질서'를 진보적으로 구축하는 과제와 관련하여 제도정치영역과 사회운동영역 모두에서 민주 대 반민주 구도에서 보수 대 진보의 구도로의 이행의 과제에 직면하고 있다. 제도정치의 변화와 관련하여 지역주의의 진보적 극복을 통해 '지체'된 계급정치로의 이행을 가속화할 것이며, 진보정치세력이 제도정치 진입의 높은 장벽을 어떻게 돌파할 것이냐가 문제로 된다는 점이 지적되었다. 보수 대 진보 구도로의 이행이 일종의 '왜곡된 근대'를 정상화하는 과제라고 한다면, 범지구화, 정보화, 생태주의적 도전, 양성평등화 등으로 촉발되는 탈근대적 급진운동의 전망을 결합해야 하는 과제 또한 사회운동은 안고 있다. 필자는 이를 위해서 '권력과 자본의 다면적인 포위'를 가능케 하는 다양한 신이슈에 대한 운동진지들을 폭넓게 개발하는 과제가 중요하다는 점을 지적하였다. 더 나아가 진보개혁적 파트너십에 기초한 공동행동을 통하여 '전투적' 민중운동과 진보적 신사회운동 간의 동맹에 의한 '세계운동사적인 전형'을 만드는 노력이 필요하다는 점을 지적하였다.

사물은 변화발전한다. 그러한 변화발전은 위기이기도 하고 동시에 기회이기도 하다. 위기를 기회로 만드는 것은 사회운동의 몫이다. 우리가 국가, 제도정치, 사회운동의 세 수준을 나누고 김대중정부의 출범이 부르주아적 '정상' 국가로의 이행의 과정 속에 있다고 파악한다면, 김대중정부의 출범은 국가적 수준 및 제도정치적 수준에서 일정한 '합리화'를 진척시키게 될 것이다. 합리화는 기존의 국가 및 제도정치의 '왜곡된 대의기능'의 일정한 '정상화' 및 확대를 의미하는 것이고, 이것은 기존 사회운동의 역할을 국가적 기능 및 제도정치적 기능으로 흡수하는 것을 의미한다. 만일 국가 및 제도정치의 합리화의 진전으로 사회운동의 실천적 몫이 흡수되어 간다면, 김대중정부의 수립은 사회운동에 '재앙'으로 작용할 수도 있을 것이다. 그러나 합리화에 대응하여 사회운동이 국가 및 제도정치를 '전방'에서 견인할 수 있는 인식과 자세를 갖추고 보수세력을 뛰어넘는 진보적인 정치적·사회적 대안세력으로 정립되어 간다면 김대중정부의 수립은 사회운동에게 '축복'이 될 것이다.

  살아온 이야기를 쓰라는 출판사의 요청를 받고 저으기 당혹스러웠다. 막상 그 요구를 받아들여 살아온 이야기를 정리해 보려 하니 철든 이후 겪어왔던 많은 일들이 뇌리를 스쳐갔다. 나는 그동안 그야말로 '허겁지겁' 달려왔던 것 같다. 80년대의 우리 사회가 너무도 역동적으로 변화하여 왔기 때문에 그 시대를 살았던 지식인으로서의 나의 삶 역시 역동적일 수밖에 없었다. 요즘은 그러한 생활 속에서도 조금의 여유라도 가질 수는 없었나 반문하면서 '이 길을 하루이틀 갈 것도 아닌데'라고 생각하며 여유를 가지려 애써본다.

  비판적 학술연구자로서의 나의 삶을 이끌어온 힘을 든다면 아마도 동시대를 치열하게 산 친구들에 대한 자괴감과 '빚진 마음'이 아닌가 싶다. 돌이켜보면, 나는 부끄럽게도 '시대를 가장 치열하게 사는 삶'의 모습에서는 한 발자국쯤 비켜나 있었다. 그런 삶에 대한 자괴감과 치열하게 사는 친구들에 대한 미안함이 마음 한켠에 언제나 남아 있다. 암울하던 유신시대를 치열하게 투쟁하며 살았던 친구들, 대학생으로서의 특권을 버리고 노동현장으로 달려가 자신의 삶을 불태웠던 친구들, 노동운동의 현장에서 20여 년이 넘은 지금까지도 헌신하면서 생활고를 인내하며 살고 있는 친구들, 심지어 목숨까지 내던지는 헌신을 하였던 친구들에 대한 빚진 마음이 나의 나태한 삶을 추스리는 동력이었다. 나 스스로는 비판적 지식인 중에서는 그래도 치열하게 산 사람 중의 하나라고 자부할 수 있지만, 나는 지식인이란 시대를 치열하게 사는 존재라고 생각하지는 않는다. 지식인이란 몸을 던져 싸우는 사람들이 만들어낸 '공간'을 지적으로 채우며 활동하는 존재일 뿐이다. 그래서 나는 적당히 유명해지고 적당히 바른 말 하는 지식인이 되지 않기 위해 스스로를 되돌아보는 때가 많다.

청소년시절 나는 이른바 보수적인 기독교 교회에 다니던 대단히 열성적인 신자였다. 그러던 내가 사회적 문제의식을 갖는 비판적 기독교인으로 바뀌게 된 것은 고등학교 때 '겨자씨'라는 모임에 나가게 것이 계기였다. 감수성이 풍부한 고등학교 시절에 대학생 선배들 뒷켠에서 선배들의 세미나를 지켜보며 나는 사회문제에 조금씩 눈을 뜨게 되었던 것 같다. 지금은 나 스스로 교회 밖으로 나와 있지만, 젊은 날의 많은 추억과 경험들은 아직도 기억 속에 생생하게 남아 있다.

'겨자씨' 모임에서 이루어진 초보적인 의식화에서 나아가 본격적인 사회비판의식과 감수성을 갖게 된 것은 아무래도 대학교 입학 이후 이념써클 활동을 하면서부터였던 것 같다. 75년 대학교에 입학하고 '불온한' 선배들을 만나면서 내 인생은 달라지게 된다. 그러나 솔직히 말해 나는 이념써클 멤버 중에서도 전투적인 멤버는 아니었고, 여전히 2선에 있었던 것 같다. 학교에서 강의를 할 때 나는 가끔 긴급조치 시대를 이야기하지만 신세대 대학생들이 그 시대상황을 상상하기 어려워하는 것을 보곤 한다. 돌이켜보면 그 시대는 다분히 희극적인 시대였는데 우리는 그 희극을 희극으로 인식하지 못하고 살아왔던 것 같다.

내 인생의 분명한 전환점은 70년대 후반 감옥에 가게 된 사건이었다. 학생이었던 우리는 박정희의 몰락은 상상도 하지 못했기 때문에, 수감되면 마치 인생이 끝장나고 한평생 고생길이 기다리고 있는 것같이 생각하던 시기였다. 그러나 나는 지금도 70년대 후반에 감옥에 가게 된 것을 다행스럽게 생각한다. 그때 그렇지 않았으면 나는 주류에 선 ― 물론 약간 비판적일 수도 있겠지만 ― 많은 교수 중의 한 사람이 되었을 것이고, 연구주제도 아마 지금의 것과 달랐을 것이다. '존재가 의식을 결정한다'는 말이 있다. 내 경험에 의하면 암울했던 유신시대에 모든 것을 박탈당하고 앞길이 꽉 막힌 것 같은 조건에서 감옥에 가게 되면서 그 동안 존재의 구속으로 지체되었던 의식발전이 가속화된 것 같다. 나는 감옥에서 밖에서는 읽지 못했던 많은 책을 읽었다. 서대문은 나를 비판적 연구자로 성장시켜 준 학교인 셈이다.

79년 8월 15일, 10·26이 생기기 두 달 전에 나는 석방되었다. 출감 후 나는 아버님이 계시던 이리로 내려갔다. 당시는 유신체제의 붕괴를 전혀 예견하지 못하고 있었기에 더더욱 앞이 안 보이던 시기였다. 그 때를 생각하니 돌아가신 아버지의 한숨이 생각난다. 그 한숨은 일제시대부터 해방공간을 거쳐 현재까지에 이르는 역사적 경험에서 나오는 한숨이었다. 괜히 운동하다가 평생 먹고살기도 힘들고 자식까지 고생시킨다는 아버지의 탄식이 지금도 생각난다.

한편 나는 감옥에 있는 동안 현장으로 가는 꿈을 꾸고 있었다. 70년대 후반 학생운동 세대가 그러했듯이, 나 역시 현장으로 가야 한다는 강박관념을 가지고 있었던 것이다. 미지의 세계에 대한 두려움과 가고 싶지 않은 솔직한 심정을 억누르기 위해 스스로를 많이도 채근하던 기억이 난다. 어쨌든 나는 출감 후 노동현장으로 가기 위한 준비의 일환으로 '열관리 기술자' 자격증을 따기 위해 공부했다. 그런데 1차 시험에 합격하고 2차 시험을 준비하던 중에, 박정희가 죽었고 유신체제의 막을 내린 10·26을 맞았다. 그리고 80년 봄, 제적학생들을 일제히 복학시키는 조치가 내려졌고 나는 다시금 대학생으로 돌아가게 되었다. 그 당시 나는 한 학기만 남겨놓은 상태였기 때문에 쉽게 졸업할 수 있었다. 아마도 박정희의 죽음이 아니었으면 내 인생은 반전되었을지도

모른다. 그때 나는 정말 상상할 수 없었던 기회가 왔다고 생각하였다. 다시 공부할 수 있는 기회가 생긴 것이다. 그때 나는 시대의 아픔을 함께 하는 선진적인 삶을 향한 길을 갈 것인가, 아니면 적성에 맞는 일을 찾아 2선에서라도 봉사하는 길을 갈 것인가, 많은 고민을 하였다. 사실 나는 이 어줍잖은 고민을 여러 날 밤을 세워 하였다. 술도 많이 먹고 구토의 찌꺼기를 보며 나 자신을 구토한 적도 있다. 그러나 결국 대학원에 가기로 하였다.

박정희의 죽음이 나에게 다시 공부할 수 있는 기회를 주었다면, 전두환은 학문훈련의 장을 서울대에서 연세대로 옮기게 한 기회를 제공하였다. 나는 80년 말 서울대 사회학과 대학원 시험에 합격하였는데, 전두환정권이 학생운동 출신들을 대학원에서 전부 배제하기 위한 정책을 시행하는 바람에 졸지에 대학원 시험에 불합격되었다. 합격자 발표 전날 이미 과(科)로 합격자 명단이 송부되어 합격 사실을 알고 있던 터라 참 곤혹스러웠다. 당시 같은 사정으로 불합격된 13명의 학생운동 출신들은 '순진하게도' 신군부정권 고위층을 만나 굳이 그럴 필요가 있느냐고 설득하여 불합격을 번복시키고자 하였다. 그러나 그들은 반대급부로 신군부정권의 이데올로기적 정당화를 위하여 '한 건' 해줄 것을 요구하였다. 우리는 그 제의를 거부하였고, 나는 다시 대학원 시험에 응시하여 연대 대학원에 입학하게 되었다. 내가 먼저 신촌으로 근거지를 옮기자 다른 사람들도 연대로 오기 시작했다. 백양로에서 나는 훌륭한 선배들과 후배들을 많이 만날 수 있었다. 학문적 네크워크가 사회적 네트워크의 중요한 부분을 차지하는 한국사회 풍토에서, 연세대의 많은 선·후배 연구자들을 만난 것은 나에게 행운이었다. 여기서 이루어진 학문적 만남들은 80년대 비판학술운동을 조직화하여 가는 데 중요한 기반이 되었다. 내가 80년대 비판학술운동을 추동하는 데 작은 기여라도 할 수 있었던 것도 연세대에서 이루어진 많은 만남 덕이었다.

81년에 연대 사회학과 대학원에 입학한 후 15년이 흐른 지금까지 비판적 학술연구자로서의 나의 삶은 서울대 은사이신 김진균 선생님과 직접적으로 연관된 것이었다. 김진균 선생님과 함께 한 비판적 학술연구활동은 82년 상도연구실에서 시작되었다. 해직교수였던 김진균 선생님의 연구실을 마련한다는 소박한 소망에서 출발한 상도연구실에 비판적 연구자들이 하나 둘 모여들었고, 거기서 당시에 금기시되었던 계급, 빈곤, 국가, 종속 등의 주제로 세미나를 열었다. 이후 이것은 산업사회연구회를 결성하는 단계로 발전한다. 80년대 초반 모두가 웅크리고 있던 때 민주화운동청년연합(민청련)의 출범이 사회운동의 전반적인 회복을 상징하였듯이, 산사연의 출범은 80년대 중반 이후 각 학문영역으로 확대되어 가던 학술운동의 출발을 상징하는 것이었다. 산사연에는 사회학뿐만 아니라 경제학, 정치학 분야의 비판적 연구자들도 참여하였다. 산사연에서 매월 개최하는 월례발표회는 전반적인 보수적 학문풍토 속에서 실천지향적인 비판학문의 여러 논의들이 만나고 치열한 토론이 이루어지는 장이었고, 우리는 숨통이 트이는 것 같은 느낌을 거기서 맛보았다.

이러한 학술운동은 88년 제1회 학술단체간의 연합심포지엄에서 절정에 달하게 된다. 1천 여 명의 청중이 운집한 가운데 진행된 이 심포지엄은 비판적 학술연구에 대한 당시의 크나큰 관심을 단적으로 보여주는 것이었다. 이 심포에서 발표된 서관모 교수의 논문이 문제가 되어 이 심포지엄은 더욱 주목을 받았는데 이 사건에 대응하는 과정에서 비판학술단체간의 조직적 연대가 강화되고 학술단체협의회를 결성하는 단계로까지 발전하게 된다. 이러한 학술운동의 태동과 발전은 80년대 초반 전두환정권의 단말마적인 탄압으로 주춤하였던 저항운동이 83년을 고비로 하면서 대중적으로 확산되어 간 것과 맥을 같이 하고 있었다. 사회운동의 회복 기조 속에서 학계에서도 비판적인 연구경향이 젊은 석사과정 연구자들을 중심으로 확산된다. 그 당시 비판적 학술연구자는 주로 종속이론과 네오 마르크스주의 이론을 연구하였다. 나의 석사논문도 종속이론을 중심으로 한 연구였다. 이러한 경향은 여러 석사논문들에서 표출되었고 『제3세계와 사회이론』(한울, 1983)이라는 책의 편집출판으로 결실을 맺었다.

 이후 민중운동은 변혁성과 전투성을 더욱 명확화하는 방향으로 발전되어 갔다. 이러한 경향을 배경으로 하여 지식인진영 안에서도 변혁적 지향을 분명히 하려는 시도를 하게 되며, 국가독점자본주의론과 주변부자본주의론 간의 이론적 논쟁으로 표출된다. 『창작과비평』 지상에 국독자론을 대표하는 박현채 선생과 주변부자본주의론을 대표하는 이대근 선생의 논문이 실렸고 논쟁의 영향은 일파만파로 퍼져나갔다. 이 논쟁은 이론적 내용보다는 어느 이론이 더 마르크스주의적인가, 어느 이론이 더 변혁적인가 하는 식으로 전개되었고, 원래의 의도와 달리 출판사의 일정한 상업적 윤색을 거쳐 80년대의 가장 대표적인 논쟁으로 남게 된다. 80년대 전반의 논쟁이 주로 그간 금기시되었던 변혁적인 이론지향을 강화하려는 방향으로 전개되었던 데 반해, 80년대 후반의 논쟁은 어느 입장이 한국사회의 성격을 과학적으로 파악하였는가를 중심으로 전개되고 이것은 프티 부르주아적 입장 대 변혁적 입장의 대립 구도에서 변혁적 입장 간의 대립으로 전환된다. 이른바 NL과 CA, 나중에는 NL과 PD 간의 논쟁이 그런 분위기 속에서 전개되었다. 당시 역사와 한국정치사를 중심으로 한 연구영역에서는 민족적 지향을 강조하는 학문경향이 두드러졌고, 경제학이나 사회학 등을 중심으로 한 영역에서는 범PD적 관점의 학문경향이 두드러졌던 것 같다. 이러한 사회학계의 경향은 이른바 '강단 PD' 그룹이 등장하는 것으로 나아가게 된다.

 나는 대체로 외부에서는 범PD학자로 인식되곤 한다. 실제로 그런 경향이 있다. 그러나 나는 80년대 후반 이른바 강단 PD와 완전히 동일한 입장을 취하고 있지는 않다. 내가 범PD로 분류되면서도 PD의 입장을 전적으로 받아들이지 않은 이유는, 80년대 초·중반의 논쟁이 실천적 연관성 속에서 제기되고 진행된 논쟁이었던 데 반하여, 80년대 후반은 '이론주의적' 성격이 너무 강하고 실천 속의 여러 쟁점이 사회 구성체 수준의 추상적 쟁점으로 환원되고 있다는 느낌 때문이었다. 마치 가장 탁월한 학자가 나오면 우리 사회의 혁명이 달성될 것 같은 분위기가 당시에는 있었다. 나는 80년대 후반의 논쟁의 이러한 이론주의적 경향이 오히려 실천진영간의 정당한 연대를 가로막는 부작용을 낳았다고 생각한다. 나는 당시 논쟁의 두 축이던 NL과 PD 양 입장의 '합리적 핵심'을 운동의 이념적 지평의 공통 자산으로 수용하고 정착시켜 가는 노력이 필요하다고 생각하였다. 한 입장을 강조하고 심화시키는 것도 중요하지만, 논쟁을 통해 인식의 공유영역을 확장시켜 가는 것이 논쟁의 중요한 임무 중의 하나라고 생각한 것이다. 내가 사회구성체논쟁의 '정리자'적 위치를 갖게 된 이유도 여기에 있다. 나도 개인적으로는 이론적 경향성이 있었으나, 나는 양 입장의 합리적 핵심을 공유하여 운동의 기본 자산으로 만들고 싶었다. 이러한 나의 인식과 노력은 박현채 선생님과 함께 『한국사회구성체논쟁』이라는 이름으로 논쟁의 다양한 쟁점들과 입장들을 보여주는 책을 펴내는 것으로 귀결되었다. 물론 이 논쟁과 이 논쟁을 정리했던 나의 입장에 대해서는 다른 평가가 있을 수 있음을 인정한다.

80년대를 관통하던 활동 중 내가 특별히 자부심을 갖고 있는 것은 우리들의 비판적 학술활동으로 한국의 사회과학계에 그래도 진보적인 '민족적·민중적 학문' 연구가 뿌리내리는 데 일조하였다는 것이다. 언론에서는 우리를 보수적 학문풍토에 역류하여 비판적 연구지향을 갖고 활동하는 '제3세대 학자군'이라고 분류한 바 있다. '국내파'라는 호칭은 우리들을 지칭하기 위해 나온 말이다. 일본 제국대학을 나와야 주류학문의 중심에 설 수 있고, 미국의 유수한 대학을 나와야 주류학문의 중심에 설 수 있는 종속적 학문 재생산구조에 변화의 바람이 80년대에라도 생긴 것은 다행스러운 일이 아닐 수 없다. 그러한 종속적 학문풍토에 반기를 들면서 '민족적·민중적 학문'을 내걸고 비판적인 학문연구와 학문활동을 하는 토착적인 '국내파' 연구자들을 배출하고 그들이 최소한 비판적인 연구자진영에서 주류가 되도록 하는 데 참여하였다는 데서 나는 최대의 자부심을 느낀다. 세계화의 거센 물결 속에서, 그리고 신자유주의의 거센 물결 속에서 빛바랜 것처럼 보일지라도, 민족적·민중적 학문 지향은 한국에서 주체적인 학문을 하려 한다면 포기할 수 없는 지향이라고 나는 생각한다.

나는 80년대 내내 강사로 전전하다 마침내 70년대에 기독교 인권운동을 하였던 성공회대학의 이재정 총장을 만나게 되어 이제 10년 가까이 성공회대학에 몸담고 있다. 80년대 후반을 지나면서 나의 관심은 산업사회학에서 정치사회학 쪽으로 많이 변화하게 되었다. 특히 정치변동과 사회운동에 대한 관심이 점차 나의 중심적인 주제로 되었다. 예로 내 박사학위 논문은 사회운동 연구영역에서 마지막까지 금단의 주제로 남아 있던 비합법전위조직을 학문연구로 끌어들이고자 하는 문제의식을 배경으로 하고 있다.

80년대 비판학술운동의 연장선상에서 90년대에 내가 참여하였던 최대의 일은 『사회평론』을 창간한 작업이었다. 91년 5월 창간되어 93년 『길』과 통합되기 전까지 나는 『사회평론』의 편집기획 주간으로 활동하였다. 국제적으로는 사회주의 붕괴라는 세계사적인 지적 혼돈상황, 국내적으로는 노태우정부의 수립이라는 지배의 변화 속에서, 비판적 지식인 진영의 역량을 모아 새로운 사상적·지적 좌표를 세워보자는 취지가 『사회평론』의 창간멤버들을 추동하였다. 그러나 당시 비판적 지식인의 대표적인 인물들이 참여한 이 실험은 2년여 만에 실패로 막을 내리게

428

되었다. 지식인들, 특히 교수 중심의 잡지 발행이 갖는 한계, 그 비현실성은 비판진영의 '일대 전진'의 기회를 마련하려던 원래의 의도를 살리지 못하고 대중적 학술지의 '전설'만 남긴 채 사라지게 된 것이다. 그 당시 『사회평론』은 통일전선적인 지식인 잡지 성격을 지니고 있었는데, 그것의 실패는 통일전선적 잡지 시대가 마감되고 전문적인 분야별 잡지시대를 예고하는 것이었다.

지금도 나는 비판적 지식인진영 전체를 대표하는 대표적인 월간지로 자리매김되었던 『사회평론』을 지키지 못한 책임감을 통감한다. 그 후 나는 이 실패에 대한 도덕적 책임을 지기 위해서라도 새로운 일을 벌이거나 참여하지 않고 자중하면서 '개인적으로 공부만 해야겠다'고 몇 번이나 다짐하였다. 그러나 그 수없는 다짐을 스스로 지키지 못하였다. '참여연대'를 창립하는 데 참여하게 된 것이다. 『사회평론』이 마감되고 2년여 동안 근신하던 나에게 90년대 초반을 넘기면서 새로운 고민이 찾아왔다. 87년을 분기점으로 하여 노태우정권 및 김영삼정부로 이행하면서, 즉 위로부터의 보수적 민주화가 진전되면서 발생한 새로운 운동의 위기상황에 어떻게 대응할 것인가 하는 문제의식이 그것이었다. 한국사회는 80년대 후반부터 시민운동이 활성화되면서 기존의 민중운동의 입지가 좁아지고, 노태우정권 초기에는 마치 "급진적인 민중운동의 시대는 끝났고 이제 온건한 시민운동가 도래하였다"는 식의 보수적 분위기가 팽배하였다. 그러한 상황에서 반노태우정권투쟁이 이어졌으나 그러한 과정을 반전시키는 외대 사건(정원식 총리에게 학생들이 밀가루를 뒤집어 씌운 사건)이 발생하였다. 이 일련의 사건들은 학생운동 및 재야운동의 도덕성에 큰 타격을 주었고 보수언론은 노태우정부의 정치적 의도에 편승하면서 학생운동 및 재야운동을 대대적으로 매도하였다.

나는 그람시적 의미에서 이른바 시민사회적 공간에서의 적극적인 헤게모니 투쟁이 필요하다는 입장을 가지고 있었다. 시민운동의 계급적 한계는 분명하지만 그것을 지적하는 것만으로는 백전백패한다는 생각이었다. 그런 나의 생각은 진보적 시민운동이 필요하다는 생각으로 발전하게 되었고, 『실천문학』(93년 겨울호)에 쓴 「민중운동과 시민사회, 시민운동」이라는 논문으로 구체화되었다. 나는 이것을 처음에 100부, 나중에 100부를 더 찍어 실천지향성이 강한 동료교수들, 운동권의 동료들, 민중운동의 대표적인 지도자들을 찾아다니며 이런 진보적 시민운동체의 건립이 필요하다는 점을 역설하고 다녔고, 사회운동권 강좌에 초대받을 때마다 어김없이 같은 주장을 하였다.

나는 지금도 '장작은 결을 따라 패야 한다'고 생각한다. 이 땅의 진보주의자들은 어떤 의미에서 '장작을 쪼개려는' 사람들이라고 할 수 있다. 그러나 나는, 장작을 패기 위해서는 도끼날을 더욱 날카롭게 가는 것뿐만 아니라, 변화하고 있는 현실의 '결'을 올바로 파악하여 결을 따라 현실을 변화시키려는 노력이 요구된다는 생각을 하였다. 어떤 의미에서 80년대에 우리는 도끼날을 날카롭게 만드는 일에 진력하여 왔는지도 모르겠다. 물론 무딘 날로 장작을 팰 수는 없기 때문에 이것은 기본적으로 중요하다. 그러나 변화하는 현실의 결에 맞추어 새로운 운동진지들을 만들어 대응하는 노력이 없는 한 날만 날카롭다고 해서 장작 패는 일이 성공하리라고 생각하지는 않는다.

『사회평론』 실패에 대한 자책감은 나를 대단히 소극적이게 만들었던 것이 사실이다. 그래서 '내가 하겠다'가 아니라 '이런 일을 해야 민중운동이 삽니다' '제발 이런 일을 하십시오'라고 역설하고 다닌 것이다. 그러나 아무도 귀기울이는 것 같지 않았고, 결국은 나 스스로가 진보적 시민운동에 뛰어드는 결과를 낳고 말았다. 참여연대에 몸담으면서 나는 많은 사람들, 과거의 민중운동이나 진보적 기준으로만 보면 그다지 진보적이지는 않지만 이 시대를 고민하고 인간답게 사는 사회를 실현하기 위해 고민하고 자기를 헌신하려는 진지한 사람들을 만났다. 80년대는 임박한 혁명을 전제로 하여 선진적인 의식을 가진 사람을 최우선시하는 풍토였기 때문에 이러한 사람들은 눈에 잘 띄지 않았다. 운동은 선진적인 사람만의 전유물이 아니라 대중의 참여로 그 내용이 풍부해진다고 할 때, 참여연대 활동 속에서 나는 그 가능성을 충분히 발견했다. 이러한 우리 사회의 민주적인 잠재력은 민중운동이나 학생운동의 헌신적인 투쟁으로 우리 사회와 국민이 변화하였기 때문에 나타난 것이다. 나는 바로 과거에 전투적이었던 사람들이 이 새로운 잠재력을 보고 이들과 함께 하는 동반자적 운동을 하는 자세를 가져야 한다고 생각한다.

참여연대를 만드는 데 적극적으로 참여하고 열성적으로 활동하던 시기에, 개인적으로 의미있는 사건이 두 가지 있었는데, 그 하나는 친구 조남일의 죽음이었다. 긴급조치 9호로 옥고를 치르고 난 후, 80년 광주진압에 분노하여 투쟁하다가 다시 감옥에 간 경험이 있으며, 죽산출판사를 설립하여 출판문화운동을 하던 그에게 뇌종양이라는 선고가 떨어진 것이다. 그의 죽음을 지켜보면서 나는 죽음과 삶에 대하여 많이 생각하게 되었다. 이제 나도 죽음을 생각하여야 하는 나이가 된 것일까. 친구들이 질투심을 느낄 정도로 외아들을 극진히 아끼던 남일이 아버지와 어머니의 가슴 미어지는 아픔을 보면서 운동할 때는 생각하지 못했던 인간적인 아픔들을 생각하게 되었다. 남일이를 광주 카톨릭 공원에 묻은 보름 후 나는 미국으로 떠났는데 이것이 그 두번째 사건이다.

95년 동료들이 한국의 민주화를 분석하는 프로젝트를 미국에서 활동하는 한국계 연구자들과 함께 하자는 제안을 하였다. 그래서 나는 민주화와 사회운동이라는 주제를 발표하기 위하여 동료들과 함께 95년 2월 LA에 갔다. 거기서 만난 동료들의 주선으로 미국 남가주대학(USC)에 교환교수로 있으면서 재충전하는 기회를 1년 동안 갖게 되었다. 그곳에서 나는 월급을 받는 대신에 한국사회에 대한 강의를 서투른 영어로나마 준비된 원고를 읽는 식으로 진행하였다. 그 시간이 고통스럽기도 하였지만, 그나마 미국학계에서 이루어진 한국사회에 대한 연구성과들을 섭렵할 수 있었던 것은 커다란 수확이었다.

LA에 있는 동안, 상대적으로 비판적인 교수들이 많은 UCLA 대학에 가서 청강하기도 했는데, 그 중에 우리나라에도 꽤 알려진 아리기(Arrighi)라는 학자의 강의를 들을 기회가 있었다. 그날의 주제는 '세계체제의 위기와 노동운동'이었는데, 그의 강의 중에 우익군사독재정권하에서 이루어진 가장 전투적인 노동운동 중의 하나가 한국의 노동운동이라는 언급이 있었기에, 나는 우익군사독재정권에서 보수민간정권, 이른바 '저강도 민주주의'로 이행하고 있는 한국을 포함한 제3세계 신흥공업국의 노동운동의 전망에 대하여, 서투른 영어로 그러나 제법 고답적으로 질문하였다. 그의 대답은 간단하였으나, 나를 극도로 당혹스럽게 하는 것이었다. "그것은 나에게 물어야 할 질문이 아니라 당신이나 남한의 운동가들이 대답하여야 할 것이다. 한국의 노동운동이 신흥공업국 노동운동의 선봉에 있기 때문에 어떤 의미에서 남한노동운동의 향방이 세계 노동운동의 방향에 중요한 전범을 제시할 수도 있을 것이다." 나는 순간 얼굴이 화끈하게 달아오름을 느꼈다. 많은 생각이 스쳐갔다. 이 간단한 경험이 '나는 우리 현실을 어떻게 대면하고 있는가'라는 자성적 질문을 던지게 하였다. 그리고 내가 그동안 가졌던 민족적·민중적 비판학문을 지향하는 한국의 대표적인 연구자 중의 하나라는 자부심이 한순간에 무너지는 느낌이 들었다. '나도 결국 식민지 지식인과 다를 바 없구나'라는 자책감과 함께 우리 내부에 있는 식민지적 사고패턴을 극복하지 않는 한, 지적 종속성, 지적 수입상으로서의 지위를 벗어날 수 없다는 생각을 뼈저리게 하게 되었다. 이런 생각들이 외국에 체류하는 2년 동안 줄곧 내 고민의 한켠에 자리잡은 주제였다.

외국에 체류하는 동안 아시아의 정치경제변동에 대에 관심을 갖게 된 나는 고국으로 돌아오기 전에 약 한 달 동안 대만에 머무르는 기회를 갖게 되었다. 나는 지금도 대만과 한국의 정치경제적 변동을 중심으로 하여 동아시아의 국가주의적 모델에서 나타난 변동의 일반적 성격을 규명하는 작업에 매달리고 있으며 이에 관한 책을 준비하고 있다. 그 책의 원고를 반쯤 쓰고 돌아왔는데 역동적인 한국의 현실이 요구하는 새로운 일들로 지금은 제자리 걸음을 하고 있다. 다시 허겁지겁 사는 예전 삶으로 되돌아간 느낌이다. 때로는 나도 연구실에 조용히 앉아 차분히 연구에 열중하고 싶은 충동과 열망이 생긴다. 그러나 나는 역동적인 한국사회가 이 시대를 사는 지식인들의 삶을 바쁘게 만들고 있지만 다른 한편에서 보면 한국사회와 같이 역동적이고 압축적인 현실을 사회과학의 소재로 삼을 수 있다는 것이 얼마나 행복한 일인가 하고 생각하게 된다. 우리의 압축적인 발전의 경험 그리고 그것의 위기는 서구에서 발견할 수 없었던 세계사적 비밀들을 담고 있는 보고일 수 있다. 달리 표현하면 보석으로 다듬어질 수 있는 광물이 널려 있는 놀라운 현실이라고 해야 마땅할 것이다. 이 역동적인 현실이 제공하는 풍부한 사회과학적 소재를 다듬을 프리즘을 갖기만 한다면, 이 불행한 현실은 곧 놀라운 행복이 될 것이다. 나는 사회란 언제나 시대의 아픔과 대결하면서 치열하게 사는 사람들에 의해 유지되고 전진한다고 생각한다. 우리 모두는 바로 시대를 치열하게 사는 사람들의 삶의 고통에 빚지고 있다. 그러나 나 자신부터 그것을 망각하는 때가 얼마나 많은지 스스로 반문하면서 나의 나태함을 오늘도 채찍질한다.

1998년 6월

조희연

여러분을 도서출판 당대의 독자회원으로 모십니다

도서출판 당대에 보내주신 독자 여러분의 애정에 감사드립니다.
여러분의 소중한 의견을 밑거름 삼아 더 좋은 책을 만들도록 노력하겠습니다.

■이름 :　　　　　■성별 (남/여)　■나이 :　　　　　■직업 :

■구입한 책 :

■구입한 곳 :　　　　　　　지역　　　　　　　서점

■구입동기

　•광고를 보고(　　　　　신문/잡지)　•신간기사를 보고(　　　　　신문/잡지)

　•(　　　　　)의 소개/선물로　•서점에서 눈에 띄어서　•기타(　　　　　)

■정기구독하는 신문/잡지는 :

■관심분야(인문/사회과학/문학/자연과학/예술/기타)

■당대에서 펴낸 책을 가지고 있다면

■이 책을 읽은 소감은

■도서출판 당대에 바라는 점(기획, 편집 등)

우 편 엽 서

보내는 사람

이름

주소

전화 : (집)　　　　(직장)

도서출판 **당대**

서울시 마포구 연남동 372-4
연세맨션 라동 101-3호
TEL : 323-1316~7/FAX : 323-1317

121 - 240